吴光明　编著

# 最新企业会计准则实务
## ——会计科目和财务报表

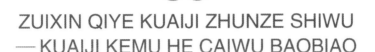

ZUIXIN QIYE KUAIJI ZHUNZE SHIWU
— KUAIJI KEMU HE CAIWU BAOBIAO

（适用于执行新修订的金融工具、收入、租赁准则的各类企业）

中国财经出版传媒集团

经济科学出版社
Economic Science Press

**图书在版编目（CIP）数据**

最新企业会计准则实务：会计科目和财务报表／吴光明编著 . -- 北京：经济科学出版社，2022.5
ISBN 978 - 7 - 5218 - 3684 - 4

Ⅰ.①最…　Ⅱ.①吴…　Ⅲ.①企业 - 会计准则 - 中国
Ⅳ.①F279.23

中国版本图书馆 CIP 数据核字（2022）第 090988 号

责任编辑：杜　鹏　常家凤　刘　悦
责任校对：靳玉环
责任印制：邱　天

**最新企业会计准则实务**
——会计科目和财务报表
吴光明　编著

经济科学出版社出版、发行　新华书店经销
社址：北京市海淀区阜成路甲 28 号　邮编：100142
编辑部电话：010 - 88191441　发行部电话：010 - 88191522
网址：www. esp. com. cn
电子邮箱：esp_bj@ 163. com
天猫网店：经济科学出版社旗舰店
网址：http：// jjkxcbs. tmall. com
固安华明印业有限公司印装
787×1092　16 开　19.25 印张　450000 字
2022 年 10 月第 1 版　2022 年 10 月第 1 次印刷
ISBN 978 - 7 - 5218 - 3684 - 4　定价：88.00 元
（图书出现印装问题，本社负责调换。电话：010 - 88191510）
（版权所有　侵权必究　打击盗版　举报热线：010 - 88191661
QQ：2242791300　营销中心电话：010 - 88191537
电子邮箱：dbts@ esp. com. cn）

# 前　言

财政部自 2006 年发布修订后的《企业会计准则——基本准则》以及《企业会计准则第 1 号——存货》等 38 项具体准则和应用指南以来，根据企业会计准则实施中的问题和国际财务报告准则的修订，对《企业会计准则——基本准则》以及长期股权投资、职工薪酬、债务重组、非货币性资产交换、政府补助、金融工具、租赁、保险、财务报表列报、合并财务报表等具体会计准则进行了修订，新增了公允价值计量、合营安排、在其他主体中权益的披露、持有待售的非流动资产、处置组和终止经营等具体会计准则，不仅对有关会计科目和主要账务处理的内容进行修订，还增加了部分会计科目，对财务报表列报内容和格式也做了相应调整，特别是 2017 年和 2018 年发布修订后的《企业会计准则第 22 号——金融工具确认和计量》《企业会计准则第 23 号——金融资产转移》《企业会计准则第 24 号——套期会计》《企业会计准则第 37 号——金融工具列报》（以上四项简称新金融工具准则）以及《企业会计准则第 14 号——收入》（简称新收入准则）和《企业会计准则第 21 号——租赁》（简称新租赁准则），对有关会计科目和主要账务处理的内容、财务报表列报项目等进行了重大修改。根据财政部的要求，执行企业会计准则的非上市企业自 2021 年 1 月 1 日起应执行新金融工具准则、新收入准则和新租赁准则，但截至目前，财政部未针对 2006 年以后有关准则修订情况重新整理汇编统一规范的会计科目和主要账务处理，为提高会计信息质量，帮助广大财务会计人员正确理解和规范会计核算，提供真实、准确、完整的会计信息，非常有必要对 2006 年以后修订和增加的有关会计准则，特别是修订新金融工具、新收入准则和新租赁准则后对有关会计科目和主要账务处理的规定的修订和增补进行梳理，提供全面并符合会计准则规定的具有可操作性的会计科目表和会计科目使用说明。同时，从方便广大财会人员充分了解新企业会计准则角度出发，本书结合财政部新发布的报表格式有关文件，结合新修订准则，增加了有关财务报表列报内容。

本书依据财政部 2006 年发布的《企业会计准则——应用指南》附录以及其后发布的有关具体会计准则、应用指南、解释及其他相关规定，结合有关特殊行业的相关规定，通过梳理编辑而成，具有较强的参考价值。通过阅读本书可以较为全面正确地理解执行新金融工具准则、新收入准则、新租赁准则后有关会计科目的设计和使用，以及相关主要账务处理，方便正确开展会计核算、财务报表列报，提供高质量会计信息。

本书具有以下特点：

第一，以新企业会计准则为依据，进行全方位解析。企业会计准则是一个动态体系，随着社会经济的发展和业务的延伸，企业会计准则也在不断更新，会计科目及其核算内容也在不断更新和完善，这就需要我们不断地了解新事物，学习新规定，掌握新方法和新理念。

第二，将会计理论与会计实务紧密结合。企业会计准则更多是从理论上对财务报表的列报和会计核算进行规定，对于没有经验的财会人员来说，在实务操作中仍需要相应的会计科目和主要账务处理的相关参考书。本书提供了 2006 年企业会计准则体系发布以来有关具体修订和新增具体会计准则后较为完整的会计科目表和主要账务处理以及最新的财务报表格式，让初学者更容易理解各会计科目间的内在联系，掌握操作方法。

第三，全面系统地解读新企业会计准则下的会计科目及其会计处理方法。企业会计准则体系包括基本准则和具体准则、应用指南、解释及其他相关规定，财会人员应进行全面系统的了解和熟读，方能深刻理解财务报表的列报要求和内含的丰富信息，提供真实、可靠、全面、准确的会计信息。本书通过收集与会计科目及其账务处理相关的政策文件，梳理了相关会计科目设计和主要账务处理要求，以便读者对相关问题的理解和掌握。

在编写过程中，参考了 2022 年注册会计师考试教材以及有关专家的观点，也得到了浙江同方会计师事务所有限公司孙美玲同志的支持，在此谨向相关人员致以诚挚的谢意。

由于水平有限，书中难免存在疏漏之处，恳请读者批评指正。

吴光明
2022 年 8 月于杭州

# 目 录

# 第一章　总说明

一、本书以《企业会计准则——应用指南（2006）》之"附录 会计科目和主要账务处理"为蓝本，结合 2006 年以来财政部发布的企业会计准则解释、修订或制定的具体会计准则及其应用指南、实施问答以及其他相关规定，确定会计科目名称和编号，以一贯性、规范性为原则，涵盖各类企业的交易或者事项，便于财会人员编制会计凭证、登记会计账簿、查阅会计账目、采用会计软件系统。

二、企业在使用本书所列会计科目时，应以财政部发布的企业会计准则中确认、计量和报告规定为前提，根据本单位的实际情况自行增设、分拆、合并会计科目。企业不存在的交易或者事项，可不设置相关会计科目。对于明细科目，企业可以比照《企业会计准则——应用指南（2006）》之"附录 会计科目和主要账务处理"、2006 年以后财政部修订或制定的有关企业会计准则应用指南、解释中的规定自行设置。

三、企业开展会计核算应遵循《会计基础工作规范》（1996 年 6 月 17 日公布，根据 2019 年 3 月 14 日《财政部关于修改〈代理记账管理办法〉等 2 部部门规章的决定》修改）有关会计核算的规定，按照《中华人民共和国会计法》和国家统一会计制度的规定建立会计账册，进行会计核算，及时提供合法、真实、准确、完整的会计信息；以实际发生的经济业务为依据，按照规定的会计处理方法进行，保证会计指标的口径一致、相互可比和会计处理方法的前后各期相一致。在填制会计凭证、登记会计账簿时，应当填列会计科目的名称，或者同时填列会计科目的名称和编号，不得只填科目编号，不填列科目名称。

四、本书中的财务报表格式和编制说明，以财政部印发的现行有效的《企业会计准则第 30 号——财务报表列报》《企业会计准则第 31 号——现金流量表》《企业会计准则第 32 号——中期财务报告》《企业会计准则第 33 号——合并财务报表》《企业会计准则第 34 号——每股收益》《企业会计准则第 35 号——分部报告》《企业会计准则第 36 号——关联方披露》《企业会计准则第 37 号——金融工具列报》等准则及其应用指南，以及相关准则解释和最新有关财务报表格式的规定为依据拟订，可供各类企业参考使用。

# 第二章　会计科目名称和编号

会计科目和主要账务处理是依据 2006 年以来财政部发布的企业会计准则应用指南、解释及有关补充规定中确认和计量的规定制定，涵盖了各类企业的交易或者事项。根据《企业会计准则——应用指南（2006）》，企业在不违反会计准则中确认、计量和报告规定的前提下，可以根据本单位的实际情况自行增设、分拆、合并会计科目。企业不存在的交易或者事项，可不设置相关会计科目。对于明细科目，企业可以比照《企业会计准则——应用指南（2006）》附录以及 2006 年以后财政部修订或新增的有关具体会计准则应用指南、解释和补充规定中的规定自行设置。会计科目编号供企业填制会计凭证、登记会计账簿、查阅会计账目、采用会计软件系统，企业可结合实际情况自行确定会计科目编号。具体如表 2 - 1 所示。

表 2 - 1

| 顺序号 | 编号 | 会计科目名称 | 会计科目适用范围 |
|---|---|---|---|
| 一、资产类 | | | |
| 1 | 1001 | 库存现金 | |
| 2 | 1002 | 银行存款 | |
| 3 | 1003 | 存放中央银行款项 | 银行专用 |
| 4 | 1011 | 存放同业 | 银行专用 |
| 5 | 1012 | 其他货币资金 | |
| 6 | 1021 | 结算备付金 | 证券公司专用 |
| 7 | 1031 | 存出保证金 | 金融共用 |
| 8 | 1101 | 交易性金融资产 | |
| 9 | 1111 | 买入返售金融资产 | 金融共用 |
| 10 | 1121 | 应收票据 | |
| 11 | 1122 | 应收账款 | |
| 12 | | 应收保费 | 保险公司专用 |
| 13 | | 应收手续费及佣金 | 金融共用 |
| 14 | 1123 | 预付账款 | |
| 15 | | 预付赔付款 | 保险公司专用 |
| 16 | 1124 | 应收款项融资 * | |
| 17 | 1125 | 应收退货成本 | |

| 顺序号 | 编号 | 会计科目名称 | 会计科目适用范围 |
|---|---|---|---|
| 18 | 1131 | 应收股利 | |
| 19 | 1132 | 应收利息 | |
| 20 | 1201 | 应收代位追偿款 | 保险公司专用 |
| 21 | 1211 | 应收分保账款 | 保险公司专用 |
| 22 | 1212 | 应收分保合同准备金 | 保险公司专用 |
| 23 | 1221 | 其他应收款 | |
| 24 | 1231 | 坏账准备 | |
| 25 | 1301 | 贴现资产 | 银行专用 |
| 26 | 1302 | 拆出资金 | 金融共用 |
| 27 | 1303 | 贷款 | 银行和保险公司专用 |
| 28 | | 保户质押贷款 | 保险专用 |
| 29 | | 质押贷款/抵押贷款 | 典当专用 |
| 30 | | 委托贷款 | 企业委托贷款用 |
| 31 | 1304 | 贷款损失准备 | 银行和保险公司专用 |
| 32 | | 委托贷款损失准备 | 企业委托贷款用 |
| 33 | 1305 | 融出资金 | 证券公司专用 |
| 34 | 1311 | 代理兑付证券 | 证券公司和银行共用 |
| 35 | 1321 | 代理业务资产 | |
| 36 | | 受托代销商品 | 企业采用收取手续费方式受托代销的商品 |
| 37 | 1401 | 材料采购 | |
| 38 | 1402 | 在途物资 | |
| 39 | 1403 | 原材料 | |
| 40 | 1404 | 材料成本差异 | |
| 41 | 1405 | 库存商品 | |
| 42 | | 开发产品 | 房地产专用 |
| 43 | | 农产品 | 农业专用 |
| 44 | 1406 | 发出商品 | |
| 45 | 1407 | 商品进销差价 | |
| 46 | 1408 | 委托加工物资 | |
| 47 | 1409 | 绝当物品 | |
| 48 | 1411 | 周转材料 | |
| 49 | 1412 | 储备粮油 | |
| 50 | 1413 | 定向供应粮油 | |
| 51 | 1414 | 轮换粮油 | |

续表

| 顺序号 | 编号 | 会计科目名称 | 会计科目适用范围 |
|---|---|---|---|
| 52 | 1415 | 商品粮油 | |
| 53 | 1416 | 受托代销商品 | |
| 54 | 1417 | 受托代购商品 | |
| 55 | 1418 | 受托代储商品 | |
| 56 | 1419 | 受托加工物资 | |
| 57 | 1421 | 消耗性生物资产 | 农业专用 |
| 58 | 1423 | 合同资产* | |
| 59 | 1424 | 合同资产减值准备* | |
| 60 | 1425 | 合同履约成本* | |
| 61 | 1426 | 合同履约成本减值准备* | |
| 62 | 1427 | 合同取得成本* | |
| 63 | 1428 | 合同取得成本减值准备* | |
| 64 | 1431 | 贵金属 | 银行专用 |
| 65 | 1441 | 抵债资产 | 金融共用 |
| 66 | 1451 | 损余物资 | 保险公司专用 |
| 67 | 1471 | 存货跌价准备 | |
| 68 | 1472 | 粮油损耗准备 | 粮食企业专用 |
| 69 | 1481 | 持有待售资产 | |
| 70 | 1482 | 持有待售资产减值准备 | |
| 71 | 1483 | 持有待售清理 | |
| 72 | 1489 | 碳排放权资产 | |
| 73 | 1501 | 债权投资* | |
| 74 | 1502 | 债权投资减值准备* | |
| 75 | 1503 | 其他债权投资* | |
| 76 | 1504 | 其他权益工具投资* | |
| 77 | 1511 | 长期股权投资 | |
| 78 | 1512 | 长期股权投资减值准备 | |
| 79 | 1518 | 继续涉入资产 | |
| 80 | 1521 | 投资性房地产 | |
| 81 | 1531 | 长期应收款 | |
| 82 | 1532 | 未实现融资收益 | |
| 83 | 1533 | 应收融资租赁款* | |
| 84 | 1534 | 应收融资租赁款减值准备* | |
| 85 | 1541 | 存出资本保证金 | 保险公司专用 |
| 86 | 1601 | 固定资产 | |

续表

| 顺序号 | 编号 | 会计科目名称 | 会计科目适用范围 |
|---|---|---|---|
| 87 | 1602 | 累计折旧 | |
| 88 | 1603 | 固定资产减值准备 | |
| 89 | 1604 | 在建工程 | |
| 90 | 1605 | 工程物资 | |
| 91 | 1606 | 固定资产清理 | |
| 92 | 1607 | 融资租赁资产* | |
| 93 | 1621 | 生产性生物资产 | 农业专用 |
| 94 | 1622 | 生产性生物资产累计折旧 | 农业专用 |
| 95 | 1623 | 公益性生物资产 | 农业专用 |
| 96 | 1631 | 油气资产 | 石油天然气开采专用 |
| 97 | 1632 | 累计折耗 | 石油天然气开采专用 |
| 98 | 1641 | 使用权资产* | |
| 99 | 1642 | 使用权资产累计折旧* | |
| 100 | 1643 | 使用权资产减值准备* | |
| 101 | 1701 | 无形资产 | |
| 102 | 1702 | 累计摊销 | |
| 103 | 1703 | 无形资产减值准备 | |
| 104 | 1711 | 商誉 | |
| 105 | 1801 | 长期待摊费用 | |
| 106 | 1811 | 递延所得税资产 | |
| 107 | 1821 | 独立账户资产 | 保险公司专用 |
| 108 | 1831 | 政策性财务挂账 | 粮食企业专用 |
| 109 | 1901 | 待处理财产损溢 | |
| 二、负债类 | | | |
| 110 | 2001 | 短期借款 | |
| 111 | 2002 | 存入保证金 | 金融共用 |
| 112 | 2003 | 拆入资金 | 金融共用 |
| 113 | 2004 | 向中央银行借款 | 银行专用 |
| 114 | 2011 | 吸收存款 | 银行专用 |
| 115 | 2012 | 同业存放 | 银行专用 |
| 116 | 2021 | 贴现负债 | 银行专用 |
| 117 | 2101 | 交易性金融负债 | |
| 118 | 2111 | 卖出回购金融资产款 | 金融共用 |
| 119 | 2201 | 应付票据 | |

续表

| 顺序号 | 编号 | 会计科目名称 | 会计科目适用范围 |
|---|---|---|---|
| 120 | | 应付账款 | |
| 121 | 2202 | 应付手续费及佣金 | 金融共用 |
| 122 | | 应付赔付款 | 保险公司专用 |
| 123 | | 预收账款 | |
| 124 | 2203 | 预收保费 | 保险公司专用 |
| 125 | | 预收赔付款 | 再保险专用 |
| 126 | 2211 | 应付职工薪酬 | |
| 127 | 2221 | 应交税费 | |
| 128 | 2231 | 应付利息 | |
| 129 | 2232 | 应付股利 | |
| 130 | 2241 | 其他应付款 | |
| 131 | 2242 | 应付保证款 | 粮食企业专用 |
| 132 | 2243 | 应付交割款 | 粮食企业专用 |
| 133 | 2246 | 合同负债* | |
| 134 | 2251 | 应付保单红利 | 保险公司专用 |
| 135 | 2261 | 应付分保账款 | 保险公司专用 |
| 136 | 2311 | 代理买卖证券款 | 证券公司专用 |
| 137 | 2312 | 代理承销证券款 | 证券公司和银行共用 |
| 138 | 2313 | 代理兑付证券款 | 证券公司和银行共用 |
| 139 | | 代理业务负债 | 证券公司和银行共用 |
| 140 | 2314 | 受托代销商品款 | 企业采用收取手续费方式收到的代销商品款 |
| 141 | 2316 | 受托代购商品款 | |
| 142 | 2317 | 受托代储商品款 | 粮食企业专用 |
| 143 | 2318 | 受托加工物资款 | |
| 144 | 2401 | 递延收益 | |
| 145 | 2501 | 长期借款 | |
| 146 | 2502 | 应付债券 | |
| 147 | 2503 | 租赁负债* | |
| 148 | 2504 | 继续涉入负债 | |
| 149 | 2601 | 未到期责任准备金 | 保险公司专用 |
| 150 | 2602 | 保险责任准备金 | 保险公司专用 |
| 151 | 2611 | 保户储金 | 保险公司专用 |
| 152 | 2621 | 独立账户负债 | 保险公司专用 |
| 153 | 2701 | 长期应付款 | |

续表

| 顺序号 | 编号 | 会计科目名称 | 会计科目适用范围 |
|---|---|---|---|
| 154 | 2702 | 未确认融资费用 | |
| 155 | 2711 | 专项应付款 | |
| 156 | 2801 | 预计负债 | |
| 157 | 2901 | 递延所得税负债 | |
| 三、共同类 | | | |
| 158 | 3001 | 清算资金往来 | 银行专用 |
| 159 | 3002 | 货币兑换 | 金融共用 |
| 160 | 3101 | 衍生工具 | |
| 161 | 3201 | 套期工具 | |
| 162 | 3202 | 被套期项目 | |
| 四、所有者权益类 | | | |
| 163 | 4001 | 实收资本 | |
| 164 | | 股本 | 股份有限公司专用 |
| 165 | 4002 | 资本公积 | |
| 166 | 4003 | 其他综合收益 | |
| 167 | 4101 | 盈余公积 | |
| 168 | 4102 | 一般风险准备 | 金融共用 |
| 169 | 4103 | 本年利润 | |
| 170 | 4104 | 利润分配 | |
| 171 | 4201 | 库存股 | |
| 172 | 4301 | 专项储备 | |
| 173 | 4401 | 其他权益工具 | |
| 五、成本类 | | | |
| 174 | 5001 | 生产成本 | |
| 175 | | 农业生产成本 | 农业企业专用 |
| 176 | | 开发成本 | 房地产企业专用 |
| 177 | 5101 | 制造费用 | |
| 178 | 5201 | 服务成本 * | |
| 179 | 5301 | 研发支出 | |
| 180 | 5401 | 工程施工 | |
| 181 | 5402 | 合同结算 * | |
| 182 | 5403 | 机械作业 | |
| 六、损益类 | | | |
| 183 | 6001 | 主营业务收入 | |
| 184 | 6002 | 储备粮油结算价差收入 | 粮食企业专用 |

| 顺序号 | 编号 | 会计科目名称 | 会计科目适用范围 |
|---|---|---|---|
| 185 | 6011 | 利息收入 | 金融共用 |
| 186 | 6021 | 手续费及佣金收入 | 金融共用 |
| 187 | 6031 | 保费收入 | 保险公司专用 |
| 188 | 6041 | 租赁收入 | |
| 189 | 6051 | 其他业务收入 | |
| 190 | 6061 | 汇兑损益 | 金融专用 |
| 191 | 6101 | 公允价值变动损益 | |
| 192 | 6111 | 投资收益 | |
| 193 | 6117 | 其他收益 | |
| 194 | 6121 | 资产处置收益 | |
| 195 | 6131 | 套期损益 | |
| 196 | 6141 | 净敞口套期损益* | |
| 197 | 6201 | 摊回保险责任准备金 | 保险公司专用 |
| 198 | 6202 | 摊回赔付支出 | 保险公司专用 |
| 199 | 6203 | 摊回分保费用 | 保险公司专用 |
| 200 | 6301 | 营业外收入 | |
| 201 | 6401 | 主营业务成本 | |
| 202 | 6402 | 其他业务成本 | |
| 203 | 6403 | 税金及附加 | |
| 204 | 6404 | 储备粮油结算价差支出 | 粮食企业专用 |
| 205 | 6411 | 利息支出 | |
| 206 | 6421 | 手续费及佣金支出 | 金融共用 |
| 207 | 6501 | 提取未到期责任准备金 | 保险公司专用 |
| 208 | 6502 | 提取保险责任准备金 | 保险公司专用 |
| 209 | 6511 | 赔付支出 | 保险公司专用 |
| 210 | 6521 | 保单红利支出 | 保险公司专用 |
| 211 | 6531 | 退保金 | 保险公司专用 |
| 212 | 6541 | 分出保费 | 保险公司专用 |
| 213 | 6542 | 分保费用 | 保险公司专用 |
| 214 | 6601 | 销售费用 | |
| 215 | | 业务及管理费 | 金融企业专用 |
| 216 | 6602 | 管理费用 | |
| 217 | 6603 | 财务费用 | |
| 218 | 6604 | 勘探费用 | 石油天然气开采专用 |
| 219 | 6701 | 资产减值损失 | |

| 顺序号 | 编号 | 会计科目名称 | 会计科目适用范围 |
|---|---|---|---|
| 220 | 6702 | 信用减值损失 * | |
| 221 | 6711 | 营业外支出 | |
| 222 | 6801 | 所得税费用 | |
| 223 | 6901 | 以前年度损益调整 | |

注：标有 * 的科目，系新金融工具准则、新收入准则和新租赁准则增加的科目。

# 第三章　会计科目使用说明

## 第一节　资产类

### 1001　库存现金

一、本科目核算以摊余成本计量的、企业的库存现金。

企业有内部周转使用备用金的，可以单独设置"备用金"科目。

二、企业增加库存现金，借记本科目，贷记"银行存款"等科目；减少库存现金作相反的会计分录。

三、企业应当设置"现金日记账"，根据收付款凭证，按照业务发生顺序逐笔登记。每日终了，应当计算当日的现金收入合计额、现金支出合计额和结余额，将结余额与实际库存额核对，做到账款相符。

有外币现金的企业，应当分别以人民币和各种外币设置"现金日记账"进行明细核算。

四、本科目期末借方余额，反映企业持有的库存现金。

### 1002　银行存款

一、本科目核算以摊余成本计量的、企业存入银行或其他金融机构的各种款项。

银行汇票存款、银行本票存款、信用卡存款、信用证保证金存款、存出投资款、外埠存款等，在"其他货币资金"科目核算。

参考《政府会计准则制度解释第1号》的规定，存放在支付宝、微信等第三方支付平台账户的款项，通过"其他货币资金"科目核算。

对于结构性存款，要根据结构性存款的合同条款判断其合同现金流量是否满足

SPPI 测试要求①。对于商业银行吸收的符合《中国银保监会办公厅关于进一步规范商业银行结构性存款业务的通知》定义的结构性存款，即嵌入金融衍生产品的存款，通过与利率、汇率、指数等的波动挂钩或者与某实体的信用情况挂钩，使存款人在承担一定风险的基础上获得相应的收益，企业通常应分类为以公允价值计量且其变动计入当期损益的金融资产（FVTPL），在"交易性金融资产"科目核算。

二、企业增加银行存款，借记本科目，贷记"库存现金""应收账款"等科目；减少银行存款作相反的会计分录。

三、企业可按开户银行和其他金融机构、存款种类等设置"银行存款日记账"，根据收付款凭证，按照业务的发生顺序逐笔登记。每日终了，应结出余额。"银行存款日记账"应定期与"银行对账单"核对，至少每月核对一次。企业银行存款账面余额与银行对账单余额之间如有差额，应编制"银行存款余额调节表"调节相符。

四、本科目期末借方余额，反映企业存在银行或其他金融机构的各种款项。

## 1003 存放中央银行款项

一、本科目核算以摊余成本计量的、企业（银行）存放于中国人民银行（以下简称中央银行）的各种款项，包括业务资金的调拨、办理同城票据交换和异地跨系统资金汇划、提取或缴存现金等。

企业（银行）按规定缴存的法定准备金和超额准备金存款，也通过本科目核算。

二、本科目可按存放款项的性质进行明细核算。

三、企业增加在中央银行的存款，借记本科目，贷记"吸收存款""清算资金往来"等科目；减少在中央银行的存款作相反的会计分录。

---

① 合同现金流测试（SPPI 测试）：取决于金融工具的合同条款设计。如果合同现金流量特征，"与基本借贷安排一致，即相关金融资产在特定日期产生的合同现金流量仅为对本金和以未偿付本金金额为基础的利息的支付"（solely payments of principal and interest，SPPI），则可以通过合同现金流测试（以下简称 SPPI 测试）。其中，"本金是指金融资产在初始确认时的公允价值，本金金额可能因提前偿付等原因在金融资产的存续期内发生变动；利息包括对货币时间价值、与特定时期未偿付本金金额相关的信用风险以及其他基本借贷风险、成本和利润的对价"。根据 IASB 的《操作指南》，判断金融资产的合同现金流是否符合 SPPI 特征，需要评估如下内容：（1）利息是否"仅"包括货币时间价值、信用风险、基本借贷风险、成本和利润的对价？例如，对于流动性风险和管理费用的对价属于基本借贷风险和成本的范畴，但是，挂钩股票价格或商品价格的金融工具，由于包含其他风险的对价，就超出了上述范畴。（2）合同现金流支付的货币时间价值和信用风险的对价是否因利率错配和杠杆作用而被修正（修正的经济关系）？所谓货币的时间价值（time value of money），指的是"利息要素中仅为时间流逝所支付的对价，不包括对持有期间的其他风险或成本所支付的对价"。货币的时间价值可能被利率错配和杠杆作用修正（modified），企业应当评估修正后的关系，是否仍然满足 SPPI 特征。

四、本科目期末借方余额，反映企业（银行）存放在中央银行的各种款项。

## 1011　存放同业

一、本科目核算以摊余成本计量的、企业（银行）存放于境内、境外银行和非银行金融机构的款项。企业（银行）存放中央银行的款项，在"存放中央银行款项"科目核算。

二、本科目可按存放款项的性质和存放的金融机构进行明细核算。

三、企业增加在同业的存款，借记本科目，贷记"存放中央银行款项"等科目；减少在同业的存款作相反的会计分录。

四、本科目期末借方余额，反映企业（银行）存放在同业的各种款项。

## 1012　其他货币资金

一、本科目核算以摊余成本计量的企业的银行汇票存款、银行本票存款、信用卡存款、信用证保证金存款、存出投资款、外埠存款等其他货币资金。

企业存放在支付宝、微信等第三方支付平台的款项，也通过本科目核算。

证券公司因申购新股或基金被暂时冻结的资金，应当在本科目核算，并待资金解冻后从该科目转出。

企业存放在期货经纪公司的资金，属于可用资金，通过本科目核算；属于与持仓合约相关的保证金性质款项，不宜在本科目核算，应转入"其他应收款"科目核算。

二、企业增加其他货币资金，借记本科目，贷记"银行存款"科目；减少其他货币资金，借记有关科目，贷记本科目。

三、本科目可按银行汇票或本票、信用证的收款单位，外埠存款的开户银行，分别"银行汇票""银行本票""信用卡""信用证保证金""存出投资款""外埠存款"等进行明细核算。

四、本科目期末借方余额，反映企业持有的其他货币资金。

## 1021　结算备付金

一、本科目核算以摊余成本计量的、企业（证券）为证券交易的资金清算与交收而存入指定清算代理机构的款项。

企业（证券）向客户收取的结算手续费、向证券交易所支付的结算手续费，也通过本科目核算。

企业（证券）因证券交易与清算代理机构办理资金清算的款项等，可以单独设置"证券清算款"科目。

二、本科目可按清算代理机构，分别"自有""客户"等进行明细核算。

三、结算备付金的主要账务处理。

（一）企业将款项存入清算代理机构，借记本科目，贷记"银行存款"等科目；从清算代理机构划回资金作相反的会计分录。

（二）接受客户委托，买入证券成交总额大于卖出证券成交总额的，应按买卖证券成交价的差额加上代扣代交的相关税费和应向客户收取的佣金等之和，借记"代理买卖证券款"等科目，贷记本科目（客户）、"银行存款"等科目。按企业应负担的交易费用，借记"手续费及佣金支出"科目，按应向客户收取的手续费及佣金，贷记"手续费及佣金收入"科目，按其差额，借记本科目（自有）、"银行存款"等科目。

接受客户委托，卖出证券成交总额大于买入证券成交总额的，应按买卖证券成交价的差额减去代扣代交的相关税费和应向客户收取的佣金等后的余额，借记本科目（客户）、"银行存款"等科目，贷记"代理买卖证券款"等科目。按企业应负担的交易费用，借记"手续费及佣金支出"科目，按应向客户收取的手续费及佣金，贷记"手续费及佣金收入"科目，按其差额，借记本科目（自有）、"银行存款"等科目。

（三）在证券交易所进行自营证券交易的，应在取得时根据管理金融资产的业务模式和金融资产的合同现金流量特征对其进行分类，比照"交易性金融资产""债权投资""其他债权投资""其他权益工具投资"等科目的相关规定进行处理。

四、本科目期末借方余额，反映企业存在指定清算代理机构的款项。

## 1031　存出保证金

一、本科目核算以摊余成本计量的、企业（金融）因办理业务需要存出或交纳的各种保证金款项。

二、本科目可按保证金的类别以及存放单位或交易场所进行明细核算。

三、企业存出保证金，借记本科目，贷记"银行存款""存放中央银行款项""结算备付金""应收分保账款"等科目；减少或收回保证金时作相反的会计分录。

四、本科目期末借方余额，反映企业存出或交纳的各种保证金余额。

## 1101　交易性金融资产

一、本科目核算企业分类为以公允价值计量且其变动计入当期损益的金融资产。对于商业银行吸收的符合《中国银保监会办公厅关于进一步规范商业银行结构性存款业务的通知》定义的结构性存款，即嵌入金融衍生产品的存款，通过与利率、汇率、指数等的波动挂钩或者与某实体的信用情况挂钩，使存款人在承担一定风险的基础上获得相应的收益，企业通常应当分类为以公允价值计量且其变动计入当期损益的金融资产，通过本科目核算。但需关注以下特殊情形：

（1）当结构性存款中的挂钩条款发生的概率极低（基本不可能发生）时，则表明该基础变量不具真实性，从而使形式上的衍生工具不具真实性。企业应在充分分析论证结构性存款挂钩条件发生概率极低的情况下，结合合同经济实质，判断此类结构性存款实质上和一般定期存款是否存在区别。若此类结构性存款的合同经济实质与一般定期存款无差别，则能通过 SPPI 测试，宜以摊余成本计量，通过"其他货币资金"科目核算。

（2）银行提供承诺保本保息。结构性存款通常与衍生产品挂钩，虽然在实务中可能存在部分银行提供承诺保本保息，建议先确定该承诺是否为书面承诺，承诺是否具有法律效力。若此承诺仅为口头承诺或系根据历史数据而分析得出的所谓"保本保息"，通常此情况下其基础资产（衍生产品）不能通过 SPPI 测试，应分类为"以公允价值计量且其变动计入当期损益的金融资产"，并根据流动性在"交易性金融资产""其他非流动金融资产"科目核算。若结构性存款的发行银行能够出具书面承诺保本保息（请关注出具承诺的相关机构必须是发行机构，而不是营业网点），并向企业提供存款开户证实书，则可能此结构性存款实质为普通的定期存款，并不属于银保监办发〔2019〕204 号中规范的结构性存款，能通过 SPPI 测试。（随着银保监会对于结构性存款的规范，这种情况在实务中可能比较少见）企业购买的符合"银保监会令 2018 年第 6 号"规定的理财产品（按照约定条件和实际投资收益情况向投资者支付收益、不保证本金支付和收益水平），通常应当分类为以公允价值计量且其变动计入当期损益的金融资产，通过本科目核算。企业购买的符合《中国人民银行关于规范金融机构资产管理业务的指导意见》规定的资产管理产品，若包含"无追索权条款"或属于"合同挂钩工具"的，需要进一步穿透分析能否通过 SPPI 测试；企业购买的货币市场基金份额由于基金通常投资于动态管理的资产组合，因此通不过 SPPI 测试，通常应当分类为以公允价值计量且其变动计入当期损益的金融资产，通过本科目核算。

二、本科目可按金融资产的类别和品种，分别"成本""公允价值变动"等进行明细核算。企业持有的指定为以公允价值计量且其变动计入当期损益的金融资产可在本科目下单设"指定类"明细科目核算。

三、交易性金融资产的主要账务处理。

（一）企业取得交易性金融资产，按其公允价值，借记本科目（成本），按发生的交易费用，借记"投资收益"科目，按已到付息期但尚未领取的利息或已宣告但尚未发放的现金股利，借记"应收利息"或"应收股利"科目，按实际支付的金额，贷记"银行存款""存放中央银行款项""结算备付金"等科目。

（二）交易性金融资产持有期间被投资单位宣告发放的现金股利，或在资产负债表日按分期付息、一次还本债券投资的票面利率计算的利息，借记"应收股利"或"应收利息"科目，贷记"投资收益"科目。

（三）资产负债表日，交易性金融资产的公允价值高于其账面余额的差额，借记本科目（公允价值变动），贷记"公允价值变动损益"科目；公允价值低于其账面余额的差额作相反的会计分录。

（四）出售交易性金融资产，应按实际收到的金额，借记"银行存款""存放中央银行款项""结算备付金"等科目，按该金融资产的账面余额，贷记本科目，按其差额，贷记或借记"投资收益"科目。

（五）关于永续债持有方的会计分类。

持有方在判断持有的永续债是否属于权益工具投资时，应当遵循《企业会计准则第22号——金融工具确认和计量》（以下简称第22号准则）和《企业会计准则第37号——金融工具列报》的相关规定。对于属于权益工具投资的永续债，持有方应当按照第22号准则的规定将其分类为以公允价值计量且其变动计入当期损益的金融资产，或在符合条件时对非交易性权益工具投资初始指定为以公允价值计量且其变动计入其他综合收益。对于不属于权益工具投资的永续债，持有方应当按照该准则规定将其分类为以摊余成本计量的金融资产，以公允价值计量且其变动计入其他综合收益的金融资产，或以公允价值计量且其变动计入当期损益的金融资产。在判断永续债的合同现金流量特征时，持有方必须严格遵循第22号准则第十六条至第十九条的规定，谨慎考虑永续债中包含的选择权。

四、本科目期末借方余额，反映企业持有的交易性金融资产的公允价值。

# 1111　买入返售金融资产

一、本科目核算企业（金融）以摊余成本计量的，按照返售协议约定先买入再按固定价格返售的票据、证券、贷款等金融资产所融出的资金。

二、本科目可按买入返售金融资产的类别和融资方进行明细核算。

三、买入返售金融资产的主要账务处理。

（一）企业根据返售协议买入金融资产，应按实际支付的金额，借记本科目，贷记"存放中央银行款项""结算备付金""银行存款"等科目。

（二）资产负债表日，按照计算确定的买入返售金融资产的利息收入，借记"应收利息"科目，贷记"利息收入"科目。

（三）返售日，应按实际收到的金额，借记"存放中央银行款项""结算备付金""银行存款"等科目，按其账面余额，贷记本科目、"应收利息"科目，按其差额，贷记"利息收入"科目。

四、本科目期末借方余额，反映企业买入的尚未到期返售金融资产摊余成本。

## 1121 应收票据

一、本科目核算以摊余成本计量的，企业因销售商品、提供劳务等而收到的商业汇票，包括银行承兑汇票和商业承兑汇票。

二、本科目可按开出、承兑商业汇票的单位进行明细核算。

三、应收票据的主要账务处理。

（一）企业因销售商品、提供劳务等而收到开出、承兑的商业汇票，按商业汇票的票面金额，借记本科目，按确认的营业收入，贷记"主营业务收入"等科目。涉及增值税销项税额的，还应进行相应的处理。

（二）持未到期的附追索权的商业汇票向银行贴现，未满足终止确认条件，应按实际收到的金额（即减去贴现息后的净额），借记"银行存款"等科目，贷记"短期借款（本金）"科目；票据未到期前计提的利息，借记"财务费用"科目，贷记"短期借款（应计利息）"科目。票据到期，银行不再追索的，按票面金额借记"短期借款（本金）""短期借款（应计利息）"科目（已转让），贷记本科目。短期借款期末余额与应收票据票面金额的差额记入"财务费用"科目。

（三）将持有的附追索权的商业汇票背书转让以取得所需物资，按应计入取得物资成本的金额，借记"材料采购""原材料""库存商品"等科目，按商业汇票的票面金额，贷记"其他流动负债"科目，如有差额，借记或贷记"银行存款"等科目。涉及增值税进项税额的，还应进行相应的处理。票据到期并解除追索情形下，借记"其他流动负债"科目，贷记"应收票据"科目。

（四）未涉及贴现或背书的商业汇票到期，应按实际收到的金额，借记"银行存款"科目，按商业汇票的票面金额，贷记本科目。

四、企业应当设置"应收票据备查簿"，逐笔登记商业汇票的种类、号数和出票日、票面金额、交易合同号和付款人、承兑人、背书人的姓名或单位名称、到期日、背书转让日、贴现日、贴现率和贴现净额以及收款日和收回金额、退票情况等资料。商业汇票到期结清票款或退票后，在备查簿中应予注销。

五、本科目期末借方余额，反映企业持有的商业汇票的票面金额。

## 1122 应收账款

一、本科目核算以摊余成本计量的，企业因销售商品、提供劳务等日常活动应收取的款项。企业（保险）按照原保险合同约定应向投保人收取的保费，可将本科目改为"1122 应收保费"科目，并按照投保人进行明细核算。企业（金融）应收取的手续费和佣金，可将本科目改为"1124 应收手续费及佣金"科目，并按照债务人进行明细核算。因销售商品、提供劳务等，采用递延方式收取合同或协议价款、实质上具有融资性质的，在"长期应收款"科目核算。

涉及延迟定价条款（如定价机制为装船后第 4 个月的大宗商品伦敦市场的现货交易价格）的应收账款，其合同现金流量特征并非仅为对本金和以未偿付本金金额为基础的利息的支付，应分类为以公允价值计量且其变动计入当期损益的金融资产。

二、本科目可按债务人进行明细核算。

三、企业发生应收账款，按应收金额，借记本科目，按确认的营业收入，贷记"主营业务收入""手续费及佣金收入""保费收入"等科目。收回应收账款时，借记"银行存款"等科目，贷记本科目。涉及增值税销项税额的，还应进行相应的处理。

代购货单位垫付的包装费、运杂费，借记本科目，贷记"银行存款"等科目。收回代垫费用时，借记"银行存款"科目，贷记本科目。

四、企业与债务人进行债务重组，应当分别债务重组的不同方式进行处理。

（一）以资产清偿债务或将债务转为权益工具。

债务重组采用以资产清偿债务或者将债务转为权益工具方式进行的，债权人应当在受让的相关资产符合其定义和确认条件时予以确认。

1. 债权人受让金融资产。债权人受让包括现金在内的单项或多项金融资产的，应当按照《企业会计准则第 22 号——金融工具确认和计量》的规定进行确认和计量。金融资产初始确认时应当以其公允价值计量。金融资产确认金额与债权终止确认日账面价值之间的差额，记入"投资收益"科目，但收取的金融资产的公允价值与交易价格（即放弃债权的公允价值）存在差异的应当按照《企业会计准则第 22 号——金融工具确认和计量》第三十四条的规定处理①。

2. 债权人受让非金融资产。债权人初始确认受让的金融资产以外的资产时，应当按照下列原则以成本计量：（1）存货的成本，包括放弃债权的公允价值，以及使该资产达到当前位置和状态所发生的可直接归属于该资产的税金、运输费、装卸费、保险

---

① 《企业会计准则第 22 号——金融工具确认和计量》第三十四条规定，"……金融资产或金融负债公允价值与交易价格存在差异的，企业应当区别下列情况进行处理：（一）在初始确认时，金融资产或金融负债的公允价值依据相同资产或负债在活跃市场上的报价或者以仅使用可观察市场数据的估值技术确定的，企业应当将该公允价值与交易价格之间的差额确认为一项利得或损失。（二）在初始确认时，金融资产或金融负债的公允价值以其他方式确定的，企业应当将该公允价值与交易价格之间的差额递延。初始确认后，企业应当根据某一因素在相应会计期间的变动程度将该递延差额确认为相应会计期间的利得或损失。该因素应当仅限于市场参与者对该金融工具定价时将予考虑的因素，包括时间等。"

费等其他成本。（2）对联营企业或合营企业投资的成本，包括放弃债权的公允价值，以及可直接归属于该资产的税金等其他成本。（3）投资性房地产的成本，包括放弃债权的公允价值，以及可直接归属于该资产的税金等其他成本。（4）固定资产的成本，包括放弃债权的公允价值，以及使该资产达到预定可使用状态前所发生的可直接归属于该资产的装卸费、安装费、专业人员服务费等其他成本。确定固定资产成本时，应当考虑预计弃置费用因素。（5）生物资产的成本，包括放弃债权的公允价值，以及可直接归属于该资产的税金、运输费、保险费等其他成本。（6）无形资产的成本，包括放弃债权的公允价值，以及可直接归属于使该资产达到预定用途所发生的税金等其他成本。放弃债权的公允价值与账面价值之间的差额，记入"投资收益"科目。

3. 债权人受让多项资产。债权人受让多项非金融资产，或者包括金融资产、非金融资产在内的多项资产的，应当按照《企业会计准则第 22 号——金融工具确认和计量》的规定确认和计量受让的金融资产；按照受让的金融资产以外的各项资产在债务重组合同生效日的公允价值比例，对放弃债权在合同生效日的公允价值扣除受让金融资产当日公允价值后的净额进行分配，并以此为基础分别确定各项资产的成本。放弃债权的公允价值与账面价值之间的差额，记入"投资收益"科目。

4. 债权人受让处置组。债务人以处置组清偿债务的，债权人应当分别按照《企业会计准则第 22 号——金融工具确认和计量》和其他相关准则的规定。对处置组中的金融资产和负债进行初始计量，然后按照金融资产以外的各项资产在债务重组合同生效日的公允价值比例，对放弃债权在合同生效日的公允价值以及承担的处置组中负债的确认金额之和，扣除受让金融资产当日公允价值后的净额进行分配，并以此为基础分别确定各项资产的成本。放弃债权的公允价值与账面价值之间的差额，记入"投资收益"科目。

5. 债权人将受让的资产或处置组划分为持有待售类别。债务人以资产或处置组清偿债务，且债权人在取得日未将受让的相关资产或处置组作为非流动资产和非流动负债核算，而是将其划分为持有待售类别的，债权人应当在初始计量时、比较假定其不划分为持有待售类别情况下的初始计量金额和公允价值减去出售费用后的净额，以两者孰低计量。

（二）修改其他条款。

债务重组采用以修改其他条款方式进行的，如果修改其他条款导致全部债权终止确认，债权人应当按照修改后的条款以公允价值初始计量重组债权，重组债权的确认金额与债权终止确认日账面价值之间的差额，记入"投资收益"科目。

如果修改其他条款未导致债权终止确认，债权人应当根据其分类，继续以摊余成本、以公允价值计量且其变动计入其他综合收益，或者以公允价值计量且其变动计入当期损益进行后续计量。对于以摊余成本计量的债权，债权人应当根据重新议定合同的现金流量变化情况，重新计算该重组债权的账面余额，并将相关利得或损失记入

"投资收益"科目。重新计算的该重组债权的账面余额，应当根据将重新议定或修改的合同现金流量按债权原实际利率折现的现值确定，购买或源生的已发生信用减值的重组债权，应按经信用调整的实际利率折现。对于修改或重新议定合同所产生的成本或费用，债权人应当调整修改后的重组债权的账面价值，并在修改后重组债权的剩余期限内摊销。

（三）组合方式。

债务重组采用组合方式进行的，一般可以认为对全部债权的合同条款作出了实质性修改，债权人应当按照修改后的条款，以公允价值初始计量重组债权和受让的新金融资产，按照受让的金融资产以外的各项资产在债务重组合同生效日的公允价值比例，对放弃债权在合同生效日的公允价值扣除重组债权和受让金融资产当日公允价值后的净额进行分配，并以此为基础分别确定各项资产的成本。放弃债权的公允价值与账面价值之间的差额，记入"投资收益"科目。

五、本科目期末借方余额，反映企业尚未收回的应收账款；期末如为贷方余额，反映企业预收的账款。

# 1123　预付账款

一、本科目核算企业按照合同规定预付的款项。

预付款项情况不多的，也可以不设置本科目，将预付的款项直接记入"应付账款"科目。

企业进行在建工程预付的工程价款，也在本科目核算。

企业（保险）从事保险业务预先支付的赔付款，可将本科目改为"1123 预付赔付款"科目，并按照保险人或受益人进行明细核算。

二、本科目可按供货单位进行明细核算。

三、预付账款的主要账务处理。

（一）企业因购货而预付的款项，借记本科目，贷记"银行存款"等科目。收到所购物资，按应计入购入物资成本的金额，借记"材料采购""原材料""库存商品"等科目，按应支付的金额，贷记本科目。补付的款项，借记本科目，贷记"银行存款"等科目；退回多付的款项作相反的会计分录。涉及增值税进项税额的，还应进行相应的处理。

（二）企业进行在建工程预付的工程价款，借记本科目，贷记"银行存款"等科目。按工程进度结算工程价款，借记"在建工程"科目，贷记本科目、"银行存款"等科目。

（三）企业（保险）预付的赔付款，借记本科目，贷记"银行存款"等科目。转销预付的赔付款，借记"赔付支出""应付分保账款"等科目，贷记本科目。

四、本科目期末借方余额，反映企业预付的款项；期末如为贷方余额，反映企业尚未补付的款项。

## 1124　应收款项融资

一、本科目核算以公允价值计量且其变动计入其他综合收益的企业因销售商品、提供劳务等应收取的款项或收到的商业汇票。

企业管理金融资产的业务模式是一种"客观事实"，而不是一种意图。企业应根据以往的实际情况，判断应收账款保理、应收票据贴现和背书是否已经属于经常性的行为，而并非是在特殊情况（如资金紧缺）下的特殊行为。只有当企业出售应收账款、应收票据贴现已经属于经常性的行为时，方可认定企业管理金融资产的业务模式是"既以收取合同现金流量又以出售金融资产为目标"。

对于应收票据贴现或背书不满足终止确认条件的情况下，可否列报"应收款项融资"，实务中有两种观点[1]，一种观点认为，预期不符合终止确认的应收票据并未导致会计上的"出售"，因此，不符合"既以收取合同现金流量又以出售金融资产为目标"的业务模式，不能重分类至"应收款项融资"。另一种观点则认为，若将票据的分类以"是否终止确认"为判断标准，则可能导致与企业实际持有此类票据的业务模式不符。此类观点认为，根据现行企业会计准则，不能仅以应收票据是否预期符合终止确认条件对应收票据进行分类，应反映企业实际持有应收票据的业务模式。

实务中倾向于认为双重模式下的"出售"金融资产，应是满足终止确认条件下的金融资产出售行为，相关票据贴现业务或应收账款保理业务应在满足终止确认条件时才能被分类为"应收款项融资"[2]。即应收票据以贴现或背书等形式转让但不能终止确认时，即使该类业务发生较为频繁、涉及金额也较大，仍划分为以摊余成本计量的金融资产。

通常情况下，商业承兑汇票背书不满足终止确认的条件，中国证监会的监管意见一般也不认可商业承兑汇票背书、贴现时终止确认[3]，因此，商业承兑汇票不宜在本

---

[1]　源自《上海证券交易所会计监管动态》（2021 年第 1 期）典型案例研究（六）之问题 1。

[2]　源自《年报监管会计问题提示》（厦门证监局公司监管处 2021 年第 2 期）。

[3]　中国证监会《2018 年上市公司年报会计监管报告》指出，根据票据法及企业会计准则相关规定，在转让合同中未明确约定不附追索权的情况下，商业承兑汇票即使贴现、背书或保理，与其所有权相关的主要风险并没有转移，不满足终止确认条件。年报分析发现，部分上市公司终止确认了未到期已保理的商业承兑汇票，票据到期被拒付，公司对相关的追索诉讼确认预计负债，并披露为非经常性损益。商业承兑汇票的信用风险较高，在附有追索权进行保理的情况下不应终止确认，同时应确认相关金融负债；如果保理后被拒付，上市公司应当对该应收票据计提坏账准备，并计入经常性损益。

科目核算，仍应在"应收票据"科目核算。

一般认为，在"应收款项融资"项目中列报的应收款项（应收账款和应收票据），应同时满足以下条件：（1）合同现金流量特征能够通过 SPPI 测试，即满足《企业会计准则第 22 号——金融工具确认和计量（2017 年修订）》第十六条所说的"本金 + 利息"的条件。（2）根据以往实际情况，企业存在经常将应收款项在其到期之前通过转让、背书或贴现的方式收回其合同现金流量。对于企业管理应收账款或应收票据的业务模式为"以收取合同现金流量为目标"，且根据其合同条款规定，在特定日期产生的现金流量，仅为对本金和以未偿付本金金额为基础的利息的支付时，该等应收款项和应收票据仍应在"应收票据"或"应收账款"科目核算。（3）应收款项后续用于转让、背书或者贴现时，预期将可以满足《企业会计准则第 23 号——金融资产转移（2017 年修订）》规定的金融资产转移终止确认条件。（4）根据《企业会计准则第 30 号——财务报表列报（2014 年修订）》第十七条规定的标准，该应收款项属于流动资产。（资产负债表日不属于流动资产列报范围的应收款项，无论其按照新 CAS 22 分类为哪类金融资产，均不属于"应收款项融资"列报范围）

关于应收票据背书或者贴现时是否满足"终止确认"条件，应结合承兑行的信用等级情况进行判断。通常认为，信用等级较高且不存在其他特殊风险的承兑行，其具备较强的支付能力，可在票据背书或贴现时进行终止确认，如大型商业银行出具的银行承兑汇票，不附追索权的应收账款转让。

二、本科目按债务人进行明细核算。

三、应收款项融资的主要账务处理。

企业发生应收账款，按应收金额，借记本科目，按确认的营业收入，贷记"主营业务收入""手续费及佣金收入""保费收入"等科目。涉及增值税销项税额的，还应进行相应的账务处理。

应收票据贴现或背书、应收账款保理时，符合终止确认条件，借记"银行存款""投资收益"等科目，贷记本科目。

发生减值的，借记"信用减值损失"科目，贷记"其他综合收益"科目，考虑对所得税的影响，根据"信用减值损失""其他综合收益"的差额，借记"递延所得税资产"科目或贷记"递延所得税负债"科目。

四、期末借方余额反映企业以公允价值计量且其变动计入其他综合收益的应收账款和应收票据。

## 1125　应收退货成本

一、本科目核算销售商品时预期将退回商品的账面价值，扣除收回该商品预计发生的成本（包括退回商品的价值减损）后的余额。

二、本科目可按合同进行明细核算。

三、应收退货成本的主要账务处理。

企业发生附有销售退回条款的销售的，应在客户取得相关商品控制权时，按照已收或应收合同价款，借记"银行存款""应收账款""应收票据""合同资产"等科目，按照因向客户转让商品而预期有权收取的对价金额（即，不包含预期因销售退回将退还的金额），贷记"主营业务收入""其他业务收入"等科目，按照预期因销售退回将退还的金额，贷记"预计负债——应付退货款"等科目；结转相关成本时，按照预期将退回商品转让时的账面价值，扣除收回该商品预计发生的成本（包括退回商品的价值减损）后的余额，借记本科目，按照已转让商品转让时的账面价值，贷记"库存商品"等科目，按其差额，借记"主营业务成本""其他业务成本"等科目。涉及增值税的，还应进行相应的账务处理。

四、本科目期末借方余额，反映企业预期将退回商品转让时的账面价值，扣除收回该商品预计发生的成本（包括退回商品的价值减损）后的余额，在资产负债表中按其流动性记入"其他流动资产"或"其他非流动资产"项目。

## 1131 应收股利

一、本科目核算按摊余成本计量的，企业应收取的现金股利和应收取其他单位分配的利润。

二、本科目应当按照被投资单位进行明细核算。

三、应收股利的主要账务处理。

（一）企业取得交易性金融资产，按支付的价款中所包含的、已宣告但尚未发放的现金股利，借记本科目，按交易性金融资产的公允价值，借记"交易性金融资产——成本"科目，按发生的交易费用，借记"投资收益"科目，按实际支付的金额，贷记"银行存款""存放中央银行款项""结算备付金"等科目。

交易性金融资产持有期间被投资单位宣告发放的现金股利，按应享有的份额，借记本科目，贷记"投资收益"科目。

（二）取得长期股权投资，按支付的价款中所包含的、已宣告但尚未发放的现金股利，借记本科目，按确定的长期股权投资成本，借记"长期股权投资——成本"科目，按实际支付的金额，贷记"银行存款"等科目。

被投资单位宣告发放现金股利或利润，按应归本企业享有的金额，借记本科目，贷记"投资收益"或"长期股权投资——损益调整"科目。

（三）取得其他权益工具投资（指以公允价值计量且其变动计入其他综合收益的

非交易性权益工具投资），按支付的价款中所包含的、已宣告但尚未发放的现金股利，借记本科目，按其他权益工具投资的公允价值与交易费用之和，借记"其他权益工具投资——成本"科目，按实际支付的金额，贷记"银行存款""存放中央银行款项""结算备付金"等科目。其他权益工具投资持有期间被投资单位宣告发放的现金股利，按应享有的份额，借记本科目，贷记"投资收益"科目。

（四）收到现金股利或利润，借记"银行存款"等科目，贷记本科目等。

四、本科目期末借方余额，反映企业尚未收回的现金股利或利润。

## 1132　应收利息

一、本科目核算企业发放的贷款、各类债权投资、存放中央银行款项、拆出资金、买入返售金融资产等应收取的利息。企业购入的一次还本付息的债权投资持有期间取得的利息，在"债权投资"科目核算。

二、本科目可按借款人或被投资单位进行明细核算。

三、应收利息的主要账务处理。

（一）企业取得的交易性金融资产，按支付的价款中所包含的、已到付息期但尚未领取的利息，借记本科目，按交易性金融资产的公允价值，借记"交易性金融资产——成本"科目，按发生的交易费用，借记"投资收益"科目，按实际支付的金额，贷记"银行存款""存放中央银行款项""结算备付金"等科目。

（二）取得的债权投资，应按该投资的面值，借记"债权投资——成本"科目，按支付的价款中包含的、已到付息期但尚未领取的利息，借记本科目，按实际支付的金额，贷记"银行存款""存放中央银行款项""结算备付金"等科目，按其差额，借记或贷记"债权投资——利息调整"科目。

资产负债表日，债权投资为分期付息、一次还本债券投资的，应按票面利率计算确定的应收未收利息，借记本科目，按债权投资摊余成本和实际利率计算确定的利息收入，贷记"投资收益"科目，按其差额，借记或贷记"债权投资——利息调整"科目。

债权投资为一次还本付息债券投资的，应于资产负债表日按票面利率计算确定的应收未收利息，借记"债权投资——应计利息"科目，按债权投资摊余成本和实际利率计算确定的利息收入，贷记"投资收益"科目，按其差额，借记或贷记"债权投资——利息调整"科目。

（三）取得的其他债权投资，比照（二）的相关规定进行处理。

（四）发生减值的债权投资、其他债权投资的利息收入，应当比照"贷款"科目相关规定进行处理。

（五）企业发放的贷款，应于资产负债表日按贷款的合同本金和合同利率计算确定的应收未收利息，借记本科目，按贷款的摊余成本和实际利率计算确定的利息收入，贷记"利息收入"科目，按其差额，借记或贷记"贷款——利息调整"科目。

（六）应收利息实际收到时，借记"银行存款""存放中央银行款项"等科目，贷记本科目。

四、本科目期末借方余额，反映企业尚未收回的利息。

## 1201　应收代位追偿款

一、本科目核算企业（保险）按照原保险合同约定承担赔付保险金责任后确认的代位追偿款。

二、本科目可按被追偿单位（或个人）进行明细核算。

三、应收代位追偿款的主要账务处理。

（一）企业承担赔付保险金责任后确认的代位追偿款，借记本科目，贷记"赔付支出"科目。

（二）收回应收代位追偿款时，按实际收到的金额，借记"库存现金""银行存款"等科目，按其账面余额，贷记本科目，按其差额，借记或贷记"赔付支出"科目。已计提坏账准备的，还应同时结转坏账准备。

四、本科目期末借方余额，反映企业已确认尚未收回的代位追偿款。

## 1211　应收分保账款

一、本科目核算企业（保险）从事再保险业务应收取的款项。

二、本科目可按再保险分出人或再保险接受人和再保险合同进行明细核算。

三、再保险分出人应收分保账款的主要账务处理。

（一）企业在确认原保险合同保费收入的当期，按相关再保险合同约定计算确定的应向再保险接受人摊回的分保费用，借记本科目，贷记"摊回分保费用"科目。

（二）在确定支付赔付款项金额或实际发生理赔费用而冲减原保险合同相应未决赔款准备金、寿险责任准备金、长期健康险责任准备金余额的当期，按相关再保险合同约定计算确定的应向再保险接受人摊回的赔付成本金额，借记本科目，贷记"摊回赔付支出"科目。

（三）在因取得和处置损余物资、确认和收到应收代位追偿款等而调整原保险合同赔付成本的当期，按相关再保险合同约定计算确定的摊回赔付支出的调整金额，借记或贷记"摊回赔付支出"科目，贷记或借记本科目。

（四）计算确定应向再保险接受人收取纯益手续费的，按相关再保险合同约定计算确定的纯益手续费，借记本科目，贷记"摊回分保费用"科目。

（五）在原保险合同提前解除的当期，按相关再保险合同约定计算确定的摊回分保费用的调整金额，借记"摊回分保费用"科目，贷记本科目。

（六）对于超额赔款再保险等非比例再保险合同，在能够计算确定应向再保险接受人摊回的赔付成本时，按摊回的赔付成本金额，借记本科目，贷记"摊回赔付支出"科目。

四、再保险接受人应收分保账款的主要账务处理。

（一）企业确认再保险合同保费收入时，借记本科目，贷记"保费收入"科目。

（二）收到分保业务账单时，按账单标明的金额对分保费收入进行调整，按调整增加额，借记本科目，贷记"保费收入"科目；按调整减少额作相反的会计分录。

按照账单标明的再保险分出人扣存本期分保保证金，借记"存出保证金"科目，贷记本科目。按账单标明的再保险分出人返还上期扣存分保保证金，借记本科目，贷记"存出保证金"科目。

（三）计算存出分保保证金利息，借记本科目，贷记"利息收入"科目。

五、再保险分出人、再保险接受人结算分保账款时，按应付分保账款金额，借记"应付分保账款"科目，按应收分保账款金额，贷记本科目，按其差额，借记或贷记"银行存款"科目。

六、本科目期末借方余额，反映企业从事再保险业务应收取的款项。

## 1212　应收分保合同准备金

一、本科目核算企业（再保险分出人）从事再保险业务确认的应收分保未到期责任准备金，以及应向再保险接受人摊回的保险责任准备金。

企业（再保险分出人）可以单独设置"应收分保未到期责任准备金""应收分保未决赔款准备金""应收分保寿险责任准备金""应收分保长期健康险责任准备金"等科目。

二、本科目可按再保险接受人和再保险合同进行明细核算。

三、应收分保合同准备金的主要账务处理。

（一）企业在确认非寿险原保险合同保费收入的当期，按相关再保险合同约定计算确定的相关应收分保未到期责任准备金金额，借记本科目，贷记"提取未到期责任准备金"科目。

资产负债表日，调整原保险合同未到期责任准备金余额，按相关再保险合同约定计算确定的应收分保未到期责任准备金的调整金额，借记"提取未到期责任准备金"

科目,贷记本科目。

（二）在提取原保险合同未决赔款准备金、寿险责任准备金、长期健康险责任准备金的当期,按相关再保险合同约定计算确定的应向再保险接受人摊回的保险责任准备金金额,借记本科目,贷记"摊回保险责任准备金"科目。

（三）在确定支付赔付款项金额或实际发生理赔费用而冲减原保险合同相应未决赔款准备金、寿险责任准备金、长期健康险责任准备金余额的当期,按相关应收分保保险责任准备金的相应冲减金额,借记"摊回保险责任准备金"科目,贷记本科目。

（四）在对原保险合同未决赔款准备金、寿险责任准备金、长期健康险责任准备金进行充足性测试补提保险责任准备金时,按相关再保险合同约定计算确定的应收分保保险责任准备金的相应增加额,借记本科目,贷记"摊回保险责任准备金"科目。

（五）在原保险合同提前解除而转销相关未到期责任准备金余额的当期,借记"提取未到期责任准备金"科目,贷记本科目。

在原保险合同提前解除而转销相关寿险责任准备金、长期健康险责任准备金余额的当期,按相关应收分保保险责任准备金余额,借记"摊回保险责任准备金"科目,贷记本科目。

四、本科目期末借方余额,反映企业从事再保险业务确认的应收分保合同准备金余额。

## 1221 其他应收款

一、本科目核算分类为以摊余成本计量的,企业除存出保证金、买入返售金融资产、应收票据、应收账款、预付账款、应收股利、应收利息、应收代位追偿款、应收分保账款、应收分保未到期责任准备金、应收分保保险责任准备金、长期应收款等经营活动以外的其他各种应收、暂付的款项。

二、本科目可按对方单位（或个人）进行明细核算。

三、采用售后回购方式融出资金的,应按实际支付的金额,借记本科目,贷记"银行存款"科目。销售价格与原购买价格之间的差额,应在售后回购期间内按期计提利息费用,借记本科目,贷记"财务费用"科目。按合同约定返售商品时,应按实际收到的金额,借记"银行存款"科目,贷记本科目。

四、企业发生其他各种应收、暂付款项时,借记本科目,贷记"银行存款""固定资产清理"等科目;收回或转销各种款项时,借记"库存现金""银行存款"等科目,贷记本科目。

五、本科目期末借方余额,反映企业尚未收回的其他应收款项。

## 1231　坏账准备

一、本科目核算企业以摊余成本计量的应收款项等金融资产以预期信用损失为基础计提的损失准备。

根据《首发业务若干问题解答》（2020 年 6 月修订），发行人不应以欠款方为关联方客户、优质客户、政府工程客户或历史上未发生实际损失等理由而不计提坏账准备。对于在收入确认时对应收账款进行初始确认，后又将该应收账款转为商业承兑汇票结算的，发行人应按照账龄连续计算的原则对应收票据计提坏账准备。

根据企业会计准则及相关规定，企业分类为以摊余成本计量的金融资产、以公允价值计量且其变动计入其他综合收益的金融资产和财务担保合同需要按照预期信用损失模型计提预期信用损失。企业在评估预期信用损失时应当考虑所有合理且有依据的信息，包括前瞻性信息，合理确定相关资产的减值方法和减值参数，并在每个资产负债表日进行重新评估。当对金融资产预期未来现金流量具有不利影响的一项或多项事件发生时，该金融资产成为已发生信用减值的金融资产①。对于其他除购买或源生时已发生信用减值之外的金融资产，应运用三阶段减值模型计量预期信用损失。对于收入准则所规定的、不含重大融资成分的应收款项和合同资产，应当始终按照整个存续期内预期信用损失的金额计量其损失准备，即运用预期信用损失的简化模型。②

以组合为基础进行信用风险变化评估时，企业可以共同风险特征为依据，将金融工具分为不同组别，从而使有关评估更为合理并能及时识别信用风险的显著增加。企业不应将具有不同风险特征的金融工具归为同一组别。如企业主营业务涉及多个不同行业，不宜简单将不同行业客户的应收账款作为一个组合计提预期信用损失，应充分评估不同行业客户的信用风险特征是否相同，并根据情况划分不同组合分别计提预期

---

① 中国证监会发布的《2019 年度上市公司年报会计监管报告》指出，"年报分析发现，部分上市公司在计提预期信用损失时，存在下列问题：一是在新金融工具准则的转换日对应收账款和应收票据等金融资产的减值准备未做任何调整，计量使用的参数与原金融工具准则也基本相同，未能按照预期信用损失计量的要求考虑前瞻性信息；二是对于部分应收票据、应收账款和其他应收款中的应收关联方往来款，未计提预期信用损失；三是针对金额重大的对外财务担保合同，未计提相关预期信用损失。"

② 中国证监会发布的《2019 年度上市公司年报会计监管报告》指出，"年报分析发现，部分上市公司未能恰当运用预期信用损失的计量模型：一是个别上市公司对于金融工具减值的三阶段划分不正确，未能在资产负债表日评估金融工具的信用风险自初始确认后是否已显著增加，以及是否已发生信用减值，笼统地将信用减值都划分为第一阶段；二是个别上市公司确认的应收账款不含重大融资成分，但未运用简化模型计量预期信用损失，而是仅对单项金额重大并单独计提坏账的应收账款运用简化模型，但对按信用风险组合特征计提坏账的应收账款运用三阶段减值模型；三是个别上市公司对其他应收款未按三阶段减值模型计量预期信用损失，而是错误地运用了简化模型。"

信用损失。

当企业采用简便方法以账龄为基础计量应收账款预期信用损失时，企业应充分考虑客户的类型、所处行业、信用风险评级、历史回款情况等信息，判断同一账龄组合中的客户是否具有共同的信用风险特征。若某一客户信用风险特征与组合中其他客户显著不同，或该客户信用风险特征发生显著变化，企业不应继续将应收该客户款项纳入原账龄组合计量预期信用损失。实务中，因部分客户信用风险发生显著变化，企业与客户协商调整回款方式，如将应收账款转为对客户的股权投资、由客户以非货币性资产偿还等方式收回应收账款。上述回款方式的变化，表明该类客户的信用风险特征与组合中其他客户的信用风险显著不同，企业在计量应收账款预期信用损失时，不应将该类客户继续纳入原组合中。

二、本科目可按应收款项的类别进行明细核算。

三、坏账准备的主要账务处理。

（一）资产负债表日，应收款项发生减值的，按应减记的金额，借记"信用减值损失"科目，贷记本科目。本期应计提的坏账准备大于其账面余额的，应按其差额计提；应计提的坏账准备小于其账面余额的差额作相反的会计分录。

（二）对于确实无法收回的应收款项，按管理权限报经批准后作为坏账，转销应收款项，借记本科目，贷记"应收票据""应收账款""预付账款""应收分保账款""其他应收款""长期应收款"等科目。

（三）已确认并转销的应收款项以后又收回的，应按实际收回的金额，借记"应收票据""应收账款""预付账款""应收分保账款""其他应收款""长期应收款"等科目，贷记本科目；同时，借记"银行存款"科目，贷记"应收票据""应收账款""预付账款""应收分保账款""其他应收款""长期应收款"等科目。

对于已确认并转销的应收款项以后又收回的，也可以按照实际收回的金额，借记"银行存款"科目，贷记本科目。

企业在资产负债表日后终止确认金融资产，属于表明资产负债表日后发生的情况的事项，即非调整事项。如果企业在资产负债表日考虑所有合理且有依据的信息，已采用预期信用损失法基于有关过去事项、当前状况以及未来经济状况预测计提了信用减值准备，不能仅因资产负债表日后交易情况认为已计提的减值准备不合理，并进而调整资产负债表日的财务报表。

四、本科目期末贷方余额，反映企业已计提但尚未转销的坏账准备。

# 1301 贴现资产

一、本科目核算企业（银行）办理商业票据的贴现、转贴现等业务所融出的资金。

企业（银行）买入的即期外币票据，也通过本科目核算。

对于贴现资产视管理资产的业务模式，可以划分为采用摊余成本计量的贴现资产、以公允价值计量且其变动计入其他综合收益的贴现资产。

二、本科目可按贴现类别和贴现申请人进行明细核算。

三、贴现资产的主要账务处理。

（一）企业办理贴现时，按贴现票面金额，借记本科目（面值），按实际支付的金额，贷记"存放中央银行款项""吸收存款"等科目，按其差额，贷记本科目（利息调整）。

（二）资产负债表日，按计算确定的贴现利息收入，借记本科目（利息调整），贷记"利息收入"科目。

（三）贴现票据到期，应按实际收到的金额，借记"存放中央银行款项""吸收存款"等科目，按贴现的票面金额，贷记本科目（面值），按其差额，贷记"利息收入"科目。存在利息调整金额的，也应同时结转。

（四）期末，对以公允价值计量且其变动计入其他综合收益的贴现资产进行公允价值重估。公允价值上升时，借记本科目（公允价值变动），贷记"其他综合收益——公允价值变动"科目，公允价值下降时，作相反分录；计提减值准备时，借记"信用减值损失"科目，贷记"其他综合收益——信用减值准备"科目。

四、本科目期末借方余额，反映企业办理的贴现、转贴现等业务融出的资金。

## 1302　拆出资金

一、本科目核算以摊余成本计量的，企业（金融）拆借给境内、境外其他金融机构的款项。

二、本科目可按拆放的金融机构进行明细核算。

三、企业拆出的资金，借记本科目，贷记"存放中央银行款项""银行存款"等科目；收回资金时作相反的会计分录。

四、本科目期末借方余额，反映企业按规定拆放给其他金融机构的款项。

## 1303　贷款

一、本科目核算以摊余成本计量的，企业（银行）按规定发放的各种客户贷款，包括质押贷款、抵押贷款、保证贷款、信用贷款等。

企业（银行）按规定发放的具有贷款性质的银团贷款、贸易融资、协议透支、信用卡透支、转贷款以及垫款等，在本科目核算；也可以单独设置"银团贷款""贸易融资""协议透支""信用卡透支""转贷款""垫款"等科目。

企业（保险）的保户质押贷款，可将本科目改为"保户质押贷款"科目。企业（典当）的质押贷款、抵押贷款，可将本科目改为"质押贷款""抵押贷款"科目。企业委托银行或其他金融机构向其他单位贷出的款项，可将本科目改为"委托贷款"科目。

除非存在其他导致不符合本金加利息的合同现金流量特征的因素，从"贷款基准利率"调整为"贷款市场报价利率"本身不会导致相关金融资产不符合本金加利息的合同现金流量特征。例如，利率为"贷款市场报价利率 + 200 基点"的贷款符合本金加利息的合同现金流量特征；再如，利率为"贷款市场报价利率向上浮动 20%"的贷款不符合本金加利息的合同现金流量特征。

二、本科目可按贷款类别、客户，分别"本金""利息调整""已减值"等进行明细核算。

三、贷款的主要账务处理。

（一）企业发放的贷款，应按贷款的合同本金，借记本科目（本金），按实际支付的金额，贷记"吸收存款""存放中央银行款项"等科目，有差额的，借记或贷记本科目（利息调整）。

资产负债表日，应按贷款的合同本金和合同利率计算确定的应收未收利息，借记"应收利息"科目，按贷款的摊余成本和实际利率计算确定的利息收入，贷记"利息收入"科目，按其差额，借记或贷记本科目（利息调整）。合同利率与实际利率差异较小的，也可以采用合同利率计算确定利息收入。

收回贷款时，应按客户归还的金额，借记"吸收存款""存放中央银行款项"等科目，按收回的应收利息金额，贷记"应收利息"科目，按归还的贷款本金，贷记本科目（本金），按其差额，贷记"利息收入"科目。存在利息调整余额的，还应同时结转。

（二）资产负债表日，确定贷款发生减值的，按应减记的金额，借记"资产减值损失"科目，贷记"贷款损失准备"科目。同时，应将本科目（本金、利息调整）余额转入本科目（已减值），借记本科目（已减值），贷记本科目（本金、利息调整）。

资产负债表日，应按贷款的摊余成本和实际利率计算确定的利息收入，借记"贷款损失准备"科目，贷记"利息收入"科目。同时，将按合同本金和合同利率计算确定的应收利息金额进行表外登记。

收回减值贷款时，应按实际收到的金额，借记"吸收存款""存放中央银行款项"等科目，按相关贷款损失准备余额，借记"贷款损失准备"科目，按相关贷款余额，贷记本科目（已减值），按其差额，贷记"信用减值损失"科目。

对于确实无法收回的贷款，按管理权限报经批准后作为呆账予以转销，借记"贷款损失准备"科目，贷记本科目（已减值）。按管理权限报经批准后转销表外应收未收利息，减少表外"应收未收利息"科目金额。

收回已核销的以摊余成本计量的贷款，按实际收到的金额，借记本科目（已减值），贷记"贷款损失准备"科目；借记"存放中央银行款项"等科目，贷记本科目（已减值）；借记"贷款损失准备"科目，贷记"信用减值损失"科目；或者采用简化处理，即借记"存放中央银行款项"等科目，贷记"信用减值损失"科目。

四、本科目期末借方余额，反映企业按规定发放尚未收回贷款的摊余成本。

## 1304　贷款损失准备

一、本科目核算企业（银行）以摊余成本计量的贷款以预期信用损失为基础计提的损失准备。计提贷款损失准备的资产包括客户贷款、拆出资金、贴现资产、银团贷款、贸易融资、协议透支、信用卡透支、转贷款和垫款等。

企业（保险）的保户质押贷款计提的减值准备，也在本科目核算。

企业（典当）的质押贷款、抵押贷款计提的减值准备，也在本科目核算。

企业委托银行或其他金融机构向其他单位贷出的款项计提的减值准备，可将本科目改为"1304 委托贷款损失准备"科目。

二、本科目可按计提贷款损失准备的资产类别进行明细核算。

三、贷款损失准备的主要账务处理。

（一）资产负债表日，贷款发生减值的，按应减记的金额，借记"信用减值损失"科目，贷记本科目。

（二）对于确实无法收回的各项贷款，按管理权限报经批准后转销各项贷款，借记本科目，贷记"贷款""贴现资产""拆出资金"等科目。

（三）已计提贷款损失准备的贷款价值以后又得以恢复，应在原已计提的贷款损失准备金额内，按恢复增加的金额，借记本科目，贷记"信用减值损失"科目。

四、本科目期末贷方余额，反映企业已计提但尚未转销的贷款损失准备。

## 1305　融出资金

一、本科目核算企业（证券）融资融券业务中的融资部分，以及买入相关监管部门规定的约定购回等买入返售之外的向客户提供融资的业务，例如包括证券公司在境外开展业务等。

二、本科目设置"融出资金""融出证券"两个明细科目，并分别可按接受融资融券的客户进行明细核算。

三、主要账务处理。

公司向客户融出资金或融出证券时，借记本科目，贷记"代理买卖证券款"等科目；客户还款时，做相反分录。公司向客户结算应收利息时，借记"应收利息"科目，贷记"利息收入"科目。

关于融券业务，证券公司融出的证券，按照《企业会计准则第23号——金融资产转移》的有关规定，不应终止确认该证券，但应确认相应利息收入。证券公司对客户融资融券并代客户买卖证券时，应当作为证券经纪业务进行会计处理。

四、本科目期末借方余额，反映企业按规定融给客户未收回的款项。

## 1311 代理兑付证券

一、本科目核算企业（证券、银行等）接受委托代理兑付到期的证券。

二、本科目可按委托单位和证券种类进行明细核算。

三、代理兑付证券的主要账务处理。

（一）委托单位尚未拨付兑付资金而由企业垫付的，在收到客户交来的证券时，应按兑付金额，借记本科目，贷记"银行存款"等科目。向委托单位交回已兑付的证券并收回垫付的资金时，借记"银行存款"等科目，贷记本科目。

（二）收到客户交来的无记名证券时，应按兑付金额，借记本科目，贷记"库存现金""银行存款"等科目。向委托单位交回已兑付证券时，借记"代理兑付证券款"科目，贷记本科目。

四、本科目期末借方余额，反映企业已兑付但尚未收到委托单位兑付资金的证券金额。

## 1321 代理业务资产

一、本科目核算企业不承担风险的代理业务形成的资产，包括受托理财业务进行的证券投资和受托贷款等。企业采用收取手续费方式受托代销的商品，可将本科目改为"受托代销商品"科目。

二、本科目可按委托单位、资产管理类别（如定向、集合和专项资产管理业务）、贷款对象，分别"成本""已实现未结算损益"等进行明细核算。

三、代理业务资产的主要账务处理。

（一）企业收到委托人的资金，应按实际收到的金额，借记"存放中央银行款项""吸收存款"等科目，贷记"代理业务负债"科目。

（二）以代理业务资金购买证券等，借记本科目（成本），贷记"存放中央银行款项""结算备付金——客户""吸收存款"等科目。

将购买的证券售出，应按实际收到的金额，借记"存放中央银行款项""结算备付金——客户""吸收存款"等科目，按卖出证券应结转的成本，贷记本科目（成本），按其差额，借记或贷记本科目（已实现未结算损益）。

定期或在合同到期与委托客户进行结算，按合同约定比例计算代理业务资产收益，结转已实现未结算损益，借记本科目（已实现未结算损益），贷记"代理业务负债"（委托客户的收益）、"手续费及佣金收入"（本企业的收益）等科目。

（三）发放受托的贷款，应按实际发放的金额，借记本科目（本金），贷记"吸收存款""银行存款"等科目。

收回受托贷款，应按实际收到的金额，借记"吸收存款""银行存款"等科目，贷记本科目（本金），按其差额，贷记本科目（已实现未结算损益）等。

定期或在合同到期与委托单位结算，按合同规定比例计算受托贷款收益，结算已实现未结算的收益，借记本科目（已实现未结算损益），贷记"代理业务负债"（委托客户的收益）、"手续费及佣金收入"（本企业的收益）等科目。

（四）收到受托代销的商品，按约定的价格，借记"受托代销商品"科目，贷记"受托代销商品款"科目。

售出受托代销商品后，按实际收到或应收的金额，借记"银行存款""应收账款"等科目，贷记"受托代销商品"科目。计算代销手续费等收入，借记"受托代销商品款"科目，贷记"其他业务收入"科目。结清代销商品款时，借记"受托代销商品款"科目，贷记"银行存款"科目。

四、本科目期末借方余额，反映企业代理业务资产的价值。

## 1401　材料采购

一、本科目核算企业采用计划成本进行材料日常核算而购入材料的采购成本。采用实际成本进行材料日常核算的，购入材料的采购成本，在"在途物资"科目核算。

委托外单位加工材料、商品的加工成本，在"委托加工物资"科目核算。

购入的工程用材料，在"工程物资"科目核算。

二、本科目可按供应单位和材料品种进行明细核算。

三、材料采购的主要账务处理。

（一）企业支付材料价款和运杂费等，按应计入材料采购成本的金额，借记本科目，按实际支付或应支付的金额，贷记"银行存款""库存现金""其他货币资金""应付账款""应付票据""预付账款"等科目。涉及增值税进项税额的，还应进行相应的账务处理。

（二）期末，企业应将仓库转来的外购收料凭证，分别下列不同情况进行处理：

1. 对于已经付款或已开出、承兑商业汇票的收料凭证，应按实际成本和计划成本分别汇总，按计划成本，借记"原材料""周转材料"等科目，贷记本科目；将实际成本大于计划成本的差异，借记"材料成本差异"科目，贷记本科目；实际成本小于计划成本的差异作相反的会计分录。

2. 对于尚未收到发票账单的收料凭证，应按计划成本暂估入账，借记"原材料""周转材料"等科目，贷记"应付账款——暂估应付账款"科目，下期期初作相反分录予以冲回。下期收到发票账单的收料凭证，借记本科目，贷记"银行存款""应付账款""应付票据"等科目。涉及增值税进项税额的，还应进行相应的账务处理。

四、本科目期末借方余额，反映企业在途材料的采购成本。

## 1402　在途物资

一、本科目核算企业采用实际成本（或进价）进行材料、商品等物资的日常核算、货款已付尚未验收入库的在途物资的采购成本。

二、本科目可按供应单位和物资品种进行明细核算。

三、在途物资的主要账务处理。

（一）企业购入材料、商品，按应计入材料、商品采购成本的金额，借记本科目，按实际支付或应支付的金额，贷记"银行存款""应付账款""应付票据"等科目。涉及增值税进项税额的，还应进行相应的账务处理。

（二）所购材料、商品到达验收入库，借记"原材料""库存商品"等科目，贷记本科目。

库存商品采用售价核算的，按售价，借记"库存商品"科目，按进价，贷记本科目，进价与售价之间的差额，借记或贷记"商品进销差价"科目。

四、本科目期末借方余额，反映企业在途材料、商品等物资的采购成本。

## 1403　原材料

一、本科目核算企业库存的各种材料，包括原料及主要材料、辅助材料、外购半成品（外购件）、修理用备件（备品备件）、包装材料、燃料等的计划成本或实际成本。

收到来料加工装配业务的原料、零件等，应当设置备查簿进行登记。

企业外购原材料的成本，即原材料的采购成本，指企业物资从采购到入库前所发生的全部支出，包括购买价款、相关税费、运输费、装卸费、保险费以及其他可归属于存货采购成本的费用。

投资者投入原材料的成本应当按照投资合同或协议约定的价值确定，但合同或协议约定价值不公允的除外。在投资合同或协议约定价值不公允的情况下，按照该项原材料的公允价值作为其入账价值。

企业通过非货币性资产交换、债务重组、企业合并等方式取得的原材料，其成本应当分别按照《企业会计准则第7号——非货币性资产交换》《企业会计准则第12号——债务重组》《企业会计准则第20号——企业合并》等的规定确定。但是，该项原材料的后续计量和披露应当执行《企业会计准则第1号——存货》（以下简称存货准则）的规定。

根据《企业会计准则第7号——非货币性资产交换》的规定，非货币性资产交换具有商业实质，且换入资产和换出资产的公允价值均能够可靠计量的，应当以换出资产的公允价值为基础计量，但有确凿证据表明换入资产的公允价值更加可靠的除外。有确凿证据表明换入资产的公允价值更加可靠的，对于换入资产，应当以换入资产的公允价值和应支付的相关税费作为换入资产的初始计量金额。换入资产为存货的，计入换入资产应支付的相关税费包括相关税费、使该资产达到目前场所和状态所发生的运输费、装卸费、保险费以及可归属于该资产的其他成本。对于不具有商业实质、换入资产或换出资产的公允价值不能可靠计量的换入资产，应以换出资产的账面价值为基础确定换入资产的初始计量金额。

根据《企业会计准则第12号——债务重组》及其应用指南的规定，债权人初始确认受让的存货的成本，包括放弃债权的公允价值，以及使该资产达到当前位置和状态所发生的可直接归属于该资产的税金、运输费、装卸费、保险费等其他成本。

根据《企业会计准则讲解（2010）》的规定，合并方对同一控制下吸收合并中取得的资产、负债应当按照相关资产、负债在被合并方的原账面价值入账。非同一控制下的吸收合并，购买方在购买日就应当将合并取得符合确认条件的各项可辨认资产、负债，按其公允价值确认为本企业的资产和负债。

盘盈的原材料应按其重置成本作为入账价值，并通过"待处理财产损溢"科目进行会计处理，按管理权限报经批准后冲减当期管理费用。

二、本科目可按材料的保管地点（仓库）、材料的类别、品种和规格等进行明细核算。

三、原材料的主要账务处理。

（一）企业购入并已验收入库的材料，按计划成本或实际成本，借记本科目，按实际成本，贷记"材料采购"或"在途物资"科目，按计划成本与实际成本的差异，借记或贷记"材料成本差异"科目。

（二）自制并已验收入库的材料，按计划成本或实际成本，借记本科目，按实际成本，贷记"生产成本"科目，按计划成本与实际成本的差异，借记或贷记"材料成本差异"科目。

委托外单位加工完成并已验收入库的材料，按计划成本或实际成本，借记本科目，按实际成本，贷记"委托加工物资"科目，按计划成本与实际成本的差异，借记或贷记"材料成本差异"科目。

（三）生产经营领用材料，借记"生产成本""制造费用""销售费用""管理费用"等科目，贷记本科目。出售材料结转成本，借记"其他业务成本"科目，贷记本科目。发出委托外单位加工的材料，借记"委托加工物资"科目，贷记本科目。采用计划成本进行材料日常核算的，发出材料还应结转材料成本差异，将发出材料的计划成本调整为实际成本。采用实际成本进行材料日常核算的，发出材料的实际成本，可以采用先进先出法、加权平均法或个别认定法计算确定。

四、本科目期末借方余额，反映企业库存材料的计划成本或实际成本。

## 1404 材料成本差异

一、本科目核算企业采用计划成本进行日常核算的材料计划成本与实际成本的差额。企业也可以在"原材料""周转材料"等科目设置"成本差异"明细科目。

二、本科目可以分别"原材料""周转材料"等，按照类别或品种进行明细核算。

三、材料成本差异的主要账务处理。

（一）入库材料发生的材料成本差异，实际成本大于计划成本的差异，借记本科目，贷记"材料采购"科目；实际成本小于计划成本的差异作相反的会计分录。入库材料的计划成本应当尽可能接近实际成本。除特殊情况外，计划成本在年度内不得随意变更。

（二）结转发出材料应负担的材料成本差异，按实际成本大于计划成本的差异，借记"生产成本""管理费用""销售费用""委托加工物资""其他业务成本"等科目，贷记本科目；实际成本小于计划成本的差异作相反的会计分录。

发出材料应负担的成本差异应当按期（月）分摊，不得在季末或年末一次计算。发出材料应负担的成本差异，除委托外部加工发出材料可按期初成本差异率计算外，应使用当期的实际差异率；期初成本差异率与本期成本差异率相差不大的，也可按期初成本差异率计算。计算方法一经确定，不得随意变更。材料成本差异率的计算公式如下：

$$本期材料成本差异率=\frac{\left(\begin{array}{c}期初结存材料的\\成本差异\end{array}+\begin{array}{c}本期验收入库\\材料的成本差异\end{array}\right)}{\left(\begin{array}{c}期初结存材料的\\计划成本\end{array}+\begin{array}{c}本期验收入库\\材料的计划成本\end{array}\right)}\times100\%$$

$$期初材料成本差异率 = \frac{期初结存材料的成本差异}{期初结存材料的计划成本} \times 100\%$$

$$\begin{array}{c}发出材料应负担的\\成本差异\end{array} = \begin{array}{c}发出材料的\\计划成本\end{array} \times 材料成本差异率$$

四、本科目期末借方余额，反映企业库存材料等的实际成本大于计划成本的差异；贷方余额反映企业库存材料等的实际成本小于计划成本的差异。

## 1405　库存商品

一、本科目核算企业库存的各种商品的实际成本（或进价）或计划成本（或售价），包括库存产成品、外购商品、存放在门市部准备出售的商品、发出展览的商品以及寄存在外的商品等。

接受来料加工制造的代制品和为外单位加工修理的代修品，在制造和修理完成验收入库后，视同企业的产成品，也通过本科目核算。

企业（房地产开发）的开发产品，可将本科目改为"1405 开发产品"科目。

企业（农业）收获的农产品，可将本科目改为"1405 农产品"科目。

二、本科目可按库存商品的种类、品种和规格等进行明细核算。

三、库存商品成本构成。

（一）外购成本。

企业外购商品的成本即库存商品的采购成本，指企业物资从采购到入库前所发生的全部支出，包括购买价款、相关税费、运输费、装卸费、保险费以及其他可归属于存货采购成本的费用。企业进口商品所交纳的反倾销税应当计入所购商品的成本。

企业从供应商取得的采购返利实质为存货购买价款的调整，应冲减存货成本或营业成本[1]。

商品流通企业在采购商品过程中发生的运输费、装卸费、保险费以及其他可归属于存货采购成本的费用等进货费用，应计入所购商品成本。在实务中，企业也可以将

---

[1] 中国证监会发布的《2019 年度上市公司年报会计监管报告》指出，根据企业会计准则及相关规定，收入是指企业在日常活动中形成的、会导致所有者权益增加的、与所有者投入资本无关的经济利益的总流入，包括销售商品收入、提供劳务收入等。企业取得存货应当按照成本进行计量。外购存货的成本即存货的采购成本，指企业物资从采购到入库前所发生的全部支出，包括购买价款、相关税费、运输费以及其他可归属于存货采购成本的费用。年报分析发现，个别上市公司根据与供应商签订的合同，将从供应商取得的按照存货采购金额一定比例结算的返利等确认为收入。上述情况下，企业并未向供应商提供单独的商品或服务，其从供应商取得的采购返利实质为存货购买价款的调整，应冲减存货成本或营业成本。

发生的运输费、装卸费、保险费以及其他可归属于存货采购成本的费用等进货费用先进行归集，期末，按照所购商品的存销情况进行分摊。对于已售商品的进货费用，计入主营业务成本；对于未售商品的进货费用，计入期末存货成本。商品流通企业采购商品的进货费用金额较小的，可以在发生时直接计入当期销售费用。

（二）加工取得的成本。

企业通过进一步加工取得的产成品，其成本由采购成本、加工成本构成。存货加工成本，由直接人工和制造费用构成，其实质是企业在进一步加工存货的过程中追加发生的生产成本，不包括直接由材料存货转移来的价值。其中，直接人工，是指企业在生产产品过程中直接从事产品生产的工人的职工薪酬。直接人工和间接人工的划分依据通常是生产工人是否与所生产的产品直接相关（即可否直接确定其服务的产品对象）。制造费用是指企业为生产产品和提供劳务而发生的各项间接费用。制造费用是一种间接生产成本，包括企业生产部门（如生产车间）管理人员的职工薪酬、折旧费、办公费、水电费、机物料消耗、劳动保护费、车间固定资产的修理费用、季节性和修理期间的停工损失等。

（三）其他方式取得的成本。

企业取得库存商品的其他方式主要包括接受投资者投资、非货币性资产交换、债务重组、企业合并以及存货盘盈等。（1）投资者投入商品的成本应当按照投资合同或协议约定的价值确定，但合同或协议约定价值不公允的除外。在投资合同或协议约定价值不公允的情况下，按照该项商品的公允价值作为其入账价值。（2）企业通过非货币性资产交换、债务重组、企业合并等方式取得的商品，其成本应当分别按照《企业会计准则第7号——非货币性资产交换》《企业会计准则第12号——债务重组》《企业会计准则第20号——企业合并》等的规定确定。但是，该项商品的后续计量和披露应当执行存货准则的规定。（3）盘盈的商品应按其重置成本作为入账价值，并通过"待处理财产损溢"科目进行会计处理，按管理权限报经批准后冲减当期管理费用。

（四）通过提供劳务取得的成本。

通过提供劳务取得的库存商品，其成本按从事劳务提供人员的直接人工和其他直接费用以及可归属于该库存商品的间接费用确定。

在确定存货成本的过程中，下列费用不应当计入存货成本，而应当在其发生时计入当期损益：（1）非正常消耗的直接材料、直接人工及制造费用，应计入当期损益，不得计入存货成本。例如，企业超定额的废品损失以及由自然灾害而发生的直接材料、直接人工及制造费用，由于这些费用的发生无助于使该存货达到目前场所和状态，不应计入存货成本，而应计入当期损益。（2）仓储费用，指企业在采购入库后发生的储存费用，应计入当期损益。但是，在生产过程中为达到下一个生产阶段所必需的仓储费用则应计入存货成本。例如，某种酒类产品生产企业为使生产的酒达到规定的产品质量标准，而必须发生的仓储费用，就应计入酒的成本，而不是计入当期损益。（3）不能归属于使存货达到目前场所和状态的其他支出，不符合存货的定义和确认条件，应在发生时计入当期损益，不得计入存货成本。（4）企业采购用于广告营销活动的特定商品，向客户预付货款未取得商品时，应作为预付账款进行会计处理，待取得相关商品时计入当期损益（销售费用）。企业取得广告营销性质的服务比照该原则进行处理。

（五）存货生产、销售过程中发生的运输费用。

对于存货生产、销售过程中发生的运输费用，企业应当基于运输活动的发生环节及目的，恰当区分运输费用的性质，根据企业会计准则的规定进行会计处理。

对于与履行客户合同无关的运输费用，若运输费用属于使存货达到目前场所和状态的必要支出，形成了预期会给企业带来经济利益的资源时，运输费用应当计入存货成本，否则应计入期间费用。

对于为履行客户合同而发生的运输费用，属于收入准则规范下的合同履约成本。若运输活动发生在商品的控制权转移之前，其通常不构成单项履约义务，企业应将相关支出作为与商品销售相关的成本计入合同履约成本，最终计入营业成本并予以恰当披露。若运输活动发生在商品控制权转移之后，其通常构成单项履约义务，企业应在确认运输服务收入的同时，将相关支出计入运输服务成本并予以恰当披露。

企业应结合自身经营活动情况并基于重要性和成本效益原则，建立和实施运输活动相关内部控制，充分完整地归集运输活动相关支出，并在各产品、各销售合同以及各履约义务之间实现合理分配。

四、库存商品的主要账务处理。

（一）企业生产的产成品一般应按实际成本核算，产成品的入库和出库，平时只记数量不记金额，期（月）末计算入库产成品的实际成本。生产完成验收入库的产成品，按其实际成本，借记本科目、"农产品"等科目，贷记"生产成本""消耗性生物资产""农业生产成本"等科目。

产成品种类较多的，也可按计划成本进行日常核算，其实际成本与计划成本的差异，可以单独设置"产品成本差异"科目，比照"材料成本差异"科目核算。

采用实际成本进行产成品日常核算的，发出产成品的实际成本，可以采用先进先出法、加权平均法或个别认定法计算确定。

对外销售产成品（包括采用分期收款方式销售产成品），结转销售成本时，借记"主营业务成本"科目，贷记本科目。采用计划成本核算的，发出产成品还应结转产品成本差异，将发出产成品的计划成本调整为实际成本。

（二）购入商品采用进价核算的，在商品到达验收入库后，按商品进价，借记本科目，贷记"银行存款""在途物资"等科目。委托外单位加工收回的商品，按商品进价，借记本科目，贷记"委托加工物资"科目。

购入商品采用售价核算的，在商品到达验收入库后，按商品售价，借记本科目，按商品进价，贷记"银行存款""在途物资"等科目，按商品售价与进价的差额，贷记"商品进销差价"科目。委托外单位加工收回的商品，按商品售价，借记本科目，按委托加工商品的账面余额，贷记"委托加工物资"科目，按商品售价与进价的差额，贷记"商品进销差价"科目。

对外销售商品（包括采用分期收款方式销售商品），结转销售成本时，借记"主营业务成本"科目，贷记本科目。采用进价进行商品日常核算的，发出商品的实际成本，可以采用先进先出法、加权平均法或个别认定法计算确定。采用售价核算的，还应结转应分摊的商品进销差价。

（三）企业（房地产开发）开发的产品，达到预定可销售状态时，按实际成本，借记"开发产品"科目，贷记"开发成本"科目。期末，企业结转对外转让、销售和结算开发产品的实际成本，借记"主营业务成本"科目，贷记"开发产品"科目。

企业将开发的营业性配套设施用于本企业从事第三产业经营用房，应视同自用固定资产进行处理，并按营业性配套设施的实际成本，借记"固定资产"科目，贷记"开发产品"科目。

房地产开发企业，取得的土地使用权用于建造对外出售的房屋建筑物，相关的土地使用权应当计入所建造的房屋建筑物成本。在该情况下，建造的房屋建筑物满足借款费用准则规定的"符合资本化条件的资产"定义。因此，根据借款费用准则，企业应当以包括土地使用权支出的建造成本为基础，确定应予资本化的借款费用金额。

（四）以库存商品用于债务重组，不属于企业的日常活动，不适用收入准则，不应按照存货销售进行会计处理，应借记"应付账款"科目，贷记本科目，所清偿债务账面价值与转让商品账面价值之间的差额，记入"其他收益——债务重组收益"科目。

（五）以公允价值为基础计量的非货币性资产交换中，换入资产为存货的，包括相关税费、使该资产达到目前场所和状态所发生的运输费、装卸费、保险费以及可归属于该资产的其他成本。

五、本科目期末借方余额，反映企业库存商品的实际成本（或进价）或计划成本（或售价）。

# 1406　发出商品

一、本科目核算企业未满足收入确认条件但已发出商品的实际成本（或进价）或计划成本（或售价）。采用支付手续费方式委托其他单位代销的商品，也可以单独设置"委托代销商品"科目。

二、本科目可按购货单位、商品类别和品种进行明细核算。

三、发出商品的主要账务处理。

（一）对于未满足收入确认条件的发出商品，应按发出商品的实际成本（或进价）或计划成本（或售价），借记本科目，贷记"库存商品"科目。

发出商品发生退回的，应按退回商品的实际成本（或进价）或计划成本（或售价），借记"库存商品"科目，贷记本科目。

（二）发出商品满足收入确认条件时，应结转销售成本，借记"主营业务成本"科目，贷记本科目。采用计划成本或售价核算的，还应结转应分摊的产品成本差异或商品进销差价。

四、本科目期末借方余额，反映企业发出商品的实际成本（或进价）或计划成本（或售价）。

## 1407　商品进销差价

一、本科目核算企业采用售价进行日常核算的商品售价与进价之间的差额。

二、本科目可按商品类别或实物管理负责人进行明细核算。

三、商品进销差价的主要账务处理。

（一）企业购入、加工收回以及销售退回等增加的库存商品，按商品售价，借记"库存商品"科目，按商品进价，贷记"银行存款""委托加工物资"等科目，按售价与进价之间的差额，贷记本科目。

（二）期（月）末分摊已销商品的进销差价，借记本科目，贷记"主营业务成本"科目。销售商品应分摊的商品进销差价，按以下公式计算：

$$\text{商品进销差价率} = \frac{\text{期末分摊前本科目余额}}{\text{"库存商品"科目期末余额} + \text{"委托代销商品"科目期末余额} + \text{"发出商品"科目期末余额} + \text{本期"主营业务收入"科目贷方发生额}} \times 100\%$$

$$\text{本期销售商品应分摊的商品进销差价} = \text{本期"主营业务收入"科目贷方发生额} \times \text{商品进销差价率}$$

企业的商品进销差价率各期之间比较均衡的，也可以采用上期商品进销差价率计算分摊本期的商品进销差价。年度终了，应对商品进销差价进行核实调整。

四、本科目的期末贷方余额，反映企业库存商品的商品进销差价。

## 1408　委托加工物资

一、本科目核算企业委托外单位加工的各种材料、商品等物资的实际成本。

委托加工物资的成本由采购成本、加工成本构成。存货加工成本，由直接人工和制造费用构成，其实质是企业在进一步加工存货的过程中追加发生的生产成本，不包括直接由材料存货转移来的价值。其中，直接人工，是指企业在生产产品过程中直接从事产品生产的工人的职工薪酬。直接人工和间接人工的划分依据通常是生产工人是否与所生产的产品直接相关（即可否直接确定其服务的产品对象）。制造费用是指企业为生产产品和提供劳务而发生的各项间接费用。制造费用是一种间接生产成本，包括企业生产部门（如生产车间）管理人员的职工薪酬、折旧费、办公费、水电费、机物料消耗、劳动保护费、季节性和修理期间的停工损失等。

二、本科目可按加工合同、受托加工单位以及加工物资的品种等进行明细核算。

三、委托加工物资的主要账务处理。

（一）企业发给外单位加工的物资，按实际成本，借记本科目，贷记"原材料""库存商品"等科目；按计划成本或售价核算的，还应同时结转材料成本差异或商品进销差价。

（二）支付加工费、运杂费等，借记本科目，贷记"银行存款"等科目；需要交纳消费税的委托加工物资，由受托方代收代交的消费税，借记本科目（收回后用于直接销售的）或"应交税费——应交消费税"科目（收回后用于继续加工的），贷记"应付账款""银行存款"等科目。

（三）加工完成验收入库的物资和剩余的物资，按加工收回物资的实际成本和剩余物资的实际成本，借记"原材料""库存商品"等科目，贷记本科目。

采用计划成本或售价核算的，按计划成本或售价，借记"原材料"或"库存商品"科目，按实际成本，贷记本科目，按实际成本与计划成本或售价之间的差额，借记或贷记"材料成本差异"或贷记"商品进销差价"科目。

采用计划成本或售价核算的，也可以采用上期材料成本差异率或商品进销差价率计算分摊本期应分摊的材料成本差异或商品进销差价。

四、本科目期末借方余额，反映企业委托外单位加工尚未完成物资的实际成本。

# 1409 绝当物品

一、本科目核算典当企业取得的符合资产定义和资产确认条件的动产等绝当物品。

二、本科目按绝当物品的种类、品种和规格等进行明细核算。

三、主要账务处理。

1. 典当期限或者续当期限届满后，当户应当在 5 日内赎当或者续当，逾期不赎当也不续当的，为绝当，借记本科目，贷记"交易性金融资产""其他债权投资""应收票据"等相关资产科目。

2. 绝当物品发生减值的，借记"资产减值损失"科目，贷记"存货跌价准备"

等科目。

3. 存货类绝当物品的处置通过"其他业务收入"和"其他业务成本"等科目进行会计处理；金融工具类绝当物品的处置通过"投资收益"等科目进行会计处理；应当退还当户或向当户追索的款项通过"其他应付款"或"其他应收款"等科目进行会计处理。

处置绝当物品，按其实际收到的货币，借记"库存现金""银行存款"等科目，贷记"其他业务收入""投资收益"等科目；同时结转绝当物品相关成本、存货跌价准备，借记"其他业务成本""存货跌价准备"等科目，贷记本科目（具体绝当物品类别或明细）。

四、本科目期末借方余额，反映典当企业绝当物品的期末价值。

## 1411　周转材料

一、本科目核算企业周转材料的计划成本或实际成本，包括包装物、低值易耗品，以及企业（建造承包商）的钢模板、木模板、脚手架等。

企业的包装物、低值易耗品，也可以单独设置"包装物""低值易耗品"科目。

二、本科目可按周转材料的种类，分别"在库""在用""摊销"进行明细核算。

三、周转材料的主要账务处理。

（一）企业购入、自制、委托外单位加工完成并已验收入库的周转材料等，比照"原材料"科目的相关规定进行处理。

（二）采用一次转销法的，领用时应按其账面价值，借记"管理费用""生产成本""销售费用""工程施工"等科目，贷记本科目。

周转材料报废时，应按报废周转材料的残料价值，借记"原材料"等科目，贷记"管理费用""生产成本""销售费用""工程施工"等科目。

（三）采用其他摊销法的，领用时应按其账面价值，借记本科目（在用），贷记本科目（在库）；摊销时应按摊销额，借记"管理费用""生产成本""销售费用""工程施工"等科目，贷记本科目（摊销）。

周转材料报废时应补提摊销额，借记"管理费用""生产成本""销售费用""工程施工"等科目，贷记本科目（摊销）；按报废周转材料的残料价值，借记"原材料"等科目，贷记"管理费用""生产成本""销售费用""工程施工"等科目；同时转销全部已提摊销额，借记本科目（摊销），贷记本科目（在用）。

（四）周转材料采用计划成本进行日常核算的，领用等发出周转材料时，还应同时结转应分摊的成本差异。

四、本科目期末借方余额，反映企业在库周转材料的计划成本或实际成本以及在用周转材料的摊余价值。

## 1412 储备粮油

一、本科目核算粮食企业库存的用于调节粮食供求总量、稳定粮食市场，以及应对重大自然灾害或突发事件的中央储备粮油、地方储备粮油、最低收购价粮食、国家临时储存粮油等政策性粮油的实际成本。

二、本科目设置"中央储备粮油""地方储备粮油""待核中央储备粮油价款""待核中央储备粮油费用""待核地方储备粮油价款""待核地方储备粮油费用"等明细科目进行明细核算。

1. 中央储备粮油。核算粮食按照计划收购、调拨、进口中央储备粮油或将其他性质的粮油转作中央储备粮油时，按照中央财政核定的入库结算价格计算的粮油库存成本。

2. 地方储备粮油。核算粮食按照计划收购、调拨、进口地方储备粮油或将其他性质的粮油转作地方储备粮油时，按照地方财政核定的入库结算价格计算的粮油库存成本。

3. 待核中央储备粮油价款。核算粮食按照计划收购、调拨、进口中央储备粮油或将其他性质的粮油转作中央储备粮油时发生的实际收购、调入或进口粮油的价款。

4. 待核中央储备粮油费用。核算粮食按照计划收购、调拨、进口中央储备粮油或将其他性质的粮油转作中央储备粮油过程中实际发生的运输费、装卸费、保险费、包装费、烘晒费、运输途中的合理损耗、粮油定额损耗、入库前挑选整理费用和按照规定可以计入中央储备粮油成本的相关费用和其他费用。

5. 待核地方储备粮油价款。核算粮食按照计划收购、调拨、进口地方储备粮油或将其他性质的粮油转作地方储备粮油时发生的实际收购、调入或进口粮油的价款。

6. 待核地方储备粮油费用。核算粮食按照计划收购、调拨、进口地方储备粮油或将其他性质的粮油转作地方储备粮油过程中实际发生的运输费、装卸费、保险费、包装费、烘晒费、运输途中的合理损耗、粮油定额损耗、入库前挑选整理费用和按照规定可以计入地方储备粮油成本的相关费用和其他费用。

上述明细科目需按粮油品种设置明细账，进行明细核算。

三、主要账务处理。

（一）储备企业按照国家下达的计划收购、调入、进口储备粮油或将其他性质的粮油转作储备粮油时，按照实际发生的收购、调入或进口价款，运输费、装卸费、保险费、包装费、烘晒费、运输途中的合理损耗、粮油定额损耗、入库前挑选整理费用和按照规定可以计入储备粮油成本的相关税费和其他费用。按照实际发生金额，借记本科目，贷记"银行存款"等科目。

（二）移库处理。

政策性粮食移库储存时，调出企业在会计处理上直接核减粮油库存和贷款，不作销售处理；调入库点相应增加粮油库存和贷款。调运发生的铁路、水路运费经财政部驻相关省（区、市）财政监察专员办事处审核后计入调运方粮食库存成本。在税务处理上，政策性粮食移库视同销售处理，调出方应按有关规定向调入企业开具发票。

（三）销售。

粮食企业按政府指令性计划销售储备粮油，按销售额借记"银行存款"或"应收账款"科目，贷记"主营业务收入——××粮油销售收入"科目；月末按库存成本，借记"主营业务成本——××粮油销售成本"，贷记本科目。价差盈余上交财政时，借记"主营业务收入——××粮油销售收入"科目，贷记"其他应付款——应上交财政价差款"科目；价差亏损按财政确定的弥补数额，借记"其他应收款——应收补贴款"科目，贷记"递延收益"科目。

（四）关于粮食损失和溢余。

粮食企业收购农民粮食，对农民交售的高水分、高杂质粮食，按照国家粮油质量标准扣量，其中弥补烘干入库整理费用等扣量形成的库存按权属记入本科目。

粮油在储存和流转过程中，由于自然灾害或责任事故造成的非正常损失，在未经批准处理之前，将损失金额记入"待处理财产损溢"科目，待调查清楚明确责任后，属于人为因素造成的，按应扣除过失人的赔偿金额，借记"其他应收款"等科目；属不可抗力原因造成的，按批准金额借记"营业外支出"科目。

四、本科目期末借方余额，反映了粮食企业按照主管部门下达的轮换计划轮换中央或地方储备粮油的实际成本。

# 1413　轮换粮油

一、本科目核算粮食企业按照主管部门下达的轮换计划轮换中央或地方储备粮油的实际成本。

二、本科目可按政策性粮油的种类进行明细核算。

三、主要账务处理。

储备粮油轮换采取成本不变、实物兑换、费用包干方式进行的，企业轮出储备粮油，按销售额借记"银行存款"科目，贷记"主营业务收入——××粮油轮换销售收入"。同时，暂按销售价款结转成本，借记"主营业务成本——××粮油轮换销售成本"，贷记本科目；月末，根据轮入粮油的加权平均价和完成轮换数量的乘积与轮出粮油的加权平权售价和完成轮换数量的乘积之间的差额，调整当期已完成轮换粮油的销售成本，借记或贷记"主营业务成本——××粮油轮换销售成本"科目，贷记或借记本科目。

储备粮油轮换采取财政承担价差亏损或盈余、成本重新核定的方式进行的，轮出粮油参照储备粮油销售处理，销售成本按账面库存成本结转，轮入粮油参照储备粮油购进处理。

四、本科目期末借方余额，反映了粮食企业按照主管部门下达的轮换计划轮换中央或地方储备粮油的实际成本。

## 1414 定向供应粮油

一、本科目核算粮食企业按照政府指令向军队、受灾人员、低收入人员、执行退耕还林（退牧还草、禁牧舍饲）政策的农牧民以及为平抑市场粮价限价销售等供应的粮油商品的实际成本。

二、本科目可根据不同供应人群类别进行明细核算。

三、主要账务处理。

（一）外购成本。

外购粮油存货成本具体包括：购买价款，以及达到入库储存状态前发生的运输费、装卸费、保险费、包装费、运输途中的合理损耗及入库整理等各项费用。

（二）移库处理。

政策性粮食移库储存时，调出企业在会计处理上直接核减粮油库存和贷款，不作销售处理；调入库点相应增加粮油库存和贷款。调运发生的铁路、水路运费经财政部驻相关省（区、市）财政监察专员办事处审核后计入调运方粮食库存成本。在税务处理上，政策性粮食移库视同销售处理，调出方应按有关规定向调入企业开具发票。

（三）销售。

粮食企业按政府指令性计划销售定向供应的粮油，按销售额，借记"银行存款"或"应收账款"科目，贷记"主营业务收入——××粮油销售收入"科目；月末按库存成本，借记"主营业务成本——××粮油销售成本"，贷记本科目。价差盈余上交财政时，借记"主营业务收入——××粮油销售收入"科目，贷记"其他应付款——应上交财政价差款"科目；价差亏损按财政确定的弥补数额，借记"其他应收款——应收补贴款"科目，贷记"递延收益"科目。

四、本科目期末借方余额，反映粮食企业按照政府指令向军队、受灾人员、低收入人员、执行退耕还林（退牧还草、禁牧舍饲）政策的农牧民以及为平抑市场粮价限价销售等供应的粮油商品的实际成本。

## 1415　商品粮油

一、本科目核算粮食企业库存的自营商品粮油的实际成本。

二、本科目可按商品的种类、品种和规格等进行明细核算。

三、商品粮油的主要账务处理。

（一）企业生产的产成品一般应按实际成本核算，产成品的入库和出库，平时只记数量不记金额，期（月）末计算入库产成品的实际成本。生产完成验收入库的产成品，按其实际成本，借记本科目、"农产品"等科目，贷记"生产成本""消耗性生物资产""农业生产成本"等科目。

产成品种类较多的，也可按计划成本进行日常核算，其实际成本与计划成本的差异，可以单独设置"产品成本差异"科目，比照"材料成本差异"科目核算。

采用实际成本进行产成品日常核算的，发出产成品的实际成本，可以采用先进先出法、加权平均法或个别认定法计算确定。

对外销售产成品（包括采用分期收款方式销售产成品），结转销售成本时，借记"主营业务成本"科目，贷记本科目。采用计划成本核算的，发出产成品还应结转产品成本差异，将发出产成品的计划成本调整为实际成本。

（二）购入商品采用进价核算的，在商品到达验收入库后，按商品进价，借记本科目，贷记"银行存款""在途物资"等科目。委托外单位加工收回的商品，按商品进价，借记本科目，贷记"委托加工物资"科目。

购入商品采用售价核算的，在商品到达验收入库后，按商品售价，借记本科目，按商品进价，贷记"银行存款""在途物资"等科目，按商品售价与进价的差额，贷记"商品进销差价"科目。委托外单位加工收回的商品，按商品售价，借记本科目，按委托加工商品的账面余额，贷记"委托加工物资"科目，按商品售价与进价的差额，贷记"商品进销差价"科目。

对外销售商品（包括采用分期收款方式销售商品），结转销售成本时，借记"主营业务成本"科目，贷记本科目。采用进价进行商品日常核算的，发出商品的实际成本可以采用先进先出法、加权平均法或个别认定法计算确定。采用售价核算的，还应结转应分摊的商品进销差价。

（三）关于粮油品种兑换。

粮油品种兑换业务不涉及补价的，换入粮油的成本为换出粮油的账面价值加上应支付的相关税费，不确认损益。粮油品种兑换业务涉及补价的，支付补价方：换入粮油的成本按换出粮油的账面价值、支付的补价和应支付的相关税费合计确认，不确认损益。收到补价方：换入粮油的成本按换出粮油的账面价值，减去收到的补价，再加上应支付的相关税费合计确认，不确认损益。借记"商品粮油——××品种"科目，贷记"商品粮油——××品种"科目，借记或贷记"银行存款"等科目。

（四）关于粮食损失、损耗和溢余。

粮食企业收购农民粮食，对农民交售的高水分、高杂质粮食，按照国家粮油质量标准扣量，其中弥补烘干入库整理费用等扣量形成的库存按权属记入本科目。

粮食企业在商品粮油验收入库起至出库止的整个储存过程中发生的自然损耗和水分杂质减量等正常损耗，设置"粮油损耗准备"科目核算，年度终了，按照国家规定的粮油损耗比例按仓（货位）计提粮油损耗准备，借记"销售费用——商品损耗"科目，贷记"粮油损耗准备"科目。一个独立存放单位（如一仓、一个货位）储存的粮油销售完毕后，根据实际发生的粮油损耗，借记"粮油损耗准备"科目，贷记本科目，对实际发生损耗与计提数额之间的差额，予以补提或冲回。政策性粮油储存损耗的处置方法按国家有关规定执行。

粮油在储存和流转过程中，由于自然灾害或责任事故造成的非正常损失，在未经批准处理之前，将损失金额记入"待处理财产损溢"科目，待调查清楚明确责任后，属于人为因素造成的，按应扣除过失人的赔偿金额，借记"其他应收款"等科目；属不可抗力原因造成的，按批准金额借记"营业外支出"科目。

四、本科目期末借方余额，反映企业商品粮油的实际成本（或进价）或计划成本（或售价）。

## 1416　受托代销商品

一、本科目核算企业受托代销商品的成本。

二、本科目按受托代销商品的品种进行明细核算。

三、主要账务处理。

（一）视同中介收取手续费方式代销的。

企业收到委托代销粮油，按约定价格，借记"受托代销商品"科目，贷记"受托代销商品款"科目。按约定价格销售代销粮油，借记"银行存款"科目，贷记"应付账款"等科目，同时借记"受托代销商品款"科目，贷记"受托代销商品"科目。交付代销款时，借记"应付账款"科目，贷记"银行存款"科目。

（二）视同购销方式代销的。

按实际销售额确认销售收入，借记"银行存款"科目，贷记"主营业务收入"科目；按约定价格和价款结转销售成本，借记"主营业务成本"科目，贷记"受托代销商品"科目，同时，借记"受托代销商品款"等科目，贷记"应付账款"科目。

四、本科目期末借方余额，反映粮食企业受托代销商品的实际成本。

## 1417　受托代购商品

一、本科目核算企业受托代购商品的成本。

二、本科目按受托代购商品的品种进行明细核算。

三、受托代购商品的主要账务处理。

（一）视同中介收取手续费方式代购的。

企业收到委托代购粮油款时，借记"银行存款"或"库存现金"等科目，贷记"预收账款"科目。按约定价格收购入库时，借记"受托代购商品"科目，贷记"银行存款"或"库存现金"等科目，同时，借记"预收账款"科目，贷记"受托代购商品款"科目。代购粮油出库时，借记"受托代购商品款"科目，贷记"受托代购商品"科目。

（二）视同购销方式代购的。

企业按照粮食购进和销售进行处理，确认损益。

四、本科目期末借方余额，反映企业受托代购商品的实际成本。

## 1418　受托代储商品

一、本科目核算企业受托代储商品的成本。

二、本科目按受托代储商品的品种进行明细核算。

三、受托代储商品的主要账务处理。

粮食企业代农储粮或接受其他单位委托代储粮油时，按照双方协议价格或市价，借记"受托代储商品"科目，贷记"受托代储商品款"科目，代储行为结束，作相反会计分录。

四、本科目期末借方余额，反映企业受托代储商品的实际成本。

## 1419　受托加工物资

一、本科目核算企业受托加工物资的成本。

二、本科目按受托加工物资的品种进行明细核算。

三、受托代储商品的主要账务处理。

粮食企业收到受托加工材料物资时，借记"受托加工物资"科目，贷记"受托加工物资款"科目。加工完成，将加工物资发给委托方作相反会计分录。

四、本科目期末借方余额，反映企业加工物资的实际成本。

## 1421　消耗性生物资产

一、本科目核算企业（农业）持有的消耗性生物资产的实际成本。消耗性生物资产发生减值的，可以单独设置"消耗性生物资产跌价准备"科目，比照"存货跌价准备"科目进行处理。

二、本科目可按消耗性生物资产的种类、群别等进行明细核算。

三、消耗性生物资产的主要账务处理。

（一）外购的消耗性生物资产，按应计入消耗性生物资产成本的金额，借记本科目，贷记"银行存款""应付账款""应付票据"等科目。

（二）自行栽培的大田作物和蔬菜，应按收获前发生的必要支出，借记本科目，贷记"银行存款"等科目。自行营造的林木类消耗性生物资产，应按郁闭前发生的必要支出，借记本科目，贷记"银行存款"等科目。自行繁殖的育肥畜、水产养殖的动植物，应按出售前发生的必要支出，借记本科目，贷记"银行存款"等科目。

（三）取得天然起源的消耗性生物资产，应按名义金额，借记本科目，贷记"营业外收入"科目。

（四）产畜或役畜淘汰转为育肥畜的，按转群时的账面价值，借记本科目，按已计提的累计折旧，借记"生产性生物资产累计折旧"科目，按其账面余额，贷记"生产性生物资产"科目。已计提减值准备的，还应同时结转减值准备。

育肥畜转为产畜或役畜的，应按其账面余额，借记"生产性生物资产"科目，贷记本科目。已计提跌价准备的，还应同时结转跌价准备。

（五）择伐、间伐或抚育更新性质采伐而补植林木类消耗性生物资产发生的后续支出，借记本科目，贷记"银行存款"等科目。林木类消耗性生物资产达到郁闭后发生的管护费用等后续支出，借记"管理费用"科目，贷记"银行存款"等科目。

（六）农业生产过程中发生的应归属于消耗性生物资产的费用，按应分配的金额，借记本科目，贷记"农业生产成本"科目。

（七）消耗性生物资产收获为农产品时，应按其账面余额，借记"农产品"科目，贷记本科目。已计提跌价准备的，还应同时结转跌价准备。

（八）出售消耗性生物资产，应按实际收到的金额，借记"银行存款"等科目，贷记"主营业务收入"等科目。按其账面余额，借记"主营业务成本"等科目，贷记本科目。已计提跌价准备的，还应同时结转跌价准备。

四、本科目期末借方余额，反映企业消耗性生物资产的实际成本。

## 1422　应收退货成本

一、本科目核算销售商品时预期将退回商品的账面价值，扣除收回该商品预计发生的成本（包括退回商品的价值减损）后的余额。

二、本科目可按合同进行明细核算。

三、应收退货成本的主要账务处理。

企业发生附有销售退回条款的销售的，应在客户取得相关商品控制权时，按照已收或应收合同价款，借记"银行存款""应收账款""应收票据""合同资产"等科目，按照因向客户转让商品而预期有权收取的对价金额（即，不包含预期因销售退回将退还的金额），贷记"主营业务收入""其他业务收入"等科目，按照预期因销售退回将退还的金额，贷记"预计负债——应付退货款"等科目；结转相关成本时，按照预期将退回商品转让时的账面价值，扣除收回该商品预计发生的成本（包括退回商品的价值减损）后的余额，借记本科目，按照已转让商品转让时的账面价值，贷记"库存商品"等科目，按其差额，借记"主营业务成本""其他业务成本"等科目。涉及增值税的，还应进行相应的处理。

四、本科目期末借方余额，反映企业预期将退回商品转让时的账面价值，扣除收回该商品预计发生的成本（包括退回商品的价值减损）后的余额，在资产负债表中按其流动性记入"其他流动资产"或"其他非流动资产"项目。

## 1423　合同资产

一、本科目核算企业已向客户转让商品而有权收取对价的权利。仅取决于时间流逝因素的权利不在本科目核算。

应收款项是企业无条件收取合同对价的权利。只有在合同对价到期支付之前仅仅随着时间的流逝即可收款的权利，才是无条件的收款权。有时，企业有可能需要在未来返还全部或部分的合同对价（例如，企业在附有销售退回条款的合同下收取的合同对价），但是，企业仍然拥有无条件收取合同对价的权利，未来返还合同对价的潜在义务并不会影响企业收取对价总额的现时权利，因此，企业仍应当确认一项应收款项，同时将预计未来需要返还的部分确认为一项负债。

需要说明的是，合同资产和应收款项都是企业拥有的有权收取对价的合同权利，二者的区别在于，应收款项代表的是无条件收取合同对价的权利，即企业仅仅随着时间的流逝即可收款，而合同资产并不是一项无条件收款权，该权利除了时间流逝之外，还取决于其他条件（例如，履行合同中的其他履约义务）才能收取相应的合同对价。

因此，与合同资产和应收款项相关的风险是不同的，应收款项仅承担信用风险，而合同资产除信用风险之外，还可能承担其他风险，如履约风险等。

二、本科目应按合同进行明细核算。

三、合同资产的主要账务处理。

（一）一般业务。

企业预收商品转让款时，借记本科目，贷记"合同负债"等科目；企业在客户实际支付合同对价或在该对价到期应付之前，已经向客户转让了商品的，应当按因已转让商品而有权收取的对价金额，借记本科目或"应收账款"科目，贷记"主营业务收入""其他业务收入"等科目；企业取得无条件收款权时，借记"应收账款"等科目，贷记本科目。涉及增值税的，还应进行相应的处理。

（二）PPP业务。

在PPP项目中，社会资本方对于建造服务，在建设阶段，通常按照履约进度（如完工百分比）确认收入，在此期间，企业确认收入的同时，形成收取对价的合同权利，并非仅取决于时间的流逝，还取决于其他条件，包括企业应当完成后续的建设义务等，应当确认合同资产。后续，对于无形资产模式，只有当PPP项目资产达到预定可使用状态时，才能将合同资产转为无形资产。对于金融资产模式，只有当在企业拥有收取该对价的权利，且该权利仅取决于时间流逝的因素时，才能将合同资产转为应收款项。当建造服务提供完毕，项目资产达到预定可使用状态，政府方进行结算的时候，政府方理论上有三种结算方式：一次性支付现金结算、分期付款结算、以非现金对价结算。PPP项目本身是政府方的一种融资行为，通常不会一次性支付现金结算。如果政府方决定分期付款结算，则企业取得无条件收款权，会形成应收款项（即金融资产）。对于政府方分期支付款项结算建造服务对价的安排，通常需要识别出重大融资成分，并相应进行会计处理。具体处理而言，企业在贷记本科目、"未实现融资收益"科目的同时，借记"长期应收款"等科目。后续政府方分期付款时，企业借记"银行存款""其他货币资金"等科目，贷记"长期应收款"等科目。如果政府方决定以非现金对价结算，例如，对于高速公路PPP项目，政府方以高速公路经营权（即无形资产）结算，则认为政府方已经通过支付非现金对价，结算了建造服务的对价，因此，一般不考虑重大融资成分。企业应当确认收到的非现金对价（无形资产）。具体处理而言，企业在贷记本科目的同时，借记"无形资产"科目。后续企业运营该高速公路，属于企业经营自身无形资产产生的收入，企业需要再次确认收入（过路费），并结转成本（包括无形资产摊销成本）。

在PPP项目资产的建造过程中发生的借款费用，企业应当按照《企业会计准则第17号——借款费用》的规定进行会计处理。对于按规定确认为无形资产的部分，企业在相关借款费用满足资本化条件时，应当将其予以资本化，并在PPP项目资产达到预定可使用状态时，结转至无形资产。除上述情形以外的其他借款费用，应予以费用化。

1. 金融资产模式。确认建造服务或运营服务收入时，借记本科目，贷记"主营业务收入"科目；结转合同履约成本，借记"合同履约成本"科目，贷记"原材料""应付职工薪酬"等科目；同时，结转主营业务成本，借记"主营业务成本"科目，贷记"合同履约成本"科目。

分期确认融资成分的影响时，借记本科目，贷记"财务费用——利息收入"等科目。

企业在拥有收取对价的权利时，借记"应收账款"等科目，贷记本科目；收到政府方支付的款项时，借记"银行存款"等科目，贷记"应收账款"等科目。

2. 无形资产模式。确认建造服务或运营服务收入和成本的账务处理同金融资产模式。

确认资本化的借款费用时，借记"PPP 借款支出"科目，贷记"短期借款"或"长期借款"科目；在 PPP 项目资产达到预定可使用状态时，借记"无形资产"科目，贷记本科目、"PPP 借款支出"科目；对无形资产分期摊销时，借记"主营业务成本"科目，贷记"累计摊销"科目；确认有关项目预计负债时，借记"主营业务成本"科目，贷记"预计负债"科目。

四、本科目期末借方余额，反映企业向客户转让商品而有权收取对价的权利。

# 1424　合同资产减值准备

一、本科目核算合同资产的减值准备。

二、本科目应按合同进行明细核算。

三、合同资产减值准备的主要账务处理。

合同资产发生减值的，按应减记的金额，借记"资产减值损失"科目，贷记本科目；转回已计提的资产减值准备时，作相反的会计分录。

四、本科目期末贷方余额，反映企业已计提但尚未转销的合同资产减值准备。

# 1425　合同履约成本

一、本科目核算企业为履行当前或预期取得的合同所发生的、不属于其他企业会计准则规范范围且按照《企业会计准则第 14 号——收入》应当确认为一项资产的成本。企业因履行合同而产生的毛利不在本科目核算。

企业为履行合同可能会发生各种成本，企业应当对这些成本进行分析，属于其他企业会计准则（例如，《企业会计准则第 1 号——存货》《企业会计准则第 4 号——固定资产》《企业会计准则第 6 号——无形资产》等）规范范围的，应当按照相关企业会计准则进行会计处理；不属于其他企业会计准则规范范围且同时满足下列条件的，应当作为合同履约成本确认为一项资产。

1. 该成本与一份当前或预期取得的合同直接相关。预期取得的合同应当是企业能够明确识别的合同，例如，现有合同续约后的合同、尚未获得批准的特定合同等。与合同直接相关的成本包括直接人工（例如，支付给直接为客户提供所承诺服务的人员的工资、奖金等）、直接材料（例如，为履行合同耗用的原材料、辅助材料、构配件、零件、半成品的成本和周转材料的摊销及租赁费用等）、制造费用（或类似费用，例如，组织和管理相关生产、施工、服务等活动发生的费用，包括管理人员的职工薪酬、劳动保护费、固定资产折旧费及修理费、物料消耗、取暖费、水电费、办公费、差旅费、财产保险费、工程保修费、排污费、临时设施摊销费等）、明确由客户承担的成本以及仅因该合同而发生的其他成本（例如，支付给分包商的成本、机械使用费、设计和技术援助费用、施工现场二次搬运费、生产工具和用具使用费、检验试验费、工程定位复测费、工程点交费用、场地清理费等）。

2. 该成本增加了企业未来用于履行（包括持续履行）履约义务的资源。

3. 该成本预期能够收回。企业应当在下列支出发生时，将其计入当期损益：一是管理费用，除非这些费用明确由客户承担。二是非正常消耗的直接材料、直接人工和制造费用（或类似费用），这些支出为履行合同发生，但未反映在合同价格中。三是与履约义务中已履行（包括已全部履行或部分履行）部分相关的支出，即该支出与企业过去的履约活动相关。四是无法在尚未履行的与已履行（或已部分履行）的履约义务之间区分的相关支出。

根据《〈企业会计准则第 14 号——收入〉应用指南》的规定，在企业向客户销售商品的同时，约定企业需要将商品运送至客户指定的地点的情况下，企业需要根据相关商品的控制权转移时点判断该运输活动是否构成单项履约义务。通常情况下，控制权转移给客户之前发生的运输活动不构成单项履约义务，而只是企业为了履行合同而从事的活动，相关成本应当作为合同履约成本；相反，控制权转移给客户之后发生的运输活动则可能表明企业向客户提供了一项运输服务，企业应当考虑该项服务是否构成单项履约义务。

二、本科目可按合同分别"服务成本""工程施工""机械作业"等进行明细核算。各单位根据实际情况，可以将"服务成本""工程施工""机械作业"等科目作为一级科目进行核算，详见成本类"5201 服务成本""5401 工程施工""5403 机械作业"科目说明。

三、合同履约成本的主要账务处理。

企业发生上述合同履约成本时，借记本科目，贷记"银行存款""应付职工薪酬"

"原材料"等科目；对合同履约成本进行摊销时，借记"主营业务成本""其他业务成本"等科目，贷记本科目。涉及增值税的，还应进行相应的处理。

四、本科目期末借方余额，反映企业尚未结转的合同履约成本。根据新收入准则规定确认为资产的合同履约成本，初始确认时摊销期限不超过一年或一个正常营业周期的，在资产负债表中记入"存货"项目；初始确认时摊销期限在一年或一个正常营业周期以上的，在资产负债表中记入"其他非流动资产"项目。

## 1426  合同履约成本减值准备

一、本科目核算与合同履约成本有关的资产的减值准备。

二、本科目可按合同进行明细核算。

三、合同履约成本减值准备的主要账务处理。

与合同履约成本有关的资产发生减值的，按应减记的金额，借记"资产减值损失"科目，贷记本科目；转回已计提的资产减值准备时，作相反的会计分录。

四、本科目期末贷方余额，反映企业已计提但尚未转销的合同履约成本减值准备。

## 1427  合同取得成本

一、本科目核算企业取得合同发生的、预计能够收回的增量成本。

二、本科目可按合同进行明细核算。

三、合同取得成本的主要账务处理。

企业发生上述合同取得成本时，借记本科目，贷记"银行存款""其他应付款"等科目；对合同取得成本进行摊销时，按照其相关性借记"销售费用"等科目，贷记本科目。涉及增值税的，还应进行相应的处理。

四、本科目期末借方余额，反映企业尚未结转的合同取得成本。根据新收入准则规定确认为资产的合同取得成本，初始确认时摊销期限不超过一年或一个正常营业周期的，在资产负债表中记入"其他流动资产"项目；初始确认时摊销期限在一年或一个正常营业周期以上的，在资产负债表中记入"其他非流动资产"项目。

## 1428  合同取得成本减值准备

一、本科目核算与合同取得成本有关的资产的减值准备。

二、本科目可按合同进行明细核算。

三、合同取得成本减值准备的主要账务处理。

与合同取得成本有关的资产发生减值的，按应减记的金额，借记"资产减值损失"科目，贷记本科目；转回已计提的资产减值准备时，作相反的会计分录。

四、本科目期末贷方余额，反映企业已计提但尚未转销的合同取得成本减值准备。

## 1431  贵金属

一、本科目核算企业（金融）持有的黄金、白银等贵金属存货的成本。企业（金融）为上市交易而持有的贵金属，比照"交易性金融资产"科目进行处理。

二、本科目可按贵金属的类别进行明细核算。

三、贵金属的主要账务处理。

（一）企业购买的贵金属，借记本科目，贷记"存放中央银行款项"等科目。

（二）出售的贵金属，应按实际收到的金额，借记"存放中央银行款项"等科目，贷记"其他业务收入"科目。按其账面余额，借记"其他业务成本"科目，贷记本科目。

四、本科目期末借方余额，反映企业持有贵金属存货的成本。

## 1441  抵债资产

一、本科目核算企业（金融）依法取得并准备按有关规定进行处置的实物抵债资产的成本。企业（金融）依法取得并准备按有关规定进行处置的非实物抵债资产（不含股权投资），也通过本科目核算。

二、本科目可按抵债资产类别及借款人进行明细核算。抵债资产发生减值的，可以单独设置"抵债资产跌价准备"科目，比照"存货跌价准备"科目进行处理。

三、抵债资产的主要账务处理。

（一）企业取得的抵债资产，按抵债资产的公允价值，借记本科目，按相关资产已计提的减值准备，借记"贷款损失准备""坏账准备"等科目，按相关资产的账面余额，贷记"贷款""应收手续费及佣金"等科目，按应支付的相关税费，贷记"应交税费"科目，按其差额，借记"投资收益"科目，如为贷方差额，贷记"信用减值损失"科目。

（二）抵债资产保管期间取得的收入，借记"库存现金""银行存款""存放中央银行款项"等科目，贷记"其他业务收入"等科目。保管期间发生的直接费用，借记"其他业务成本"等科目，贷记"库存现金""银行存款""存放中央银行款项"等科目。

（三）处置抵债资产时，应按实际收到的金额，借记"库存现金""银行存款""存放中央银行款项"等科目，按应支付的相关税费，贷记"应交税费"科目，按其账面余额，贷记本科目，按其差额，贷记"营业外收入"科目或借记"营业外支出"科目。已计提抵债资产跌价准备的，还应同时结转跌价准备。

（四）取得抵债资产后转为自用的，应在相关手续办妥时，按转换日抵债资产的账面余额，借记"固定资产"等科目，贷记本科目。已计提抵债资产跌价准备的，还应同时结转跌价准备。

四、本科目期末借方余额，反映企业取得的尚未处置的实物抵债资产的成本。

## 1451　损余物资

一、本科目核算企业（保险）按照原保险合同约定承担赔偿保险金责任后取得的损余物资成本。

二、本科目可按损余物资种类进行明细核算。

损余物资发生减值的，可以单独设置"损余物资跌价准备"科目，比照"存货跌价准备"科目进行处理。

三、损余物资的主要账务处理。

（一）企业承担赔偿保险金责任后取得的损余物资，按同类或类似资产的市场价格计算确定的金额，借记本科目，贷记"赔付支出"科目。

（二）处置损余物资时，按实际收到的金额，借记"库存现金""银行存款"等科目，按其账面余额，贷记本科目，按其差额，借记或贷记"赔付支出"科目。已计提跌价准备的，还应同时结转跌价准备。

四、本科目期末借方余额，反映企业承担赔偿保险金责任后取得的损余物资成本。

## 1461　融资租赁资产

一、本科目核算租赁企业作为出租人为开展融资租赁业务取得资产的成本。租赁业务不多的企业，也可通过"固定资产"等科目核算。租赁企业和其他企业对于融资租赁资产在未融资租赁期间的会计处理遵循固定资产准则或其他适用的会计准则。

二、本科目可按租赁资产类别和项目进行明细核算。

三、融资租赁资产的主要账务处理。

（一）出租人购入和以其他方式取得融资租赁资产的，借记本科目，贷记"银行存款"等科目。

（二）在租赁期开始日，出租人应当按尚未收到的租赁收款额，借记"应收融资租赁款——租赁收款额"科目，按预计租赁期结束时的未担保余值，借记"应收融资租赁款——未担保余值"科目，按已经收取的租赁款，借记"银行存款"等科目，按融资租赁方式租出资产的账面价值，贷记本科目；融资租赁方式租出资产的公允价值与账面价值的差额，借记或贷记"资产处置损益"科目；按发生的初始直接费用，贷记"银行存款"等科目；差额贷记"应收融资租赁款——未实现融资收益"科目。

四、本科目期末借方余额，反映企业融资租赁资产的成本。

## 1471 存货跌价准备

一、本科目核算企业存货的跌价准备。

在资产负债表日，当存货成本低于可变现净值时，存货按成本计量；当存货成本高于可变现净值时，存货按可变现净值计量，同时按照成本高于可变现净值的差额计提存货跌价准备。企业通常应当按照单个存货项目计提存货跌价准备，对于数量繁多、单价较低的存货，可以按照存货类别计提存货跌价准备。

存货的可变现净值，是指在日常活动中存货的估计售价减去至完工时估计将要发生的成本、估计的销售费用以及相关税费后的金额。需要注意的是，企业确定存货的可变现净值的前提是企业在进行正常的生产经营活动，如果企业不是在进行正常的生产经营活动，例如企业处于清算过程，那么不能按照存货准则的规定确定存货的可变现净值。企业预计的销售存货现金流量，并不完全等于存货的可变现净值。存货在销售过程中可能发生的销售费用和相关税费，以及为达到预定可销售状态还可能发生的加工成本等相关支出，构成现金流入的抵减项目。企业预计的销售存货现金流量，扣除这些抵减项目后，才能确定存货的可变现净值。

二、本科目可按存货项目或类别进行明细核算。

三、存货跌价准备的主要账务处理。

资产负债表日，存货发生减值的，按存货可变现净值低于成本的差额，借记"资产减值损失"科目，贷记本科目。

已计提跌价准备的存货价值以后又得以恢复，应在原已计提的存货跌价准备金额内，按恢复增加的金额，借记本科目，贷记"资产减值损失"科目。

发出存货结转存货跌价准备的，借记本科目，贷记"主营业务成本""生产成本"等科目。

四、本科目期末贷方余额，反映企业已计提但尚未转销的存货跌价准备。

## 1472　粮油损耗准备

一、本科目核算粮食企业库存粮油的跌价准备。

二、本科目可按商品粮油项目或类别进行明细核算。

三、粮油损耗准备的主要账务处理。

粮食企业在商品粮油验收入库起至出库止的整个储存过程中发生的自然损耗和水分杂质减量等正常损耗，于年度终了，按照国家规定的粮油损耗比例按仓（货位）计提粮油损耗准备，借记"销售费用——商品损耗"科目，贷记本科目。一个独立存放单位（如一仓、一个货位）储存的粮油销售完毕后，根据实际发生的粮油损耗，借记"粮油损耗准备"科目，贷记本科目，对实际发生损耗与计提数额之间的差额，予以补提或冲回。

四、本科目期末贷方余额，反映企业已计提但尚未转销的粮油损耗准备。

## 1481　持有待售资产

一、本科目核算划分为持有待售类别的非流动资产及划分为持有待售类别的处置组中的流动资产和非流动资产。

二、本科目可按持有待售资产或处置组的资产类别等进行明细核算。

持有待售资产发生减值的，可以单独设置"持有待售资产减值准备"科目进行核算。

对持有待售处置组，涉及负债的，单独设置"持有待售负债"科目进行核算。

三、持有待售资产的主要账务处理。

首次划分为持有待售类别前，应当按照相关会计准则规定计量非流动资产或处置组中各项资产和负债的账面价值，存在减值损失的，借记"资产减值损失"科目，贷记有关资产减值准备科目。

《〈企业会计准则第42号——持有待售的非流动资产、处置组和终止经营〉应用指南》指出，企业初始计量持有待售的非流动资产或处置组时，如果账面价值低于其公允价值减去出售费用后的净额，企业不需要对账面价值进行调整；如果账面价值高于其公允价值减去出售费用后的净额，企业应当将账面价值减记至公允价值减去出售费用后的净额，减记的金额确认为资产减值损失，计入当期损益，同时计提持有待售资产减值准备，但不应当重复确认不适用本准则计量规定的资产和负债按照相关准则规定已经确认的损失。

企业应当按照《企业会计准则第39号——公允价值计量》的有关规定确定非流

动资产或处置组的公允价值。具体来说，如果企业已经获得确定的购买承诺，应当参考交易价格确定持有待售的非流动资产或处置组的公允价值，交易价格应当考虑可变对价、非现金对价、应付客户对价等因素的影响。如果企业尚未获得确定的购买承诺，例如对于专为转售而取得的非流动资产或处置组，企业应当对其公允价值作出估计，优先使用市场报价等可观察输入值。

出售费用是企业发生的可以直接归属于出售资产或处置组的增量费用，出售费用直接由出售引起，并且是企业进行出售所必需的，如果企业不出售资产或处置组，该费用将不会产生。出售费用既包括为出售发生的特定法律服务、评估咨询等中介费用，也包括相关的消费税、城市维护建设税、土地增值税和印花税等，但不包括财务费用和所得税费用。有些情况下，公允价值减去出售费用后的净额可能为负值，持有待售的非流动资产或处置组中资产的账面价值应当以减记至零为限。是否需要确认相关预计负债，应当按照《企业会计准则第13号——或有事项》的规定进行会计处理。

对于取得日划分为持有待售类别的非流动资产或处置组，企业应当在初始计量时比较假定其不划分为持有待售类别情况下的初始计量金额和公允价值减去出售费用后的净额，以两者孰低计量。按照上述原则，在合并报表中，非同一控制下的企业合并中新取得的非流动资产或处置组划分为持有待售类别的，应当按照公允价值减去出售费用后的净额计量；同一控制下的企业合并中非流动资产或处置组划分为持有待售类别的，应当按照合并日在被合并方的账面价值与公允价值减去出售费用后的净额孰低计量。除企业合并中取得的非流动资产或处置组外，由以公允价值减去出售费用后的净额作为非流动资产或处置组初始计量金额而产生的差额，应当计入当期损益。

划分为持有待售类别时，借记本科目以及"累计折旧""累计摊销""长期股权投资减值准备""固定资产减值准备""无形资产减值准备"等科目，贷记"长期股权投资""固定资产""无形资产""持有待售负债"等科目。

企业初始计量或在资产负债表日重新计量持有待售的非流动资产或处置组时，其账面价值高于公允价值减去出售费用后的净额的，将账面价值减记至公允价值减去出售费用后的净额，按减记的金额，借记"资产减值损失"科目，贷记"持有待售资产减值准备"科目。

持有待售的处置组发生减值损失的，资产减值损失金额应当先抵减处置组中商誉的账面价值，再根据处置组中适用《企业会计准则第42号——持有待售的非流动资产、处置组和终止经营》计量规定的各项非流动资产账面价值所占比重，按比例抵减其账面价值，借记"资产减值损失"科目，贷记"商誉""持有待售资产减值准备"科目。

资产负债表日，确认持有待售的处置组中负债的利息和其他费用时，借记"财务费用"等科目，贷记"应付利息"科目。

后续资产负债表日持有待售的非流动资产公允价值或处置组减去出售费用后的净

额增加的，按可转回金额，借记"持有待售资产减值准备"科目，贷记"资产减值损失"科目。

非流动资产或处置组因不再满足持有待售类别的划分条件而不再继续划分为持有待售类别或非流动资产从持有待售的处置组中移除时，按照划分为持有待售类别前的各项非资产的账面余额和已确认的持有待售资产减值准备，借记"长期股权投资""固定资产""无形资产""持有待售资产减值准备"等科目，按照假定不划分为持有待售类别情况下本应确认的折旧、摊销或减值，贷记"累计折旧""累计摊销""长期股权投资减值准备""固定资产减值准备""无形资产减值准备"等科目。划分为持有待售类别前的非流动资产账面价值高于可收回金额的，按高出部分的金额，借记"资产减值损失"科目，贷记相关资产减值准备科目。

四、本科目期末借方余额，反映资产负债表日划分为持有待售类别的非流动资产及划分为持有待售类别的处置组中的流动资产和非流动资产的期末账面价值。

## 1482　持有待售资产减值准备

本科目说明详见"持有待售资产"科目说明。

## 1483　持有待售清理

一、本科目核算企业因出售持有待售资产或处置组等原因转出的持有待售资产或处置组的账面价值以及在清理过程中发生的费用等。

二、本科目可按被清理的持有待售资产或处置组项目进行明细核算。

三、持有待售清理的主要账务处理。

出售持有待售资产或处置组时，借记"银行存款""持有待售资产减值准备"等科目，贷记"持有待售资产""银行存款"等科目，按实际成交价与账面价值的差额，借记或贷记"持有待售清理"科目。

发生的清理费用，借记"持有待售清理"科目，贷记"银行存款"等科目。

清理完成后，确认出售持有待售资产（金融工具、长期股权投资和投资性房地产除外）的利得或损失，贷记或借记"资产处置收益"科目；对出售持有待售的金融工具、长期股权投资的利得或损失，借记或贷记"投资收益"科目；对出售持有待售的投资性房地产的利得或损失，按投资性房地产的账面余额，借记"其他业务成本"科目，按实际收到的销售款，贷记"其他业务收入"科目。同时，借记或贷记"持有待售清理"科目。

四、本科目期末余额反映尚未确认的持有待售资产的利得或损失。

## 1489　碳排放权资产

一、本科目核算按照《碳排放权交易管理暂行办法》等有关规定开展碳排放权交易业务的重点排放企业通过购入方式取得的碳排放配额。

重点排放企业的国家核证自愿减排量相关交易，参照《碳排放权交易管理暂行办法》的规定进行会计处理，在"碳排放权资产"科目下设置明细科目进行核算。

二、主要账务处理。

（一）重点排放企业购入碳排放配额的，按照购买日实际支付或应付的价款（包括交易手续费等相关税费），借记本科目，贷记"银行存款""其他应付款"等科目。

重点排放企业无偿取得碳排放配额的，不作账务处理。

（二）重点排放企业使用购入的碳排放配额履约（履行减排义务）的，按照所使用配额的账面余额，借记"营业外支出"科目，贷记本科目。

重点排放企业使用无偿取得的碳排放配额履约的，不作账务处理。

（三）重点排放企业出售碳排放配额，应当根据配额取得来源的不同分别以下情况进行账务处理。

1. 重点排放企业出售购入的碳排放配额的，按照出售日实际收到或应收的价款（扣除交易手续费等相关税费），借记"银行存款""其他应收款"等科目，按照出售配额的账面余额，贷记本科目，按其差额，贷记"营业外收入"科目或借记"营业外支出"科目。

2. 重点排放企业出售无偿取得的碳排放配额的，按照出售日实际收到或应收的价款（扣除交易手续费等相关税费），借记"银行存款""其他应收款"等科目，贷记"营业外收入"科目。

（四）重点排放企业自愿注销购入的碳排放配额的，按照注销配额的账面余额，借记"营业外支出"科目，贷记本科目。

重点排放企业自愿注销无偿取得的碳排放配额的，不作账务处理。

三、本科目期末借方余额，反映重点排放企业通过购入方式取得的碳排放配额。

## 1501　债权投资

一、本科目核算企业以摊余成本计量的债权投资的账面余额。同时符合下列条件的债权投资通过本科目核算：（1）企业管理该金融资产的业务模式是以收取合同现金流量为目标；（2）该金融资产的合同条款规定，在特定日期产生的现金流量，仅为对本金和以未偿付本金金额为基础的利息的支付（SPPI）。

二、本科目可按债权投资的类别和品种，分别"成本""利息调整""应计利息"等进行明细核算。

三、债权投资的主要账务处理。

（一）企业取得的以摊余成本计量的债权投资，应按该投资的面值，借记本科目（成本），按支付的价款中包含的已到付息期但尚未领取的利息，借记"应收利息"科目，按实际支付的金额，贷记"银行存款""存放中央银行款项""结算备付金"等科目，按其差额，借记或贷记本科目（利息调整）。

（二）资产负债表日，以摊余成本计量的债权投资为分期付息、一次还本债券投资的，应按票面利率计算确定的应收未收利息，借记"应收利息"科目，按债权投资摊余成本和实际利率计算确定的利息收入，贷记"投资收益"科目，按其差额，借记或贷记本科目（利息调整）。

以摊余成本计量的债权投资为一次还本付息债券投资的，应于资产负债表日按票面利率计算确定的应收未收利息，借记本科目（应计利息），按债权投资摊余成本和实际利率计算确定的利息收入，贷记"投资收益"科目，按其差额，借记或贷记本科目（利息调整）。

以摊余成本计量的债权投资发生减值后利息的处理，比照"贷款"科目相关规定。

（三）将以摊余成本计量的债权投资重分类为以公允价值计量且其变动计入当期损益的金融资产（交易性金融资产）的，应在重分类日按其公允价值，借记"交易性金融资产"科目，按其账面余额，贷记本科目（成本、利息调整、应计利息），按其差额，贷记或借记"公允价值变动损益"科目。已计提减值准备的，还应同时结转减值准备。

（四）将以摊余成本计量的债权投资重分类为以公允价值计量且其变动计入其他综合收益的其他债权投资的，应在重分类日按其公允价值，借记"其他债权投资"科目，按其账面余额，贷记本科目（成本、利息调整、应计利息），按其差额，贷记或借记"其他综合收益"科目。已计提减值准备的，还应同时结转减值准备。

（五）以公允价值计量且其变动计入其他综合收益的其他债权投资重分类为以摊余成本计量的债权投资，应当将之前计入其他综合收益的累计利得或损失转出，调整该金融资产在重分类日的公允价值，并以调整后的金额作为新的账面价值，即视同该金融资产一直以摊余成本计量，借记本科目（成本、利息调整、应计利息），贷记"其他债权投资"科目，按之前计入其他综合收益的累计利得或损失借记或贷记"其他综合收益"科目。该金融资产重分类不影响其实际利率和预期信用损失的计量。存在减值的，还应计提减值准备。

（六）以公允价值计量且其变动计入当期损益的金融资产（交易性金融资产）重

分类为以摊余成本计量的债权投资的，应在重分类日按其公允价值，借记本科目（成本），贷记"交易性金融资产"科目。根据该金融资产在重分类日的公允价值确定其实际利率。同时，企业应当自重分类日起对该金融资产适用金融工具确认和计量准则关于金融资产减值的相关规定，并将重分类日视为初始确认日。

（七）出售以摊余成本计量的债权投资，应按实际收到的金额，借记"银行存款""存放中央银行款项""结算备付金"等科目，按其账面余额，贷记本科目（成本、利息调整、应计利息），按其差额，贷记或借记"投资收益"科目。已计提减值准备的，还应同时结转减值准备。

四、本科目期末借方余额，反映企业以摊余成本计量的债权投资的摊余成本。

## 1502 债权投资减值准备

一、本科目核算企业以摊余成本计量的债权投资以预期信用损失为基础计提的损失准备。

二、本科目可按债权投资类别和品种进行明细核算。

三、资产负债表日，以摊余成本计量的债权投资发生减值的，按应减记的金额，借记"信用减值损失"科目，贷记本科目。

已计提减值准备的债权投资价值以后又得以恢复，应在原已计提的减值准备金额内，按恢复增加的金额，借记本科目，贷记"信用减值损失"科目。

四、本科目期末贷方余额，反映企业已计提但尚未转销的债权投资减值准备。

## 1503 其他债权投资

一、本科目核算企业按照《企业会计准则第 22 号——金融工具确认和计量》第十八条分类为以公允价值计量且其变动计入其他综合收益的金融资产，如债权投资。同时符合下列条件的债权投资应当通过该科目核算：（1）企业管理该金融资产的业务模式既以收取合同现金流量为目标又以出售该金融资产为目标；（2）该金融资产的合同条款规定，在特定日期产生的现金流量，仅为对本金和以未偿付本金金额为基础的利息的支付（SPPI）。

不包括分类为 FVOCI 的应收票据和应收账款等应收款项融资。

短期其他债权投资（如双重业务模式下持有的同业存单）列报于"其他流动资产"。

二、本科目按金融资产的类别和品种，分别"成本""利息调整""应计利息""公允价值变动"等进行明细核算。

其他债权投资发生减值的，可以单独设置"其他债权投资减值准备"科目。

三、其他债权投资的主要账务处理。

（一）企业取得的其他债权投资为债券投资的，应按债券的面值，借记本科目（成本），按支付的价款中包含的已到付息期但尚未领取的利息，借记"应收利息"科目，按实际支付的金额，贷记"银行存款""存放中央银行款项""结算备付金"等科目，按差额，借记或贷记本科目（利息调整）。

（二）资产负债表日，其他债权投资为分期付息、一次还本债券投资的，应按票面利率计算确定的应收未收利息，借记"应收利息"科目，按债券的摊余成本和实际利率计算确定的利息收入，贷记"投资收益"科目，按其差额，借记或贷记本科目（利息调整）。

其他债权投资为一次还本付息债券投资的，应于资产负债表日按票面利率计算确定的应收未收利息，借记本科目（应计利息），按可供出售债券的摊余成本和实际利率计算确定的利息收入，贷记"投资收益"科目，按其差额，借记或贷记本科目（利息调整）。

其他债权投资发生减值后利息的处理，应当按照摊余成本乘以实际利率（对于购买或源生时未发生信用减值但在后续期间发生信用减值的为初始确认时确定的实际利率；对于购买或源生时已发生信用减值的，为经信用调整的实际利率，即购买或源生时减值后的预计未来现金流量折现为摊余成本的利率）的金额确定其利息收入。

（三）资产负债表日，其他债权投资的公允价值高于其账面余额的差额，借记本科目（公允价值变动），贷记"其他综合收益"科目；公允价值低于其账面余额的差额作相反的会计分录。

确定其他债权投资发生减值的，按应减记的金额，借记"信用减值损失"科目，按应从所有者权益中转出原计入其他综合收益的累计损失金额，贷记"其他综合收益——信用减值准备"科目，按其差额，贷记本科目（公允价值变动）。

对于已确认减值损失的其他债权投资，在随后会计期间内公允价值已上升且客观上与确认原减值损失事项有关的，应按原确认的减值损失，借记本科目（公允价值变动），贷记"信用减值损失"科目。

（四）将以摊余成本计量的金融资产重分类为其他债权投资的，应在重分类日按其公允价值，借记本科目，按其账面余额，贷记"债权投资"科目，按其差额，贷记或借记"其他综合收益"科目。已计提减值准备的，还应同时结转减值准备。该金融资产重分类不影响其实际利率和预期信用损失的计量。

（五）将以公允价值计量且其变动计入当期损益的金融资产（交易性金融资产）重分类为以公允价值计量且其变动计入其他综合收益（其他债权投资）的，应当继续以公允价值计量该金融资产，应在重分类日按其公允价值，借记本科目，贷记"交易性金融资产"科目。

（六）将以公允价值计量且其变动计入其他综合收益的金融资产重分类为以摊余成本计量的金融资产的，应当将之前计入其他综合收益的累计利得或损失转出，借记或贷记"其他综合收益"科目，调整该金融资产在重分类日的公允价值，贷记"其他债权投资"科目，并以调整后的金额作为新的账面价值，即视同该金融资产一直以摊余成本计量，借记"债权投资（成本、利息调整、应计利息）"科目。该金融资产重分类不影响其实际利率和预期信用损失的计量。存在减值准备的，还应补提减值准备。

企业对金融资产进行重分类，应当自重分类日起采用未来适用法进行相关会计处理，不得对以前已经确认的利得、损失（包括减值损失或利得）或利息进行追溯调整。重分类日，是指导致企业对金融资产进行重分类的业务模式发生变更后的首个报告期间的第一天。

如果企业管理金融资产的业务模式没有发生变更，而金融资产的条款发生变更但未导致终止确认的，不允许重分类。如果金融资产条款发生变更导致金融资产终止确认的，不涉及重分类问题，企业应当终止确认原金融资产，同时按照变更后的条款确认一项新金融资产。

（七）出售以公允价值计量且其变动计入其他综合收益的金融资产，应按实际收到的金额，借记"银行存款""存放中央银行款项"等科目，按其账面余额，贷记本科目（成本、公允价值变动、利息调整、应计利息），按应从所有者权益中转出的公允价值累计变动额，借记或贷记"其他综合收益"科目，按其差额，贷记或借记"投资收益"科目。

四、本科目期末借方余额，反映企业可供出售金融资产的公允价值。

## 1504 其他权益工具投资

一、本科目核算企业指定为以公允价值计量且其变动计入其他综合收益的非交易性权益工具投资。

在初始确认时，企业可以将非交易性权益工具投资指定为以公允价值计量且其变动计入其他综合收益的金融资产（不包括企业在非同一控制下的企业合并中确认的构成金融资产的或有对价）。

符合金融负债定义但是被发行人分类为权益工具的特殊金融工具（包括可回售工具和发行方仅在清算时才有义务向另一方按比例交付其净资产的金融工具），本身并不符合权益工具的定义（如可赎回私募基金投资、对有限寿命主体的投资），因此从投资方的角度不符合将其指定为"其他权益工具投资"的条件[①]。

风险投资机构、共同基金以及类似主体持有的对联营企业或合营企业投资，不能指定为"其他权益工具投资"。

二、本科目可按其他权益工具投资的类别和品种，分别"成本""公允价值变动"等进行明细核算。

三、其他权益工具投资的主要账务处理。

（一）企业取得其他权益工具投资，应按其公允价值与交易费用之和，借记本科目（成本），按支付的价款中包含的已宣告但尚未发放的现金股利，借记"应收股利"科目，按实际支付的金额，贷记"银行存款""存放中央银行款项""结算备付金"等科目。

（二）资产负债表日，其他权益工具投资的公允价值高于其账面余额的差额，借记本科目（公允价值变动），贷记"其他综合收益——其他权益工具投资公允价值变动"科目；公允价值低于其账面余额的差额作相反的会计分录。

（三）其他权益工具投资持有期间宣告发放的现金股利，根据宣告发放的现金股利，借记"应收股利"科目，贷记"投资收益"科目。

（四）出售其他权益工具投资，应按实际收到的金额，借记"银行存款""存放中央银行款项"等科目，按其账面余额，贷记本科目（成本、公允价值变动等明细科目），按应从所有者权益中转出的公允价值累计变动额，借记或贷记"其他综合收益"科目，按其差额，贷记或借记"盈余公积——法定盈余公积""利润分配——未分配利润"等科目。

---

① 中国证监会发布的《2019年度上市公司年报会计监管报告》指出，"根据企业会计准则及相关规定，企业可以将非交易性权益工具投资指定为以公允价值计量且其变动计入其他综合收益的金融资产，并作为其他权益工具投资列报。此处的权益工具是指对于工具发行方来说，满足权益工具定义的工具。符合金融负债定义但是被发行人分类为权益工具的特殊金融工具（包括可回售工具和发行方仅在清算时才有义务向另一方按比例交付其净资产的金融工具），本身并不符合权益工具的定义，因此，从投资方的角度不符合将其指定为以公允价值计量且其变动计入其他综合收益的金融资产的条件。年报分析发现，部分上市公司将不满足权益工具定义的金融资产，如可赎回私募基金投资、对有限寿命主体的投资等，错误地指定为以公允价值计量且其变动计入其他综合收益的金融资产。"

中国证监会发布的《2020年度上市公司年报会计监管报告》指出，"……符合金融负债定义但是被分类为权益工具的特殊金融工具本身并不符合权益工具的定义，从投资方的角度也就不符合指定为以公允价值计量且其变动计入其他综合收益的金融资产的条件。年报分析发现，个别上市公司对外进行投资，持有被投资单位的优先股，上市公司未恰当分析优先股相关特征而将该投资指定为以公允价值计量且其变动计入其他综合收益的金融资产。实务中，优先股协议条款较为复杂，往往存在嵌入衍生条款以及固定股息率的强制分红、强制赎回等条款，导致从发行方角度优先股并非整体满足权益工具定义，相应地从投资方角度不满足指定为以公允价值计量且其变动计入其他综合收益的金融资产的条件。"

四、企业对权益工具的投资和与此类投资相联系的合同应当以公允价值计量。权益工具投资或合同存在报价的，企业不应当将成本作为对其公允价值的最佳估计。但在有限情况下，如果用以确定公允价值的近期信息不足，或者公允价值的可能估计金额分布范围很广，而成本代表了该范围内对公允价值的最佳估计的，该成本可代表其在该分布范围内对公允价值的恰当估计。

企业应当利用初始确认日后可获得的关于被投资方业绩和经营的所有信息，判断成本能否代表公允价值。存在下列情形（包含但不限于）之一的，可能表明成本不代表相关金融资产的公允价值，企业应当对其公允价值进行估值：

1. 与预算、计划或阶段性目标相比，被投资方业绩发生重大变化。

2. 对被投资方技术产品实现阶段性目标的预期发生变化。

3. 被投资方的权益、产品或潜在产品的市场发生重大变化。

4. 全球经济或被投资方经营所处的经济环境发生重大变化。

5. 被投资方可比企业的业绩或整体市场所显示的估值结果发生重大变化。

6. 被投资方的内部问题，如欺诈、商业纠纷、诉讼、管理或战略变化。

7. 被投资方权益发生了外部交易并有客观证据，包括发行新股等被投资方发生的交易和第三方之间转让被投资方权益工具的交易等。

五、本科目期末借方余额，反映企业其他权益工具投资的公允价值。

## 1511 长期股权投资

一、本科目核算企业持有的采用成本法和权益法核算的长期股权投资。

风险投资机构、共同基金以及类似主体持有的在初始确认时按照金融工具确认计量准则的规定以公允价值计量且其变动计入当期损益的金融资产，投资性主体对不纳入合并财务报表的子公司的权益性投资，适用金融工具确认计量准则。

大多数情况下，破产重整的公司在管理人的监管和帮助下，通过业务重整和债务调整，摆脱经营困难，重获经营能力，不能简单以进入破产重整即认为丧失对子公司的控制[①]。

企业应当综合考虑所有事实和情况来作出恰当的判断，不应仅以撤回或新委派董事、增加或减少持有被投资单位的股份等个别事实为依据作出判断。

---

① 中国证监会《2018 年上市公司年报会计监管报告》指出，年报分析发现，个别上市公司的控股股东向法院提请对净资产为负的子公司进行破产重整，法院指定某律师事务所为管理人后，上市公司便不再将其纳入合并范围，并将已在合并报表中确认的超额亏损转入当期投资收益。大多数情况下，破产重整的公司在管理人的监管和帮助下，通过业务重整和债务调整，摆脱经营困难，重获经营能力，不能简单以进入破产重整即认为丧失对子公司的控制。

二、本科目应当按照被投资单位进行明细核算。

长期股权投资核算采用权益法的，应当分别"投资成本""损益调整""其他综合收益""其他权益变动"进行明细核算。

三、长期股权投资的主要账务处理。

（一）初始取得长期股权投资。

1. 企业合并形成的长期股权投资。

（1）同一控制下企业合并形成的长期股权投资。合并方以支付现金、转让非现金资产或承担债务方式作为合并对价的，应在合并日按取得被合并方所有者权益在最终控制方合并财务报表中的账面价值的份额，借记本科目（投资成本），按支付的合并对价的账面价值，贷记或借记有关资产、负债科目，按其差额，贷记"资本公积——资本溢价或股本溢价"科目；如为借方差额，借记"资本公积——资本溢价或股本溢价"科目，资本公积（资本溢价或股本溢价）不足冲减的，应依次借记"盈余公积""利润分配——未分配利润"科目。

合并方以发行权益性证券作为合并对价的，应当在合并日按照被合并方所有者权益在最终控制方合并财务报表中的账面价值的份额，借记本科目（投资成本），按照发行股份的面值总额，贷记"股本"科目，按其差额，贷记"资本公积——资本溢价或股本溢价"科目；如为借方差额，借记"资本公积——资本溢价或股本溢价"科目，资本公积（资本溢价或股本溢价）不足冲减的，应依次借记"盈余公积""利润分配——未分配利润"科目。

同一控制下合并涉及或有对价的，初始投资时，应按照《企业会计准则第13号——或有事项》（以下简称"或有事项准则"）的规定，判断是否应就或有对价确认预计负债或者确认资产，以及应确认的金额；确认预计负债或资产的，该预计负债或资产金额与后续或有对价结算金额的差额不影响当期损益，而应当调整资本公积（资本溢价或股本溢价），资本公积（资本溢价或股本溢价）不足冲减的，调整留存收益。

企业通过多次交易分步取得同一控制下被投资单位的股权，最终形成企业合并的，应当判断多次交易是否属于"一揽子交易"。属于一揽子交易的，合并方应当将各项交易作为一项取得控制权的交易进行会计处理。不属于"一揽子交易"的，取得控制权日，应按照以下步骤进行会计处理：

①确定同一控制下企业合并形成的长期股权投资的初始投资成本。在合并日，根据合并后应享有被合并方净资产在最终控制方合并财务报表中的账面价值的份额，确定长期股权投资的初始投资成本。

②长期股权投资初始投资成本与合并对价账面价值之间的差额的处理。合并日长期股权投资的初始投资成本，与达到合并前的长期股权投资账面价值加上合并日进一步取得股份新支付对价的账面价值之和的差额，调整资本公积（资本溢价或股本溢

价），资本公积不足冲减的，冲减留存收益。

③合并日之前持有的股权投资，因采用权益法核算或金融工具确认和计量准则核算而确认的其他综合收益，暂不进行会计处理，直至处置该项投资时采用与被投资单位直接处置相关资产或负债相同的基础进行会计处理；因采用权益法核算而确认的被投资单位净资产中除净损益、其他综合收益和利润分配以外的所有者权益其他变动，暂不进行会计处理，直至处置该项投资时转入当期损益。其中，处置后的剩余股权根据本准则采用成本法或权益法核算的，其他综合收益和其他所有者权益应按比例结转，处置后的剩余股权改按金融工具确认和计量准则进行会计处理的，其他综合收益和其他所有者权益应全部结转。

④编制合并财务报表。合并方应当按照《企业会计准则第20号——企业合并》（以下简称"企业合并准则"）和合并财务报表准则的规定编制合并财务报表。合并方在达到合并之前持有的长期股权投资，在取得日与合并方和被合并方同处于同一最终控制之日孰晚日与合并日之间已确认有关损益、其他综合收益和其他所有者权益变动，应分别冲减比较报表期间的期初留存收益或当期损益。

（2）非同一控制下企业合并形成的长期股权投资。

购买方以支付现金、转让非现金资产或承担债务方式等作为合并对价的，应在购买日按照《企业会计准则第20号——企业合并》确定的合并成本，借记本科目（投资成本），按付出的合并对价的账面价值，贷记或借记有关资产、负债科目，按发生的直接相关费用（如资产处置费用），贷记"银行存款"等科目，按其差额，贷记"主营业务收入""资产处置收益""投资收益"等科目或借记"管理费用""主营业务成本"等科目。

购买方以发行权益性证券作为合并对价的，应在购买日按照发行的权益性证券的公允价值，借记本科目（投资成本），按照发行的权益性证券的面值总额，贷记"股本"科目，按其差额，贷记"资本公积——资本溢价或股本溢价"科目。企业为合并发生的审计、法律服务、评估咨询等中介费用以及其他相关管理费用，应当于发生时，借记"管理费用"科目，贷记"银行存款"等科目。

非同一控制下企业合并涉及或有对价时长期股权投资成本的计量。某些情况下，当企业合并合同或协议中约定视未来或有事项的发生，购买方通过发行额外证券、支付额外现金或其他资产等方式追加合并对价，或者要求返还之前已经支付的对价。购买方应当将合并协议约定的或有对价作为企业合并转移对价的一部分，按照其在购买日的公允价值计入企业合并成本。根据《企业会计准则——金融工具确认和计量》《企业会计准则第22号——金融工具列报》以及其他相关会计准则的规定，或有对价符合金融负债或权益工具定义的，购买方应当将拟支付的或有对价确认为一项负债或权益；符合资产定义并满足资产确认条件的，购买方应当将符合合并协议约定条件的、对已支付的合并对价中可收回部分的权利确认为一项资产。购买日后 12 个月内出现对购买日已存在情况的新的或者进一步证据而需要调整或有对价的，应当予以确认并对原计入合并商誉的金额进行调整；其他情况下发生的或有对价变化或调整，应当区分以下情况进行会计处理：或有对价为权益性质的，不进行会计处理；或有对价为资产或负债性质的，如果属于《企业会计准则第 22 号——金融工具的确认和计量》中的金融工具，应当按照以公允价值计量且其变动计入当期损益进行会计处理，不得指定为以公允价值计量且其变动计入其他综合收益的金融资产；如果不属于《企业会计准则第 22 号——金融工具的确认和计量》中的金融工具，应按照《企业会计准则第 13 号——或有事项》或其他相应的准则处理。

《监管规则适用指引——会计类第 2 号》规定，非同一控制下企业合并购买日后的业绩承诺期内，在法律法规允许的前提下，交易双方协商对业绩补偿的金额、支付时间、支付方式等进行修订，且已就该事项严格履行了股东大会等必要内部决策流程。这种情况下，购买方应将业绩补偿条款修订导致的或有对价公允价值变动计入当期损益。

购买方以一揽子交易方式分步取得对被投资单位的控制权，双方协议约定，若购买方最终未取得控制权，一揽子交易将整体撤销，并返还购买方已支付价款。这种情况下，购买方应按照相关规定恰当确定购买日和企业合并成本，在取得控制权时确认长期股权投资，取得控制权之前已支付的款项应作为预付投资款项处理。

企业通过多次交易分步实现非同一控制下企业合并的，在编制个别财务报表时，应当按照原持有的股权投资的账面价值加上新增投资成本之和，作为改按成本法核算的初始投资成本。

购买日之前持有的股权采用权益法核算的，相关其他综合收益应当在处置该项投资时采用与被投资单位直接处置相关资产或负债相同的基础进行会计处理，因被投资方除净损益、其他综合收益和利润分配以外的其他所有者权益变动而确认的所有者权益，应当在处置该项投资时相应转入处置期间的当期损益。其中，处置后的剩余股权根据本准则采用成本法或权益法核算的，其他综合收益和其他所有者权益应按比例结转，处置后的剩余股权改按金融工具确认和计量准则进行会计处理的，其他综合收益和其他所有者权益应全部结转。

购买日之前持有的股权投资，采用金融工具确认和计量准则进行会计处理的，应当将按照该准则确定的股权投资的公允价值加上新增投资成本之和，作为改按成本法核算的初始投资成本，原持有股权的公允价值与账面价值之间的差额以及原计入其他综合收益的累计公允价值变动应当全部转入改按成本法核算的当期投资收益。

2. 以非企业合并方式形成的长期股权投资。以支付现金、非现金货币性资产等其他方式取得的长期股权投资，应按现金、非现金货币性资产的公允价值或按照《企业会计准则第 7 号——非货币性资产交换》《企业会计准则第 12 号——债务重组》的有关规定确定的初始投资成本，借记本科目，贷记"银行存款"等科目，贷记或借记"资产处置收益""投资收益""其他收益——债务重组收益"等处置非现金资产相关的科目。

（1）非货币性资产交换中涉及企业合并的，适用《企业会计准则第 20 号——企业合并》《企业会计准则第 2 号——长期股权投资》和《企业会计准则第 33 号——合并财务报表》。非货币性资产交换的一方直接或间接对另一方持股且以股东身份进行交易的，或者非货币性资产交换的双方均受同一方或相同的多方最终控制，且该非货币性资产交换的交易实质是交换的一方向另一方进行了权益性分配或交换的一方接受了另一方权益性投入的，适用权益性交易的有关会计处理规定。例如，集团重组中发生的非货币性资产划拨、划转行为，在股东或最终控制方的安排下，企业无代价或以明显不公平的代价将非货币性资产转让给其他企业或接受其他企业的非货币性资产，该类转让的实质是企业进行了权益性分配或接受了权益性投入，不适用本准则，应当适用权益性交易会计处理的有关规定。

（2）对于换入资产，应当以换入资产的公允价值和应支付的相关税费作为换入资产的成本进行初始计量。换出资产的公允价值不能可靠计量的，或换入资产和换出资产的公允价值均能够可靠计量但有确凿证据表明换入资产的公允价值更加可靠的，应当以换入资产的公允价值和应支付的相关税费作为换入资产的初始计量金额。换入资产为长期股权投资的，包括与取得该资产直接相关的费用、税金和其他必要支出。

（3）对于换出资产，应当在终止确认时，将换出资产的公允价值与其账面价值之间的差额计入当期损益。换出资产的公允价值不能够可靠计量，或换入资产和换出资产的公允价值均能够可靠计量但有确凿证据表明换入资产的公允价值更加可靠的，应当在终止确认时将换入资产的公允价值与换出资产账面价值之间的差额计入当期损益。换出资产为固定资产、在建工程、生产性生物资产和无形资产的，计入当期损益的部分通过"资产处置损益"科目核算；换出资产为投资性房地产的，按换出资产公允价值或换入资产公允价值确认其他业务收入，按换出资产账面价值结转其他业务成本，二者之间的差额计入当期损益；换出资产为长期股权投资的，计入当期损益的部分通过"投资收益"科目核算。

（4）债权人受让的对联营企业或合营企业投资，以放弃债权的公允价值，以及可直接归属于该资产的税金等其他成本作为初始投资成本，借记本科目（投资成本），放弃债权的公允价值与账面价值之间的差额，贷记或借记"投资收益"科目。

投资者投入的长期股权投资，应按确定的长期股权投资成本，借记本科目，贷记"实收资本"或"股本"科目。

3. 企业集团（由母公司和其全部子公司构成）内发生的股份支付交易。

（1）结算企业以其本身权益工具结算的，应当将该股份支付交易作为权益结算的股份支付处理。除此之外，应当作为现金结算的股份支付处理。

结算企业是接受服务企业的投资者的，应当按照授予日权益工具的公允价值或应承担负债的公允价值确认为对接受服务企业的长期股权投资，同时确认资本公积（其他资本公积）或负债。

（2）接受服务企业没有结算义务或授予本企业职工的是其本身权益工具的，应当将该股份支付交易作为权益结算的股份支付处理；接受服务企业具有结算义务且授予本企业职工的是企业集团内其他企业权益工具的，应当将该股份支付交易作为现金结算的股份支付处理。

（二）采用成本法核算的长期股权投资。根据《企业会计准则第 22 号——长期股权投资》，投资方持有的对子公司投资应当采用成本法核算，投资方为投资性主体且子公司不纳入其合并财务报表的除外。投资方在判断对被投资单位是否具有控制时，应综合考虑直接持有的股权和通过子公司间接持有的股权。在个别财务报表中，投资方进行成本法核算时，应仅考虑直接持有的股权份额。

采用成本法核算的长期股权投资，在追加投资时，按照追加投资支付的成本的公允价值及发生的相关交易费用增加长期股权投资的账面价值。被投资单位宣告分派现金股利或利润的，投资方根据应享有的部分确认当期投资收益。

长期股权投资采用成本法核算的，应按被投资单位宣告发放的现金股利或利润中属于本企业的部分，借记"应收股利"科目，贷记"投资收益"科目。

在不存在等值的现金选择权的情况下，子公司以未分配利润转增资本，与资本公积转增资本的实质一致，仅为子公司自身权益结构的重分类，母公司不应在个别财务报表中确认相关的投资收益。

若子公司在未分配利润转增资本时，向包括母公司在内的所有股东提供了等值的现金选择权，该交易实质上相当于子公司已经向投资方宣告分配了现金股利。在这种情况下，母公司在个别财务报表中应当调整其对子公司长期股权投资的账面价值，同时确认投资收益。若母公司并未行使现金选择权，则可以将该交易理解为，子公司先向母公司分配现金股利，然后母公司立刻将收取的现金股利对子公司进行增资。

（三）采用权益法核算的长期股权投资。企业的长期股权投资采用权益法核算的，应当分别下列情况进行处理。

1. 长期股权投资的初始投资成本大于投资时应享有被投资单位可辨认净资产公允价值份额的，不调整已确认的初始投资成本；长期股权投资的初始投资成本小于投资时应享有被投资单位可辨认净资产公允价值份额的，应按其差额，借记本科目（投资成本），贷记"营业外收入"科目。

2. 资产负债表日，企业应按被投资单位实现的净利润（以取得投资时被投资单位可辨认净资产的公允价值为基础计算）中企业享有的份额，借记本科目（损益调整），贷记"投资收益"科目。被投资单位发生净亏损做相反的会计分录，但以本科目的账面价值减记至零为限；还需承担的投资损失，应将其他实质上构成对被投资单位净投资的"长期应收款"等的账面价值减记至零为限；除按照以上步骤已确认的损失外，按照投资合同或协议约定将承担的损失，确认为预计负债。除上述情况仍未确认的应分担被投资单位的损失，应在账外备查登记。发生亏损的被投资单位以后实现净利润的，应按与上述相反的顺序进行处理。取得长期股权投资后，被投资单位宣告发放现金股利或利润时，企业计算应分得的部分，借记"应收股利"科目，贷记本科目（损益调整）。

收到被投资单位发放的股票股利，不进行账务处理，但应在备查簿中登记。

采用权益法核算的长期股权投资，在确认应享有（或分担）被投资单位的净利润（或净亏损）时，在被投资单位账面净利润的基础上，应考虑以下因素的影响进行适当调整：

（1）被投资单位采用的会计政策和会计期间与投资方不一致的，应按投资方的会计政策和会计期间对被投资单位的财务报表进行调整，在此基础上确定被投资单位的损益。

根据《关于保险公司执行新金融工具相关会计准则有关过渡办法的通知》的规定，企业根据相关企业会计准则规定对其联营企业或合营企业采用权益法进行会计处理时，应统一联营企业或合营企业的会计政策。发生以下情形的，企业可以不进行统一会计政策的调整：一是企业执行新金融工具相关会计准则，但其联营企业或合营企业暂缓执行新金融工具相关会计准则。二是企业暂缓执行新金融工具相关会计准则，但联营企业或合营企业执行新金融工具相关会计准则。企业可以对每个联营企业或合营企业单独选择是否进行统一会计政策的调整。因此，该企业在采用权益法对联营企业（或合营企业）进行会计处理时，既可以选择统一会计政策，即采用新金融工具相关会计准则规定的会计政策；也可以选择不统一会计政策。该豁免在保险公司执行《企业会计准则第25号——保险合同》后的财务报告期间不再适用。

根据新收入准则、新金融工具准则、新租赁准则（以下简称"新准则"）的实施时间安排和衔接规定，自2021年1月1日起所有执行企业会计准则的企业（根据有关规定暂缓执行相关新准则的除外）均须执行新准则。投资方的联营企业或合营企业因2021年1月1日起执行新准则而仅对2021年财务报表的期初数进行调整的，投资方在采用权益法核算时应当相应调整其2021年财务报表的期初数，并在其财务报表附注中披露这一事实。

（2）以取得投资时被投资单位固定资产、无形资产等的公允价值为基础计提的折旧额或摊销额，以及有关资产减值准备金额等对被投资单位净利润的影响。

值得注意的是，尽管在评估投资方对被投资单位是否具有重大影响时，应当考虑潜在表决权的影响，但在确定应享有的被投资单位实现的净损益、其他综合收益和其他所有者权益变动的份额时，潜在表决权所对应的权益份额不应予以考虑。

此外，如果被投资单位发行了分类为权益的可累积优先股等类似的权益工具，无论被投资单位是否宣告分配优先股股利，投资方计算应享有被投资单位的净利润时，均应将归属于其他投资方的累积优先股股利予以扣除。

（3）对于投资方或纳入投资方合并财务报表范围的子公司与其联营企业及合营企业之间发生的未实现内部交易损益应予抵销。即，投资方与联营企业及合营企业之间发生的未实现内部交易损益，按照应享有的比例计算归属于投资方的部分，应当予以抵销，在此基础上确认投资损益。投资方与被投资单位发生的内部交易损失，按照资产减值准则等规定属于资产减值损失的，应当全额确认。

应当注意的是，投资方与联营、合营企业之间发生投出或出售资产的交易，该资产构成业务的，应当按照《企业会计准则第 20 号——企业合并》《企业会计准则第 33 号——合并财务报表》的有关规定进行会计处理。有关会计处理如下：

①联营、合营企业向投资方出售业务的，投资方应按《企业会计准则第 20 号——企业合并》的规定进行会计处理。投资方应全额确认与交易相关的利得或损失。

②投资方向联营、合营企业投出业务，投资方因此取得长期股权投资但未取得控制权的，应以投出业务的公允价值作为新增长期股权投资的初始投资成本，初始投资成本与投出业务的账面价值之差，全额计入当期损益。投资方向联营、合营企业出售业务，取得的对价与业务的账面价值之间的差额，全额计入当期损益。

投出或出售的资产不构成业务的，应当分别顺流交易和逆流交易进行会计处理。顺流交易是指投资方向其联营企业或合营企业投出或出售资产。逆流交易是指联营企业或合营企业向投资方出售资产。未实现内部交易损益体现在投资方或其联营企业、合营企业持有的资产账面价值中的，在计算确认投资损益时应予抵销。

①对于投资方向联营企业或合营企业投出或出售资产的顺流交易，在该交易存在未实现内部交易损益的情况下（即有关资产未对外部独立第三方出售或未被消耗），投资方在采用权益法计算确认应享有联营企业或合营企业的投资损益时，应抵销该未实现内部交易损益的影响，同时调整对联营企业或合营企业长期股权投资的账面价值；投资方因投出或出售资产给其联营企业或合营企业而产生的损益中，应仅限于确认归属于联营企业或合营企业其他投资方的部分。即在顺流交易中，投资方投出资产或出售资产给其联营企业或合营企业产生的损益中，按照应享有比例计算确定归属于本企业的部分不予确认。

②对于联营企业或合营企业向投资方投出或出售资产的逆流交易。比照上述顺流交易处理。应当说明的是，投资方与其联营企业及合营企业之间发生的无论是顺流交易还是逆流交易产生的未实现内部交易损失，其中属于所转让资产发生减值损失的，

有关未实现内部交易损失不应予以抵销。

③投资方与联营企业之间发生投出或出售资产的交易，该资产构成业务的，应当按照《企业会计准则第 20 号——企业合并》《企业会计准则第 33 号——合并财务报表》的规定进行会计处理，不应对该交易形成的利得或损失予以抵销①。

3. 发生亏损的被投资单位以后实现净利润的，企业计算应享有的份额，如有未确认投资损失的，应先弥补未确认的投资损失，弥补损失后仍有余额的，依次借记"长期应收款"科目和本科目（损益调整），贷记"投资收益"科目。

投资方按权益法确认应分担被投资单位的净亏损或被投资单位其他综合收益减少净额，将有关长期股权投资冲减至零并产生了未确认投资净损失的，被投资单位在以后期间实现净利润或其他综合收益增加净额时，投资方应当按照以前确认或登记有关投资净损失时的相反顺序进行会计处理，即依次减记未确认投资净损失金额、恢复其他长期权益和恢复长期股权投资的账面价值，同时，投资方还应当重新复核预计负债的账面价值，有关会计处理如下：

（1）投资方当期对被投资单位净利润和其他综合收益增加净额的分享额小于或等于前期未确认投资净损失的，根据登记的未确认投资净损失的类型，弥补前期未确认的应分担的被投资单位净亏损或其他综合收益减少净额等投资净损失。

（2）投资方当期对被投资单位净利润和其他综合收益增加净额的分享额大于前期未确认投资净损失的，应先按照以上规定弥补前期未确认投资净损失；对于前者大于后者的差额部分，依次恢复其他长期权益的账面价值和恢复长期股权投资的账面价值，同时按权益法确认该差额。

投资方应当按照《企业会计准则第 13 号——或有事项》的有关规定，对预计负债的账面价值进行复核，并根据复核后的最佳估计数予以调整。

4. 被投资单位除净损益、利润分配以外的其他综合收益变动和所有者权益的其他变动，企业按持股比例计算应享有的份额，借记本科目（其他综合收益和其他权益变动），贷记"其他综合收益"和"资本公积——其他资本公积"科目。

5. 投资方持股比例增加但仍采用权益法核算的处理。投资方因增加投资等原因对

---

① 中国证监会发布的《2019 年度上市公司年报会计监管报告》指出，"根据企业会计准则及相关规定，投资方与其联营企业之间发生交易产生未实现内部交易损益的，投资方在计算确认应享有或应分担被投资单位的净损益时，该未实现内部交易损益中按持股比例计算归属于投资方的部分，应当予以抵销，并在此基础上确认投资收益。但是，投资方与联营企业之间发生投出或出售资产的交易，该资产构成业务的，应当按照《企业会计准则第 20 号——企业合并》《企业会计准则第 33 号——合并财务报表》的规定进行会计处理，不应对该交易形成的利得或损失予以抵销。"

"年报分析发现，个别上市公司向联营企业购买其持有的子公司股权，该子公司构成业务。上市公司在对该交易进行会计处理时，错误地将联营企业因该交易形成的利得按持股比例予以抵销，同时错误地抵减了购买该子公司形成的商誉。"

被投资单位的持股比例增加，但被投资单位仍然是投资方的联营企业或合营企业时，投资方应当按照新的持股比例对股权投资继续采用权益法进行核算。在新增投资日，如果新增投资成本大于按新增持股比例计算的被投资单位可辨认净资产于新增投资日的公允价值份额，不调整长期股权投资成本；如果新增投资成本小于按新增持股比例计算的被投资单位可辨认净资产于新增投资日的公允价值份额，应按该差额，调整长期股权投资成本和营业外收入。进行上述调整时，应当综合考虑与原持有投资和追加投资相关的商誉或计入损益的金额。

6. 联营企业发生同一控制下企业合并。当联营企业发生同一控制下企业合并，并调整其财务报表的比较信息时，投资方不应当调整财务报表的比较信息。联营企业发生同一控制下企业合并导致投资方股权被稀释（如联营企业以发行股份作为对价进行企业合并），且稀释后投资方仍采用权益法核算时，投资方应以持股比例变更日（即联营企业的合并日）为界分段进行会计处理：在联营企业的合并日，先按照联营企业重组前的净利润与原股权比例确认投资收益并调整长期股权投资账面价值，再以调整后的长期股权投资账面价值为基础，计算联营企业重组所导致的股权稀释的影响，并将该影响作为联营企业所有者权益的其他变动，计入资本公积（其他资本公积）；变更日之后按照联营企业重组后的净利润与新持股比例确认投资收益。

7. 因被动稀释导致持股比例下降时，"内含商誉"的结转。因其他投资方对被投资单位增资而导致投资方的持股比例被稀释，且稀释后投资方仍对被投资单位采用权益法核算的情况下，投资方在调整相关长期股权投资的账面价值时，面临是否应当按比例结转初始投资时形成的"内含商誉"问题。其中，"内含商誉"是指长期股权投资的初始投资成本大于投资时享有的被投资单位可辨认净资产公允价值份额的差额。投资方因股权比例被动稀释而"间接"处置长期股权投资的情况下，相关"内含商誉"的结转应当比照投资方直接处置长期股权投资处理，即应当按比例结转初始投资时形成的"内含商誉"，并将相关股权稀释影响计入资本公积（其他资本公积）。

8. 因股权被动稀释产生的损失。采用权益法核算的长期股权投资，若因股权被动稀释而使得投资方产生损失，投资方应先将产生股权稀释损失作为股权投资发生减值的迹象之一，对该笔股权投资进行减值测试。投资方对该笔股权投资进行减值测试后，若发生减值，应先对该笔股权投资确认减值损失并调减长期股权投资账面价值，再计算股权稀释产生的影响并进行相应会计处理。

投资方进行减值测试并确认减值损失（如有）后，应当将相关股权稀释损失记入"资本公积（其他资本公积）"科目借方，当资本公积贷方余额不够冲减时，仍应继续记入"资本公积"科目借方。

9. 联营企业在未实缴出资时已发生亏损。根据《公司法》的规定，若股东之间没有关于分红的具体约定且公司章程中也没有明确规定，则股东之间的分红应以实缴比例为基础。对于投资方未实缴出资前联营企业发生亏损的，如果根据合同条款具体约定或者法律规定，投资方需承担联营企业的亏损，即使其尚未实缴出资，投资方也应当在联营企业产生亏损的年度确认该义务，不应等到以后年度实缴出资之后再一次性确认。

10. 根据《关于保险公司执行新金融工具相关会计准则有关过渡办法的通知》的规定，企业根据相关企业会计准则规定对其联营企业或合营企业采用权益法进行会计处理时，应统一联营企业或合营企业的会计政策。发生以下情形的，企业可以不进行统一会计政策的调整：（1）企业执行新金融工具相关会计准则，但其联营企业或合营企业暂缓执行新金融工具相关会计准则。（2）企业暂缓执行新金融工具相关会计准则，但联营企业或合营企业执行新金融工具相关会计准则。企业可以对每个联营企业或合营企业单独选择是否进行统一会计政策的调整。该豁免在企业执行《企业会计准则第 25 号——保险合同》后的财务报告期间不再适用。

（四）长期股权投资核算方法的转换。

1. 公允价值计量转权益法核算。原持有的对被投资单位的股权投资（不具有控制、共同控制或重大影响的），按照金融工具确认和计量准则进行会计处理的，因追加投资等原因导致持股比例上升，能够对被投资单位施加共同控制或重大影响的，在转按权益法核算时，投资方应当按照金融工具确认和计量准则确定的原股权投资的公允价值加上为取得新增投资而应支付对价的公允价值，作为改按权益法核算的初始投资成本。原持有的股权投资分类为可供出售金融资产的，其公允价值与账面价值之间的差额，以及原计入其他综合收益的累计公允价值变动应当转入改按权益法核算的当期损益。然后，比较上述计算所得的初始投资成本，与按照追加投资后全新的持股比例计算确定的应享有被投资单位在追加投资日可辨认净资产公允价值份额之间的差额，前者大于后者的，不调整长期股权投资的账面价值；前者小于后者的，差额应调整长期股权投资的账面价值，并计入当期营业外收入。

2. 公允价值计量或权益法核算转成本法核算。投资方原持有的对被投资单位不具有控制、共同控制或重大影响的按照金融工具确认和计量准则进行会计处理的权益性投资，或者原持有对联营企业、合营企业的长期股权投资，因追加投资等原因，能够对被投资单位实施控制的，应按有关企业合并形成的长期股权投资的指引进行会计处理。

3. 权益法核算转公允价值计量。原持有的对被投资单位具有共同控制或重大影响的长期股权投资，因部分处置等原因导致持股比例下降，不能再对被投资单位实施共同控制或重大影响的，应改按金融工具确认和计量准则对剩余股权投资进行会计处理，其在丧失共同控制或重大影响之日的公允价值与账面价值之间的差额计入当期损益。原采用权益法核算的相关其他综合收益应当在终止采用权益法核算时，采用与被投资单位直接处置相关资产或负债相同的基础进行会计处理，因被投资方除净损益、其他综合收益和利润分配以外的其他所有者权益变动而确认的所有者权益，应当在终止采用权益法核算时全部转入当期损益。

4. 成本法转权益法。因处置投资等原因导致对被投资单位由能够实施控制转为具有重大影响或者与其他投资方一起实施共同控制的，首先应按处置投资的比例结转应终止确认的长期股权投资成本。然后，比较剩余长期股权投资的成本与按照剩余持股比例计算原投资时应享有被投资单位可辨认净资产公允价值的份额，前者大于后者的，属于投资作价中体现的商誉部分，不调整长期股权投资的账面价值；前者小于后者的，在调整长期股权投资成本的同时，调整留存收益。

对于原取得投资时至处置投资时（转为权益法核算）之间被投资单位实现净损益中投资方应享有的份额，一方面应当调整长期股权投资的账面价值，同时，对于原取得投资时至处置投资当期期初被投资单位实现的净损益（扣除已宣告发放的现金股利和利润）中应享有的份额，调整留存收益，对于处置投资当期期初至处置投资之日被投资单位实现的净损益中享有的份额，调整当期损益；在被投资单位其他综合收益变动中应享有的份额，在调整长期股权投资账面价值的同时，应当计入其他综合收益；除净损益、其他综合收益和利润分配外的其他原因导致被投资单位其他所有者权益变动中应享有的份额，在调整长期股权投资账面价值的同时，应当计入资本公积（其他资本公积）。长期股权投资自成本法转为权益法后，未来期间应当按照长期股权投资准则规定计算确认应享有被投资单位实现的净损益、其他综合收益和所有者权益其他变动的份额。

5. 成本法核算转公允价值计量。原持有的对被投资单位具有控制的长期股权投资，因部分处置等原因导致持股比例下降，不能再对被投资单位实施控制、共同控制或重大影响的，应改按金融工具确认和计量准则进行会计处理，在丧失控制之日的公允价值与账面价值之间的差额计入当期投资收益。

6. 一般而言，在被投资单位的股权结构以及对被投资单位持股比例未发生实质变化的情况下，企业不应在不同的会计期间对被投资单位是否具有共同控制或重大影响作出不同的会计判断[①]。

---

① 中国证监会发布的《2019 年度上市公司年报会计监管报告》指出，"年报分析发现，个别上市公司在对其合营企业持股比例不变的情况下，与其他合营方协议约定在一段固定期限内，无论合营企业盈亏与否，上市公司均获得固定回报，上市公司据此将其持有的合营企业股权从长期股权投资转为其他非流动金融资产；个别上市公司在对被投资单位持股比例未发生变化的情况下，将其持有的对被投资单位的股权投资从权益法核算的长期股权投资转为其他权益工具投资；另有个别上市公司持有境外上市某公司 15% 股权并向其委派了董事，该董事于报告期末辞任董事职务，对此上市公司未能充分说明董事辞任对股权投资'重大影响'判断的影响，直接将该部分股权投资从长期股权投资调整为交易性金融资产，以公允价值重新计量并确认相关投资收益。一般而言，在被投资单位的股权结构以及对被投资单位持股比例未发生实质变化的情况下，上市公司不应在不同的会计期间对被投资单位是否具有共同控制或重大影响作出不同的会计判断。"

（五）处置长期股权投资。处置长期股权投资时，应按实际收到的金额，借记"银行存款"等科目，原已计提减值准备的，借记"长期股权投资减值准备"科目，按其账面余额，贷记本科目，按尚未领取的现金股利或利润，贷记"应收股利"科目，按其差额，贷记或借记"投资收益"科目。

处置采用权益法核算的长期股权投资时，应当采用与被投资单位直接处置相关资产或负债相同的基础，对相关的其他综合收益进行会计处理。按照上述原则可以转入当期损益的其他综合收益，应按结转的长期股权投资的投资成本比例结转原记入"其他综合收益"科目的金额，借记或贷记"其他综合收益"科目，贷记或借记"投资收益"科目。

处置采用权益法核算的长期股权投资时，还应按结转的长期股权投资的投资成本比例结转原记入"资本公积——其他资本公积"科目的金额，借记或贷记"资本公积——其他资本公积"科目，贷记或借记"投资收益"科目。

企业因处置部分股权投资或其他原因丧失了对原有子公司控制权的，应当区分个别财务报表和合并财务报表进行相关会计处理：在个别财务报表中，对于处置的股权，应当按照《企业会计准则第2号——长期股权投资》的规定进行会计处理；同时，对于剩余股权，应当按其账面价值确认为长期股权投资或其他相关金融资产。处置后的剩余股权能够对原有子公司实施共同控制或重大影响的，按有关成本法转为权益法的相关规定进行会计处理。在合并财务报表中，对于剩余股权，应当按照其在丧失控制权日的公允价值进行重新计量。处置股权取得的对价与剩余股权公允价值之和，减去按原持股比例计算应享有原有子公司自购买日开始持续计算的净资产的份额之间的差额，计入丧失控制权当期的投资收益。与原有子公司股权投资相关的其他综合收益，应当在丧失控制权时转为当期投资收益。

企业通过多次交易分步处置对子公司股权投资直至丧失控制权，如果上述交易属于一揽子交易的，应当将各项交易作为一项处置子公司股权投资并丧失控制权的交易进行会计处理；但是，在丧失控制权之前每一次处置价款与所处置的股权对应的长期股权投资账面价值之间的差额，在个别财务报表中，应当先确认为其他综合收益，到丧失控制权时再一并转入丧失控制权的当期损益。

（六）关于投资性主体转变时的会计处理。当企业由非投资性主体转变为投资性主体时，其对自转变日起不再纳入合并财务报表范围的子公司采用公允价值计量且其变动计入当期损益，转变日公允价值和原账面价值的差额计入所有者权益。

当企业由投资性主体转变为非投资性主体时，其对自转变日起开始纳入合并财务报表范围的子公司采用成本法进行后续计量。转变日的公允价值为成本法核算的初始成本。

（七）国有独资或全资企业之间无偿划转子公司的会计处理（《规范"三去一降一

补"有关业务的会计处理规定》）。

1. 划入企业的会计处理。被划拨企业按照国有产权无偿划拨的有关规定开展审计等，上报国资监管部门作为无偿划拨依据的，划入企业在取得被划拨企业的控制权之日，编制个别财务报表时，应当根据国资监管部门批复的有关金额，借记"长期股权投资"科目，贷记"资本公积（资本溢价）"科目（若批复明确作为资本金投入的，记入"实收资本"科目，下同）。

2. 划出企业的会计处理。划出企业在丧失对被划拨企业的控制权之日，编制个别财务报表时，应当按照对被划拨企业的长期股权投资的账面价值，借记"资本公积（资本溢价）"科目（若批复明确冲减资本金的，应借记"实收资本"科目，下同），贷记"长期股权投资（被划拨企业）"科目；资本公积（资本溢价）不足冲减的，依次冲减盈余公积和未分配利润。

（八）认缴制下尚未出资的股权投资。认缴制下，投资方在未实际出资前是否应确认与所认缴出资相关的股权投资，应结合法律法规规定与具体合同协议确定，若合同协议有具体约定的，按照合同约定进行会计处理；合同协议没有具体约定的，则应根据《公司法》等法律法规的相关规定进行会计处理。对于投资的初始确认，若合同明确约定认缴出资的时间和金额，且投资方按认缴比例享有股东权利，则投资方应确认一项金融负债及相应的资产；若合同没有明确约定，则属于一项未来的出资承诺，不确认金融负债及相应的资产。

四、本科目期末借方余额，反映企业长期股权投资的价值。

## 1512　长期股权投资减值准备

一、本科目核算企业长期股权投资发生减值时计提的减值准备。

二、本科目应当按照被投资单位进行明细核算。

三、资产负债表日，长期股权投资发生减值的，按应减记的金额，借记"资产减值损失"科目，贷记本科目。

即将关闭出清的"僵尸企业"的母公司在编制个别财务报表时，对该子公司长期股权投资应当按照资产负债表日的可收回金额与账面价值孰低进行计量，前者低于后者的，其差额计入资产减值损失。

即将关闭出清的"僵尸企业"的母公司以外的其他权益性投资方，应当按照可收回金额与账面价值孰低进行计量，前者低于后者的，其差额计入资产减值损失。

处置长期股权投资时，应同时结转已计提的长期股权投资减值准备。

四、本科目期末贷方余额，反映企业已计提但尚未转销的长期股权投资减值准备。

## 1518　继续涉入资产

一、本科目核算企业（转出方）由于对转出金融资产提供信用增级（如提供担保、持有次级权益）而继续涉入被转移金融资产时，企业所承担的最大可能损失金额（即企业继续涉入被转移金融资产的程度）。

二、企业可以按金融资产转移业务的类别、继续涉入的性质或者被转移金融资产的类别设置本科目的明细科目。

三、继续涉入资产的主要账务处理。

（一）通过对被转移金融资产提供担保方式继续涉入被转移金融资产。企业通过对所转移金融资产提供财务担保方式继续涉入的，应当在转移日按照收取的对价借记"存放中央银行款项""存放同业款项"等科目；按照所转移金融资产的账面价值，贷记"贷款""应收账款"等科目；按照继续涉入金融资产的账面价值和财务担保金额两者之中的较低者，借记本科目，同时按照财务担保金额和财务担保合同的公允价值之和，贷记"继续涉入负债"科目，上述所转移金融资产账面价值和继续涉入负债，与收到的转让价款、继续涉入资产的差额，借记"其他业务成本"或贷记"其他业务收入"科目。这里的财务担保金额，是指企业所收到的对价中将被要求偿还的最高金额。财务担保合同的公允价值，通常是指提供担保而收取的费用，如果财务担保合同的公允价值不能合理确定，则应当视同其等于零。

在随后的会计期间，财务担保合同的初始确认金额（公允价值）应当在该财务担保合同期间内按照时间比例摊销，确认为各项收入。因担保形成的资产的账面价值，应当在资产负债表日进行减值测试，当可收回金额低于其账面价值时，应当按其差额计提减值准备。

（二）附期权合同并且所转移金融资产按摊余成本计量方式下的继续涉入。企业因签出一项看跌期权或持有一项看涨期权，使所转移金融资产不符合终止确认条件，且按照摊余成本计量该金融资产的，应当在转移日按照收到的对价，借记"银行存款"等科目，贷记"继续涉入负债"科目；所转移金融资产在期权到期日的摊余成本和继续涉入形成的负债初始确认金额之间的差额，应当采用实际利率法摊销，贷记"投资收益"等科目；同时，调整继续涉入所形成负债的账面价值。相关期权行权的，应当在行权时，将继续涉入形成负债的账面价值与行权价格之间的差额确认"投资收益"等科目。

（三）因持有看涨期权而继续涉入以公允价值计量的被转移金融资产。企业因持有看涨期权而继续涉入以公允价值计量的被转移金融资产的，应当继续按照公允价值计量被转移金融资产，同时按照下列规定计量相关负债。

　　1. 该期权是价内或平价期权的，应当按照期权的行权价格扣除期权的时间价值后的余额，计量继续涉入形成的负债。

　　2. 该期权是价外期权的，应当按照所转移金融资产的公允价值扣除期权的时间价值后的余额，计量继续涉入形成的负债。

　　（四）因签出看跌期权而继续涉入以公允价值计量的被转移金融资产。企业因签出一项看跌期权使所转移金融资产不满足终止确认条件，且按照公允价值计量该金融资产的，应当在转移日按照该金融资产的公允价值和该期权行权价格之间的较低者，确认继续涉入形成的资产；同时，按照该期权的行权价格与时间价值之和，确认继续涉入形成的负债。也就是说，如果企业卖出的一项看跌期权使所转移金融资产不满足终止确认条件，则企业仍应继续确认该项资产。由于企业对所转移金融资产公允价值高于期权行权价格的部分不拥有权利，因此，当该金融资产原按照公允价值进行计量时，继续确认该项资产的金额为其转移日公允价值与期权行权价格之间的较低者。

　　（五）因同时持有看涨期权和签出看跌期权而继续涉入以公允价值计量的被转移金融资产。企业因同时持有看涨期权和签出看跌期权（即上下限期权）使所转移金融资产不满足终止确认条件，且按照公允价值计量该金融资产的，应当在转移日仍按照公允价值确认所转移金融资产。同时，按照下列规定计量继续涉入形成的负债：

　　1. 该看涨期权是价内或平价期权的，应当按照看涨期权的行权价格和看跌期权的公允价值之和，扣除看涨期权的时间价值后的金额，计量继续涉入形成的负债。

　　2. 该看涨期权是价外期权的，应当按照被转移金融资产的公允价值和看跌期权的公允价值之和，扣除看涨期权的时间价值后的金额，计量继续涉入形成的负债。

　　（六）对金融资产的继续涉入仅限于金融资产一部分。对金融资产的继续涉入仅限于金融资产一部分的，企业应当根据《企业会计准则第 23 号——金融资产转移》第十六条的规定，按照转移日因继续涉入而继续确认部分和不再确认部分的相对公允价值，在两者之间分配金融资产的账面价值，并将下列两项金额的差额计入当期损益：

　　1. 分配至不再确认部分的账面金额（以转移日为准）；

　　2. 不再确认部分所收到的对价。

　　如果涉及转移的金融资产为根据《企业会计准则第 22 号——金融工具确认和计量》第十八条分类为以公允价值计量且其变动计入其他综合收益的金融资产的，不再确认部分的金额对应的原计入其他综合收益的公允价值变动累计额应当计入当期损益。

　　四、期末余额系企业所转移金融资产继续涉入部分的资产价值。

## 1521　投资性房地产

　　一、本科目核算企业采用成本模式计量的投资性房地产的成本。

企业采用公允价值模式计量投资性房地产的①，也通过本科目核算。

采用成本模式计量的投资性房地产的累计折旧或累计摊销，可以单独设置"投资性房地产累计折旧（摊销）"科目，比照"累计折旧"等科目进行处理。

采用成本模式计量的投资性房地产发生减值的，可以单独设置"投资性房地产减值准备"科目，比照"固定资产减值准备"等科目进行处理。

通常情况下，对企业持有以备经营出租的空置建筑物或在建建筑物，如董事会或类似机构作出书面决议，明确表明将其用于经营租出且持有意图短期内不再发生变化的，即使尚未签订租赁协议，也应视为投资性房地产。

二、本科目可按投资性房地产类别和项目进行明细核算。

采用公允价值模式计量的投资性房地产，还应当分别"成本"和"公允价值变动"进行明细核算。

三、采用成本模式计量投资性房地产的主要账务处理。

（一）企业外购、自行建造等取得的投资性房地产，按应计入投资性房地产成本的金额，借记本科目，贷记"银行存款""在建工程"等科目。

（二）将作为存货的房地产转换为投资性房地产的，应按其在转换日的账面余额，借记本科目，贷记"开发产品"等科目。已计提跌价准备的，还应同时结转跌价准备。

将自用的建筑物等转换为投资性房地产的，应按其在转换日的原价、累计折旧、减值准备等，分别转入本科目、"投资性房地产累计折旧（摊销）""投资性房地产减值准备"科目。

（三）按期（月）对投资性房地产计提折旧或进行摊销，借记"其他业务成本"科目，贷记"投资性房地产累计折旧（摊销）"科目。取得的租金收入，借记"银行存款"等科目，贷记"其他业务收入"科目。

（四）将投资性房地产转为自用时，应按其在转换日的账面余额、累计折旧、减值准备等，分别转入"固定资产""累计折旧""固定资产减值准备""无形资产""无形资产减值准备"等科目。

（五）处置投资性房地产时，应按实际收到的金额，借记"银行存款"等科目，贷记"其他业务收入"科目。按该项投资性房地产的累计折旧或累计摊销，借记"投资性房地产累计折旧（摊销）"科目，按该项投资性房地产的账面余额，贷记本科目，

---

① 企业存在确凿证据表明投资性房地产的公允价值能够持续可靠取得的，可以采用公允价值计量模式。采用公允价值模式计量投资性房地产，应当同时满足以下两个条件：一是投资性房地产所在地有活跃的房地产交易市场；二是企业能够从房地产交易市场上取得同类或类似房地产的市场价格及其他相关信息，从而对投资性房地产的公允价值做出科学合理的估计。这两个条件必须同时具备，缺一不可。

按其差额，借记"其他业务成本"科目。已计提减值准备的，还应同时结转减值准备。

四、采用公允价值模式计量投资性房地产的主要账务处理。

（一）企业外购、自行建造等取得的投资性房地产，按应计入投资性房地产成本的金额，借记本科目（成本），贷记"银行存款""在建工程"等科目。

（二）将作为存货的房地产转换为投资性房地产的，应按其在转换日的公允价值，借记本科目（成本），按其账面余额，贷记"开发产品"等科目，按其差额，贷记"其他综合收益"科目（公允价值大于账面价值的差额）或借记"公允价值变动损益"科目（公允价值小于账面价值的差额）。已计提跌价准备的，还应同时结转跌价准备。

将自用的建筑物等转换为投资性房地产的，按其在转换日的公允价值，借记本科目（成本），按已计提的累计折旧等，借记"累计折旧"等科目，按其账面余额，贷记"固定资产"等科目，按其差额，贷记"其他综合收益"科目（公允价值大于账面价值的差额）或借记"公允价值变动损益"科目（公允价值小于账面价值的差额）。已计提减值准备的，还应同时结转减值准备。

（三）资产负债表日，投资性房地产的公允价值高于其账面余额的差额，借记本科目（公允价值变动），贷记"公允价值变动损益"科目；公允价值低于其账面余额的差额作相反的会计分录。

取得的租金收入，借记"银行存款"等科目，贷记"其他业务收入"科目。

（四）将投资性房地产转为自用时，应按其在转换日的公允价值，借记"固定资产""无形资产"等科目，按其账面余额，贷记本科目（成本、公允价值变动），按其差额，贷记或借记"公允价值变动损益"科目。

（五）将投资性房地产转为存货时，应按其在转换日的公允价值，借记"开发产品"等科目，按该项投资性房地产的成本，贷记本科目（成本），按该项投资性房地产的累计公允价值变动，贷记或借记本科目（公允价值变动），按其差额，贷记或借记"公允价值变动损益"科目。

（六）处置投资性房地产时，应按实际收到的金额，借记"银行存款"等科目，贷记"其他业务收入"科目。按该项投资性房地产的账面余额，借记"其他业务成本"科目，贷记本科目（成本）、贷记或借记本科目（公允价值变动）；同时，按该项投资性房地产的公允价值变动，借记或贷记"公允价值变动损益"科目，贷记或借记"其他业务收入"科目。按该项投资性房地产在转换日记入其他综合收益的金额，借记"其他综合收益"科目，贷记"其他业务收入"科目。

五、企业对投资性房地产的计量模式一经确定，不得随意变更。只有在房地产市场比较成熟、能够满足采用公允价值模式条件的情况下，才允许企业对投资性房地产从成本模式计量变更为公允价值模式计量。

成本模式转为公允价值模式的，应当作为会计政策变更处理，并按计量模式变更时公允价值与账面价值的差额调整期初留存收益。已采用公允价值模式计量的投资性房地产，不得从公允价值模式转为成本模式。

六、投资性房地产作为企业主营业务的，应通过"主营业务收入"和"主营业务成本"科目核算相关的损益。

七、本科目期末借方余额，反映企业采用成本模式计量的投资性房地产成本。企业采用公允价值模式计量的投资性房地产，反映投资性房地产的公允价值。

## 1531　长期应收款

一、本科目核算企业的长期应收款项，包括采用递延方式具有融资性质的销售商品和提供劳务等产生的应收款项等。

实质上构成对被投资单位净投资的长期权益，也通过本科目核算。

出租人融资租赁产生的应收融资租赁款，通过"应收融资租赁款"科目核算。

二、本科目可按债务人进行明细核算。

三、长期应收款的主要账务处理。

（一）采用递延方式分期收款销售商品或提供劳务等经营活动产生的长期应收款，满足收入确认条件的，按应收的合同或协议价款，借记本科目，按应收合同或协议价款的公允价值（折现值），贷记"主营业务收入"等科目，按其差额，贷记"未实现融资收益"科目。涉及增值税的，还应进行相应的处理。

（二）如有实质上构成对被投资单位净投资的长期权益，被投资单位发生的净亏损应由本企业承担的部分，在"长期股权投资"账面价值减记至零以后，还需承担的投资损失，应以本科目中实质上构成了对被投资单位净投资的长期权益部分账面价值减记至零为限，继续确认投资损失，借记"投资收益"科目，贷记本科目。除上述已确认投资损失外，投资合同或协议中约定仍应承担的损失，确认为预计负债。

（三）社会资本方根据 PPP 项目合同约定，在项目运营期间，满足有权收取可确定金额的现金（或其他金融资产）条件的，应当在社会资本方拥有收取该对价的权利（该权利仅取决于时间流逝的因素）时确认为应收款项。

四、本科目的期末借方余额，反映企业尚未收回的长期应收款。

## 1532　未实现融资收益

一、本科目核算企业分期计入利息收入的未实现融资收益。

二、本科目可按未实现融资收益项目进行明细核算。

三、未实现融资收益的主要账务处理。

采用递延方式分期收款、实质上具有融资性质的销售商品或提供劳务等经营活动产生的长期应收款，满足收入确认条件的，按应收的合同或协议价款，借记"长期应收款"科目，按应收的合同或协议价款的公允价值，贷记"主营业务收入"等科目，按其差额，贷记本科目。涉及增值税的，还应进行相应的处理。

采用实际利率法按期计算确定的利息收入，借记本科目，贷记"财务费用"科目。

四、本科目期末贷方余额，反映企业尚未转入当期收益的未实现融资收益。

## 1533　应收融资租赁款

一、本科目核算出租人融资租赁产生的租赁投资净额。

二、本科目可分别设置"租赁收款额""未实现融资收益""未担保余值"等进行明细核算。租赁业务较多的，出租人还可以在"租赁收款额"明细科目下进一步设置明细科目核算。

三、主要账务处理。

（一）在租赁期开始日，出租人应当按尚未收到的租赁收款额，借记本科目（租赁收款额），按预计租赁期结束时的未担保余值，借记本科目（未担保余值），按已经收取的租赁款，借记"银行存款"等科目，按融资租赁方式租出资产的账面价值，贷记"融资租赁资产"等科目，按融资租赁方式租出资产的公允价值与其账面价值的差额，借记或贷记"资产处置损益"科目，按发生的初始直接费用，贷记"银行存款"等科目，差额贷记本科目（未实现融资收益）。

企业认为有必要对发生的初始直接费用进行单独核算的，也可以按照发生的初始直接费用的金额，借记本科目（初始直接费用），贷记"银行存款"等科目；然后借记本科目（未实现融资收益），贷记本科目（初始直接费用）。

承租企业支付的租赁保证金属于合同履约保证金，出租人不应冲减应收融资租赁款，而应当单独作为负债核算。

（二）出租人在确认租赁期内各个期间的利息收入时，应当借记本科目（未实现融资收益），贷记"租赁收入——利息收入""其他业务收入"等科目。

（三）出租人收到租赁收款额时，应当借记"银行存款"科目，贷记本科目（租赁收款额）。

四、本科目的期末借方余额，反映未担保余值和尚未收到的租赁收款额的现值之和。

五、本科目余额在"长期应收款"项目中填列，其中，自资产负债表日起一年内

（含一年）到期的，在"一年内到期的非流动资产"中填列。出租业务较多的出租人，也可在"长期应收款"项目下单独列示为"其中：应收融资租赁款"。

## 1534　应收融资租赁款减值准备

一、本科目核算应收融资租赁款的减值准备。

二、按债务人或类别进行明细核算。

三、主要账务处理。

应收融资租赁款的预期信用损失，按应减记的金额，借记"信用减值损失"科目，贷记本科目。转回已计提的减值准备时，作相反的会计分录。

四、本科目期末贷方余额，反映应收融资租赁款的累计减值准备金额。

## 1541　存出资本保证金

一、本科目核算企业（保险）按规定比例缴存的资本保证金。

二、企业存出的资本保证金，借记本科目，贷记"银行存款"等科目。

三、本科目期末借方余额，反映企业缴存的资本保证金。

## 1601　固定资产

一、本科目核算企业持有的固定资产原价。建造承包商的临时设施，以及企业购置计算机硬件所附带的未单独计价的软件，也通过本科目核算。

二、本科目可按固定资产类别和项目进行明细核算。融资租入的固定资产，可在本科目设置"融资租入固定资产"明细科目。

三、固定资产的主要账务处理。

（一）企业购入不需要安装的固定资产，按应计入固定资产成本的金额，借记本科目，贷记"银行存款""其他应付款""应付票据"等科目。购入需要安装的固定资产，先记入"在建工程"科目，安装完毕达到预定可使用状态时再转入本科目。

企业外购固定资产的成本，包括购买价款、相关税费、使固定资产达到预定可使用状态前所发生的可归属于该项资产的运输费、装卸费、安装费和专业人员服务费等。

购入固定资产超过正常信用条件延期支付价款、实质上具有融资性质的，按应付购买价款的现值，借记本科目或"在建工程"科目，按应支付的金额，贷记"长期应付款"科目，按其差额，借记"未确认融资费用"科目。

投资者投入固定资产的成本，应当按照投资合同或协议约定的价值确定，协议约定价值不公允的除外。在投资合同或协议约定价值不公允的情况下，按照该项固定资产的公允价值作为入账价值。

企业通过非货币性资产交换、债务重组、企业合并等方式取得的固定资产，其成本应当分别按照《企业会计准则第 7 号——非货币性资产交换》《企业会计准则第 12 号——债务重组》《企业会计准则第 20 号——企业合并》等的规定确定。但是，其后续计量和披露应当执行《企业会计准则第 4 号——固定资产》的规定。

（二）自行建造达到预定可使用状态的固定资产①，借记本科目，贷记"在建工程"科目。已达到预定可使用状态、但尚未办理竣工决算手续的固定资产，应按估计价值入账，待确定实际成本后再进行调整。

（三）固定资产存在弃置义务的，应在取得固定资产时，按预计弃置费用的现值，借记本科目，贷记"预计负债"科目。在该项固定资产的使用寿命内，计算确定各期应负担的利息费用，借记"财务费用"科目，贷记"预计负债"科目。

对于特殊行业的特定固定资产，确定其初始成本时，还应考虑弃置费用。弃置费用通常是指根据国家法律和行政法规、国际公约等规定，企业承担的环境保护和生态恢复等义务所确定的支出，如核电站核设施等的弃置和恢复环境义务。

弃置费用的金额与其现值比较通常较大，需要考虑货币时间价值，对于这些特殊行业的特定固定资产，企业应当根据《企业会计准则第 13 号——或有事项》的规定，按照现值计算确定应计入固定资产成本的金额和相应的预计负债。在固定资产的使用寿命内按照预计负债的摊余成本和实际利率计算确定的利息费用应当在发生时计入财务费用。油气资产的弃置费用，应当按照《企业会计准则第 27 号——石油天然气开采》及其应用指南的规定处理。一般工商企业的固定资产发生的报废清理费用不属于弃置费用，应当在发生时作为固定资产处置费用处理。

由于技术进步、法律要求或市场环境变化等原因，特定固定资产履行弃置义务可能发生支出金额、预计弃置时点、折现率等变动而引起的预计负债变动，应按照以下原则调整该固定资产的成本：

（1）对于预计负债的减少，以该固定资产账面价值为限扣减固定资产成本。如果预计负债的减少额超过该固定资产账面价值，超出部分确认为当期损益。

（2）对于预计负债的增加，增加该固定资产的成本。

按照上述原则调整的固定资产，在资产剩余使用年限内计提折旧。一旦该固定资

---

① 企业自行建造固定资产的成本，由建造该项资产达到预定可使用状态前所发生的必要支出构成，包括工程用物资成本、人工成本、缴纳的相关税费、应予资本化的借款费用以及应分摊的间接费用等。

产的使用寿命结束，预计负债的所有后续变动应在发生时确认为损益。

（四）固定资产使用过程中发生的更新改造支出、修理费用等后续支出，符合固定资产确认条件的，应当计入固定资产成本，同时将被替换部分的账面价值扣除；不符合固定资产确认条件的，计入当期损益。

固定资产发生可资本化的后续支出时，企业一般应将该固定资产的原价、已计提的累计折旧和减值准备转销，将固定资产的账面价值转入在建工程，并停止计提折旧。发生的后续支出，通过"在建工程"科目核算。在固定资产发生的后续支出完工并达到预定可使用状态时，再从在建工程转为固定资产，并按重新确定的使用寿命、预计净残值和折旧方法计提折旧。企业发生的一些固定资产后续支出可能涉及替换原固定资产的某组成部分，当发生的后续支出符合固定资产确认条件时，应将其计入固定资产成本，同时将被替换部分的账面价值扣除。这样可以避免将替换部分的成本和被替换部分的成本同时计入固定资产成本，导致固定资产成本重复计算。企业对固定资产进行定期检查发生的大修理费用，有确凿证据表明符合固定资产确认条件的部分，可以计入固定资产成本，不符合固定资产确认条件的应当费用化，计入当期损益。固定资产在定期大修理间隔期间，照提折旧。

一般情况下，固定资产投入使用之后，由于固定资产磨损、各组成部分耐用程度不同，可能导致固定资产的局部损坏，为了维护固定资产的正常运转和使用，充分发挥其使用效能，企业将对固定资产进行必要的维护。除与存货的生产和加工相关的固定资产的修理费用按照存货成本确定原则进行处理外，行政管理部门、企业专设的销售机构等发生的固定资产修理费用等后续支出计入管理费用或销售费用；企业固定资产更新改造支出不满足资本化条件的，在发生时应直接计入当期损益。

（五）企业出售、转让划归为持有待售类别的，按照持有待售非流动资产、处置组的相关规定进行会计处理；未划归为持有待售类别而出售、转让的，通过"固定资产清理"科目归集所发生的损益，其产生的利得或损失转入"资产处置损益"科目，计入当期损益；固定资产因报废毁损等原因而终止确认的，通过"固定资产清理"科目归集所发生的损益，其产生的利得或损失计入营业外收入或营业外支出。固定资产转入清理时，按固定资产账面价值，借记"固定资产清理"科目，按已计提的累计折旧，借记"累计折旧"科目，按已计提的减值准备，借记"固定资产减值准备"科目，按固定资产账面余额，贷记本科目。

（六）企业在财产清查中盘亏的固定资产，按盘亏固定资产的账面价值，借记"待处理财产损溢——待处理固定资产损溢"科目，按已计提的累计折旧，借记"累计折旧"科目，按已计提的减值准备，借记"固定资产减值准备"科目，按固定资产原价，贷记本科目。按管理权限报经批准后处理时，按可收回的保险赔偿或过失人赔偿，借记"其他应收款"科目，按应计入营业外支出的金额，借记"营业外支出——

盘亏损失"科目，贷记"待处理财产损溢"科目。

企业在财产清查中盘盈的固定资产，作为前期差错处理。在按管理权限报经批准处理前，盘盈的固定资产通过"以前年度损益调整"科目核算。

四、本科目期末借方余额，反映企业固定资产的原价。

## 1602 累计折旧

一、本科目核算企业固定资产的累计折旧。

二、本科目可按固定资产的类别或项目进行明细核算。

三、按期（月）计提固定资产的折旧，借记"制造费用""销售费用""管理费用""研发支出""其他业务成本"等科目，贷记本科目。处置固定资产还应同时结转累计折旧。

企业应当根据与固定资产有关的经济利益的预期实现方式，合理选择固定资产折旧方法。可选用的折旧方法包括年限平均法、工作量法、双倍余额递减法和年数总和法等。

企业在按照上述规定选择固定资产折旧方法时，应当根据与固定资产有关的经济利益的预期消耗方式做出决定。由于收入可能受到投入、生产过程、销售等因素的影响，这些因素与固定资产有关经济利益的预期消耗方式无关，因此，企业不应以包括使用固定资产在内的经济活动所产生的收入为基础进行折旧。

由于固定资产的使用寿命长于一年，属于企业的非流动资产，企业至少应当于每年年度终了，对固定资产的使用寿命、预计净残值和折旧方法进行复核。固定资产使用寿命、预计净残值和折旧方法的改变应作为会计估计变更，按照《企业会计准则第28号——会计政策、会计估计变更和差错更正》处理。

在新冠肺炎疫情期间，企业应当继续计提固定资产折旧；在因疫情停工停产期间计提的固定资产折旧应当根据用途计入相关资产的成本或当期损益。

四、本科目期末贷方余额，反映企业固定资产的累计折旧额。

## 1603 固定资产减值准备

一、本科目核算企业固定资产的减值准备。

二、资产负债表日，固定资产发生减值的，按应减记的金额，借记"资产减值损失"科目，贷记本科目。处置固定资产还应同时结转减值准备。

三、本科目期末贷方余额，反映企业已计提但尚未转销的固定资产减值准备。

## 1604　在建工程

一、本科目核算企业基建、更新改造等在建工程发生的支出。

在建工程发生减值的，可以单独设置"在建工程减值准备"科目，比照"固定资产减值准备"科目进行处理。

企业（石油天然气开采）发生的油气勘探支出和油气开发支出，可以单独设置"油气勘探支出""油气开发支出"科目。

根据《企业会计准则解释第 14 号》的有关规定，社会资本方不得将该解释规定的 PPP 项目资产确认为其固定资产，因此，PPP 项目资产不在"在建工程"科目中核算。

二、本科目可按"建筑工程""安装工程""在安装设备""待摊支出"以及单项工程等进行明细核算。

三、企业在建工程发生的管理费、征地费、可行性研究费、临时设施费、公证费、监理费及应负担的税费等，借记本科目（待摊支出），贷记"银行存款"等科目。

四、企业发包的在建工程，应按合理估计的发包工程进度和合同规定结算的进度款，借记本科目，贷记"银行存款""预付账款"等科目。将设备交付建造承包商建造安装时，借记本科目（在安装设备），贷记"工程物资"科目。

工程完成时，按合同规定补付的工程款，借记本科目，贷记"银行存款"科目。

五、企业自营在建工程的主要账务处理。

（一）自营的在建工程领用工程物资、原材料或库存商品的，借记本科目，贷记"工程物资""原材料""库存商品"等科目。采用计划成本核算的，应同时结转应分摊的成本差异。涉及增值税的，还应进行相应的处理。

在建工程应负担的职工薪酬，借记本科目，贷记"应付职工薪酬"科目。

辅助生产部门为工程提供的水、电、设备安装、修理、运输等劳务，借记本科目，贷记"生产成本——辅助生产成本"等科目。

非房地产企业取得土地使用权并用于自建房屋的情况下，建造期间的土地使用权摊销金额应计入在建工程，借记本科目，贷记"累计摊销"科目。

在建工程发生的借款费用满足借款费用资本化条件的，借记本科目，贷记"长期借款""应付利息"等科目。

符合资本化条件的资产，是指需要经过相当长时间的购建或者生产活动才能达到预定可使用或者可销售状态的固定资产、投资性房地产和存货等资产。其中，"相当长时间"应当是指为资产的购建或者生产所必需的时间，通常为一年以上（含一年）。

符合资本化条件的资产在购建或者生产过程中发生非正常中断且中断时间连续超

过 3 个月的，应当暂停借款费用的资本化。中断的原因必须是非正常中断，属于正常中断的，相关借款费用仍可资本化。

非正常中断，通常是由于企业管理决策上的原因或者其他不可预见的原因等所导致的中断。比如，企业因与施工方发生了质量纠纷，或者工程、生产用料没有及时供应，或者资金周转发生了困难，或者施工、生产发生了安全事故，或者发生了与资产购建、生产有关的劳动纠纷等原因，导致资产购建或者生产活动发生中断，均属于非正常中断。

非正常中断与正常中断显著不同。正常中断通常仅限于因购建或者生产符合资本化条件的资产达到预定可使用或者可销售状态所必要的程序，或者事先可预见的不可抗力因素导致的中断。比如，某些工程建造到一定阶段必须暂停下来进行质量或者安全检查，检查通过后才可继续下一阶段的建造工作，这类中断是在施工前可以预见的，而且是工程建造必须经过的程序，属于正常中断。某些地区的工程在建造过程中，由于可预见的不可抗力因素（如雨季或冰冻季节等原因）导致施工出现停顿，也属于正常中断。

在实务中，如果由于人为或者故意等非正常因素导致资产的购建或者生产时间相当长的，该资产不属于符合资本化条件的资产。购入即可使用的资产，或者购入后需要安装但所需安装时间较短的资产，或者需要建造或者生产但所需建造或者生产时间较短的资产，均不属于符合资本化条件的资产。

自行开发建造厂房等建筑物，土地使用权与建筑物应当分别进行会计处理，土地使用权的账面价值不与地上建筑物合并计算其成本，而仍作为无形资产进行会计处理。在该情形下，土地使用权在取得时通常已达到预定使用状态，土地使用权不满足借款费用准则规定的"符合资本化条件的资产"定义。因此，根据借款费用准则，企业应当以建造支出（包括土地使用权在房屋建造期间计入在建工程的摊销金额）为基础，而不是以土地使用权支出为基础，确定应予资本化的借款费用金额。

（二）在建工程进行负荷联合试车发生的费用，借记本科目（待摊支出），贷记"银行存款""原材料"等科目；2021 年 12 月 31 日前，试车形成的产品或副产品对外销售或转为库存商品的，借记"银行存款""库存商品"等科目，贷记本科目（待摊支出）。

《企业会计准则解释第 15 号》规定，自 2022 年 1 月 1 日起，企业将固定资产达到预定可使用状态前或者研发过程中产出的产品或副产品对外销售（以下统称试运行销售）的，应当按照《企业会计准则第 14 号——收入》《企业会计准则第 1 号——存货》等规定，对试运行销售相关的收入和成本分别进行会计处理，计入当期损益，不应将试运行销售相关收入抵销相关成本后的净额冲减固定资产成本或者研发支出。试运行产出的有关产品或副产品在对外销售前，符合《企业会计准则第 1 号——存货》

规定的应当确认为存货，符合其他相关企业会计准则中有关资产确认条件的应当确认为相关资产。本解释所称"固定资产达到预定可使用状态前产出的产品或副产品"，包括测试固定资产可否正常运转时产出的样品等情形。测试固定资产可否正常运转而发生的支出属于固定资产达到预定可使用状态前的必要支出，应当按照《企业会计准则第4号——固定资产》的有关规定，计入该固定资产成本。本解释所称"测试固定资产可否正常运转"，指评估该固定资产的技术和物理性能是否达到生产产品、提供服务、对外出租或用于管理等标准的活动，不包括评估固定资产的财务业绩。

企业应当按照《企业会计准则第1号——存货》《企业会计准则第14号——收入》《企业会计准则第30号——财务报表列报》等规定，判断试运行销售是否属于企业的日常活动，并在财务报表中分别日常活动和非日常活动列示试运行销售的相关收入和成本，属于日常活动的，在"营业收入"和"营业成本"项目列示，属于非日常活动的，在"资产处置收益"等项目列示。同时，企业应当在附注中单独披露试运行销售的相关收入和成本金额、具体列报项目以及确定试运行销售相关成本时采用的重要会计估计等相关信息。

对于在首次施行本解释的财务报表列报最早期间的期初至本解释施行日之间发生的试运行销售，企业应当按照本解释的规定进行追溯调整；追溯调整不切实可行的，企业应当从可追溯调整的最早期间期初开始应用本解释的规定，并在附注中披露无法追溯调整的具体原因。

（三）在建工程达到预定可使用状态时，应计算分配待摊支出，借记本科目（××工程），贷记本科目（待摊支出）；结转在建工程成本，借记"固定资产"等科目，贷记本科目（××工程）。

在建工程完工已领出的剩余物资应办理退库手续，借记"工程物资"科目，贷记本科目。

（四）建设期间发生的工程物资盘亏、报废及毁损净损失，借记本科目，贷记"工程物资"科目；盘盈的工程物资或处置净收益做相反的会计分录。

由于自然灾害等原因造成的在建工程报废或毁损，减去残料价值和过失人或保险公司等赔款后的净损失，借记"营业外支出——非常损失"科目，贷记本科目（建筑工程、安装工程等）。

六、企业（石油天然气开采）在油气勘探过程中发生的各项钻井勘探支出，借记"油气勘探支出"科目，贷记"银行存款""应付职工薪酬"等科目。属于发现探明经济可采储量的钻井勘探支出，借记"油气资产"科目，贷记"油气勘探支出"科目；属于未发现探明经济可采储量的钻井勘探支出，借记"勘探费用"科目，贷记"油气勘探支出"科目。

企业（石油天然气开采）在油气开发过程中发生的各项相关支出，借记"油气开发支出"科目，贷记"银行存款""应付职工薪酬"等科目。开发工程项目达到预定可使用状态时，借记"油气资产"科目，贷记"油气开发支出"科目。

七、本科目的期末借方余额，反映企业尚未达到预定可使用状态的在建工程的成本。

## 1605　工程物资

一、本科目核算企业为在建工程准备的各种物资的成本，包括工程用材料、尚未安装的设备以及为生产准备的工器具等。

二、本科目可按"专用材料""专用设备""工器具"等进行明细核算。工程物资发生减值的，可以单独设置"工程物资减值准备"科目，比照"固定资产减值准备"科目进行处理。

三、工程物资的主要账务处理。

（一）购入为工程准备的物资，借记本科目，贷记"银行存款""其他应付款"等科目。

（二）领用工程物资，借记"在建工程"科目，贷记本科目。工程完工后将领出的剩余物资退库时做相反的会计分录。已计提减值准备的，还应同时结转减值准备。

（三）工程完工后剩余的工程物资转作本企业存货的，借记"原材料"等科目，贷记本科目。

四、本科目期末借方余额，反映企业为在建工程准备的各种物资的成本。

## 1606　固定资产清理

一、本科目核算企业未划分为持有待售类别的，因出售、报废、毁损、对外投资、非货币性资产交换、债务重组等原因转出的固定资产价值以及在清理过程中发生的费用等。

企业出售、转让划分为持有待售类别的，通过"持有待售清理"科目核算。

二、本科目可按未划分为持有待售类别的被清理的固定资产项目进行明细核算。

三、固定资产清理的主要账务处理。

（一）企业因出售、报废、毁损、对外投资、非货币性资产交换、债务重组等转出的固定资产，按该项固定资产的账面价值，借记本科目，按已计提的累计折旧，借记"累计折旧"科目，按其账面原价，贷记"固定资产"科目。已计提减值准备的，还应同时结转减值准备。

（二）清理过程中应支付的相关税费及其他费用，借记本科目，贷记"银行存款"

"应交税费——应交增值税"等科目。收回出售固定资产的价款、残料价值和变价收入等，借记"银行存款""原材料"等科目，贷记本科目。企业计算或收到的应由保险公司或过失人赔偿的损失，借记"其他应收款""银行存款"等科目，贷记本科目。

（三）固定资产清理完成后，属于生产经营期间正常的处理损失以及非货币性资产交换损失，借记"资产处置收益——处置非流动资产损失"科目，贷记本科目；如为利得，即贷方余额，借记本科目，贷记"资产处置收益——处置非流动资产收益"科目。属于自然灾害等非正常原因造成的损失、已丧失使用功能的正常报废和毁损损失，借记或贷记"营业外支出——非常损失"科目，贷记或借记本科目。对于债务重组中用于清偿债务的，清偿债务的账面价值与转让资产账面价值之间的差额，记入"其他收益——债务重组收益"科目。

四、本科目期末借方余额，反映企业尚未清理完毕的固定资产清理净损失。

## 1607　融资租赁资产

一、本科目核算租赁企业作为出租人为开展融资租赁业务取得资产的成本。租赁业务不多的企业，也可通过"固定资产"等科目核算。租赁企业和其他企业对于融资租赁资产在未融资租赁期间的会计处理遵循固定资产准则或其他适用的会计准则。

二、本科目可按租赁资产类别和项目进行明细核算。

三、主要账务处理。

（一）出租人购入和以其他方式取得融资租赁资产的，借记本科目，贷记"银行存款"等科目。

（二）在租赁期开始日，出租人应当按尚未收到的租赁收款额，借记"应收融资租赁款——租赁收款额"科目，按预计租赁期结束时的未担保余值，借记"应收融资租赁款——未担保余值"科目，按已经收取的租赁款，借记"银行存款"等科目，按融资租赁方式租出资产的账面价值，贷记本科目；融资租赁方式租出资产的公允价值与账面价值的差额，借记或贷记"资产处置损益"科目；按发生的初始直接费用，贷记"银行存款"等科目；差额贷记"应收融资租赁款——未实现融资收益"科目。

四、本科目期末借方余额，反映企业融资租赁资产的成本。

## 1621　生产性生物资产

一、本科目核算企业（农业）持有的生产性生物资产原价。

二、本科目可按"未成熟生产性生物资产"和"成熟生产性生物资产"，分别生物资产的种类、群别、所属部门等进行明细核算。

生产性生物资产发生减值的，可以单独设置"生产性生物资产减值准备"科目，比照"固定资产减值准备"科目进行处理。

三、生产性生物资产的主要账务处理。

（一）企业外购的生产性生物资产，按应计入生产性生物资产成本的金额，借记本科目，贷记"银行存款"等科目。

（二）自行营造的林木类生产性生物资产、自行繁殖的产畜和役畜，应按达到预定生产经营目的前发生的必要支出，借记本科目（未成熟生产性生物资产），贷记"银行存款"等科目。

（三）天然起源的生产性生物资产，应按名义金额，借记本科目，贷记"营业外收入"科目。

（四）育肥畜转为产畜或役畜，应按其账面余额，借记本科目，贷记"消耗性生物资产"科目。已计提跌价准备的，还应同时结转跌价准备。

产畜或役畜淘汰转为育肥畜，按转群时的账面价值，借记"消耗性生物资产"科目，按已计提的累计折旧，借记"生产性生物资产累计折旧"科目，按其账面余额，贷记本科目。已计提减值准备的，还应同时结转减值准备。

（五）未成熟生产性生物资产达到预定生产经营目的时，按其账面余额，借记本科目（成熟生产性生物资产），贷记本科目（未成熟生产性生物资产）。已计提减值准备的，还应同时结转减值准备。

（六）择伐、间伐或抚育更新等生产性采伐而补植林木类生产性生物资产发生的后续支出，借记本科目，贷记"银行存款"等科目。

生产性生物资产达到预定生产经营目的后发生的管护、饲养费用等后续支出，借记"管理费用"科目，贷记"银行存款"等科目。

（七）处置生产性生物资产，应按实际收到的金额，借记"银行存款"等科目，按已计提的累计折旧，借记"生产性生物资产累计折旧"科目，按其账面余额，贷记本科目，按其差额，借记"资产处置收益——处置非流动资产损失"科目或贷记"资产处置收益——处置非流动资产利得"科目。已计提减值准备的，还应同时结转减值准备。

四、本科目期末借方余额，反映企业生产性生物资产的原价。

## 1622 生产性生物资产累计折旧

一、本科目核算企业（农业）成熟生产性生物资产的累计折旧。

二、本科目可按生产性生物资产的种类、群别、所属部门等进行明细核算。

三、企业按期（月）计提成熟生产性生物资产的折旧，借记"农业生产成本""管理费用"等科目，贷记本科目。处置生产性生物资产还应同时结转生产性生物资产累计折旧。

四、本科目期末贷方余额，反映企业成熟生产性生物资产的累计折旧额。

## 1623　公益性生物资产

一、本科目核算企业（农业）持有的公益性生物资产的实际成本。

二、本科目可按公益性生物资产的种类或项目进行明细核算。

三、公益性生物资产的主要账务处理。

（一）企业外购的公益性生物资产，按应计入公益性生物资产成本的金额，借记本科目，贷记"银行存款"等科目。

（二）自行营造的公益性生物资产，应按郁闭前发生的必要支出，借记本科目，贷记"银行存款"等科目。

（三）天然起源的公益性生物资产，应按名义金额，借记本科目，贷记"营业外收入"科目。

（四）消耗性生物资产、生产性生物资产转为公益性生物资产的，应按其账面余额或账面价值，借记本科目，按已计提的生产性生物资产累计折旧，借记"生产性生物资产累计折旧"科目，按其账面余额，贷记"消耗性生物资产""生产性生物资产"等科目。已计提跌价准备或减值准备的，还应同时结转跌价准备或减值准备。

（五）择伐、间伐或抚育更新等生产性采伐而补植林木类公益性生物资产发生的后续支出，借记本科目，贷记"银行存款"等科目。林木类公益性生物资产郁闭后发生的管护费用等其他后续支出，借记"管理费用"科目，贷记"银行存款"等科目。

四、本科目期末借方余额，反映企业公益性生物资产的原价。

## 1631　油气资产

一、本科目核算企业（石油天然气开采）持有的矿区权益和油气井及相关设施的原价。

企业（石油天然气开采）可以单独设置"油气资产清理"科目，比照"固定资产清理"科目进行处理。

企业（石油天然气开采）与油气开采活动相关的辅助设备及设施在"固定资产"科目核算。

二、本科目可按油气资产的类别、不同矿区或油田等进行明细核算。

三、油气资产的主要账务处理。

（一）企业购入油气资产（含申请取得矿区权益）的成本，借记本科目，贷记"银行存款""应付票据""其他应付款"等科目。

（二）自行建造的油气资产，在油气勘探、开发工程达到预定可使用状态时，借记本科目，贷记"油气勘探支出""油气开发支出"等科目。

（三）油气资产存在弃置义务的，应在取得油气资产时，按预计弃置费用的现值，借记本科目，贷记"预计负债"科目。在油气资产的使用寿命内，计算确定各期应负担的利息费用，借记"财务费用"科目，贷记"预计负债"科目。

（四）处置油气资产，应按该项油气资产的账面价值，借记"油气资产清理"科目，按已计提的累计折耗，借记"累计折耗"科目，按其账面原价，贷记本科目。已计提减值准备的，还应同时结转减值准备。

四、本科目期末借方余额，反映企业油气资产的原价。

## 1632　累计折耗

一、本科目核算企业（石油天然气开采）油气资产的累计折耗。

二、本科目可按油气资产的类别、不同矿区或油田进行明细核算。

三、企业按期（月）计提油气资产的折耗，借记"生产成本"等科目，贷记本科目。处置油气资产时，还应同时结转油气资产累计折耗。

四、本科目期末贷方余额，反映企业油气资产的累计折耗额。

## 1641　使用权资产

一、本科目核算承租人持有的使用权资产的原价。

在某些情况下，承租人可能在租赁期开始前就发生了与标的资产相关的经济业务或事项。例如，租赁合同双方经协商在租赁合同中约定，标的资产需经建造或重新设计后方可供承租人使用；根据合同条款与条件，承租人需支付与资产建造或设计相关的成本。承租人如发生与标的资产建造或设计相关的成本，应适用其他相关准则（如《企业会计准则第4号——固定资产》）进行会计处理。同时，需要注意的是与标的资产建造或设计相关的成本不包括承租人为获取标的资产使用权而支付的款项，此类款项无论在何时支付，均属于租赁付款额。

承租人发生的租赁资产改良支出不属于使用权资产，应当记入"长期待摊费用"科目。企业确定租赁期时不仅应考虑不可撤销的租赁期间，如果承租人合理确定将行使续租选择权或不行使终止租赁选择权，租赁期应包含不可撤销租赁期间、续租选择权涵盖期间和终止租赁选择权涵盖期间。包含购买选择权的租赁即使租赁期不超过12个月，也不属于短期租赁。

合同约定租赁期内，如果承租人和出租人双方均有权单方面终止租赁，且罚款金额、预计对交易双方带来的经济损失不重大；或者承租人和出租人均可单方面选择不续约而无须支付任何罚金且预计对交易双方带来的经济损失不重大，该租赁不再可强制执行，则相关租赁期并非属于不可撤销期间。

承租人承租生物资产，根据新租赁准则的规定，不适用新租赁准则，适用其他准则，因此，不通过该科目核算。如果租赁生物资产对出租人构成融资租赁的，承租人视同承租的生物资产为自有生物资产，按生物资产准则进行会计处理；如果租赁生物资产对出租人构成经营租赁的，承租人不应将承租的生物资产确认为自有生物资产，而应将支付或应付的租金按合理方法计入相关资产（例如农产品）成本或当期损益。

对于生物资产的售后租回交易，出租人应按照新租赁准则关于售后租回交易的规定进行会计处理，承租人可以在整体处理逻辑上参考新租赁准则就售后租回交易给出的处理框架，但承租人不得就售后租回交易确认使用权资产与租赁负债，具体如下：（1）承租人和出租人应当按照新收入准则的规定，评估确定售后租回交易中的生物资产转让是否属于销售；售后租回交易中的资产转让不属于销售的，承租人应当继续确认被转让生物资产，同时确认一项与转让收入等额的金融负债；出租人不确认被转让生物资产，但应当确认一项与转让收入等额的金融资产。（2）售后租回交易中的资产转让属于销售的，承租人可以参照原租赁准则对售后租回交易的规定进行处理，出租人应当根据生物资产准则对生物资产的购买进行会计处理，并根据新租赁准则对生物资产出租进行会计处理。如果生物资产销售对价的公允价值与资产的公允价值不同，承租人与出租人也各自分别按原租赁准则与新租赁准则进行处理。

二、本科目可按租赁资产的类别和项目进行明细核算。

三、主要账务处理。

（一）在租赁期开始日，承租人应当按成本借记本科目，按尚未支付的租赁付款额的现值贷记"租赁负债"科目；对于租赁期开始日之前支付租赁付款额的（扣除已享受的租赁激励），贷记"预付款项"等科目；按发生的初始直接费用[1]，贷记"银行存款"等科目；按预计将发生的为拆卸及移除租赁资产、复原租赁资产所在场地或

---

[1] 中国证监会发布的《2019年度上市公司年报会计监管报告》指出，"根据企业会计准则及相关规定，承租人在租赁谈判和签订租赁合同过程中发生的，可归属于租赁项目的手续费、律师费、差旅费、印花税等初始直接费用，应当计入租入资产价值。年报分析发现，个别上市公司未将融资租赁手续费计入租入资产价值，而是单独作为长期待摊费用。"

将租赁资产恢复至租赁条款约定状态等成本的现值，贷记"预计负债"科目。

（二）在租赁期开始日后，承租人按变动后的租赁付款额的现值重新计量租赁负债的，当租赁负债增加时，应当按增加额借记本科目，贷记"租赁负债"科目；除下述情形外，当租赁负债减少时，应当按减少额，借记"租赁负债"科目，贷记本科目；若使用权资产的账面价值已调减至零，应当按仍需进一步调减的租赁负债金额，借记"租赁负债"科目，贷记"制造费用""销售费用""管理费用""研发支出"等科目。

（三）租赁变更导致租赁范围缩小或租赁期缩短的，承租人应当按缩小或缩短的相应比例，借记"租赁负债""使用权资产累计折旧""使用权资产减值准备"科目，贷记本科目，差额借记或贷记"资产处置损益"科目。

（四）企业转租使用权资产形成融资租赁的，应当借记"应收融资租赁款""使用权资产累计折旧""使用权资产减值准备"科目，贷记本科目，差额借记或贷记"资产处置损益"科目。

四、本科目期末借方余额，反映承租人使用权资产的原价。

## 1642　使用权资产累计折旧

一、本科目核算使用权资产的累计折旧。

二、本科目可按租赁资产的类别和项目进行明细核算。

三、主要账务处理。

（一）承租人通常应当自租赁期开始日起按月计提使用权资产的折旧，借记"营业成本""制造费用""销售费用""管理费用""研发支出"等科目，贷记本科目。当月计提确有困难的，也可从下月起计提折旧，并在附注中予以披露。

（二）因租赁范围缩小、租赁期缩短或转租等原因减记或终止确认使用权资产时，承租人应同时结转相应的使用权资产累计折旧。

四、本科目期末贷方余额，反映使用权资产的累计折旧额。

## 1643　使用权资产减值准备

一、本科目核算使用权资产的减值准备。

二、本科目可按租赁资产的类别和项目进行明细核算。

三、主要账务处理。

（一）使用权资产发生减值的，按应减记的金额，借记"资产减值损失"科目，贷记本科目。

（二）因租赁范围缩小、租赁期缩短或转租等原因减记或终止确认使用权资产时，承租人应同时结转相应的使用权资产累计减值准备。

四、使用权资产减值准备一旦计提，不得转回。

五、本科目期末贷方余额，反映使用权资产的累计减值准备金额。

# 1701　无形资产

一、本科目核算企业持有的无形资产成本，包括专利权、非专利技术、商标权、著作权、土地使用权等。

企业取得的土地使用权通常应确认为无形资产，但以下情况除外：（1）房地产开发企业取得的土地使用权用于建造对外出售的房屋建筑物，相关的土地使用权应当计入所建造的房屋建筑物成本。（2）企业外购的房屋建筑物，实际支付的价款中包括土地以及建筑物的价值，应当对支付的价款按照合理的方法在土地和地上建筑物之间进行分配，确实无法合理分配的，应当全部作为固定资产核算。（3）企业改变土地使用权的用途，将其用于出租或作为增值目的时，应将其转为投资性房地产。

二、本科目可按无形资产项目进行明细核算。

三、无形资产的主要账务处理。

（一）企业外购的无形资产，按应计入无形资产成本的金额，借记本科目，贷记"银行存款"等科目。

外购的无形资产，其成本包括购买价款、相关税费以及直接归属于使该项资产达到预定用途所发生的其他支出。其中，直接归属于使该项资产达到预定用途所发生的其他支出包括使无形资产达到预定用途所发生的专业服务费用、测试无形资产是否能够正常发挥作用的费用等。

下列各项不包括在无形资产的初始成本中：（1）为引入新产品进行宣传发生的广告费、管理费用及其他间接费用；（2）无形资产已经达到预定用途以后发生的费用。

例如，在形成预定经济规模之前发生的初始运作损失，以及在无形资产达到预定用途之前发生的其他经营活动的支出，如果该经营活动并非是无形资产达到预定用途必不可少的，则有关经营活动的损益应于发生时计入当期损益，而不构成无形资产的成本。

外购的无形资产，应按其取得成本进行初始计量；如果购入的无形资产超过正常信用条件延期支付价款，实质上具有融资性质的，应按所取得无形资产购买价款的现值计量其成本，现值与应付价款之间的差额作为未确认的融资费用，在付款期间内按照实际利率法确认为利息费用。

自行开发的无形资产，按应予资本化的支出，借记本科目，贷记"研发支出"科目。

在 PPP 项目资产的建造过程中发生的借款费用，企业应当按照《企业会计准则第17 号——借款费用》的规定进行会计处理。对于按规定确认为无形资产的部分，企业在相关借款费用满足资本化条件时，应当将其予以资本化，并在 PPP 项目资产达到预定可使用状态时，结转至无形资产。

投资者投入的无形资产的成本，应当按照投资合同或协议约定的价值确定无形资产的取得成本。如果投资合同或协议约定价值不公允的，应按无形资产的公允价值作为无形资产初始成本入账。

企业通过非货币性资产、债务重组等方式取得的无形资产，其成本应当分别按照《企业会计准则第 7 号——非货币性资产交换》《企业会计准则第 12 号——债务重组》等的规定确定。

通过政府补助取得的无形资产成本，应当按照公允价值计量；公允价值不能可靠取得的，按照名义金额计量。

企业合并中取得的无形资产，按照企业合并的分类分别处理：

（1）同一控制下吸收合并，按照被合并企业无形资产的账面价值确认为取得时的初始成本；同一控制下控股合并，合并方在合并日编制合并报表时，应当按照被合并方无形资产的账面价值作为合并基础。

（2）非同一控制下的企业合并中，购买方取得的无形资产应以其在购买日的公允价值计量，包括：

①被购买企业原已确认的无形资产。

②被购买企业原未确认的无形资产，但其公允价值能够可靠计量，购买方就应在购买日将其独立于商誉确认为一项无形资产。例如，被购买方正在进行中的一个研究开发项目，符合无形资产的定义且其公允价值能够可靠计量，则购买方应将其独立于商誉确认为一项无形资产。

在企业合并中，如果取得的无形资产本身可以单独辨认，但其计量或处置必须与有形的或其他无形的资产一并作价，如天然矿泉水的商标可能与特定的泉眼有关，但不能独立于该泉眼出售，在这种情况下，如果该无形资产及与其相关的资产各自的公允价值不能可靠计量，则应将该资产组（即将无形资产与其相关的有形资产一并）独立于商誉确认为单项资产。

（二）无形资产预期不能为企业带来经济利益的，应按已计提的累计摊销，借记"累计摊销"科目，按其账面余额，贷记本科目，按其差额，借记"营业外支出"科目。已计提减值准备的，还应同时结转减值准备。

（三）处置无形资产，应按实际收到的金额等，借记"银行存款"等科目，按已计提的累计摊销，借记"累计摊销"科目，按应支付的相关税费及其他费用，贷记"应交税费""银行存款"等科目，按其账面余额，贷记本科目，按其差额，贷记"资产处置收益——处置非流动资产利得"科目或借记"资产处置收益——处置非流动资产损失"科目。已计提减值准备的，还应同时结转减值准备。

（四）如果无形资产预期不能为企业带来未来经济利益，例如，该无形资产已被其他新技术所替代或超过法律保护期，不能再为企业带来经济利益的，则不再符合无形资产的定义，应将其报废并予以转销，其账面价值转作当期损益。转销时，应按已计提的累计摊销，借记"累计摊销"科目；按其账面余额，贷记"无形资产"科目；按其差额，借记"营业外支出"科目。已计提减值准备的，还应同时结转减值准备。

四、本科目期末借方余额，反映企业无形资产的成本。

## 1702　累计摊销

一、本科目核算企业对使用寿命有限的无形资产计提的累计摊销。

二、本科目可按无形资产项目进行明细核算。

三、企业按期（月）计提无形资产的摊销，借记"管理费用""其他业务成本"等科目，贷记本科目。处置无形资产还应同时结转累计摊销。

非房地产企业取得土地使用权并用于自建房屋的情况下，建造期间的土地使用权摊销金额应计入在建工程。

在新冠肺炎疫情期间，企业应当继续计提无形资产摊销；在疫情停工停产期间计提的无形资产摊销应当根据用途计入相关资产的成本或当期损益。

四、本科目期末贷方余额，反映企业无形资产的累计摊销额。

## 1703　无形资产减值准备

一、本科目核算企业无形资产的减值准备。

二、本科目可按无形资产项目进行明细核算。

对于使用寿命不确定的无形资产，在持有期间内不需要摊销，但应当在每个会计期间进行减值测试。

三、资产负债表日，无形资产发生减值的，按应减记的金额，借记"资产减值损失"科目，贷记本科目。处置无形资产还应同时结转减值准备。

四、本科目期末贷方余额，反映企业已计提但尚未转销的无形资产减值准备。

## 1711　商誉

一、本科目核算企业合并中形成的商誉价值。

商誉发生减值的，可以单独设置"商誉减值准备"科目，比照"无形资产减值准备"科目进行处理。

二、非同一控制下企业合并中确定的商誉价值，借记本科目，贷记有关科目。

三、商誉减值测试的方法与账务处理。

企业合并所形成的商誉，至少应当在每年年度终了进行减值测试。由于商誉难以独立产生现金流量，因此，商誉应当结合与其相关的资产组或者资产组组合进行减值测试。资产组一经确定，各个会计期间应当保持一致，不得随意变更。如需变更①，企业管理层应当证明该变更是合理的，并按规定在附注中作相应说明。实务中应注意，集团内部管理架构调整或对子公司进行区域整合仅为管理架构的调整，并未影响资产组产生现金流入的方式，在进行商誉减值测试时，企业不应以此为由变更与商誉减值测试相关的资产组。

为了资产减值测试的目的，对于因企业合并形成的商誉的账面价值，应当自购买日起按照合理的方法分摊至相关的资产组；难以分摊至相关的资产组的，应当将其分摊至相关的资产组组合。这些相关的资产组或者资产组组合应当是能够从企业合并的协同效应中受益的资产组或者资产组组合，但不应当大于按照《企业会计准则第35号——分部报告》和《企业会计准则解释第3号》所确定的报告分部。

企业在对包含商誉的相关资产组或者资产组组合进行减值测试时，如与商誉相关的资产组或者资产组组合存在减值迹象的，首先应当对不包含商誉的资产组或者资产组组合进行减值测试，计算可收回金额，并与相关账面价值相比较，确认相应的减值损失。其次对包含商誉的资产组或者资产组组合进行减值测试，比较这些相关资产组或者资产组组合的账面价值（包括所分摊的商誉的账面价值部分）与其可收回金额，如相关资产组或者资产组组合的可收回金额低于其账面价值的，应当就其差额确认减

---

① 中国证监会《2019年度上市公司年报会计监管报告》指出，"根据企业会计准则及相关规定，一般情况下，商誉相关的资产组或资产组组合一经确定后，在各个会计期间应当保持一致，不得随意变更。除非发生了因企业重组等原因导致报告结构发生变更，从而影响到已分摊商誉的一个或若干个资产组或资产组组合构成的，通常不应改变其分摊结果。年报分析发现，部分上市公司在未发生重组等事项的情况下，随意变更商誉分摊至资产组的构成，导致不同会计期间的商誉减值测试结果不具有可比性。如个别上市公司在进行商誉减值测试时，资产组的范围与收购时范围不同。股权收购时，其交易对价的确定依据为全部股权价值，评估范围包括被收购方和子公司及专利、软件著作权等账面未记录无形资产；而在进行商誉减值测试时，却未将收购时存在的子公司及前述账面未记录无形资产等纳入商誉所在资产组的评估范围，导致计提的商誉减值准备金额不正确。"

值损失，减值损失金额应当首先抵减分摊至资产组或者资产组组合中商誉的账面价值。最后根据资产组或者资产组组合中除商誉之外的其他各项资产的账面价值所占比重，按比例抵减其他各项资产的账面价值。与资产减值测试的处理一样，以上资产账面价值的抵减，也都应当作为各单项资产（包括商誉）的减值损失处理，计入当期损益。抵减后的各资产的账面价值不得低于以下三者之中最高者：该资产的公允价值减去处置费用后的净额（如可确定的）、该资产预计未来现金流量的现值（如可确定的）和零。因此而导致的未能分摊的减值损失金额，应当按照相关资产组或者资产组组合中其他各项资产的账面价值所占比重进行分摊。

由于按照《企业会计准则第 20 号——企业合并》的规定，因企业合并所形成的商誉是母公司根据其在子公司所拥有的权益而确认的商誉，子公司中归属于少数股东的商誉并没有在合并财务报表中予以确认。因此，在对与商誉相关的资产组或者资产组组合进行减值测试时，由于其可收回金额的预计包括归属于少数股东的商誉价值部分，为了使减值测试建立在一致的基础上，企业应当调整资产组的账面价值，将归属于少数股东权益的商誉包括在内，然后，根据调整后的资产组账面价值与其可收回金额进行比较，以确定资产组（包括商誉）是否发生了减值。

合并报表中反映的商誉，是企业取得子公司控制权时按其持股比例确定的商誉，不包括子公司少数股东权益对应的商誉。收购少数股东权益属于权益性交易，未形成新的企业合并，合并报表中反映的商誉仍然为前期取得控制权时按当时的持股比例计算的金额。企业在进行商誉减值测试时，应先将合并报表中的商誉按照前期取得控制权时的持股比例恢复为全部商誉（即 100% 股权对应的商誉），并调整商誉相关资产组的账面价值，再比较调整后的资产组账面价值与其可收回金额，以确定包含商誉的资产组是否发生减值。若商誉发生减值，企业应按前期取得控制权时的持股比例计算确定归属于母公司的商誉减值损失。

上述资产组如发生减值的，应当先抵减商誉的账面价值，但由于根据上述方法计算的商誉减值损失包括了应由少数股东权益承担的部分，而少数股东权益拥有的商誉价值及其减值损失都不在合并财务报表中反映，合并财务报表只反映归属于母公司的商誉减值损失，因此，应当将商誉减值损失在可归属于母公司和少数股东权益之间按比例进行分摊，以确认归属于母公司的商誉减值损失。

四、母公司直接控股的全资子公司改为分公司（不包括反向购买形成的子公司改为分公司的情况）的会计处理。

（一）原母公司（即子公司改为分公司后的总公司）应当对原子公司（即子公司改为分公司后的分公司）的相关资产、负债，按照原母公司自购买日所取得的该原子公司各项资产、负债的公允价值（如为同一控制下企业合并取得的原子公司则为合并日账面价值）以及购买日（或合并日）计算的递延所得税负债或递延所得税资产持续计算至改为分公司日的各项资产、负债的账面价值确认。在此基础上，抵销原母公司与原子公司内部交易形成的未实现损益，并调整相关资产、负债，以及相应的递延所得税负债或递延所得税资产。此外，某些特殊项目按如下原则处理。

1. 原为非同一控制下企业合并取得的子公司改为分公司的，原母公司购买原子公司时产生的合并成本小于合并中取得的可辨认净资产公允价值份额的差额，应计入留存收益；原母公司购买原子公司时产生的合并成本大于合并中取得的可辨认净资产公允价值份额的差额，应按照原母公司合并该原子公司的合并财务报表中商誉的账面价值转入原母公司的商誉。原为同一控制下企业合并取得的子公司改为分公司的，原母公司在合并财务报表中确认的最终控制方收购原子公司时形成的商誉，按其在合并财务报表中的账面价值转入原母公司的商誉。

2. 原子公司提取但尚未使用的安全生产费或一般风险准备，分别情况处理：原为非同一控制下企业合并取得的子公司改为分公司的，按照购买日起开始持续计算至改为分公司日的原子公司安全生产费或一般风险准备的账面价值，转入原母公司的专项储备或一般风险准备；原为同一控制下企业合并取得的子公司改为分公司的，按照合并日原子公司安全生产费或一般风险准备账面价值持续计算至改为分公司日的账面价值，转入原母公司的专项储备或一般风险准备。

3. 原为非同一控制下企业合并取得的子公司改为分公司的，应将购买日至改为分公司日原子公司实现的净损益，转入原母公司留存收益；原为同一控制下企业合并取得的子公司改为分公司的，应将合并日至改为分公司日原子公司实现的净损益，转入原母公司留存收益。这里，将原子公司实现的净损益转入原母公司留存收益时，应当按购买日（或合并日）所取得的原子公司各项资产、负债公允价值（或账面价值）为基础计算，并且抵销原母子公司内部交易形成的未实现损益。

原子公司实现的其他综合收益和权益法下核算的其他所有者权益变动等，应参照上述原则计算调整，并相应转入原母公司权益项下其他综合收益和资本公积等项目。

4. 原母公司对该原子公司长期股权投资的账面价值与按上述原则将原子公司的各项资产、负债等转入原母公司后形成的差额，应调整资本公积；资本公积不足冲减的，调整留存收益。

（二）除上述情况外，原子公司改为分公司过程中，由于其他原因产生的各项资产、负债的入账价值与其计税基础不同所产生的暂时性差异，按照《企业会计准则第18号——所得税》的有关规定进行会计处理。

（三）其他方式取得的子公司改为分公司的，应比照上述（一）和（二）原则进行会计处理。

五、本科目期末借方余额，反映企业商誉的价值。

## 1801 长期待摊费用

一、本科目核算企业已经发生但应由本期和以后各期负担的分摊期限在 1 年以上的各项费用，如以经营租赁方式租入的固定资产发生的改良支出等。

由租赁资产改良导致的预计复原支出按照《企业会计准则第 21 号——租赁》第十六条的规定处理。即前述成本属于为生产存货而发生的，适用《企业会计准则第 1 号——存货》。承租人应当按照《企业会计准则第 13 号——或有事项》对上述成本进行确认和计量。

二、本科目可按费用项目进行明细核算。

三、企业发生的长期待摊费用，借记本科目，贷记"银行存款""原材料"等科目。摊销长期待摊费用，借记"管理费用""销售费用"等科目，贷记本科目。

四、本科目期末借方余额，反映企业尚未摊销完毕的长期待摊费用。

## 1811 递延所得税资产

一、本科目核算企业确认的可抵扣暂时性差异产生的递延所得税资产。

二、本科目应按可抵扣暂时性差异等项目进行明细核算。

根据税法规定可用以后年度税前利润弥补的亏损及税款抵减产生的所得税资产，也在本科目核算。

三、递延所得税资产的主要账务处理。

（一）资产负债表日，企业确认的递延所得税资产，借记本科目，贷记"所得税费用——递延所得税费用"科目。资产负债表日递延所得税资产的应有余额大于其账面余额的，应按其差额确认，借记本科目，贷记"所得税费用——递延所得税费用"等科目；资产负债表日递延所得税资产的应有余额小于其账面余额的差额做相反的会计分录。

在企业合并中，购买方取得被购买方的可抵扣暂时性差异，在购买日不符合递延所得税资产确认条件的，不应予以确认。购买日后 12 个月内，如取得新的或进一步的信息表明购买日的相关情况已经存在，预期被购买方在购买日可抵扣暂时性差异带来的经济利益能够实现的，应当确认相关的递延所得税资产，同时减少商誉，商誉不足冲减的，差额部分确认为当期损益；除上述情况以外，确认与企业合并相关的递延所得税资产，应当计入当期损益。

企业合并中取得资产、负债的入账价值与其计税基础不同形成可抵扣暂时性差异的，应于购买日确认递延所得税资产，借记本科目，贷记"商誉"等科目。

与直接计入所有者权益的交易或事项相关的递延所得税资产，借记本科目，贷记"资本公积——其他资本公积"科目。

（二）资产负债表日，预计未来期间很可能无法获得足够的应纳税所得额用以抵扣可抵扣暂时性差异的，按原已确认的递延所得税资产中应减记的金额，借记"所得税费用——递延所得税费用""资本公积——其他资本公积"等科目，贷记本科目。

四、本科目期末借方余额，反映企业确认的递延所得税资产。

## 1821　独立账户资产

一、本科目核算企业（保险）对分拆核算的投资连结产品不属于风险保障部分确认的独立账户资产价值。

二、本科目可按资产类别进行明细核算。

三、独立账户资产的主要账务处理。

（一）向独立账户划入资金，借记本科目（银行存款及现金），贷记"独立账户负债"科目。

（二）独立账户进行投资，借记本科目（债券、股票等），贷记本科目（银行存款及现金）。对独立账户投资进行估值，按估值增值，借记本科目（估值），贷记"独立账户负债"科目；估值减值的做相反的会计分录。

（三）按照独立账户计提的保险费，借记"银行存款"科目，贷记"保费收入"科目。同时，借记"独立账户负债"科目，贷记本科目（银行存款及现金）。

对独立账户计提账户管理费，借记"银行存款"科目，贷记"手续费及佣金收入"科目。同时，借记"独立账户负债"科目，贷记本科目（银行存款及现金）。

（四）支付独立账户资产，借记"独立账户负债"科目，贷记本科目（银行存款及现金）。

四、本科目期末借方余额，反映企业确认的独立账户资产价值。

## 1831　政策性财务挂账

一、本科目核算粮食企业对中央或地方政府清理认定的政策性粮食财务挂账。

二、本科目下设"老粮食财务挂账""新增粮食财务挂账""陈化粮差价亏损挂账""保护价粮差价亏损挂账""其他政策性亏损挂账""政策性财务挂账利息"等明细科目。

三、主要账务处理。

1. 按照认定金额和挂账类别，借记"政策性财务挂账——老粮食财务挂账、新增粮食财务挂账、陈化粮差价亏损挂账、保护价粮差价亏挂账、其他政策性亏损挂账（以下简称××挂账）或政策性财务挂账利息"科目，贷记"其他应收款——应收补贴款""应收账款""待处理财产损溢""其他应收款""利润分配——未分配利润"等科目。同时，将政策性财务挂账占用的银行借款，从"短期借款""长期借款"科目的明细科目中转出，借记"短期借款——××贷款""长期借款——××贷款"科目，贷记"长期借款——政策性财务挂账借款——××挂账贷款"科目。

2. 若政府拨款消化政策性粮食财务挂账，根据政府文件和贷款归还手续，借记"银行存款"科目，贷记"政策性财务挂账——××挂账或政策性财务挂账利息"科目，同时借记"长期借款——政策性财务挂账借款——××挂账贷款"科目，贷记"银行存款"科目。

四、本科目期末借方余额，反映了粮食企业对中央或地方政府清理认定的政策性粮食财务挂账。

# 1901　待处理财产损溢

一、本科目核算企业在清查财产过程中查明的各种财产盘盈、盘亏和毁损的价值。物资在运输途中发生的非正常短缺与损耗，也通过本科目核算。

企业如有盘盈固定资产的，应作为前期差错记入"以前年度损益调整"科目。

二、本科目可按盘盈、盘亏的资产种类和项目进行明细核算。

三、待处理财产损溢的主要账务处理。

（一）盘盈的各种材料、产成品、商品、生物资产等，借记"原材料""库存商品""消耗性生物资产"等科目，贷记本科目。

盘亏、毁损的各种材料、产成品、商品、生物资产等，盘亏的固定资产，借记本科目，贷记"原材料""库存商品""消耗性生物资产""固定资产"等科目。材料、产成品、商品采用计划成本（或售价）核算的，还应同时结转成本差异（或商品进销差价）。涉及增值税的，还应进行相应的处理。

（二）盘亏、毁损的各项资产，按管理权限报经批准后处理时，按残料价值，借记"原材料"等科目，按可收回的保险赔偿或过失人赔偿，借记"其他应收款"科目，按本科目余额，贷记本科目，按其借方差额，借记"管理费用""营业外支出"等科目。

盘盈的除固定资产以外的其他财产，借记本科目，贷记"管理费用""营业外收入"等科目。

四、企业的财产损益，应查明原因，在期末结账前处理完毕，处理后本科目应无余额。

# 第二节 负债类

## 2001 短期借款

一、本科目核算企业向银行或其他金融机构等借入的期限在 1 年以下（含 1 年）的各种借款。

二、本科目可按借款种类、贷款人和币种进行明细核算。

三、企业借入的各种短期借款，借记"银行存款"科目，贷记本科目；归还借款做相反的会计分录。资产负债表日，应按计算确定的短期借款利息费用，借记"财务费用""利息支出"等科目，贷记"银行存款""应付利息"等科目。

四、本科目期末贷方余额，反映企业尚未偿还的短期借款。

## 2002 存入保证金

一、本科目核算企业（金融）收到客户存入的各种保证金，如信用证保证金、承兑汇票保证金、保函保证金、担保保证金等。

二、本科目可按客户进行明细核算。

三、企业收到客户存入的保证金，借记"银行存款""存放中央银行款项""应付分保账款"等科目，贷记本科目；向客户归还保证金做相反的会计分录。

资产负债表日，应按计算确定的存入保证金利息费用，借记"财务费用""利息支出"等科目，贷记"银行存款""存放中央银行款项"等科目。

四、本科目期末贷方余额，反映企业接受存入但尚未返还的保证金。

## 2003 拆入资金

一、本科目核算企业（金融）从境内、境外金融机构拆入的款项。

二、本科目可按拆入资金的金融机构进行明细核算。

三、企业应按实际收到的金额，借记"存放中央银行款项""银行存款"等科目，贷记本科目；归还拆入资金做相反的会计分录。资产负债表日，应按计算确定的拆入资金的利息费用，借记"利息支出"科目，贷记"应付利息"科目。

四、本科目期末贷方余额，反映企业尚未归还的拆入资金余额。

## 2004　向中央银行借款

一、本科目核算企业（银行）向中央银行借入的款项。

二、本科目可按借款性质进行明细核算。

三、企业应按实际收到的金额，借记"存放中央银行款项"科目，贷记本科目；归还借款做相反的会计分录。资产负债表日，应按计算确定的向中央银行借款的利息费用，借记"利息支出"科目，贷记"应付利息"科目。

四、本科目期末贷方余额，反映企业尚未归还中央银行借款的余额。

## 2011　吸收存款

一、本科目核算企业（银行）吸收的除同业存放款项以外的其他各种存款，包括单位存款（企业、事业单位、机关、社会团体等）、个人存款、信用卡存款、特种存款、转贷款资金和财政性存款等。

二、本科目可按存款类别及存款单位，分别"本金""利息调整"等进行明细核算。

三、吸收存款的主要账务处理。

（一）企业收到客户存入的款项，应按实际收到的金额，借记"存放中央银行款项"等科目，贷记本科目（本金），如存在差额，借记或贷记本科目（利息调整）。

（二）资产负债表日，应按摊余成本和实际利率计算确定的存入资金的利息费用，借记"利息支出"科目，按合同利率计算确定的应付未付利息，贷记"应付利息"科目，按其差额，借记或贷记本科目（利息调整）。实际利率与合同利率差异较小的，也可以采用合同利率计算确定利息费用。

（三）支付的存入资金利息，借记"应付利息"科目，贷记本科目。

支付的存款本金，借记本科目（本金），贷记"存放中央银行款项""库存现金"等科目，按应转销的利息调整金额，贷记本科目（利息调整），按其差额，借记"利息支出"科目。

四、本科目期末贷方余额，反映企业吸收的除同业存放款项以外的其他各项存款。

## 2012　同业存放

一、本科目核算企业（银行）吸收的境内、境外金融机构的存款。

二、本科目可按存放金融机构进行明细核算。

三、企业增加存款，应按实际收到的金额，借记"存放中央银行款项"等科目，贷记本科目。减少存款做相反的会计分录。

四、本科目期末贷方余额，反映企业吸收的同业存放款项。

## 2021　贴现负债

一、本科目核算企业（银行）办理商业票据的转贴现等业务所融入的资金。

二、本科目可按贴现类别和贴现金融机构，分别"面值""利息调整"进行明细核算。

三、贴现负债的主要账务处理。

（一）企业持贴现票据向其他金融机构转贴现，应按实际收到的金额，借记"存放中央银行款项"等科目，按贴现票据的票面金额，贷记本科目（面值），按其差额，借记本科目（利息调整）。

（二）资产负债表日，按计算确定的利息费用，借记"利息支出"科目，贷记本科目（利息调整）。

（三）贴现票据到期，应按贴现票据的票面金额，借记本科目（面值），按实际支付的金额，贷记"存放中央银行款项"等科目，按其差额，借记"利息支出"科目。存在利息调整的，也应同时结转。

四、本科目期末贷方余额，反映企业办理的转贴现等业务融入的资金。

## 2101　交易性金融负债

一、本科目核算企业承担的交易性金融负债的公允价值。

企业持有的直接指定为以公允价值计量且其变动计入当期损益的金融负债，可在本科目下单设"指定类"明细科目核算。

衍生金融负债在"衍生工具"科目核算。

二、本科目可按交易性金融负债类别，分别"本金""公允价值变动"等进行明细核算。

三、交易性金融负债的主要账务处理。

（一）企业承担的交易性金融负债，应按实际收到的金额，借记"银行存款""存放中央银行款项""结算备付金"等科目，按发生的交易费用，借记"投资收益"科目，按交易性金融负债的公允价值，贷记本科目（本金）。

（二）资产负债表日，按交易性金融负债票面利率计算的利息，借记"投资收益"科目，贷记"应付利息"科目。

资产负债表日，交易性金融负债的公允价值高于其账面余额的差额，借记"公允价值变动损益"科目，贷记本科目（公允价值变动）；公允价值低于其账面余额的差额做相反的会计分录。

（三）处置交易性金融负债，应按该金融负债的账面余额，借记本科目，按实际支付的金额，贷记"银行存款""存放中央银行款项""结算备付金"等科目，按其差额，贷记或借记"投资收益"科目。同时，按该金融负债的公允价值变动，借记或贷记"公允价值变动损益"科目，贷记或借记"投资收益"科目。

四、本科目期末贷方余额，反映企业承担的交易性金融负债的公允价值。

## 2111　卖出回购金融资产款

一、本科目核算企业（金融）按照回购协议先卖出再按固定价格买入的票据、证券、贷款等金融资产所融入的资金。

二、本科目可按卖出回购金融资产的类别和融资方进行明细核算。

三、卖出回购金融资产款的主要账务处理。

（一）企业根据回购协议卖出票据、证券、贷款等金融资产，应按实际收到的金额，借记"存放中央银行款项""结算备付金""银行存款"等科目，贷记本科目。

（二）资产负债表日，按照计算确定的卖出回购金融资产的利息费用，借记"利息支出"科目，贷记"应付利息"科目。

（三）回购日，按其账面余额，借记本科目、"应付利息"科目，按实际支付的金额，贷记"存放中央银行款项""结算备付金""银行存款"等科目，按其差额，借记"利息支出"科目。

四、本科目期末贷方余额，反映企业尚未到期的卖出回购金融资产款。

## 2201　应付票据

一、本科目核算企业以摊余成本计量的购买材料、商品和接受劳务供应等开出、承兑的商业汇票，包括银行承兑汇票和商业承兑汇票。

二、本科目可按债权人进行明细核算。

三、应付票据的主要账务处理。

（一）企业开出、承兑商业汇票或以承兑商业汇票抵付货款、应付账款等，借记"材料采购""库存商品"等科目，贷记本科目。涉及增值税进项税额的，还应进行相应的处理。

（二）支付银行承兑汇票的手续费，借记"财务费用"科目，贷记"银行存款"

科目。支付票款，借记本科目，贷记"银行存款"科目。

（三）银行承兑汇票到期，企业无力支付票款的，按应付票据的票面金额，借记本科目，贷记"短期借款"科目。

四、企业应当设置"应付票据备查簿"，详细登记商业汇票的种类、号数和出票日期、到期日、票面金额、交易合同号和收款人姓名或单位名称以及付款日期和金额等资料。应付票据到期结清时，在备查簿中应予注销。

五、本科目期末贷方余额，反映企业尚未到期的商业汇票的票面金额。

## 2202　应付账款

一、本科目核算企业以摊余成本计量的因购买材料、商品和接受劳务等经营活动应支付的款项。

企业（金融）应支付但尚未支付的手续费和佣金，可将本科目改为"应付手续费及佣金"科目，并按照对方单位（或个人）进行明细核算。

企业（保险）应支付但尚未支付的赔付款项，可以单独设置"应付赔付款"科目。

二、本科目可按债权人进行明细核算。

三、企业购入材料、商品等验收入库，但货款尚未支付，根据有关凭证（发票账单、随货同行发票上记载的实际价款或暂估价值），借记"材料采购""在途物资"等科目，按应付的款项，贷记本科目。

接受供应单位提供劳务而发生的应付未付款项，根据供应单位的发票账单，借记"生产成本""管理费用"等科目，贷记本科目。支付时，借记本科目，贷记"银行存款"等科目。

上述交易涉及增值税进项税额的，还应进行相应的处理。

四、企业与债权人进行债务重组，应当分别债务重组的不同方式进行处理。

（一）债务人以单项或多项金融资产清偿债务的，应按应付账款的账面余额，借记本科目，按债务的账面价值与偿债金融资产账面价值的差额，贷记"投资收益"科目，按实际支付的金额或减少的金融资产账面余额，贷记"银行存款""应收账款""其他应收款""债权投资""其他债权投资""其他权益工具投资"等科目。偿债金融资产已计提减值准备的，应结转已计提的减值准备，借记"坏账准备""债权投资减值准备"等科目。对于以分类为以公允价值计量且其变动计入其他综合收益的债务工具投资清偿债务的，之前计入其他综合收益的累计利得或损失应当从其他综合收益中转出，记入"投资收益"科目。对于以指定为以公允价值计量且其变动计入其他综合收益的非交易性权益工具投资清偿债务的，之前计入其他综合收益的累计利得或损失应当从其他综合收益中转出，记入"盈余公积""利润分配——未分配利润"等科目。

（二）以非现金资产清偿债务的，应按应付账款的账面余额，借记本科目，债务人以单项或多项非金融资产（如固定资产、日常活动产出的商品或服务等）清偿债务，或者以包括金融资产和非金融资产在内的多项资产清偿债务的，不需要区分资产处置损益和债务重组损益，也不需要区分不同资产的处置损益，而应将所清偿债务账面价值与转让资产账面价值之间的差额，记入"其他收益——债务重组收益"科目。偿债资产已计提减值准备的，应结转已计提的减值准备。

债务人以包含非金融资产的处置组清偿债务的，应当将所清偿债务和处置组中负债的账面价值之和，与处置组中资产的账面价值之间的差额，记入"其他收益——债务重组收益"科目。处置组所属的资产组或资产组组合按照《企业会计准则第8号——资产减值》分摊了企业合并中取得的商誉的，该处置组应当包含分摊至处置组的商誉。处置组中的资产已计提减值准备的，应结转已计提的减值准备。

（三）以债务转为资本，应按应付账款的账面余额，借记本科目，按债权人因放弃债权而享有股权的公允价值，贷记"实收资本"或"股本""资本公积——资本溢价或股本溢价"科目，按其差额，贷记"投资收益"科目。债务人因发行权益工具而支出的相关税费等，应当依次冲减资本溢价、盈余公积、未分配利润等。

（四）以修改其他债务条件进行清偿的，应将终止确认的债务的账面余额与重组后债务的公允价值的差额，借记本科目，贷记"投资收益"科目；对于未终止确认的部分债务，债务人应当根据其分类，继续以摊余成本、以公允价值计量且其变动计入当期损益或其他适当方法进行后续计量。对于以摊余成本计量的债务，债务人应当根据重新议定合同的现金流量变化情况，重新计算该重组债务的账面价值，并将相关利得或损失记入"投资收益"科目，重新计算的该重组债务的账面价值，应当根据将重新议定或修改的合同现金流量按债务的原实际利率或按《企业会计准则第24号——套期保值》第二十三条规定的重新计量的实际利率（如适用）折现的现值确定，对于修改或重新议定合同所产生的成本或费用，债务人应当调整修改后的重组债务的账面价值，并在修改后重组债务的剩余期限内摊销。

（五）债务重组采用以资产清偿债务、将债务转为权益工具、修改其他条款等方式的组合进行的，对于权益工具，债务人应当在初始确认时按照权益工具的公允价值计量，权益工具的公允价值不能可靠计量的，应当按照所清偿债务的公允价值计量。对于修改其他条款形成的重组债务，债务人应当参照上文"（四）以修改其他债务条件进行清偿"部分的指南，确认和计量重组债务。所清偿债务的账面价值与转让资产的账面价值以及权益工具和重组债务的确认金额之和的差额，记入"其他收益——债务重组收益"或"投资收益"（仅涉及金融工具时）科目。

五、本科目期末贷方余额，反映企业尚未支付的应付账款余额。

## 2203　预收账款

一、本科目核算企业按照合同规定预收的款项。

预收账款情况不多的，也可以不设置本科目，将预收的款项直接记入"应收账款"科目。

企业（保险）收到未满足保费收入确认条件的保险费，可将本科目改为"预收保费"科目，并按投保人进行明细核算；从事再保险分出业务预收的赔款，可以单独设置"预收赔付款"科目。

企业因转让商品收到的预收款适用新收入准则进行会计处理时，使用"合同负债"科目，不再使用"预收账款"科目及"递延收益"科目。

二、本科目可按购买服务单位进行明细核算。

三、预收账款的主要账务处理。

（一）经营租赁情况下，企业向承租单位预收的款项，借记"银行存款"等科目，贷记本科目和"应交税费——应交增值税（销项税额）"科目；在租赁期内，分期确认租赁收入时，按当期应确认的租赁收入，借记本科目，贷记"主营业务收入"或"其他业务收入"科目。

（二）企业（保险）收到预收的保费，借记"银行存款""库存现金"等科目，贷记本科目。确认保费收入，借记本科目，贷记"保费收入"科目。

从事再保险业务转销预收的赔款，借记本科目，贷记"应收分保账款"科目。

四、本科目期末贷方余额，反映企业预收的款项；期末如为借方余额，反映企业尚未转销的款项。

## 2211　应付职工薪酬

一、本科目核算企业根据有关规定应付给职工的各种薪酬。企业（外商）按规定从净利润中提取的职工奖励及福利基金，也在本科目核算。

根据《企业会计准则第 9 号——职工薪酬》第二条、第三条的规定，并参照相关应用指南，职工薪酬包括短期薪酬、离职后福利、辞退福利和其他长期职工福利。职工，是指与企业订立劳动合同的所有人员，含全职、兼职和临时职工，也包括虽未与企业订立劳动合同但由企业正式任命的人员。未与企业订立劳动合同或未由其正式任命，但向企业所提供服务与职工所提供服务类似的人员，也属于职工的范畴，包括通过企业与劳务中介公司签订用工合同而向企业提供服务的人员。如子公司支付给母公司外派到本公司的员工工资支出应列入子公司应付职工薪酬核算。离职后福利，是指企业为获得职工提供的服务而在职工退休或与企业解除劳动关系后，提供的各种形式的报酬和福利，属于短期薪酬和辞退福利的除外。离职后福利包括退休福利（如养老金和一次性的退休支付）及其他离职后福利（如离职后人寿保险和离职后医疗保障）。企业向职工提供了离职后福利的，无论是否设立了单独主体接受提存金并支付福利，均应当适用本准则的相关要求对离职后福利进行会计处理，如对已退休人员发放的福利属于应付职工薪酬。企业提供给职工配偶、子女、受赡养人、已故员工遗属及其他受益人等的福利，也属于职工薪酬。

对于具体明细科目，根据《企业会计准则——应用指南》的规定，企业在不违反会计准则中确认、计量和报告规定的前提下，可以根据本单位的实际情况自行增设会计科目。

二、本科目可按"工资""职工福利""社会保险费""住房公积金""工会经费""职工教育经费""非货币性福利""辞退福利""股份支付"等进行明细核算。

三、企业发生应付职工薪酬的主要账务处理。

（一）一般短期薪酬的确认和计量。

企业发生的职工工资、津贴和补贴等短期薪酬，应当根据职工提供服务情况和工资标准等计算应计入职工薪酬的工资总额，并按照受益对象计入当期损益或相关资产成本，其中，生产部门人员的职工薪酬，借记"生产成本""制造费用""劳务成本"等科目，应由在建工程、研发支出负担的职工薪酬，借记"在建工程""研发支出"等科目，借记"生产成本""制造费用""管理费用"等科目，管理部门人员、销售人员的职工薪酬，借记"管理费用"或"销售费用"科目，贷记本科目。发放时，借记本科目，贷记"银行存款"等科目。

企业为职工缴纳的医疗保险费、工伤保险费、生育保险费等社会保险费和住房公积金，以及按规定提取的工会经费和职工教育经费，应当在职工为其提供服务的会计期间，根据规定的计提基础和计提比例计算确定相应的职工薪酬金额，并确认相关负债，按照受益对象计入当期损益或相关资产成本，借记"生产成本""制造费用""管理费用"等科目，贷记本科目。

企业发生的职工福利费，应当在实际发生时根据实际发生额计入当期损益或相关资产成本。借记"生产成本""制造费用""管理费用"等科目，贷记本科目。

企业向职工提供非货币性福利的，应当按照公允价值计量。如企业以自产的产品作为非货币性福利提供给职工的，应当按照该产品的公允价值和相关税费确定职工薪酬金额，并计入当期损益或相关资产成本，借记"管理费用""生产成本""制造费用"等科目，贷记本科目；相关收入的确认、销售成本的结转以及相关税费的处理，与企业正常商品销售的会计处理相同，即借记本科目，贷记"主营业务收入""应交税费（销项税额）"等科目，同时借记"主营业务成本"科目，贷记"产成品"科目。企业以外购的商品作为非货币性福利提供给职工的，应当按照该商品的公允价值和相关税费确定职工薪酬的金额，并计入当期损益或相关资产成本，借记"管理费用""生产成本""制造费用"等科目，贷记本科目。

无偿向职工提供住房等固定资产使用的，按应计提的折旧额，借记"管理费用""生产成本""制造费用"等科目，贷记本科目；同时，借记本科目，贷记"累计折旧"科目。

租赁住房等资产供职工无偿使用的，按每期应支付的租金，借记"管理费用""生产成本""制造费用"等科目，贷记本科目。

（二）短期带薪缺勤的会计处理。

带薪缺勤应当根据其性质及其职工享有的权利，分为累积带薪缺勤和非累积带薪缺勤两类。企业应当对累积带薪缺勤和非累积带薪缺勤分别进行会计处理。如果带薪缺勤属于长期带薪缺勤的，企业应当作为其他长期职工福利处理。

资产负债表日预计职工当年享有但未使用的、预期在下一年度使用的累积带薪缺勤时，借记"管理费用"科目，贷记本科目（累积带薪缺勤）。

企业应当在职工实际发生缺勤的会计期间确认与非累积带薪缺勤相关的职工薪酬。企业确认职工享有的与非累积带薪缺勤权利相关的薪酬，视同职工出勤确认的当期损益或相关资产成本。通常情况下，与非累积带薪缺勤相关的职工薪酬已经包括在企业每期向职工发放的工资等薪酬中，因此，不必额外作相应的账务处理。

（三）短期利润分享计划（或奖金计划）的会计处理。

当职工完成规定业绩指标，或者在企业工作了特定期限后，能够享有按照企业净利润的一定比例计算的薪酬时，借记"管理费用"科目，贷记本科目。

（四）离职后福利的会计处理。

1. 设定提存计划的会计处理。根据在资产负债表日为换取职工在会计期间提供的服务而应向单独主体缴存的提存金，结合受益对象，借记"生产成本""制造费用""管理费用""在建工程""开发支出"等科目，贷记本科目（设定提存计划）。

2. 设定受益计划的会计处理。企业根据资产负债表日与设定受益计划义务期限和币种相匹配的国债或活跃市场上的高质量公司债券的市场收益率确定折现率，将设定受益计划所产生的义务予以折现，以确定设定受益计划义务的现值和当期服务成本时，借记"生产成本""制造费用""管理费用""在建工程""开发支出"等科目，贷记本科目（设定受益计划义务）。

由于预期寿命等精算假设和经验调整，经过重新计量设定受益计划的净负债或净资产，导致设定受益计划义务的现值增加，形成精算损失时，借记"其他综合收益（设定受益计划净负债或净资产重新计量——精算损失）"科目，贷记本科目（设定受益计划义务）。

（五）辞退福利的会计处理。

企业向职工提供辞退福利的，应当在企业不能单方面撤回因解除劳动关系计划或裁减建议所提供的辞退福利时、企业确认涉及支付辞退福利的重组相关的成本或费用时两者孰早日，确认辞退福利产生的职工薪酬负债，并计入当期损益。辞退工作在1年内完成但付款时间超过1年的，应当选择同期限国债利率作为折现率，以折现后的金额计入当期损益和应付职工薪酬（辞退福利）；不存在与辞退福利支付期相匹配国债利率的，应当以短于辞退福利支付期限的国债利率为基础，并根据国债收益率曲线采用外推法估计超出期限部分的利率，合理确定折现率。

实施职工内部退休计划的，企业应当比照辞退福利处理。在内退计划符合本准则规定的确认条件时，企业应当按照内退计划规定，将自职工停止提供服务日至正常退休日期间、企业拟支付的内退职工工资和缴纳的社会保险费等，确认为应付职工薪酬，一次性计入当期损益，不能在职工内退后各期分期确认因支付内退职工工资和为其缴纳社会保险费等产生的义务。

因解除与职工的劳动关系给予的补偿，借记"管理费用"科目，贷记本科目（辞退福利）。

（六）企业以现金与职工结算的股份支付，在等待期内每个资产负债表日，按当期应确认的成本费用金额，借记"管理费用""生产成本""制造费用"等科目，贷记本科目。在可行权日之后，以现金结算的股份支付当期公允价值的变动金额，借记或贷记"公允价值变动损益"科目，贷记或借记本科目。企业（外商）按规定从净利润中提取的职工奖励及福利基金，借记"利润分配——提取的职工奖励及福利基金"科目，贷记本科目。

四、企业发放职工薪酬的主要账务处理。

（一）向职工支付工资、奖金、津贴、福利费等，从应付职工薪酬中扣还的各种款项（代垫的家属药费、个人所得税等）等，借记本科目，贷记"银行存款""库存现金""其他应收款""应交税费——应交个人所得税"等科目。

（二）支付工会经费和职工教育经费用于工会活动和职工培训，借记本科目，贷记"银行存款"等科目。

（三）按照国家有关规定缴纳社会保险费和住房公积金，借记本科目，贷记"银行存款"科目。

（四）企业以其自产产品发放给职工的，借记本科目，贷记"主营业务收入"科目；同时，还应结转产成品的成本。涉及增值税销项税额的，还应进行相应的处理。

支付租赁住房等资产供职工无偿使用所发生的租金，借记本科目，贷记"银行存款"等科目。

（五）企业以现金与职工结算的股份支付，在行权日，借记本科目，贷记"银行存款""库存现金"等科目。

（六）企业因解除与职工的劳动关系给予职工的补偿，借记本科目，贷记"银行存款""库存现金"等科目。

五、本科目期末贷方余额，反映企业应付未付的职工薪酬。

## 2221　应交税费

一、本科目核算企业按照税法等规定计算应交纳的各种税费，包括增值税、消费税、所得税、资源税、土地增值税、城市维护建设税、房产税、土地使用税、车船税、教育费附加、矿产资源补偿费、残疾人就业保障金等。

企业代扣代交的个人所得税等，也通过本科目核算。

耕地占用税是国家为了利用土地资源、加强土地管理、保护农用耕地而征收的一种税。耕地占用税以实际占用的耕地面积计税，按照规定税额一次征收。企业交纳的耕地占用税，不需要通过"应交税费"科目核算。企业按规定计算交纳耕地占用税时，借记"在建工程"科目，贷记"银行存款"科目。

车辆购置税是国家为了合理地筹集交通基础设施建设和维护资金，按照规定的计税价格和10%税率对新购置车辆，在消费环节一次性征收的一种税，所以可以不通过"应交税费"科目进行核算，在缴纳时，直接计入车辆购置成本进行核算。

二、本科目应当按照应交的税费项目进行明细核算。

（一）增值税一般纳税人应当在"应交税费"科目下设置"应交增值税""未交增值税""预交增值税""待抵扣进项税额""待认证进项税额""待转销项税额""增值税留抵税额""简易计税""转让金融商品应交增值税""代扣代交增值税"等明细科目；在"应交增值税"明细账内设置"进项税额""销项税额抵减""已交税金""转出未交增值税""减免税款""出口抵减内销产品应纳税额""销项税额""出口退税""进项税额转出""转出多交增值税"等专栏。其中：

1. "进项税额"专栏，记录一般纳税人购进货物、加工修理修配劳务、服务、无形资产或不动产而支付或负担的、准予从当期销项税额中抵扣的增值税税额；

2. "销项税额抵减"专栏，记录一般纳税人按照现行增值税制度规定因扣减销售额而减少的销项税税额；

3. "已交税金"专栏，记录一般纳税人当月已交纳的应交增值税税额；

4. "转出未交增值税"和"转出多交增值税"专栏，分别记录一般纳税人月度终了转出当月应交未交或多交的增值税税额；

5. "减免税款"专栏，记录一般纳税人按现行增值税制度规定准予减免的增值税税额；

6. "出口抵减内销产品应纳税额"专栏，记录实行"免、抵、退"办法的一般纳税人按规定计算的出口货物的进项税抵减内销产品的应纳税额；

7. "销项税额"专栏，记录一般纳税人销售货物、加工修理修配劳务、服务、无形资产或不动产应收取的增值税税额；

8. "出口退税"专栏，记录一般纳税人出口货物、加工修理修配劳务、服务、无形资产按规定退回的增值税税额；

9. "进项税额转出"专栏，记录一般纳税人购进货物、加工修理修配劳务、服务、无形资产或不动产等发生非正常损失以及其他原因而不应从销项税额中抵扣、按规定转出的进项税额。

（二）"未交增值税"明细科目，核算一般纳税人月度终了从"应交增值税"或"预交增值税"明细科目转入当月应交未交、多交或预缴的增值税税额，以及当月交纳以前期间未交的增值税税额。

（三）"预交增值税"明细科目，核算一般纳税人转让不动产、提供不动产经营租赁服务、提供建筑服务、采用预收款方式销售自行开发的房地产项目等，以及其他按现行增值税制度规定应预缴的增值税税额。

（四）"待抵扣进项税额"明细科目，核算一般纳税人已取得增值税扣税凭证并经税务机关认证，按照现行增值税制度规定准予以后期间从销项税额中抵扣的进项税额。包括：一般纳税人自 2016 年 5 月 1 日后取得并按固定资产核算的不动产或者 2016 年 5 月 1 日后取得的不动产在建工程，按现行增值税制度规定准予以后期间从销项税额中抵扣的进项税额；实行纳税辅导期管理的一般纳税人取得的尚未交叉稽核比对的增值税扣税凭证上注明或计算的进项税额。

《财政部 税务总局 海关总署关于深化增值税改革有关政策的公告》（以下简称"39 号公告"）第五条规定，自 2019 年 4 月 1 日起，纳税人取得不动产或者不动产在建工程的进项税额不再分 2 年抵扣。此前按照规定尚未抵扣完毕的待抵扣进项税额，可自 2019 年 4 月税款所属期起从销项税额中抵扣。

（五）"待认证进项税额"明细科目，核算一般纳税人由于未经税务机关认证而不得从当期销项税额中抵扣的进项税额。包括：一般纳税人已取得增值税扣税凭证、按照现行增值税制度规定准予从销项税额中抵扣，但尚未经税务机关认证的进项税额；一般纳税人已申请稽核但尚未取得稽核相符结果的海关缴款书进项税额。

（六）"待转销项税额"明细科目，核算一般纳税人销售货物、加工修理修配劳务、服务、无形资产或不动产，已确认相关收入（或利得）但尚未发生增值税纳税义务而需于以后期间确认为销项税额的增值税税额。

（七）"增值税留抵税额"明细科目，核算兼有销售服务、无形资产或者不动产的原增值税一般纳税人，截至纳入营改增试点之日前的增值税期末留抵税额按照现行增值税制度规定不得从销售服务、无形资产或不动产的销项税额中抵扣的增值税留抵税额。

（八）"简易计税"明细科目，核算一般纳税人采用简易计税方法发生的增值税计提、扣减、预缴、缴纳等业务。

（九）"转让金融商品应交增值税"明细科目，核算增值税纳税人转让金融商品发生的增值税额。

（十）"代扣代交增值税"明细科目，核算纳税人购进在境内未设经营机构的境外单位或个人在境内的应税行为代扣代交的增值税。

小规模纳税人只需在"应交税费"科目下设置"应交增值税"明细科目，不需要设置上述专栏及除"转让金融商品应交增值税""代扣代交增值税"外的明细科目。

三、应交增值税的主要账务处理。

（一）取得资产或接受劳务等业务的账务处理。

1. 采购等业务进项税额允许抵扣的账务处理。一般纳税人购进货物、加工修理修配劳务、服务、无形资产或不动产，按应计入相关成本费用或资产的金额，借记"在途物资"或"原材料""库存商品""生产成本""无形资产""固定资产""管理费用"等科目，按当月已认证的可抵扣增值税税额，借记"应交税费——应交增值税（进项税额）"科目，按当月未认证的可抵扣增值税税额，借记"应交税费——待认证进项税额"科目，按应付或实际支付的金额，贷记"应付账款""应付票据""银行存款"等科目。发生退货的，如原增值税专用发票已做认证，应根据税务机关开具的红字增值税专用发票做相反的会计分录；如原增值税专用发票未做认证，应将发票退回并做相反的会计分录。

2. 采购等业务进项税额不得抵扣的账务处理。一般纳税人购进货物、加工修理修配劳务、服务、无形资产或不动产，用于简易计税方法计税项目、免征增值税项目、集体福利或个人消费等，其进项税额按照现行增值税制度规定不得从销项税额中抵扣的，取得增值税专用发票时，应借记相关成本费用或资产科目，借记"应交税费——待认证进项税额"科目，贷记"银行存款""应付账款"等科目，经税务机关认证后，应借记相关成本费用或资产科目，贷记"应交税费——应交增值税（进项税额转出）"科目。

3. 购进不动产或不动产在建工程按规定进项税额分年抵扣的账务处理。一般纳税人自2016年5月1日后取得并按固定资产核算的不动产或者2016年5月1日后取得的不动产在建工程，其进项税额按现行增值税制度规定自取得之日起分2年从销项税额中抵扣的，应当按取得成本，借记"固定资产""在建工程"等科目，按当期可抵扣的增值税税额，借记"应交税费——应交增值税（进项税额）"科目，按以后期间可抵扣的增值税税额，借记"应交税费——待抵扣进项税额"科目，按应付或实际支付的金额，贷记"应付账款""应付票据""银行存款"等科目。尚未抵扣的进项税额待以后期间允许抵扣时，按允许抵扣的金额，借记"应交税费——应交增值税（进项税额）"科目，贷记"应交税费——待抵扣进项税额"科目。

4. 货物等已验收入库但尚未取得增值税扣税凭证的账务处理。一般纳税人购进的货物等已到达并验收入库，但尚未收到增值税扣税凭证并未付款的，应在月末按货物清单或相关合同协议上的价格暂估入账，不需要将增值税的进项税额暂估入账。下月初，用红字冲销原暂估入账金额，待取得相关增值税扣税凭证并经认证后，按应计入相关成本费用或资产的金额，借记"原材料""库存商品""固定资产""无形资产"等科目，按可抵扣的增值税税额，借记"应交税费——应交增值税（进项税额）"科目，按应付金额，贷记"应付账款"等科目。

5. 小规模纳税人采购等业务的账务处理。小规模纳税人购买物资、服务、无形资产或不动产，取得增值税专用发票上注明的增值税应计入相关成本费用或资产，不通过"应交税费——应交增值税"科目核算。

6. 购买方作为扣缴义务人的账务处理。按照现行增值税制度规定，境外单位或个人在境内发生应税行为，在境内未设有经营机构的，以购买方为增值税扣缴义务人。境内一般纳税人购进服务、无形资产或不动产，按应计入相关成本费用或资产的金额，借记"生产成本""无形资产""固定资产""管理费用"等科目，按可抵扣的增值税额，借记"应交税费——进项税额"科目（小规模纳税人应借记相关成本费用或资产科目），按应付或实际支付的金额，贷记"应付账款"等科目，按应代扣代交的增值税税额，贷记"应交税费——代扣代交增值税"科目。实际缴纳代扣代交增值税时，按代扣代交的增值税税额，借记"应交税费——代扣代交增值税"科目，贷记"银行存款"科目。

（二）销售等业务的账务处理。

1. 销售业务的账务处理。企业销售货物、加工修理修配劳务、服务、无形资产或不动产，应当按应收或已收的金额，借记"应收账款""应收票据""银行存款"等科目，按取得的收入金额，贷记"主营业务收入""其他业务收入""固定资产清理""工程结算"等科目，按现行增值税制度规定计算的销项税额（或采用简易计税方法计算的应纳增值税额），贷记"应交税费——应交增值税（销项税额）"或"应交税费——简易计税"科目（小规模纳税人应贷记"应交税费——应交增值税"科目）。发生销售退回的，应根据按规定开具的红字增值税专用发票做相反的会计分录。

按照国家统一的会计制度确认收入或利得的时点早于按照增值税制度确认增值税纳税义务发生时点的，应将相关销项税额记入"应交税费——待转销项税额"科目，待实际发生纳税义务时再转入"应交税费——应交增值税（销项税额）"或"应交税费——简易计税"科目。

按照增值税制度确认增值税纳税义务发生时点早于按照国家统一的会计制度确认收入或利得的时点的，应将应纳增值税税额，借记"应收账款"科目，贷记"应交税费——应交增值税（销项税额）"或"应交税费——简易计税"科目，按照国家统一的会计制度确认收入或利得时，应按扣除增值税销项税额后的金额确认收入。

2. 视同销售的账务处理。企业发生税法上视同销售的行为，应当按照企业会计准则制度相关规定进行相应的会计处理，并按照现行增值税制度规定计算的销项税额（或采用简易计税方法计算的应纳增值税额），借记"应付职工薪酬""利润分配"等科目，贷记"应交税费——应交增值税（销项税额）"或"应交税费——简易计税"科目（小规模纳税人应记入"应交税费——应交增值税"科目）。

3. 全面试行营业税改征增值税前已确认收入，此后产生增值税纳税义务的账务处理。企业营业税改征增值税前已确认收入，但因未产生营业税纳税义务而未计提营业税的，在达到增值税纳税义务时点时，企业应在确认应交增值税销项税额的同时冲减当期收入；已经计提营业税且未缴纳的，在达到增值税纳税义务时点时，应借记"应交税费——应交营业税""应交税费——应交城市维护建设税""应交税费——应交教育费附加"等科目，贷记"主营业务收入"科目，并根据调整后的收入计算确定记入"应交税费——待转销项税额"科目的金额，同时冲减收入。

全面试行营业税改征增值税后，"营业税金及附加"科目名称调整为"税金及附加"科目，该科目核算企业经营活动发生的消费税、城市维护建设税、资源税、教育费附加及房产税、土地使用税、车船税、印花税等相关税费；利润表中的"营业税金及附加"项目调整为"税金及附加"项目。

（三）差额征税的账务处理。

1. 企业发生相关成本费用允许扣减销售额的账务处理。按现行增值税制度规定企业发生相关成本费用允许扣减销售额的，发生成本费用时，按应付或实际支付的金额，借记"主营业务成本""存货""工程施工"等科目，贷记"应付账款""应付票据""银行存款"等科目。待取得合规增值税扣税凭证且纳税义务发生时，按照允许抵扣的税额，借记"应交税费——应交增值税（销项税额抵减）"或"应交税费——简易计税"科目（小规模纳税人应借记"应交税费——应交增值税"科目），贷记"主营业务成本""存货""工程施工"等科目。

2. 金融商品转让按规定以盈亏相抵后的余额作为销售额的账务处理。金融商品实际转让月末，如产生转让收益，则按应纳税额，借记"投资收益"等科目，贷记"应交税费——转让金融商品应交增值税"科目；如产生转让损失，则按可结转下月抵扣税额，借记"应交税费——转让金融商品应交增值税"科目，贷记"投资收益"等科目。交纳增值税时，借记"应交税费——转让金融商品应交增值税"科目，贷记"银行存款"科目。年末，本科目如有借方余额，借记"投资收益"等科目，贷记"应交税费——转让金融商品应交增值税"科目。

（四）出口退税的账务处理。

为核算纳税人出口货物应收取的出口退税款，设置"应收出口退税款"科目，该科目借方反映销售出口货物按规定向税务机关申报应退回的增值税、消费税等，贷方反映实际收到的出口货物应退回的增值税、消费税等。期末借方余额，反映尚未收到的应退税额。

1. 未实行"免、抵、退"办法的一般纳税人出口货物按规定退税的，按规定计算的应收出口退税额，借记"应收出口退税款"科目，贷记"应交税费——应交增值税（出口退税）"科目，收到出口退税时，借记"银行存款"科目，贷记"应收出口退税款"科目；退税额低于购进时取得的增值税专用发票上的增值税税额的差额，借记"主营业务成本"科目，贷记"应交税费——应交增值税（进项税额转出）"科目。

2. 实行"免、抵、退"办法的一般纳税人出口货物，在货物出口销售后结转产品销售成本时，按规定计算的退税额低于购进时取得的增值税专用发票上的增值税税额的差额，借记"主营业务成本"科目，贷记"应交税费——应交增值税（进项税额转出）"科目；按规定计算的当期出口货物的进项税抵减内销产品的应纳税额，借记"应交税费——应交增值税（出口抵减内销产品应纳税额）"科目，贷记"应交税费——应交增值税（出口退税）"科目。在规定期限内，内销产品的应纳税额不足以抵减出口货物的进项税额，不足部分按有关税法规定给予退税的，应在实际收到退税款时，借记"银行存款"科目，贷记"应交税费——应交增值税（出口退税）"科目。

（五）进项税额抵扣情况发生改变的账务处理。

因发生非正常损失或改变用途等，原已计入进项税额、待抵扣进项税额或待认证进项税额，但按现行增值税制度规定不得从销项税额中抵扣的，借记"待处理财产损溢""应付职工薪酬""固定资产""无形资产"等科目，贷记"应交税费——应交增值税（进项税额转出）""应交税费——待抵扣进项税额"或"应交税费——待认证进项税额"科目；原不得抵扣且未抵扣进项税额的固定资产、无形资产等，因改变用途等用于允许抵扣进项税额的应税项目的，应按允许抵扣的进项税额，借记"应交税费——应交增值税（进项税额）"科目，贷记"固定资产""无形资产"等科目。固定资产、无形资产等经上述调整后，应按调整后的账面价值在剩余尚可使用寿命内计提折旧或摊销。

一般纳税人购进时已全额计提进项税额的货物或服务等转用于不动产在建工程的，对于结转以后期间的进项税额，借记"应交税费——待抵扣进项税额"科目，贷记"应交税费——应交增值税（进项税额转出）"科目。

（六）月末转出多交增值税和未交增值税的账务处理。

月度终了，企业应当将当月应交未交或多交的增值税自"应交增值税"明细科目转入"未交增值税"明细科目。对于当月应交未交的增值税，借记"应交增值税（转出未交增值税）"科目，贷记"应交税费——未交增值税"科目；对于当月多交的增值税，借记"应交税费——未交增值税"科目，贷记"应交增值税（转出多交增值税）"科目。

（七）交纳增值税的账务处理。

1. 交纳当月应交增值税的账务处理。企业交纳当月应交的增值税，借记"应交税费——应交增值税（已交税金）"科目（小规模纳税人应借记"应交税费——应交增值税"科目），贷记"银行存款"科目。

2. 交纳以前期间未交增值税的账务处理。企业交纳以前期间未交的增值税，借记"应交税费——未交增值税"科目，贷记"银行存款"科目。

3. 预缴增值税的账务处理。企业预缴增值税时，借记"应交税费——预交增值税"科目，贷记"银行存款"科目。月末，企业应将"预交增值税"明细科目余额转入"未交增值税"明细科目，借记"应交税费——未交增值税"科目，贷记"应交税费——预交增值税"科目。房地产开发企业等在预缴增值税后，应直至纳税义务发生时方可从"应交税费——预交增值税"科目结转至"应交税费——未交增值税"科目。

4. 减免增值税的账务处理。对于当期直接减免的增值税，借记"应交税费——应交增值税（减免税款）"科目，贷记"其他收益"科目。

5. 加计抵减的账务处理。《关于深化增值税改革有关政策的公告》规定"自2019年4月1日至2021年12月31日，允许生产、生活性服务业纳税人按照当期可抵扣进项税额加计10%，抵减应纳税额"，实际缴纳增值税时，按应纳税额借记"应交税费——未交增值税"等科目，按实际纳税金额贷记"银行存款"科目，按加计抵减的金额贷记"其他收益"科目。

（八）增值税期末留抵税额的账务处理。

纳入营改增试点当月月初，原增值税一般纳税人应按不得从销售服务、无形资产或不动产的销项税额中抵扣的增值税留抵税额，借记"应交税费——增值税留抵税额"科目，贷记"应交税费——应交增值税（进项税额转出）"科目。待以后期间允许抵扣时，按允许抵扣的金额，借记"应交税费——应交增值税（进项税额）"科目，贷记"应交税费——增值税留抵税额"科目。

（九）增值税税控系统专用设备和技术维护费用抵减增值税税额的账务处理。

按现行增值税制度规定，企业初次购买增值税税控系统专用设备支付的费用以及缴纳的技术维护费允许在增值税应纳税额中全额抵减的，按规定抵减的增值税应纳税额，借记"应交税费——应交增值税（减免税款）"科目（小规模纳税人应借记"应交税费——应交增值税"科目），贷记"管理费用"等科目。

（十）关于小微企业免征增值税的会计处理规定。

小微企业在取得销售收入时，应当按照税法的规定计算应交增值税，并确认为应交税费，在达到增值税制度规定的免征增值税条件时，将有关应交增值税转入"其他收益"科目。

四、企业按规定计算应交的消费税、资源税、城市维护建设税、教育费附加等，借记"税金及附加"科目，贷记本科目。实际交纳时，借记本科目，贷记"银行存款"等科目。

五、企业转让土地使用权应交的土地增值税，土地使用权与地上建筑物及其附着物一并在"固定资产"等科目核算的，借记"固定资产清理"等科目，贷记本科目（应交土地增值税）。土地使用权在"无形资产"科目核算的，按实际收到的金额，借记"银行存款"科目，按应交的土地增值税，贷记本科目（应交土地增值税），同时冲销土地使用权的账面价值，贷记"无形资产"科目，按其差额，借记"资产处置收益"科目。实际交纳土地增值税时，借记本科目，贷记"银行存款"等科目。

企业按规定计算应交的房产税、土地使用税、车船税、印花税等税费，营业税改征增值税前，借记"管理费用"科目，贷记本科目；全面试行营业税改征增值税后，借记"税金及附加"科目，贷记本科目。实际交纳时，借记本科目，贷记"银行存款"等科目。

六、企业按照税法规定计算应交的所得税，借记"所得税费用"等科目，贷记本科目（应交所得税）。交纳的所得税，借记本科目，贷记"银行存款"等科目。

七、本科目期末贷方余额，反映企业尚未交纳的税费；期末如为借方余额，反映企业多交或尚未抵扣的税费。

## 2231 应付利息

一、本科目核算企业按照合同约定应支付的利息，包括吸收存款、分期付息到期还本的长期借款、企业债券等应支付的利息。

二、本科目可按存款人或债权人进行明细核算。

三、资产负债表日，应按摊余成本和实际利率计算确定的利息费用，借记"利息支出""在建工程""财务费用""研发支出"等科目，按合同利率计算确定的应付未付利息，贷记本科目，按其差额，借记或贷记"长期借款——利息调整""吸收存款——利息调整"等科目。

合同利率与实际利率差异较小的，也可以采用合同利率计算确定利息费用。实际支付利息时，借记本科目，贷记"银行存款"等科目。

四、本科目期末贷方余额，反映企业应付未付的利息。

## 2232　应付股利

一、本科目核算企业分配的现金股利或利润。

二、本科目可按投资者进行明细核算。

三、企业根据股东大会或类似机构审议批准的利润分配方案，按应支付的现金股利或利润，借记"利润分配"科目，贷记本科目。实际支付现金股利或利润，借记本科目，贷记"银行存款"等科目。董事会或类似机构通过的利润分配方案中拟分配的现金股利或利润，不做账务处理，但应在附注中披露。

四、本科目期末贷方余额，反映企业应付未付的现金股利或利润。

## 2241　其他应付款

一、本科目核算企业除应付票据、应付账款、预收账款、应付职工薪酬、应付利息、应付股利、应交税费、长期应付款等以外的其他各项应付、暂收的款项。

企业（保险）应交纳的保险保障基金，电网企业代征代缴的可再生能源电价附加，也通过本科目核算。

二、本科目可按其他应付款的项目和对方单位（或个人）进行明细核算。

三、企业采用售后回购方式融入资金的，应按实际收到的金额，借记"银行存款"科目，贷记本科目。回购价格与原销售价格之间的差额，应在售后回购期间内按期计提利息费用，借记"财务费用"科目，贷记本科目。按照合同约定购回该项商品等时，应按实际支付的金额，借记本科目，贷记"银行存款"科目。

《可再生能源电价附加有关会计处理规定》规定：电网企业向电力用户销售电量时，按实际收到或应收的金额，借记"银行存款""应收账款"等科目，按实现的电价收入，贷记"主营业务收入"科目，按实际销售电量计算的应代征可再生能源电价附加额，贷记"其他应付款"等科目，按专用发票上注明的增值税额，贷记"应交税费——应交增值税（销项税额）"科目。电网企业按月上缴可再生能源电价附加时，按取得的《非税收入一般缴款书》上注明的缴款额，借记"其他应付款"等科目，贷记"银行存款"科目。电网企业取得可再生能源电价附加代征手续费时，借记"银行存款"等科目，贷记"其他业务收入"科目。

电网企业按有关规定进行可再生能源电价附加汇算清缴时，因电力用户欠缴电费，经专员办审核确认后作为坏账损失核销而不计入电网企业实际销售电量的，按核减电量计算的可再生能源电价附加，借记"其他应付款"等科目，贷记"应收账款"科目。已审核确认并核销的坏账损失如果以后又收回的，按实际收回电量计算的可再生能源电价附加，借记"银行存款"科目，贷记"其他应付款"等科目。

四、企业发生的其他各种应付、暂收款项，借记"管理费用"等科目，贷记本科目；支付的其他各种应付、暂收款项，借记本科目，贷记"银行存款"等科目。

五、本科目期末贷方余额，反映企业应付未付的其他应付款项。

## 2242 应付保证款

一、本科目核算粮食交易市场向客户收取的保证金。

二、本科目设置"交易保证金"和"履约保证金"明细科目，并分别按客户单位进行明细核算。

三、主要账务处理。

交易市场向客户收取保证金时，借记"库存现金""银行存款"等科目，贷记"应付保证金——交易保证金""应付保证金——履约保证金"科目。若交易不成功或客户履约结束，交易市场退回客户保证金时做相反会计分录。若客户履行合同违约，交易市场代受损方扣取违约方违约金，借记"应付保证金——履约保证金（违约方）"科目，贷记"银行存款"或其他相关类科目。交易市场向买卖双方收取的交易手续费和违约金，记入"主营业务收入——交易手续费收入"科目。

交易市场应买方要求，将未成交部分的保证金转为货款时，借记"应付保证金——交易保证金（买方）""应付保证金——履约保证金（买方）"科目，贷记"应付交割款（买方）"科目。

四、本科目期末贷方余额，反映向客户收取的保证金余额。

## 2243 应付交割款

一、本科目核算粮食交易市场收到的客户存入的购货款。

二、本科目按客户单位进行明细核算。

三、主要账务处理。

交易市场收到买方存入的购货款时，借记"银行存款"等科目，贷记"应付交割款（买方）"科目。应买方要求，将未成交部分的保证金转为货款时，借记"应付保证金——交易保证金（买方）""应付保证金——履约保证金（买方）"科目，贷记"应付交割款（买方）"科目。履约后，交易市场将买方购货款分解，借记"应付交割款（买方）"科目，贷记"应付交割款（卖方）""其他应付款——应上交财政差价款"等科目；支付卖方销货款时，借记"应付交割款（卖方）"科目，贷记"银行存款"等科目。

四、本科目期末贷方余额，反映客户存入的购货款余额。

## 2246　合同负债

一、本科目核算企业已收或应收客户对价而应向客户转让商品的义务。

尚未向客户履行转让商品的义务而已收或应收客户对价中的增值税部分，因不符合合同负债的定义，不应确认为合同负债，通过"应交税费——应交增值税（待转销项税额）"科目核算。

企业因转让商品收到的预收款适用《企业会计准则第 14 号——收入》（2017 年修订）进行会计处理时，不再使用"预收账款"科目及"递延收益"科目。

二、本科目应按合同进行明细核算。

三、合同负债的主要账务处理。

企业在向客户转让商品之前，客户已经支付了合同对价或企业已经取得了无条件收取合同对价权利的，企业应当在客户实际支付款项与到期应支付款项孰早时点，按照该已收或应收的金额，借记"银行存款""应收账款""应收票据"等科目，贷记本科目；企业向客户转让相关商品时，借记本科目，贷记"主营业务收入""其他业务收入"等科目。涉及增值税的，还应进行相应的处理。

四、本科目期末贷方余额，反映企业在向客户转让商品之前，已经收到的合同对价或已经取得的无条件收取合同对价权利的金额。

五、报表列报。

"合同资产"项目、"合同负债"项目，应分别根据"合同资产"科目、"合同负债"科目的相关明细科目的期末余额分析填列，同一合同下的合同资产和合同负债应当以净额列示，其中净额为借方余额的，应当根据其流动性在"合同资产"或"其他非流动资产"项目中填列，已计提减值准备的，还应减去"合同资产减值准备"科目中相关的期末余额后的金额填列，其中净额为贷方余额的，应当根据其流动性在"合同负债"或"其他非流动负债"项目中填列。

由于同一合同下的合同资产和合同负债应当以净额列示，企业也可以设置"合同结算"科目（或其他类似科目），以核算同一合同下属于在某一时段内履行履约义务涉及与客户结算对价的合同资产或合同负债，并在此科目下设置"合同结算——价款结算"科目反映定期与客户进行结算的金额，设置"合同结算——收入结转"科目反映按履约进度结转的收入金额。资产负债表日，"合同结算"科目的期末余额在借方的，根据其流动性在"合同资产"或"其他非流动资产"项目中填列；期末余额在贷方的，根据其流动性在"合同负债"或"其他非流动负债"项目中填列。

## 2251　应付保单红利

一、本科目核算企业（保险）按原保险合同约定应付未付投保人的红利。

二、本科目可按投保人进行明细核算。

三、企业按原保险合同约定计提应支付的保单红利，借记"保单红利支出"科目，贷记本科目。向投保人支付的保单红利，借记本科目，贷记"库存现金""银行存款"等科目。

四、本科目期末贷方余额，反映企业应付未付投保人的红利。

## 2261　应付分保账款

一、本科目核算企业（保险）从事再保险业务应付未付的款项。

二、本科目可按再保险分出人或再保险接受人和再保险合同进行明细核算。

三、再保险分出人应付分保账款的主要账务处理。

（一）企业在确认原保险合同保费收入的当期，按相关再保险合同约定计算确定的分出保费金额，借记"分出保费"科目，贷记本科目。

在原保险合同提前解除的当期，按相关再保险合同约定计算确定的分出保费的调整金额，借记本科目，贷记"分出保费"科目。对于超额赔款再保险等非比例再保险合同，按相关再保险合同约定计算确定的分出保费金额，借记"分出保费"科目，贷记本科目。

（二）发出分保业务账单时，按账单标明的扣存本期分保保证金，借记本科目，贷记"存入保证金"科目。按账单标明的返还上期扣存分保保证金，借记"存入保证金"科目，贷记本科目。

按期计算的存入分保保证金利息，借记"利息支出"科目，贷记本科目。

四、再保险接受人应付分保账款的主要账务处理。

（一）企业在确认分保费收入的当期，按相关再保险合同约定计算确定的分保费用金额，借记"分保费用"科目，贷记本科目。

收到分保业务账单时，按账单标明的金额对分保费用进行调整，按调整增加额，借记"分保费用"科目，贷记本科目；按调整减少额做相反的会计分录。

（二）计算确定应向再保险分出人支付纯益手续费的，按相关再保险合同约定计算确定的纯益手续费金额，借记"分保费用"科目，贷记本科目。

（三）收到分保业务账单的当期，按账单标明的分保赔付款项金额，借记"赔付支出"科目，贷记本科目。

五、再保险分出人、再保险接受人结算分保账款时，按应付分保账款金额，借记本科目，按应收分保账款金额，贷记"应收分保账款"科目，按其差额，借记或贷记"银行存款"科目。

六、本科目期末贷方余额，反映企业从事再保险业务应付未付的款项。

## 2271　持有待售负债

一、本科目核算划分为持有待售类别的处置组中的负债。

二、本科目可按划分为持有待售类别的处置组中的负债项目进行明细核算。

三、持有待售负债的主要账务处理。

详见"1481 持有待售资产"科目说明。

四、本科目期末贷方余额，反映资产负债表日处置组中与划分为持有待售类别的资产直接相关的负债的期末账面价值。

## 2311　代理买卖证券款

一、本科目核算企业（证券）接受客户委托，代理客户买卖股票、债券和基金等有价证券而收到的款项。

企业（证券）代理客户认购新股的款项、代理客户领取的现金股利和债券利息、代理客户向证券交易所支付的配股款等，也在本科目核算。

二、本科目可按客户类别等进行明细核算。

三、代理买卖证券款的主要账务处理。

（一）企业收到客户交来的款项，借记"银行存款——客户"等科目，贷记本科目；客户提取存款做相反的会计分录。

（二）接受客户委托，买入证券成交总额大于卖出证券成交总额的，应按买卖证券成交价的差额加上代扣代交的相关税费和应向客户收取的佣金等之和，借记本科目等，贷记"结算备付金——客户""银行存款"等科目。

接受客户委托，卖出证券成交总额大于买入证券成交总额的，应按买卖证券成交价的差额减去代扣代交的相关税费和应向客户收取的佣金等后的余额，借记"结算备付金——客户""银行存款"等科目，贷记本科目等。

（三）代理客户认购新股，收到客户交来的认购款项，借记"银行存款——客户"等科目，贷记本科目。将款项划付证券交易所，借记"结算备付金——客户"科目，贷记"银行存款——客户"科目。客户办理申购手续，按实际支付的金额，借记本科目，贷记"结算备付金——客户"科目。证券交易所完成中签认定工作，将未中签资金退给客户时，借记"结算备付金——客户"科目，贷记本科目。企业将未中签的款项划回，借记"银行存款——客户"科目，贷记"结算备付金——客户"科目。企业将未中签的款项退给客户，借记本科目，贷记"银行存款——客户"科目。

（四）代理客户办理配股业务，采用当日向证券交易所交纳配股款的，当客户提出配股要求时，借记本科目，贷记"结算备付金——客户"科目。采用定期向证券交易所交纳配股款的，在客户提出配股要求时，借记本科目，贷记"其他应付款——应付客户配股款"科目。与证券交易所清算配股款，按配股金额，借记"其他应付款——应付客户配股款"科目，贷记"结算备付金——客户"科目。

四、本科目期末贷方余额，反映企业接受客户存放的代理买卖证券资金。

## 2312  代理承销证券款

一、本科目核算企业（金融）接受委托，采用承购包销方式或代销方式承销证券所形成的、应付证券发行人的承销资金。

二、本科目可按委托单位和证券种类进行明细核算。

三、企业承销记名证券的主要账务处理。

（一）通过证券交易所上网发行的，在证券上网发行日根据承销合同确认的证券发行总额，按承销价款，在备查簿中记录承销证券的情况。

（二）与证券交易所交割清算，按实际收到的金额，借记"结算备付金"等科目，贷记本科目。

（三）承销期结束，将承销证券款项交付委托单位并收取承销手续费，按承销价款，借记本科目，按应收取的承销手续费，贷记"手续费及佣金收入"科目，按实际支付给委托单位的金额，贷记"银行存款"等科目。

（四）承销期结束有未售出证券、采用余额承购包销方式承销证券的，按合同规定由企业认购，应按承销价款，借记"交易性金融资产""可供出售金融资产"等科目，贷记本科目。承销期结束，应将未售出证券退还委托单位。

四、企业承销无记名证券，比照承销记名证券的相关规定进行处理。

五、本科目期末贷方余额，反映企业承销证券应付未付给委托单位的款项。

## 2313  代理兑付证券款

一、本科目核算企业（证券、银行等）接受委托代理兑付证券收到的兑付资金。

二、本科目可按委托单位和证券种类进行明细核算。

三、代理兑付证券款的主要账务处理。

（一）企业兑付记名证券，收到委托单位的兑付资金，借记"银行存款"等科目，贷记本科目。收到客户交来的证券，按兑付金额，借记本科目，贷记"库存现金""银行存款"等科目。兑付无记名证券的，还应通过"代理兑付证券"科目核算。

（二）收取代理兑付证券手续费收入，向委托单位单独收取的，按应收或已收取的手续费，借记"应收手续费及佣金"等科目，贷记"手续费及佣金收入"科目。

手续费与兑付款一并汇入的，在收到款项时，应按实际收到的金额，借记"结算备付金"等科目，按应兑付的金额，贷记本科目，按事先取得的手续费，贷记"其他应付款——预收代理兑付证券手续费"科目。兑付证券业务完成后确认手续费收入，借记"其他应付款——预收代理兑付证券手续费"科目，贷记"手续费及佣金收入"科目。

四、本科目期末贷方余额，反映企业已收到但尚未兑付的代理兑付证券款项。

## 2314　代理业务负债

一、本科目核算企业不承担风险的代理业务收到的款项，包括受托投资资金、受托贷款资金等。企业采用收取手续费方式收到的代销商品款，可将本科目改为"受托代销商品款"科目。

二、本科目可按委托单位、资产管理类别（如定向、集合和专项资产管理业务）等进行明细核算。

三、代理业务负债的主要账务处理。

（一）企业收到的代理业务款项，借记"银行存款""存放中央银行款项""吸收存款"等科目，贷记本科目。

定期或在合同到期日与委托客户进行结算，按合同约定比例计算代理业务资产收益，结转已实现未结算损益，借记"代理业务资产——已实现未结算损益"科目，按属于委托客户的收益，贷记本科目，按属于企业的收益，贷记"手续费及佣金收入"科目。

按规定划转、核销或退还代理业务资金，借记本科目，贷记"银行存款""存放中央银行款项""吸收存款"等科目。

（二）收到受托代销的商品，按约定的价格，借记"受托代销商品"科目，贷记"受托代销商品款"科目。

售出受托代销商品后，按实际收到或应收的金额，借记"银行存款""应收账款"等科目，贷记"受托代销商品"科目。计算代销手续费等收入，借记"受托代销商品款"科目，贷记"其他业务收入"科目。结清代销商品款时，借记"受托代销商品款"科目，贷记"银行存款"科目。

四、本科目期末贷方余额，反映企业收到的代理业务资金。

# 2401 递延收益

一、本科目核算企业确认的应在以后期间计入当期损益的政府补助。

二、本科目可按政府补助的项目进行明细核算。

三、递延收益的主要账务处理。

（一）与资产相关的政府补助。

总额法下，企业在取得与资产相关的政府补助时应当按照补助资金的金额，借记"银行存款"等科目，贷记"递延收益"科目，然后在相关资产使用寿命内按合理、系统的方法分期计入损益。如果企业先取得与资产相关的政府补助，再确认所购建的长期资产，总额法下应当在开始对相关资产计提折旧或进行摊销时按照合理、系统的方法将递延收益分期计入当期收益；如果相关长期资产投入使用后企业再取得与资产相关的政府补助，总额法下应当在相关资产的剩余使用寿命内按照合理、系统的方法将递延收益分期计入当期收益。需要说明的是，采用总额法的，如果对应的长期资产在持有期间发生减值损失，递延收益的摊销仍保持不变，不受减值因素的影响。企业对与资产相关的政府补助选择总额法的，应当将递延收益分期转入其他收益或营业外收入，借记"递延收益"科目，贷记"其他收益"或"营业外收入"科目。相关资产在使用寿命结束时或结束前被处置（出售、报废、转让、发生毁损等），尚未分配的相关递延收益余额应当转入资产处置当期的损益，不再予以递延。对相关资产划分为持有待售类别的，先将尚未分配的递延收益余额冲减相关资产的账面价值，再按照《企业会计准则第42号——持有待售的非流动资产、处置组和终止经营》的要求进行会计处理。

净额法下，企业在取得政府补助时应当按照补助资金的金额冲减相关资产的账面价值。如果企业先取得与资产相关的政府补助，再确认所购建的长期资产，净额法下应当将取得的政府补助先确认为递延收益，在相关资产达到预定可使用状态或预定用途时将递延收益冲减资产账面价值；如果相关长期资产投入使用后企业再取得与资产相关的政府补助，净额法下应当在取得补助时冲减相关资产的账面价值，并按照冲减后的账面价值和相关资产的剩余使用寿命计提折旧或进行摊销。

实务中存在政府无偿给予企业长期非货币性资产的情况，如无偿给予土地使用权、天然起源的天然林等。企业取得的政府补助为非货币性资产的，应当按照公允价值计量；公允价值不能可靠取得的，按照名义金额（1元）计量。企业在收到非货币性资产的政府补助时，应当借记有关资产科目，贷记"递延收益"科目，然后在相关资产使用寿命内按合理、系统的方法分期计入损益，借记"递延收益"科目，贷记"其他收益"或"营业外收入"科目。但是，对以名义金额计量的政府补助，在取得时计入当期损益。

（二）与收益相关的政府补助。

用于补偿企业以后期间相关费用或损失的，按收到或应收的金额，借记"银行存款""其他应收款"等科目，贷记本科目。在发生相关成本费用或损失的未来期间，选择总额法的，按应补偿的金额，借记本科目，贷记"其他收益"或"营业外收入"等科目；选择净额法的，借记本科目，贷记"管理费用"或"营业外支出"等科目。

用于补偿企业已发生的相关费用或损失的，按收到或应收的金额，借记"银行存款""其他应收款"等科目，选择总额法的，贷记"其他收益"或"营业外收入"等科目；选择净额法的，贷记"管理费用"或"营业外支出"等科目。

（三）政府补助的退回。

已确认的政府补助需要退回的，存在相关递延收益的，借记本科目，贷记"银行存款""其他应收款"，超出部分计入当期损益。

四、本科目期末贷方余额，反映企业应在以后期间计入当期损益的政府补助。

# 2501　长期借款

一、本科目核算企业以摊余成本计量的向银行或其他金融机构借入的期限在 1 年以上（不含 1 年）的各项借款。

取得该借款发生的手续费、财务顾问费等相关交易费用应作为长期借款计入初始确认金额①。

二、本科目可按贷款单位和贷款种类，分别"本金""利息调整""应计利息"等进行明细核算。

三、长期借款的主要账务处理。

（一）企业借入长期借款，应按实际收到的金额，借记"银行存款"科目，贷记本科目（本金）。如存在差额，还应借记本科目（利息调整）。

（二）资产负债表日，应按摊余成本和实际利率计算确定的长期借款的利息费用，借记"在建工程""制造费用""财务费用""研发支出"等科目，按合同利率计算确定的应付未付利息，贷记"应付利息"科目，按其差额，贷记本科目（利息调整）。

实际利率与合同利率差异较小的，也可以采用合同利率计算确定利息费用。

（三）企业归还长期借款，按归还的长期借款本金，借记本科目（本金），按转销

---

① 中国证监会《2018 年上市公司年报会计监管报告》指出，根据企业会计准则，企业初始确认金融资产或金融负债时，如以摊余成本计量，则相关交易费用应当计入初始确认金额。年报分析发现，个别上市公司将取得的长期借款作为以摊余成本计量的金融负债，却将取得该借款发生的手续费、财务顾问费等相关交易费用单独列报为长期待摊费用。

的利息调整金额，贷记或借记本科目（利息调整），按实际归还的款项，贷记"银行存款"科目，按借贷双方之间的差额，借记或贷记"在建工程""制造费用""财务费用""研发支出"等科目。

四、本科目期末贷方余额，反映企业尚未偿还的长期借款。

# 2502　应付债券

一、本科目核算企业为筹集（长期）资金而发行的以摊余成本计量的债券的本金和利息。企业发行的可转换公司债券，应将负债和权益成分进行分拆，分拆后形成的负债成分在本科目核算。

二、本科目可按"面值""利息调整""应计利息"等进行明细核算。

三、应付债券的主要账务处理。

（一）发行方发行的金融工具归类为债务工具并以摊余成本计量的，应按实际收到的金额，借记"银行存款"或"存放中央银行款项"等科目，按债务工具的面值，贷记"应付债券——优先股、永续债等（面值）"科目，按其差额，贷记或借记"应付债券——优先股、永续债等（利息调整）"科目。

在该工具存续期间，计提利息并对账面的利息调整进行调整等的会计处理，按照金融工具确认和计量准则中有关金融负债按摊余成本后续计量的规定进行会计处理。

（二）发行方发行的金融工具为复合金融工具的，应按实际收到的金额，借记"银行存款"或"存放中央银行款项"等科目，按金融工具的面值，贷记"应付债券——优先股、永续债（面值）等"科目，按负债成分的公允价值与金融工具面值之间的差额，借记或贷记"应付债券——优先股、永续债等（利息调整）"科目，按实际收到的金额扣除负债成分的公允价值后的金额，贷记"其他权益工具——优先股、永续债等"科目。

发行复合金融工具发生的交易费用，应当在负债成分和权益成分之间按照各自占总发行价款的比例进行分摊。与多项交易相关的共同交易费用，应当在合理的基础上，采用与其他类似交易一致的方法，在各项交易之间进行分摊。

（三）由于发行的金融工具原合同条款约定的条件或事项随着时间的推移或经济环境的改变而发生变化，导致原归类为权益工具的金融工具重分类为金融负债的，应当于重分类日，按该工具的账面价值，借记"其他权益工具——优先股、永续债等"科目，按该工具的面值，贷记"应付债券——优先股、永续债等（面值）"科目，按该工具的公允价值与面值之间的差额，借记或贷记"应付债券——优先股、永续债等（利息调整）"科目，按该工具的公允价值与账面价值的差额，贷记或借记"资本公积——资本溢价（或股本溢价）"科目，如资本公积不够冲减的，依次冲减盈余公积和未分配利润。发行方以重分类日计算的实际利率作为应付债券后续计量利息调整等的基础。

因发行的金融工具原合同条款约定的条件或事项随着时间的推移或经济环境的改变而发生变化，导致原归类为金融负债的金融工具重分类为权益工具的，应于重分类日，按金融负债的面值，借记"应付债券——优先股、永续债等（面值）"科目，按利息调整余额，借记或贷记"应付债券——优先股、永续债等（利息调整）"科目，按金融负债的账面价值，贷记"其他权益工具——优先股、永续债等"科目。

（四）发行方按合同条款约定赎回所发行的分类为金融负债的金融工具，按该工具赎回日的账面价值，借记"应付债券"等科目，按赎回价格，贷记"银行存款"或"存放中央银行款项"等科目，按其差额，借记或贷记"财务费用"科目。

（五）发行方按合同条款约定将发行的除普通股以外的金融工具转换为普通股的，按该工具对应的金融负债或其他权益工具的账面价值，借记"应付债券""其他权益工具"等科目，按普通股的面值，贷记"实收资本（或股本）"科目，按其差额，贷记"资本公积——资本溢价（或股本溢价）"科目（如转股时金融工具的账面价值不足转换为1股普通股而以现金或其他金融资产支付的，还需按支付的现金或其他金融资产的金额，贷记"银行存款"或"存放中央银行款项"等科目）。

（六）资产负债表日，对于分期付息、一次还本的债券，应按摊余成本和实际利率计算确定的债券利息费用，借记"在建工程""制造费用""财务费用""研发支出"等科目，按票面利率计算确定的应付未付利息，贷记"应付利息"科目，按其差额，借记或贷记本科目（利息调整）。对于一次还本付息的债券，应于资产负债表日按摊余成本和实际利率计算确定的债券利息费用，借记"在建工程""制造费用""财务费用""研发支出"等科目，按票面利率计算确定的应付未付利息，贷记本科目（应计利息），按其差额，借记或贷记本科目（利息调整）。实际利率与票面利率差异较小的，也可以采用票面利率计算确定利息费用。

（七）长期债券到期，支付债券本息，借记本科目（面值、应计利息）、"应付利息"等科目，贷记"银行存款"等科目。同时，存在利息调整余额的，借记或贷记本科目（利息调整），贷记或借记"在建工程""制造费用""财务费用""研发支出"等科目。

（八）可转换公司债券持有人行使转换权利，将其持有的债券转换为股票的，按可转换公司债券的余额，借记本科目（可转换公司债券——面值、利息调整），按其权益成分的金额，借记"资本公积——其他资本公积"科目，按股票面值和转换的股数计算的股票面值总额，贷记"股本"科目，按其差额，贷记"资本公积——股本溢价"科目。如用现金支付不可转换股票的部分，还应贷记"银行存款"等科目。

四、企业应当设置"企业债券备查簿"，详细登记企业债券的票面金额、债券票面利率、还本付息期限与方式、发行总额、发行日期和编号、委托代售单位、转换股份等资料。企业债券到期兑付，在备查簿中应予注销。

五、关于永续债发行方会计分类应当考虑的因素。

永续债发行方在确定永续债的会计分类是权益工具还是金融负债（以下简称会计分类）时，应当根据《企业会计准则第 37 号——金融工具列报》的规定同时考虑下列因素。

（一）关于到期日。

永续债发行方在确定永续债会计分类时，应当以合同到期日等条款内含的经济实质为基础，谨慎判断是否能无条件地避免交付现金或其他金融资产的合同义务。当永续债合同其他条款未导致发行方承担交付现金或其他金融资产的合同义务时，发行方应当区分下列情况处理。

1. 永续债合同明确规定无固定到期日且持有方在任何情况下均无权要求发行方赎回该永续债或清算的，通常表明发行方没有交付现金或其他金融资产的合同义务。

2. 永续债合同未规定固定到期日且同时规定了未来赎回时间（即"初始期限"）的：

（1）当该初始期限仅约定为发行方清算日时，通常表明发行方没有交付现金或其他金融资产的合同义务。但清算确定将会发生且不受发行方控制，或者清算发生与否取决于该永续债持有方的，发行方仍具有交付现金或其他金融资产的合同义务。

（2）当该初始期限不是发行方清算日且发行方能自主决定是否赎回永续债时，发行方应当谨慎分析自身是否能无条件地自主决定不行使赎回权。如不能，通常表明发行方有交付现金或其他金融资产的合同义务。

（二）关于清偿顺序。

永续债发行方在确定永续债会计分类时，应当考虑合同中关于清偿顺序的条款。当永续债合同其他条款未导致发行方承担交付现金或其他金融资产的合同义务时，发行方应当区分下列情况处理：

1. 合同规定发行方清算时永续债劣后于发行方发行的普通债券和其他债务的，通常表明发行方没有交付现金或其他金融资产的合同义务。

2. 合同规定发行方清算时永续债与发行方发行的普通债券和其他债务处于相同清偿顺序的，应当审慎考虑此清偿顺序是否会导致持有方对发行方承担交付现金或其他金融资产合同义务的预期，并据此确定其会计分类。

（三）关于利率跳升和间接义务。

永续债发行方在确定永续债会计分类时，应当考虑《企业会计准则第 37 号——金融工具列报》第十条规定的"间接义务"。永续债合同规定没有固定到期日、同时规定了未来赎回时间、发行方有权自主决定未来是否赎回且如果发行方决定不赎回则永续债票息率上浮（即"利率跳升"或"票息递增"）的，发行方应当结合所处实际环境考虑该利率跳升条款是否构成交付现金或其他金融资产的合同义务。如果跳升次数有限、有最高票息限制（即"封顶"）且封顶利率未超过同期同行业同类型工具平均的利率水平，或者跳升总幅度较小且封顶利率未超过同期同行业同类型工具平均的利率水平，可能不构成间接义务；如果永续债合同条款虽然规定了票息封顶，但该封顶票息水平超过同期同行业同类型工具平均的利率水平，通常构成间接义务。

六、企业支付永续债利息的会计处理是否与税务处理一致。

根据《企业会计准则第 37 号——金融工具列报》第七条的规定，发行永续债的企业应当根据永续债合同条款及其所反映的经济实质而非仅以法律形式，结合金融负债和权益工具的定义，在初始确认时将永续债分类为金融负债或权益工具，永续债利息相应作为利息支出或股利分配。

根据《关于永续债企业所得税政策问题的公告》的规定，企业发行的永续债，可以适用股息、红利企业所得税政策。符合规定条件的，也可以按照债券利息适用企业所得税政策。其中，符合规定条件是指符合下列条件中 5 条（含）以上：（1）被投资企业对该项投资具有还本义务；（2）有明确约定的利率和付息频率；（3）有一定的投资期限；（4）投资方对被投资企业净资产不拥有所有权；（5）投资方不参与被投资企业日常生产经营活动；（6）被投资企业可以赎回，或满足特定条件后可以赎回；（7）被投资企业将该项投资计入负债；（8）该项投资不承担被投资企业股东同等的经营风险；（9）该项投资的清偿顺序位于被投资企业股东持有的股份之前。

因此，会计上将永续债作为金融负债或权益工具处理，不一定适用税务上的利息或股利政策，反之亦然。企业采取的会计核算方式与税务处理方法不一致的，在进行税务处理时须作出相应纳税调整。

七、本科目期末贷方余额，反映企业尚未偿还的长期债券摊余成本。

# 2503 租赁负债

一、本科目核算承租人尚未支付的租赁付款额的现值。

二、本科目可分别设置"租赁付款额""未确认融资费用"等进行明细核算。

三、主要账务处理。

（一）在租赁期开始日，承租人应当按尚未支付的租赁付款额，贷记"租赁负债——租赁付款额"科目；按尚未支付的租赁付款额的现值，借记"使用权资产"科目；按尚未支付的租赁付款额与其现值的差额，借记"租赁负债——未确认融资费用"科目。

（二）承租人在确认租赁期内各个期间的利息时，借记"财务费用——利息费用""在建工程"等科目，贷记"租赁负债——未确认融资费用"科目。

（三）承租人支付租赁付款额时，借记"租赁负债——租赁付款额"等科目，贷记"银行存款"等科目。

（四）在租赁期开始日后，承租人按变动后的租赁付款额的现值重新计量租赁负债的，当租赁负债增加时，应当按租赁付款额现值的增加额，借记"使用权资产"科目，按租赁付款额的增加额，贷记"租赁负债——租赁付款额"科目，按其差额，借记"租赁负债——未确认融资费用"科目；除下述（五）中情形外，当租赁负债减少时，应当按租赁付款额的减少额，借记"租赁负债——租赁付款额"科目，按租赁付款额现值的减少额，贷记"使用权资产"科目，按其差额，贷记"租赁负债——未确认融资费用"科目；若使用权资产的账面价值已调减至零，应当按仍需进一步调减的租赁付款额借记"租赁负债——租赁付款额"科目，按仍需进一步调减的租赁付款额现值贷记"营业成本""制造费用""销售费用""管理费用""研发支出"等科目，按其差额，贷记"租赁负债——未确认融资费用"科目。

（五）租赁变更导致租赁范围缩小或租赁期缩短的，承租人应当按缩小或缩短的相应比例，借记"租赁负债——租赁付款额""使用权资产累计折旧""使用权资产减值准备"科目，贷记"租赁负债——未确认融资费用""使用权资产"科目，差额借记或贷记"资产处置损益"科目。

（六）由新冠肺炎疫情直接引发的承租人与出租人就现有租赁合同达成的租金减免、延期支付等租金减让。

1. 租金减让导致租赁对价基本不变但支付时点延迟的，包括在减免一定期间租金的同时等量调增后续租赁期间租金，或者在减免一定期间租金的同时将租赁期延长不超过减免期的期间并收取等量租金等情形，应当视为延期支付租金进行会计处理。

2. 租金减让导致租赁对价减少且支付时点延迟的，包括在减免一定期间租金的同时减量调增后续租赁期间租金，或者在减免一定期间租金的同时将租赁期延长不超过减免期的期间并收取减量租金等情形，应当视为租金减免和延期支付租金的组合进行会计处理。

3. 承租人应当继续按照与减让前一致的折现率计算租赁负债的利息费用并计入当期损益，继续按照与减让前一致的方法对使用权资产进行计提折旧等后续计量。发生租金减免的，承租人应当将减免的租金作为可变租赁付款额，在达成减让协议等解除原租金支付义务时，按未折现或减让前折现率折现金额冲减相关资产成本或费用，同时相应调整租赁负债；延期支付租金的，承租人应当在实际支付时冲减前期确认的租赁负债。

4. 对于按照《企业会计准则第 21 号——租赁》第三十二条的规定采用简化处理的短期租赁和低价值资产租赁，承租人应当继续按照与减让前一致的方法将原合同租金计入相关资产成本或费用。发生租金减免的，承租人应当将减免的租金作为可变租赁付款额，在减免期间冲减相关资产成本或费用；延期支付租金的，承租人应当在原支付期间将应支付的租金确认为应付款项，在实际支付时冲减前期确认的应付款项。

四、本科目的期末贷方余额，反映承租人尚未支付的租赁付款额的现值。

## 2504　继续涉入负债

一、本科目核算企业在金融资产转移中因继续涉入被转移资产而产生的义务。

二、企业可以按金融资产转移业务的类别、被转移金融资产的类别或者交易对手设置本科目的明细科目。

三、继续涉入负债的主要账务处理。

（一）通过担保方式继续涉入。

企业通过对所转移金融资产提供财务担保方式继续涉入的，应当在转移日按照收取的对价，借记"存放中央银行款项""存放同业款项"等科目；按照所转移金融资产的账面价值，贷记"贷款""应收账款"等科目；按照金融资产的账面价值和财务担保金额两者之中的较低者，借记"继续涉入资产"科目，同时按照财务担保金额和财务担保合同的公允价值之和，贷记本科目，上述所转移金融资产账面价值和继续涉入负债，与收到的转让价款、继续涉入资产的差额，借记"其他业务成本"或贷记"其他业务收入"科目。这里的财务担保金额，是指企业所收到的对价中将被要求偿还的最高金额。财务担保合同的公允价值，通常是指提供担保而收取的费用，如果财务担保合同的公允价值不能合理确定，则应当视同其等于零。

在随后的会计期间，财务担保合同的初始确认金额（公允价值）应当在该财务担保合同期间内按照时间比例摊销，确认为各项收入。因担保形成的资产的账面价值，应当在资产负债表日进行减值测试，当可收回金额低于其账面价值时，应当按其差额计提减值准备。

（二）附期权合同并且所转移金融资产按摊余成本计量方式下的继续涉入。

企业因签出一项看跌期权或持有一项看涨期权，使所转移金融资产不符合终止确认条件，且按照摊余成本计量该金融资产的，应当在转移日按照收到的对价借记"银行存款"等科目，贷记本科目；所转移金融资产在期权到期日的摊余成本和继续涉入形成的负债初始确认金额之间的差额，应当采用实际利率法摊销，贷记"投资收益"等科目；同时，调整继续涉入所形成负债的账面价值。相关期权行权的，应当在行权时，将继续涉入形成负债的账面价值与行权价格之间的差额确认"投资收益"等科目。

（三）持有看涨期权且所转移金融资产以公允价值计量方式下的继续涉入。

企业因持有一项看涨期权使所转移金融资产不满足终止确认条件，且按照公允价值计量该金融资产的，应当在转移日仍按照公允价值确认所转移金融资产，同时按照下列规定计量继续涉入形成的负债：

（1）该期权是价内或平价期权的，应当按照期权的行权价格扣除期权的时间价值后的余额，计量继续涉入形成的负债。

（2）该期权是价外期权的，应当按照所转移金融资产的公允价值扣除期权的时间价值后的余额，计量继续涉入形成的负债。

（四）出售看跌期权且所转移金融资产以公允价值计量方式下的继续涉入。

企业因签出一项看跌期权使所转移金融资产不满足终止确认条件，且按照公允价值计量该金融资产的，应当在转移日按照该金融资产的公允价值和该期权行权价格之间的较低者，确认继续涉入形成的资产；同时，按照该期权的行权价格与时间价值之和，确认继续涉入形成的负债。也就是说，如果企业卖出的一项看跌期权使所转移金融资产不满足终止确认条件，则企业仍应继续确认该项资产。由于企业对所转移金融资产公允价值高于期权行权价格的部分不拥有权利，因此，当该金融资产原按照公允价值进行计量时，继续确认该项资产的金额为其转移日公允价值与期权行权价格之间的较低者。

（五）附上下限期权且所转移金融资产以公允价值计量方式下的继续涉入。

企业因签出一项看跌期权和购入一项看涨期权（即上下限期权）使所转移金融资产不满足终止确认条件，且按照公允价值计量该金融资产的，应当在转移日仍按照公允价值确认所转移金融资产；同时，按照下列规定计量继续涉入形成的负债：

（1）该看涨期权是价内或平价期权的，应当按照看涨期权的行权价格和看跌期权的公允价值之和，扣除看涨期权的时间价值后的金额，计量继续涉入形成的负债。

（2）该看涨期权是价外期权的，应当按照所转移金融资产的公允价值总额和看跌期权的公允价值之和，扣除看涨期权的时间价值后的金额，计量继续涉入形成的负债。

四、期末余额系金融资产转移中因继续涉入被转移资产而产生的义务的余额。

## 2601  未到期责任准备金

一、本科目核算企业（保险）提取的非寿险原保险合同未到期责任准备金。再保险接受人提取的再保险合同分保未到期责任准备金，也在本科目核算。

二、本科目可按保险合同进行明细核算。

三、未到期责任准备金的主要账务处理。

（一）企业确认原保费收入、分保费收入的当期，应按保险精算确定的未到期责任准备金，借记"提取未到期责任准备金"科目，贷记本科目。

（二）资产负债表日，按保险精算重新计算确定的未到期责任准备金与已确认的未到期责任准备金的差额，借记本科目，贷记"提取未到期责任准备金"科目。

（三）原保险合同提前解除的，按相关未到期责任准备金余额，借记本科目，贷记"提取未到期责任准备金"科目。

四、本科目期末贷方余额，反映企业的未到期责任准备金。

## 2602　保险责任准备金

一、本科目核算企业（保险）提取的原保险合同保险责任准备金，包括未决赔款准备金、寿险责任准备金、长期健康险责任准备金。再保险接受人提取的再保险合同保险责任准备金，也在本科目核算。企业（保险）也可以单独设置"未决赔款准备金""寿险责任准备金""长期健康险责任准备金"等科目。

二、本科目可按保险责任准备金类别、保险合同进行明细核算。

三、保险责任准备金的主要账务处理。

（一）企业确认寿险保费收入，应按保险精算确定的寿险责任准备金、长期健康险责任准备金，借记"提取保险责任准备金"科目，贷记本科目。

投保人发生非寿险保险合同约定的保险事故当期，企业应按保险精算确定的未决赔款准备金，借记"提取保险责任准备金"科目，贷记本科目。

对保险责任准备金进行充足性测试，应按补提的保险责任准备金，借记"提取保险责任准备金"科目，贷记本科目。

（二）原保险合同保险人确定支付赔付款项金额或实际发生理赔费用的当期，应按冲减的相应保险责任准备金余额，借记本科目，贷记"提取保险责任准备金"科目。

再保险接受人收到分保业务账单的当期，应按分保保险责任准备金的相应冲减金额，借记本科目，贷记"提取保险责任准备金"科目。

（三）寿险原保险合同提前解除的，应按相关寿险责任准备金、长期健康险责任准备金余额，借记本科目，贷记"提取保险责任准备金"科目。

四、本科目期末贷方余额，反映企业的保险责任准备金。

## 2605　保费准备金

一、本科目核算保险机构按规定从农业保险保费收入中提取，并按规定使用和转回的保费准备金。

二、本科目应按种植业、养殖业、森林等大类险种进行明细核算。

三、提取保费准备金的主要账务处理。

期末，保险机构按照各类农业保险当期实现的自留保费（即保险业务收入减去分出保费的净额）和规定的保费准备金计提比例计算应提取的保费准备金，借记"提取保费准备金"科目，贷记本科目。

保险机构在确定支付赔付款项金额或实际发生理赔费用的当期，按照应赔付或实际赔付的金额，借记"赔付支出"科目，贷记"应付赔付款""银行存款"等科目；按规定以大灾准备金用于弥补农业大灾风险损失时，按弥补的金额依次冲减"保费准备金""大灾风险利润准备"科目，借记本科目、"大灾风险利润准备"科目，贷记"提取保费准备金""利润分配——提取利润准备"科目。

四、本科目期末贷方余额，反映企业按规定从农业保险保费收入中已提取未使用的保费准备金。

## 2611 保户储金

一、本科目核算企业（保险）收到投保人以储金本金增值作为保费收入的储金。企业（保险）收到投保人投资型保险业务的投资款，可将本科目改为"保户投资款"科目。企业（保险）应向投保人支付的储金或投资款增值，也在本科目核算。

二、本科目可按投保人进行明细核算。

三、企业收到投保人交纳的储金，借记"银行存款""库存现金"等科目，贷记本科目。向投保人支付储金做相反的会计分录。

四、本科目期末贷方余额，反映企业应付未付投保人储金。

## 2621 独立账户负债

一、本科目核算企业（保险）对分拆核算的投资连结产品不属于风险保障部分确认的独立账户负债。

二、本科目可按负债类别进行明细核算。

三、独立账户负债的主要账务处理。

（一）向独立账户划入资金，借记"独立账户资产——银行存款及库存现金"科目，贷记本科目。

（二）对独立账户投资进行估值，按估值增值，借记"独立账户资产"科目，贷记本科目；估值减值的做相反的会计分录。

（三）按照独立账户计提的保险费，借记"银行存款"科目，贷记"保费收入"科目；同时，借记本科目，贷记"独立账户资产"科目。对独立账户计提账户管理费，借记"银行存款"科目，贷记"手续费及佣金收入"科目；同时，借记本科目，贷记"独立账户资产"科目。

（四）支付独立账户资产，借记本科目，贷记"独立账户资产"科目。

四、本科目期末贷方余额，反映企业确认的独立账户负债。

## 2701　长期应付款

一、本科目核算企业除长期借款、租赁负债和应付债券以外的其他各种长期应付款项，包括以分期付款方式购入固定资产等发生的应付款项等。

二、本科目可按长期应付款的种类和债权人进行明细核算。

三、长期应付款的主要账务处理。

购入有关资产超过正常信用条件延期支付价款、实质上具有融资性质的，应按购买价款的现值，借记"固定资产""在建工程"等科目，按应支付的金额，贷记本科目，按其差额，借记"未确认融资费用"科目。

按期支付的价款，借记本科目，贷记"银行存款"科目。

四、本科目期末贷方余额，反映企业应付未付的长期应付款项。

## 2702　未确认融资费用

一、本科目核算企业应当分期计入利息费用的未确认融资费用。

二、本科目可按债权人和长期应付款项目进行明细核算。

三、未确认融资费用的主要账务处理。

购入有关资产超过正常信用条件延期支付价款、实质上具有融资性质的，应按购买价款的现值，借记"固定资产""在建工程"等科目，按应支付的金额，贷记"长期应付款"科目，按其差额，借记本科目。

采用实际利率法分期摊销未确认融资费用，借记"在建工程""财务费用"等科目，贷记本科目。

四、本科目期末借方余额，反映企业未确认融资费用的摊余价值。

## 2711　专项应付款

一、本科目核算企业取得政府作为企业所有者投入的具有专项或特定用途的款项。

二、本科目可按资本性投资项目进行明细核算。

三、资本性投资拨款的主要账务处理。

企业收到或应收的资本性拨款，借记"银行存款"等科目，贷记本科目。将专项或特定用途的拨款用于工程项目，借记"在建工程"等科目，贷记"银行存款""应付职工薪酬"等科目。

工程项目完工形成长期资产的部分，借记本科目，贷记"资本公积——资本溢价"科目；对未形成长期资产需要核销的部分，借记本科目，贷记"在建工程"等科目；拨款结余需要返还的，借记本科目，贷记"银行存款"科目。

上述资本溢价转增实收资本或股本，借记"资本公积——资本溢价或股本溢价"科目，贷记"实收资本"或"股本"科目。

四、《粮食企业执行会计准则有关粮油业务会计处理的规定》的相关规定。

1. 企业收到政府拨付的具有导向性的专门用于提升企业生产能力、发挥长期效用、改善基础设施的投资补助，如粮食仓储物流设施新建、重建、改扩建投资，粮食产业化投资，粮食质量安全检验监测能力建设投资等，借记"银行存款"等科目，贷记本科目；将拨款用于工程项目，借记"在建工程""固定资产"等科目，贷记"银行存款"等科目；专项拨款形成的长期资产，文件明确由全体股东共同享有的，借记本科目，贷记"资本公积"科目，如明确归属某个投资者，贷记"实收资本"科目；对未形成长期资产的支出，直接借记本科目，贷记"银行存款"等科目；拨款结余需要返还的，借记本科目，贷记"银行存款"科目。

2. 关于由企业转付给自然人的财政资金，如种粮农民补贴，分流安置职工款等，记入本科目，进行往来核算。

3. 关于粮食企业因城镇整体规划、库区建设、棚户区改造、沉陷区治理等公共利益进行搬迁，收到政府从财政预算直接拨付的搬迁补偿款，应作为"专项应付款"处理。其中，属于对企业在搬迁和重建过程中发生的固定资产和无形资产损失、有关费用性支出、停工损失及搬迁后拟新建资产进行补偿的，应自本科目转入"递延收益"科目，并按照《企业会计准则第 16 号——政府补助》进行会计处理。企业取得的搬迁补偿款扣除转入递延收益的金额后如有结余的，应当作为"资本公积"处理。企业政策性搬迁涉及的所得税有关问题按照国家税务总局 2012 年第 40 号公告和 2013 年第 11 号公告执行。

企业收到除上述之外（非公共利益）的搬迁补偿款，应当按照《企业会计准则第 4 号——固定资产》《企业会计准则第 16 号——政府补助》等进行处理。

五、根据《财政部关于印发〈工业企业结构调整专项奖补资金管理办法〉的通知》（以下简称 253 号文）的规定，中央财政将安排工业企业结构调整专项奖补资金（以下简称专项奖补资金），用于支持地方政府和中央企业推动钢铁、煤炭等行业化解过剩产能。

中央企业在收到预拨的专项奖补资金时，应当通过本科目核算，借记"银行存款"等科目，贷记本科目。中央企业按要求开展化解产能相关工作后，按照《关于印发〈工业企业结构调整专项奖补资金管理办法〉的通知》规定的计算标准等，能够合理可靠地确定因完成任务所取得的专项奖补资金金额的，借记本科目，贷记有关损益科目；不能合理可靠地确定因完成任务所取得的专项奖补资金金额的，应当经财政部核查清算后，按照清算的有关金额，借记本科目，贷记有关损益科目；预拨的专项奖补资金小于企业估计应享有的金额的，不足部分的差额借记"其他应收款"；因未能完成有关任务而按规定向财政部缴回资金的，按缴回资金金额，借记本科目，贷记"银行存款"等科目。

六、农垦企业取得的农业生产基础建设拨款（如小型水利设施拨款、基建拨款、技术推广项目拨款等）。

收到或应收的上述拨款，借记"银行存款"等科目，贷记本科目；将拨款用于工程项目，借记"在建工程"等科目，贷记"银行存款"等科目；工程项目完工形成长期资产的部分，借记本科目，贷记"资本公积——资本溢价"科目；对未形成长期资产需要核销的部分，借记本科目，贷记"在建工程""银行存款"等科目；拨款结余需要返还的，借记本科目，贷记"银行存款"科目。农垦企业取得的直接支付给自然人（如农工、职工家庭或职工家庭农场等）的财政补贴款，根据企业会计准则的规定作为"其他应付款"进行会计处理。

七、本科目期末贷方余额，反映企业尚未转销的专项应付款。

## 2801 预计负债

一、本科目核算企业确认的对外提供担保、未决诉讼、产品质量保证、重组义务、亏损性合同等预计负债。

根据企业会计准则及相关规定，与或有事项相关的义务同时满足现时义务、很可能导致经济利益流出、金额能够达到可能计量的条件时，应当确认为预计负债。或有事项产生的经济利益只有在企业基本确定能够收到的情况下，才予以确认为资产。针对同一公司的预计负债与或有资产应在满足上述条件的前提下分别确认，二者之间不得随意抵销。

企业清偿预计负债所需支出全部或部分预期由第三方补偿的，补偿金额只有在基本确定能够收到时才能作为资产单独确认。确认的补偿金额不应当超过预计负债的账面价值，且确认的资产不得与预计负债相互抵销。

二、本科目可按形成预计负债的交易或事项进行明细核算。

三、预计负债的主要账务处理。

（一）企业由对外提供担保、未决诉讼、重组义务产生的预计负债，应按确定的金额，借记"营业外支出"等科目，贷记本科目。由产品质量保证产生的预计负债，应按确定的金额，借记"销售费用"科目，贷记本科目。

（二）由资产弃置①义务产生的预计负债，应按确定的金额，借记"固定资产"

---

① 根据《〈企业会计准则第4号——固定资产〉应用指南》的相关规定，弃置费用通常是指根据国家法律和行政法规、国际公约等规定，企业承担的环境保护和生态恢复等义务所确定的支出，如核电站核设施等的弃置和恢复环境义务等。

或"油气资产"科目，贷记本科目。在固定资产或油气资产的使用寿命内，按计算确定各期应负担的利息费用，借记"财务费用"科目，贷记本科目。

（三）为使 PPP 项目资产保持一定的服务能力或在移交给政府方之前保持一定的使用状态，企业根据 PPP 项目合同而提供的服务不构成单项履约义务的，应当将预计发生的支出，按照《企业会计准则第 13 号——或有事项》的规定进行会计处理。

在金融资产模式下，如果 PPP 协议明确约定，企业有义务在未来提供特定服务（例如重铺高速公路路面），以维持项目资产的状态，则通常构成单项履约义务，而应适用新收入准则，相应将交易价格分摊至该单项履约义务。因为高速公路的经营权属于政府方而非企业，相关维修或者恢复义务并非由于企业的使用项目资产的经营行为而形成，因此，相关维修或者恢复义务并非由于企业过去的交易或者事项形成。同时，该等义务的发生是确定的，而非不确定事项，因而不符合或有事项的定义。

在无形资产模式下，如果 PPP 协议仅约定，在企业经营项目资产一定时间后，项目资产状态不符合政府方要求的特定标准，企业需要进行维修或者恢复的，通常属于按或有事项准则处理的预计负债。因为在该模式下，高速公路经营权属于企业所有，相关维修或者恢复义务是由于企业过去的交易或事项形成的，也即是由于企业使用项目资产的经营行为（例如运营高速公路经营权）而形成的，且该等义务是否发生具有不确定性，因而符合或有事项的定义。同时，需要强调的是，与或有事项相关的义务满足相关条件而应当确认为预计负债时，因或有事项预计负债的金额通常应当等于未来应支付的金额，但未来应支付金额与其现值相差较大的，应当按照未来应支付金额的现值确定，即通过对相关未来现金流出进行折现后确定最佳估计数。

（四）根据《企业会计准则第 13 号——或有事项》的相关规定，待执行合同变成亏损合同的，该亏损合同产生的义务满足相关条件的，则应当对亏损合同确认预计负债，借记"主营业务成本"等科目，贷记本科目；合同损失转回时做相反分录。

《企业会计准则第 13 号——或有事项》第八条第三款规定，亏损合同是指履行合同义务不可避免会发生的成本超过预期经济利益的合同。其中，"履行合同义务不可避免会发生的成本"应当反映退出该合同的最低净成本，即履行该合同的成本与未能履行该合同而发生的补偿或处罚两者之间的较低者。

企业履行该合同的成本包括履行合同的增量成本和与履行合同直接相关的其他成本的分摊金额。其中，履行合同的增量成本包括直接人工、直接材料等；与履行合同直接相关的其他成本的分摊金额包括用于履行合同的固定资产的折旧费用分摊金额等。

银行业金融机构对表外的贷款承诺、开出信用证和开出保函款项等计提减值，借记"预期信用减值损失"科目，贷记本科目。

（五）实际清偿或冲减的预计负债，借记本科目，贷记"银行存款"等科目。

（六）根据确凿证据需要对已确认的预计负债进行调整的，调整增加的预计负债，借记有关科目，贷记本科目；调整减少的预计负债做相反的会计分录。

四、本科目期末贷方余额，反映企业已确认尚未支付的预计负债。

## 2901　递延所得税负债

一、本科目核算企业确认的应纳税暂时性差异产生的所得税负债。

根据企业会计准则及相关规定，除下列交易中产生的递延所得税负债以外，企业应当确认所有应纳税暂时性差异产生的递延所得税负债。（1）商誉的初始确认。（2）同时具有下列特征的交易中产生的资产或负债的初始确认：一是该项交易不是企业合并；二是交易发生时既不影响会计利润也不影响应纳税所得额（或可抵扣亏损）。与子公司、联营企业、合营企业投资等相关的应纳税暂时性差异，一般应确认相关的递延所得税负债，但同时满足以下两个条件的除外：一是投资企业能够控制暂时性差异转回的时间；二是该暂时性差异在可预见的未来很可能不会转回。

二、本科目可按应纳税暂时性差异的项目进行明细核算。

三、递延所得税负债的主要账务处理。

（一）资产负债表日，企业确认的递延所得税负债，借记"所得税费用——递延所得税费用"科目，贷记本科目。资产负债表日递延所得税负债的应有余额大于其账面余额的，应按其差额确认，借记"所得税费用——递延所得税费用"科目，贷记本科目；资产负债表日递延所得税负债的应有余额小于其账面余额的做相反的会计分录。

与直接计入所有者权益的交易或事项相关的递延所得税负债，借记"资本公积——其他资本公积"科目，贷记本科目。

（二）企业合并中取得资产、负债的入账价值与其计税基础不同形成应纳税暂时性差异的，应于购买日确认递延所得税负债，同时调整商誉，借记"商誉"等科目，贷记本科目。

四、本科目期末贷方余额，反映企业已确认的递延所得税负债。

# 第三节　共同类

## 3001　清算资金往来

一、本科目核算企业（银行）间业务往来的资金清算款项。

二、本科目可按资金往来单位，分别"同城票据清算""信用卡清算"等进行明细核算。

三、同城票据清算业务的主要账务处理。

（一）提出借方凭证，借记本科目，贷记"其他应付款"科目。发生退票，借记"其他应付款"科目，贷记本科目。已过退票时间未发生退票，借记"其他应付款"科目，贷记"吸收存款"等科目。

提出贷方凭证，借记"吸收存款"等科目，贷记本科目；发生退票做相反的会计分录。

（二）提入借方凭证，提入凭证正确无误的，借记"吸收存款"等科目，贷记本科目。因误提他行凭证等原因不能入账的，借记"其他应收款"科目，贷记本科目。再提出时，借记本科目，贷记"其他应收款"科目。

提入贷方凭证，提入凭证正确无误的，借记本科目，贷记"吸收存款"等科目。因误提他行票据等原因不能入账的，借记本科目，贷记"其他应付款"科目。退票或再提出时，借记"其他应付款"科目，贷记本科目。

（三）将提出凭证和提入凭证计算轧差后为应收差额的，借记"存放中央银行款项"等科目，贷记本科目；如为应付差额做相反的会计分录。

四、发生的其他清算业务，收到的清算资金，借记"存放中央银行款项"等科目，贷记本科目；划付清算资金时做相反的会计分录。

五、本科目期末借方余额，反映企业应收的清算资金；本科目期末贷方余额，反映企业应付的清算资金。

# 3002 货币兑换

一、本科目核算企业（金融）采用分账制核算外币交易所产生的不同币种之间的兑换。

二、本科目按币种进行明细核算。

三、货币兑换的主要账务处理。

（一）企业发生的外币交易仅涉及货币性项目的，应按相同币种金额，借记或贷记有关货币性项目科目，贷记或借记本科目。

（二）发生的外币交易同时涉及货币性项目和非货币性项目的，按相同外币金额记入货币性项目和本科目（外币）；同时，按交易发生日即期汇率折算为记账本位币的金额记入非货币性项目和本科目（记账本位币）。结算货币性项目产生的汇兑差额记入"汇兑损益"科目。

（三）期末，应将所有以外币表示的本科目余额按期末汇率折算为记账本位币金额，折算后的记账本位币金额与本科目（记账本位币）余额进行比较，为贷方差额的，借记本科目（记账本位币），贷记"汇兑损益"科目；为借方差额的做相反的会计分录。

四、本科目期末应无余额。

## 3101　衍生工具

一、本科目核算企业衍生工具的公允价值及其变动形成的衍生金融资产或衍生金融负债。

衍生工具作为套期工具的，在"套期工具"科目核算。

二、本科目可按衍生工具类别进行明细核算。

三、衍生工具的主要账务处理。

（一）企业取得衍生工具，按其公允价值，借记本科目，按发生的交易费用，借记"投资收益"科目，按实际支付的金额，贷记"银行存款""存放中央银行款项"等科目。

（二）资产负债表日，衍生工具的公允价值高于其账面余额的差额，借记本科目，贷记"公允价值变动损益"科目；公允价值低于其账面余额的差额做相反的会计分录。

（三）终止确认的衍生工具，应当比照"交易性金融资产""交易性金融负债"等科目的相关规定进行处理。

四、本科目期末借方余额，反映企业衍生工具形成资产的公允价值；本科目期末贷方余额，反映企业衍生工具形成负债的公允价值。

## 3201　套期工具

一、本科目核算企业开展套期业务（包括公允价值套期、现金流量套期和境外经营净投资套期）的套期工具及其公允价值变动形成的资产或负债。

二、本科目可按套期工具类别或套期关系进行明细核算。

三、主要账务处理。

（一）企业将已确认的衍生工具、以公允价值计量且其变动计入当期损益的非衍生金融资产或非衍生金融负债等金融资产或金融负债指定为套期工具的，应当按照其账面价值，借记或贷记本科目，贷记或借记"衍生工具""交易性金融资产"等科目。

（二）资产负债表日，对于公允价值套期，应当按照套期工具产生的利得，借记本科目，贷记"套期损益""其他综合收益——套期损益"等科目，套期工具产生损失作相反的会计分录；对于现金流量套期，应当按照套期工具产生的利得，借记本科目，按照套期有效部分的变动额，贷记"其他综合收益——套期储备"等科目，按照套期工具产生的利得和套期有效部分变动额的差额，贷记"套期损益"科目，套期工具产生损失作相反的会计分录。

（三）金融资产或金融负债不再作为套期工具核算的，应当按照套期工具形成的资产或负债，借记或贷记有关科目，贷记或借记本科目。

四、本科目期末借方余额，反映企业套期工具形成资产的公允价值；本科目期末贷方余额，反映企业套期工具形成负债的公允价值。

## 3202  被套期项目

一、本科目核算企业开展套期业务的被套期项目及其公允价值变动形成的资产或负债。

二、本科目可按被套期项目类别或套期关系进行明细核算。

三、主要账务处理。

（一）企业将已确认的资产、负债或其组成部分指定为被套期项目的，应当按照其账面价值，借记或贷记本科目，贷记或借记"原材料""债权投资""长期借款""其他权益工具投资"等科目。已计提跌价准备或减值准备的，还应当同时结转跌价准备或减值准备。

（二）资产负债表日，对于公允价值套期，应当按照被套期项目因被套期风险敞口形成的利得，借记本科目，贷记"套期损益""其他综合收益——套期损益"等科目；被套期项目因被套期风险敞口形成损失作相反的会计分录。

（三）资产或负债不再作为被套期项目核算的，应当按照被套期项目形成的资产或负债，借记或贷记有关科目，贷记或借记本科目。

四、本科目期末借方余额，反映企业被套期项目形成的资产；本科目期末贷方余额，反映企业被套期项目形成的负债。

# 第四节  所有者权益类

## 4001  实收资本

一、本科目核算企业接受投资者投入的实收资本。

股份有限公司应将本科目改为"股本"科目。

企业收到投资者出资超过其在注册资本或股本中所占份额的部分，作为资本溢价或股本溢价，在"资本公积"科目核算。

二、本科目可按投资者进行明细核算。

企业（中外合作经营）在合作期间归还投资者的投资，应在本科目设置"已归还投资"明细科目进行核算。

三、实收资本的主要账务处理。

（一）企业接受投资者投入的资本，借记"银行存款""其他应收款""固定资产""无形资产""长期股权投资"等科目，按其在注册资本或股本中所占份额，贷记本科目，按其差额，贷记"资本公积——资本溢价或股本溢价"科目。

（二）股东大会批准的利润分配方案中分配的股票股利，应在办理增资手续后，借记"利润分配"科目，贷记本科目。

经股东大会或类似机构决议，用资本公积转增资本，借记"资本公积——资本溢价或股本溢价"科目，贷记本科目。

（三）可转换公司债券持有人行使转换权利，将其持有的债券转换为股票，按可转换公司债券的余额，借记"应付债券——可转换公司债券（面值、利息调整）"科目，按其权益成分的金额，借记"资本公积——其他资本公积"科目，按股票面值和转换的股数计算的股票面值总额，贷记本科目，按其差额，贷记"资本公积——股本溢价"科目。如有现金支付不可转换股票，还应贷记"银行存款"等科目。

企业将重组债务转为资本的，应按重组债务的账面余额，借记"应付账款"等科目，按债权人因放弃债权而享有本企业股份的面值总额，贷记本科目，按股份的公允价值总额与相应的实收资本或股本之间的差额，贷记或借记"资本公积——资本溢价或股本溢价"科目，按其差额，贷记"投资收益"科目①。

（四）以权益结算的股份支付换取职工或其他方提供服务的，应在行权日，按根据实际行权情况确定的金额，借记"资本公积——其他资本公积"科目，按应计入实收资本或股本的金额，贷记本科目。

四、企业按法定程序报经批准减少注册资本的，借记本科目，贷记"库存现金""银行存款"等科目。

股份有限公司采用收购本公司股票方式减资的，按股票面值和注销股数计算的股票面值总额，借记本科目，按所注销库存股的账面余额，贷记"库存股"科目，按其

---

① 《〈企业会计准则第12号——债务重组〉应用指南（2019）》"六、（二）债务将债务转为权益工具"规定，债务重组采用将债务转为权益工具方式进行的，债务人初始确认权益工具时，应当按照权益工具的公允价值计量，权益工具的公允价值不能可靠计量的，应当按照所清偿债务的公允价值计量。所清偿债务账面价值与权益工具确认金额之间的差额，记入"投资收益"科目。债务人因发行权益工具而支出的相关税费等，应当依次冲减资本溢价、盈余公积、未分配利润等。

差额，借记"资本公积——股本溢价"科目，股本溢价不足冲减的，应借记"盈余公积""利润分配——未分配利润"科目；购回股票支付的价款低于面值总额的，应按股票面值总额，借记本科目，按所注销库存股的账面余额，贷记"库存股"科目，按其差额，贷记"资本公积——股本溢价"科目。

五、企业（中外合作经营）根据合同规定在合作期间归还投资者的投资，借记本科目（已归还投资），贷记"银行存款"等科目；同时，借记"利润分配——利润归还投资"科目，贷记"盈余公积——利润归还投资"科目。

中外合作经营清算，借记本科目、"资本公积""盈余公积""利润分配——未分配利润"等科目，贷记本科目（已归还投资）、"银行存款"等科目。

六、根据《国务院关于印发划转部分国有资本充实社保基金实施方案的通知》的规定，企业国有股权划转完成后，社保基金会和各地方承接主体（以下统称承接主体）作为财务投资者，按照企业划转基准日账面值确认出资，并登记入账。

企业新增资本时，承接主体及企业其他股东按持有的股权同比例缴纳出资的，各股东持有的股权比例保持不变；承接主体或企业其他股东未按持有的股权同比例缴纳出资的，应以增资前最近一次经审计的财务报告为基础，承接主体享有的净资产账面值不减少为原则，按规定计算确定增资后企业各股东持有的股权比例。

七、本科目期末贷方余额，反映企业实收资本或股本总额。

## 4002 资本公积

一、本科目核算企业收到投资者出资额超出其在注册资本或股本中所占份额的部分。直接计入所有者权益的利得和损失，一般也通过本科目核算。

二、本科目应当分别"资本溢价（股本溢价）""其他资本公积"进行明细核算。

三、资本公积的主要账务处理。

（一）企业接受投资者投入的资本、可转换公司债券持有人行使转换权利、将债务转为资本等形成的资本公积，借记有关科目，贷记"实收资本"或"股本"科目、本科目（资本溢价或股本溢价）等。

与发行权益性证券直接相关的手续费、佣金等交易费用，借记本科目（股本溢价）等，贷记"银行存款"等科目。经股东大会或类似机构决议，用资本公积转增资本，借记本科目（资本溢价或股本溢价），贷记"实收资本"或"股本"科目。

企业发行认股权和债券分离交易的可转换公司债券（以下简称分离交易可转换公司债券），其认股权符合《企业会计准则第22号——金融工具确认和计量》和《企业会计准则第37号——金融工具列报》有关权益工具定义的，应当按照分离交易可转换公司债券发行价格，减去不附认股权且其他条件相同的公司债券公允价值后的差额，确认一项权益工具（资本公积——其他资本公积），认股权持有人到期没有行权的，应当在到期时将原计入资本公积（其他资本公积）的部分转入资本公积（股本溢价）。

（二）同一控制下企业合并形成的长期股权投资，合并方以支付现金、转让非现金资产或承担债务方式作为合并对价的，应在合并日按取得被合并方所有者权益在最终控制方合并财务报表中的账面价值的份额，借记"长期股权投资——投资成本"科目，按支付的合并对价的账面价值，贷记或借记有关资产、负债科目，按其差额，贷记本科目（资本溢价或股本溢价）；如为借方差额，借记本科目（资本溢价或股本溢价），资本公积（资本溢价或股本溢价）不足冲减的，应依次借记"盈余公积""利润分配——未分配利润"科目。合并方以发行权益性证券作为合并对价的，应当在合并日按照被合并方所有者权益在最终控制方合并财务报表中的账面价值的份额，借记"长期股权投资——投资成本"科目，按照发行股份的面值总额，贷记"股本"科目，按其差额，贷记本科目（资本溢价或股本溢价）；如为借方差额，借记本科目（资本溢价或股本溢价），资本公积（资本溢价或股本溢价）不足冲减的，应依次借记"盈余公积""利润分配——未分配利润"科目。

同一控制下吸收合并涉及的资本公积，比照上述原则进行处理。

（三）长期股权投资采用权益法核算的，在持股比例不变的情况下，被投资单位除净损益、利润分配以外的其他综合收益变动和所有者权益的其他变动，企业按持股比例计算应享有的份额，借记"长期股权投资——其他综合收益和其他权益变动"科目，贷记"其他综合收益"和本科目（其他资本公积）。

处置采用权益法核算的长期股权投资时，还应按结转的长期股权投资的投资成本比例结转原记入本科目（其他资本公积）的金额，借记或贷记本科目（其他资本公积），贷记或借记"投资收益"科目。

（四）以权益结算的股份支付换取职工或其他方提供服务的，应按照确定的金额，借记"管理费用"等科目，贷记本科目（其他资本公积）。

在行权日，应按实际行权的权益工具数量计算确定的金额，借记本科目（其他资本公积），按计入实收资本或股本的金额，贷记"实收资本"或"股本"科目，按其差额，贷记本科目（资本溢价或股本溢价）。

（五）股份有限公司采用收购本公司股票方式减资的，按股票面值和注销股数计算的股票面值总额，借记"股本"科目，按所注销的库存股的账面余额，贷记"库存股"科目，按其差额，借记本科目（股本溢价），股本溢价不足冲减的，应借记"盈余公积""利润分配——未分配利润"科目；购回股票支付的价款低于面值总额的，应按股票面值总额，借记"股本"科目，按所注销的库存股的账面余额，贷记"库存股"科目，按其差额，贷记本科目（股本溢价）。

（六）授予限制性股票的股权激励计划，向职工发行的限制性股票按有关规定履行了注册登记等增资手续的，上市公司应当根据收到职工缴纳的认股款确认股本和资本公积（股本溢价），按照职工缴纳的认股款，借记"银行存款"等科目，按照股本金额，贷记"股本"科目，按照其差额，贷记本科目（股本溢价）；同时，就回购义务确认负债（作收购库存股处理），按照发行限制性股票的数量以及相应的回购价格计算确定的金额，借记"库存股"科目，贷记"其他应付款——限制性股票回购义务"（包括未满足条件而须立即回购的部分）等科目。

上市公司应当综合考虑限制性股票锁定期和解锁期等相关条款，按照《企业会计准则第 11 号——股份支付》相关规定判断等待期，进行与股份支付相关的会计处理。对于因回购产生的义务确认的负债，应当按照《企业会计准则第 22 号——金融工具确认和计量》相关规定进行会计处理。上市公司未达到限制性股票解锁条件而需回购的股票，按照应支付的金额，借记"其他应付款——限制性股票回购义务"等科目，贷记"银行存款"等科目；同时，按照注销的限制性股票数量相对应的股本金额，借记"股本"科目，按照注销的限制性股票数量相对应的库存股的账面价值，贷记"库存股"科目，按其差额，借记本科目（股本溢价）。上市公司达到限制性股票解锁条件而无须回购的股票，按照解锁股票相对应的负债的账面价值，借记"其他应付款——限制性股票回购义务"等科目，按照解锁股票相对应的库存股的账面价值，贷记"库存股"科目，如有差额，则借记或贷记本科目（股本溢价）。

（七）等待期内发放现金股利的会计处理和基本每股收益的计算。

上市公司在等待期内发放现金股利的会计处理及基本每股收益的计算，应视其发放的现金股利是否可撤销采取不同的方法。

1. 现金股利可撤销，即一旦未达到解锁条件，被回购限制性股票的持有者将无法获得（或需要退回）其在等待期内应收（或已收）的现金股利。

等待期内，上市公司在核算应分配给限制性股票持有者的现金股利时，应合理估计未来解锁条件的满足情况，该估计与进行股份支付会计处理时在等待期内每个资产负债表日对可行权权益工具数量进行的估计应当保持一致。对于预计未来可解锁限制性股票持有者，上市公司应分配给限制性股票持有者的现金股利应当作为利润分配进行会计处理，借记"利润分配——应付现金股利或利润"科目，贷记"应付股利——限制性股票股利"科目；同时，按分配的现金股利金额，借记"其他应付款——限制性股票回购义务"等科目，贷记"库存股"科目；实际支付时，借记"应付股利——限制性股票股利"科目，贷记"银行存款"等科目。对于预计未来不可解锁限制性股票持有者，上市公司应分配给限制性股票持有者的现金股利应当冲减相关的负债，借记"其他应付款——限制性股票回购义务"等科目，贷记"应付股利——限制性股票股利"科目；实际支付时，借记"应付股利——限制性股票股利"科目，贷记"银行存款"等科目。后续信息表明不可解锁限制性股票的数量与以前估计不同的，应当作为会计估计变更处理，直到解锁日预计不可解锁限制性股票的数量与实际未解锁限制性股票的数量一致。

等待期内计算基本每股收益时，分子应扣除当期分配给预计未来可解锁限制性股票持有者的现金股利；分母不应包含限制性股票的股数。

2. 现金股利不可撤销，即不论是否达到解锁条件，限制性股票持有者仍有权获得（或不得被要求退回）其在等待期内应收（或已收）的现金股利。

等待期内，上市公司在核算应分配给限制性股票持有者的现金股利时，应合理估计未来解锁条件的满足情况，该估计与进行股份支付会计处理时在等待期内每个资产负债表日对可行权权益工具数量进行的估计应当保持一致。对于预计未来可解锁限制性股票持有者，上市公司应分配给限制性股票持有者的现金股利应当作为利润分配进行会计处理，借记"利润分配——应付现金股利或利润"科目，贷记"应付股利——限制性股票股利"科目；实际支付时，借记"应付股利——限制性股票股利"科目，贷记"银行存款"等科目。对于预计未来不可解锁限制性股票持有者，上市公司应分配给限制性股票持有者的现金股利应当计入当期成本费用，借记"管理费用"等科目，贷记"应付股利——应付限制性股票股利"科目；实际支付时，借记"应付股利——限制性股票股利"科目，贷记"银行存款"等科目。后续信息表明不可解锁限制性股票的数量与以前估计不同的，应当作为会计估计变更处理，直到解锁日预计不可解锁限制性股票的数量与实际未解锁限制性股票的数量一致。

等待期内计算基本每股收益时，应当将预计未来可解锁限制性股票作为同普通股一起参加剩余利润分配的其他权益工具处理，分子应扣除归属于预计未来可解锁限制性股票的净利润；分母不应包含限制性股票的股数。

（八）企业接受控股股东（或控股股东的子公司）、非控股股东（或非控股股东的子公司）直接或间接代为偿债、债务豁免或捐赠，经济实质表明属于股东对企业的资本性投入，应当将相关利得计入本科目（其他资本公积）。

（九）集团公司取得属于国家直接投资和投资补助性质的财政资金，根据《企业财务通则》第二十条的规定处理后，将财政资金再拨付子、孙公司使用的，应当作为对外投资处理；子、孙公司收到的财政资金，应当作为集团公司投入的资本或者资本公积处理，不得作为内部往来款项挂账或作其他账务处理。

四、本科目期末贷方余额，反映企业的资本公积。

## 4003　其他综合收益

一、本科目核算企业根据有关企业会计准则的规定未在损益中确认的各项利得和损失，以及现金流量套期下套期工具累计公允价值变动中的套期有效部分。

二、本科目应当分别"以后会计期间不能重分类进损益的其他综合收益""以后会计期间将重分类进损益的其他综合收益"进行明细核算。

对于开展套期业务的，需在该科目下，设置"套期储备"明细科目，核算现金流量套期下套期工具累计公允价值变动中的有效部分，并按被套期项目进行明细核算；设置"套期损益"明细科目，核算公允价值套期下对指定为以公允价值计量且其变动计入其他综合收益的非交易性权益工具投资或其组成部分进行套期时，套期工具和被套期项目公允价值变动形成的利得和损失，可按套期关系进行明细核算；设置"套期成本"明细科目，核算企业将期权的时间价值、远期合同的远期要素或金融工具的外汇基差排除在套期工具之外时，期权的时间价值等产生的公允价值变动，可按套期关系进行明细核算。

对于按照《企业会计准则第22号——金融工具确认和计量》第十八条的规定分类为以公允价值计量且其变动计入其他综合收益的金融资产，需要在该科目下设置"信用减值准备"明细科目，核算以预期信用损失为基础计提的该类金融资产的损失准备，可以按资产类别或单项资产进行明细核算。

三、主要账务处理。

1. 以后会计期间不能重分类进损益的其他综合收益项目，主要包括：

（1）重新计量设定受益计划净负债或净资产导致的变动。根据《企业会计准则第9号——职工薪酬》的规定，有设定受益计划形式离职后福利的企业应当将重新计量设定受益计划净负债或净资产导致的变动计入其他综合收益，并且在后续会计期间不允许转回至损益。

（2）按照权益法核算的在被投资单位不能重分类进损益的其他综合收益变动中所享有的份额。根据《企业会计准则第2号——长期股权投资》的规定，投资方取得长期股权投资后，应当按照应享有或应分担的被投资单位其他综合收益的份额，确认其他综合收益，同时调整长期股权投资的账面价值。投资单位在确定应享有或应分担的被投资单位其他综合收益的份额时，该份额的性质取决于被投资单位的其他综合收益的性质，即如果被投资单位的其他综合收益属于"以后会计期间不能重分类进损益"类别，则投资方确认的份额也属于"以后会计期间不能重分类进损益"类别。

（3）其他权益工具投资公允价值变动。反映企业指定为以公允价值计量且其变动计入其他综合收益的非交易性权益工具投资发生的公允价值变动，该部分金融资产终止确认时，在处置时，之前计入其他综合收益的累计利得或损失应当从其他综合收益中转出，计入留存收益。

（4）企业自身信用风险公允价值变动。反映企业指定为以公允价值计量且其变动计入当期损益的金融负债，由企业自身信用风险变动引起的公允价值变动而计入其他综合收益的金额。该金融负债终止确认时，之前计入其他综合收益的累计利得或损失应当从其他综合收益中转出，计入留存收益。

2. 以后会计期间在满足规定条件时将重分类进损益的其他综合收益项目，主要包括以下方面。

（1）按照权益法核算的在被投资单位可重分类进损益的其他综合收益变动中所享有的份额。根据《企业会计准则第 2 号——长期股权投资》的规定，投资方取得长期股权投资后，应当按照应享有或应分担的被投资单位其他综合收益的份额，确认其他综合收益，同时调整长期股权投资的账面价值。如果被投资单位的其他综合收益属于"以后会计期间在满足规定条件时将重分类进损益"类别，则投资方确认的份额也属于"以后会计期间在满足规定条件时将重分类进损益"类别。

（2）现金流量套期工具产生的利得或损失中属于有效套期的部分。根据《企业会计准则第 24 号——套期会计》的规定，资产负债表日，套期工具形成的利得或损失中属于套期有效部分的，借记或贷记"套期工具"科目，贷记或借记本科目（套期储备）；属于套期无效部分的，借记或贷记"套期工具"科目，贷记或借记"套期损益"科目。对于前者，套期会计准则规定在一定的条件下，将原直接计入所有者权益中的套期工具利得或损失转出，计入当期损益。

（3）公允价值套期下对指定为以公允价值计量且其变动计入其他综合收益的非交易性权益工具投资或其组成部分进行套期时，资产负债表日，应当按照套期工具产生的利得，借记"套期工具"科目，贷记本科目（套期损益）；套期工具产生损失作相反的会计分录。资产负债表日，应当按照被套期项目因被套期风险敞口形成的利得，借记"被套期项目"科目，贷记本科目（套期损益）；被套期项目因被套期风险敞口形成损失作相反的会计分录。

（4）资产负债表日，对于期权的时间价值等的公允价值变动中与被套期项目相关的部分，应当借记或贷记"衍生工具"等科目，贷记或借记本科目（套期成本）；企业在将相关金额从其他综合收益中转出时，借记或贷记本科目（套期成本），贷记或借记有关科目。

（5）外币财务报表折算差额。根据《企业会计准则第 19 号——外币折算》的规定，企业对境外经营的财务报表进行折算时，应当将外币财务报表折算差额在资产负债表中所有者权益项目下单独列示（其他综合收益）；企业在处置境外经营时，应当将资产负债表中所有者权益项目下列示的、与该境外经营相关的外币报表折算差额，自所有者权益项目转入处置当期损益，部分处置境外经营的，应当按处置的比例计算处置部分的外币财务报表折算差额，转入处置当期损益。

（6）根据相关会计准则规定的其他项目。比如，根据《企业会计准则第 3 号——投资性房地产》的规定，自用房地产或作为存货的房地产转换为以公允价值模式计量的投资性房地产在转换日公允价值大于账面价值部分计入其他综合收益；待该投资性房地产处置时，将该部分转入当期损益等。

四、本科目期末余额反映未在当期损益中确认的各项利得和损失。

## 4101  盈余公积

一、本科目核算企业从净利润中提取的盈余公积。

二、本科目应当分别"法定盈余公积""任意盈余公积"进行明细核算。

外商投资企业还应分别"储备基金""企业发展基金"进行明细核算。

中外合作经营在合作期间归还投资者的投资，应在本科目设置"利润归还投资"明细科目进行核算。

三、盈余公积的主要账务处理。

（一）企业按规定提取的盈余公积，借记"利润分配——提取法定盈余公积、提取任意盈余公积"科目，贷记本科目（法定盈余公积、任意盈余公积）。

外商投资企业按规定提取的储备基金、企业发展基金、职工奖励及福利基金，借记"利润分配——提取储备基金、提取企业发展基金、提取职工奖励及福利基金"科目，贷记本科目（储备基金、企业发展基金）、"应付职工薪酬"等科目。

（二）经股东大会或类似机构决议，用盈余公积弥补亏损或转增资本，借记本科目，贷记"利润分配——盈余公积补亏""实收资本"或"股本"等科目。

经股东大会决议，用盈余公积派送新股，按派送新股计算的金额，借记本科目，按股票面值和派送新股总数计算的股票面值总额，贷记"股本"科目。

中外合作经营根据合同规定在合作期间归还投资者的投资，应按实际归还投资的金额，借记"实收资本——已归还投资"科目，贷记"银行存款"等科目；同时，借记"利润分配——利润归还投资"科目，贷记本科目（利润归还投资）。

四、本科目期末贷方余额，反映企业的盈余公积。

## 4102  一般风险准备

一、本科目核算企业（金融）按规定从净利润中提取的一般风险准备。

二、企业提取的一般风险准备，借记"利润分配——提取一般风险准备"科目，贷记本科目。用一般风险准备弥补亏损，借记本科目，贷记"利润分配——一般风险准备补亏"科目。

三、本科目期末贷方余额，反映企业的一般风险准备。

## 4103　本年利润

一、本科目核算企业当期实现的净利润（或发生的净亏损）。

二、企业期（月）末结转利润时，应将各损益类科目的金额转入本科目，结平各损益类科目。结转后本科目的贷方余额为当期实现的净利润；借方余额为当期发生的净亏损。

三、年度终了，应将本年收入和支出相抵后结出的本年实现的净利润，转入"利润分配"科目，借记本科目，贷记"利润分配——未分配利润"科目；如为净亏损，作相反的会计分录。结转后本科目应无余额。

## 4104　利润分配

一、本科目核算企业利润的分配（或亏损的弥补）和历年分配（或弥补）后的余额。

二、本科目应当分别"提取法定盈余公积""提取任意盈余公积""应付现金股利或利润""转作股本的股利""盈余公积补亏""未分配利润"等进行明细核算。

对经营农业保险的保险机构，需增设"提取利润准备"和"大灾准备金投资收益"等进行明细核算。

三、利润分配的主要账务处理。

（一）企业按规定提取的盈余公积，借记本科目（提取法定盈余公积、提取任意盈余公积），贷记"盈余公积——法定盈余公积、任意盈余公积"科目。

外商投资企业按规定提取的储备基金、企业发展基金、职工奖励及福利基金，借记本科目（提取储备基金、提取企业发展基金、提取职工奖励及福利基金），贷记"盈余公积——储备基金、企业发展基金""应付职工薪酬"等科目。

企业（金融）按规定提取的一般风险准备，借记本科目（提取一般风险准备），贷记"一般风险准备"科目。

（二）经股东大会或类似机构决议，分配给股东或投资者的现金股利或利润，借记本科目（应付现金股利或利润），贷记"应付股利"科目。

经股东大会或类似机构决议，分配给股东的股票股利，应在办理增资手续后，借记本科目（转作股本的股利），贷记"股本"科目。

用盈余公积弥补亏损，借记"盈余公积——法定盈余公积或任意盈余公积"科目，贷记本科目（盈余公积补亏）。

企业（金融）用一般风险准备弥补亏损，借记"一般风险准备"科目，贷记本科目（一般风险准备补亏）科目。

（三）农业保险经办机构计提、使用、转回大灾准备金的会计处理。

期末，保险机构总部在依法提取法定公积金、一般风险准备金后，按规定从年度净利润中提取的利润准备金，借记本科目（提取利润准备），贷记"大灾风险利润准备"科目。

保险机构按规定以大灾准备金所对应的资金用于投资等所产生的收益，借记"应收利息""应收股利"等科目，贷记"投资收益"等科目；同时，借记本科目（大灾准备金投资收益），贷记"大灾风险利润准备"科目。

保险机构在确定支付赔付款项金额或实际发生理赔费用的当期，按照应赔付或实际赔付的金额，借记"赔付支出"科目，贷记"应付赔付款""银行存款"等科目；按规定以大灾准备金用于弥补农业大灾风险损失时，按弥补的金额依次冲减"保费准备金""大灾风险利润准备"科目，借记"保费准备金""大灾风险利润准备"科目，贷记"提取保费准备金"科目、本科目（提取利润准备）。

四、年度终了，企业应将本年实现的净利润，自"本年利润"科目转入本科目，借记"本年利润"科目，贷记本科目（未分配利润），为净亏损的作相反的会计分录；同时，将本科目所属其他明细科目的余额转入本科目"未分配利润"明细科目。结转后，本科目除"未分配利润"明细科目外，其他明细科目应无余额。

五、本科目年末余额，反映企业的未分配利润（或未弥补亏损）。

# 4105  大灾风险利润准备

一、本科目核算保险机构按规定从净利润中提取，并按规定使用和转回的利润准备金，以及大灾准备金资金运用形成的收益。

二、大灾风险利润准备的主要账务处理。

期末，保险机构总部在依法提取法定公积金、一般风险准备金后，按规定从年度净利润中提取的利润准备金，借记"利润分配——提取利润准备"科目，贷记本科目。

保险机构按规定以大灾准备金所对应的资金用于投资等所产生的收益，借记"应收利息""应收股利"等科目，贷记"投资收益"等科目；同时，借记"利润分配——大灾准备金投资收益"科目，贷记本科目。

保险机构在确定支付赔付款项金额或实际发生理赔费用的当期，按照应赔付或实际赔付的金额，借记"赔付支出"科目，贷记"应付赔付款""银行存款"等科目；按规定以大灾准备金用于弥补农业大灾风险损失时，按弥补的金额依次冲减"保费准备金"本科目，借记"保费准备金"本科目，贷记"提取保费准备金""利润分配——提取利润准备"科目。

保险机构不再经营农业保险的，将以前年度计提的保费准备金的余额逐年转回损益时，按转回的金额，借记"保费准备金"科目，贷记"提取保费准备金"科目；将利润准备金的余额转入一般风险准备时，按转回的金额，借记本科目，贷记"一般风险准备"科目。

## 4201　库存股

一、本科目核算企业收购、转让或注销的本公司股份金额。

二、库存股的主要账务处理。

（一）企业为减少注册资本而收购本公司股份的，应按实际支付的金额，借记本科目，贷记"银行存款"等科目。

（二）为奖励本公司职工而收购本公司股份的，应按实际支付的金额，借记本科目，贷记"银行存款"等科目，同时做备查登记。

将收购的股份奖励给本公司职工属于以权益结算的股份支付，如有实际收到的金额，借记"银行存款"科目，按根据职工获取奖励股份的实际情况确定的金额，借记"资本公积——其他资本公积"科目，按奖励库存股的账面余额，贷记本科目，按其差额，贷记或借记"资本公积——股本溢价"科目。

（三）股东因对股东大会作出的公司合并、分立决议持有异议而要求企业收购本公司股份的，企业应按实际支付的金额，借记本科目，贷记"银行存款"等科目。

（四）转让库存股，应按实际收到的金额，借记"银行存款"等科目，按转让库存股的账面余额，贷记本科目，按其差额，贷记"资本公积——股本溢价"科目；为借方差额的，借记"资本公积——股本溢价"科目，股本溢价不足冲减的，应借记"盈余公积""利润分配——未分配利润"科目。

（五）注销库存股，应按股票面值和注销股数计算的股票面值总额，借记"股本"科目，按注销库存股的账面余额，贷记本科目，按其差额，借记"资本公积——股本溢价"科目，股本溢价不足冲减的，应借记"盈余公积""利润分配——未分配利润"科目。

三、本科目期末借方余额，反映企业持有尚未转让或注销的本公司股份金额。

## 4301　专项储备

一、本科目核算直接从事煤炭生产、非煤矿山开采、建设工程施工、危险品生产与储存、交通运输、烟花爆竹生产、冶金、机械制造、武器装备研制生产与试验（含民用航空及核燃料）的企业以及其他经济组织，按照国家规定提取的安全生产费，冶金矿山企业维持简单再生产提取的维简费等。

二、本科目可按安全生产费、维简费等类似性质的费用进行明细核算。

三、本科目的主要账务处理。

（一）企业按照国家规定提取安全生产费、维简费等时，应当计入相关产品的成本或当期损益，按照提取的金额，借记"生产成本"或"管理费用"等科目，贷记本科目。

（二）企业使用提取的安全生产费、维简费时，属于费用性支出的，直接冲减本科目。企业使用安全生产费、维简费形成固定资产的，应当通过"在建工程"科目归集所发生的支出，待安全项目完工达到预定可使用状态时确认为固定资产；同时，按照形成固定资产的成本冲减本科目，并确认相同金额的累计折旧。该固定资产在以后期间不再计提折旧。

四、本科目期末贷方余额，反映企业已提取未使用的安全生产费、维简费等类似性质的费用。

# 4401  其他权益工具

一、本科目核算企业发行的除普通股以外的归类为权益工具的各种金融工具。

企业应当严格遵循《企业会计准则第 37 号——金融工具列报》和《永续债相关会计处理的规定》等规定，合同条款表明企业不能无条件避免交付现金或其他金融资产的合同义务的，企业不得将其发行的永续债和其他类似工具分类为权益工具。

对于可回售工具，例如某些开放式基金的可随时赎回的基金份额，以及发行方仅在清算时才有义务向另一方按比例交付其净资产的金融工具，例如属于有限寿命工具的封闭式基金、理财产品的份额、信托计划等寿命固定的结构化主体的份额，如果满足《企业会计准则第 37 号——金融工具列报》第三章中规定的分类为权益工具的条件，发行方在其个别财务报表中应当作为权益工具列报，在企业集团合并财务报表中对应的少数股东权益部分应当分类为金融负债。

二、本科目可按"优先股""永续债"等所发行金融工具的种类等进行明细核算。

三、本科目的主要账务处理。

（一）企业发行的金融工具归类为其他权益工具的，应按实际收到的金额，借记"银行存款"或"存放中央银行款项"等科目，贷记本科目。

（二）分类为其他权益工具的金融工具，在存续期间分派股利（含分类为权益工具的工具所产生的"利息"，下同）的，作为利润分配处理。发行方应根据经批准的股利分配方案，按应分配给金融工具持有方的股利金额，借记"利润分配"科目，贷记"应付股利"科目。

（三）发行方发行的金融工具为既有负债成分又有权益工具成分的复合金融工具的，应按实际收到的金额，借记"银行存款"或"存放中央银行款项"等科目，按金融工具的面值，贷记"应付债券——面值"等科目，按负债成分的公允价值与金融工具面值之间的差额，借记或贷记"应付债券——利息调整"等科目，按实际收到的金额扣除负债成分的公允价值后的金额，贷记本科目。

发行复合金融工具发生的交易费用，应当在负债成分和权益工具成分之间按照各自占总发行价款的比例进行分摊。与多项交易相关的共同交易费用，应当在合理的基础上，采用与其他类似交易一致的方法，在各项交易之间进行分摊。对于分摊至负债成分的交易费用，应当计入该负债成分的初始计量金额（若该负债成分按摊余成本进行后续计量）或计入当期损益（若该负债成分按公允价值进行后续计量且其变动计入当期损益）；对于分摊至权益工具成分的交易费用，应当从权益中扣除。

（四）由于发行的金融工具原合同条款约定的条件或事项随着时间的推移或经济环境的改变而发生变化，导致原归类为权益工具的金融工具重分类为金融负债的，应当于重分类日，按该工具的账面价值，借记本科目，按该工具的面值，贷记"应付债券——面值"等科目，按该工具的公允价值与面值之间的差额，借记或贷记"应付债券——利息调整"等科目，按该工具的公允价值与账面价值的差额，贷记或借记"资本公积——资本溢价（或股本溢价）"科目，如资本公积不够冲减，依次冲减盈余公积和未分配利润。发行方以重分类日计算的实际利率作为应付债券后续计量利息调整等的基础。

因发行的金融工具原合同条款约定的条件或事项随着时间的推移或经济环境的改变而发生变化，导致原归类为金融负债的金融工具重分类为权益工具的，应于重分类日，按金融负债的账面价值，贷记本科目，按金融负债的面值，借记"应付债券——面值"等科目，按其差额，借记或贷记"应付债券——利息调整"等科目。

（五）发行方按合同条款约定赎回所发行的除普通股以外的分类为权益工具的金融工具，按赎回价格，借记"库存股——其他权益工具"科目，贷记"银行存款"或"存放中央银行款项"等科目；注销所购回的金融工具，按该工具对应的其他权益工具的账面价值，借记本科目，按该工具的赎回价格，贷记"库存股——其他权益工具"科目，按其差额，借记或贷记"资本公积——资本溢价（或股本溢价）"等科目，如资本公积不够冲减的，依次冲减盈余公积和未分配利润。

（六）发行方按合同条款约定将发行的除普通股以外的金融工具转换为普通股的，按该工具对应的其他权益工具或金融负债的账面价值，借记本科目、"应付债券"等科目，按普通股的面值，贷记"实收资本（或股本）"等科目，按其差额，贷记"资本公积——资本溢价（或股本溢价）"等科目（如转股时金融工具的账面价值零头不足转换为1股普通股，发行方以现金或其他金融资产退换零头时，还需按支付的现金或其他金融资产的金额，贷记"银行存款"或"存放中央银行款项"等科目）。

四、本科目期末借方余额反映企业已发行的除普通股以外的归类为权益工具的各种金融工具余额。

# 第五节　成本类

## 5001　生产成本

一、本科目核算企业进行工业性生产发生的各项生产成本，包括生产各种产品（产成品、自制半成品等）、自制材料、自制工具、自制设备等。

企业（农业）进行农业生产发生的各项生产成本，可将本科目改为"农业生产成本"科目，并分别种植业、畜牧养殖业、林业和水产业确定成本核算对象（消耗性生物资产、生产性生物资产、公益性生物资产和农产品）和成本项目，进行费用的归集和分配。

企业（房地产开发）可将本科目改为"开发成本"科目。

二、本科目可按基本生产成本和辅助生产成本进行明细核算。

基本生产成本应当分别按照基本生产车间和成本核算对象（产品的品种、类别、订单、批别、生产阶段等）设置明细账（或成本计算单，下同），并按照规定的成本项目设置专栏。

三、生产成本的主要账务处理。

（一）企业发生的各项直接生产成本，借记本科目（基本生产成本、辅助生产成本），贷记"原材料""库存现金""银行存款""应付职工薪酬"等科目。

各生产车间应负担的制造费用，借记本科目（基本生产成本、辅助生产成本），贷记"制造费用"科目。

辅助生产车间为基本生产车间、企业管理部门和其他部门提供的劳务和产品，期（月）末按照一定的分配标准分配给各受益对象，借记本科目（基本生产成本）、"管理费用""销售费用""其他业务成本""在建工程"等科目，贷记本科目（辅助生产成本）。

企业已经生产完成并已验收入库的产成品以及入库的自制半成品，应于期（月）末，借记"库存商品"等科目，贷记本科目（基本生产成本）。

（二）生产性生物资产在产出农产品过程中发生的各项费用，借记"农业生产成本"科目，贷记"库存现金""银行存款""原材料""应付职工薪酬""生产性生物资产累计折旧"等科目。

农业生产过程中发生的应由农产品、消耗性生物资产、生产性生物资产和公益性生物资产共同负担的费用,借记"农业生产成本——共同费用"科目,贷记"库存现金""银行存款""原材料""应付职工薪酬""农业生产成本"等科目。

期(月)末,可按一定的分配标准对上述共同负担的费用进行分配,借记"农业生产成本——农产品""消耗性生物资产""生产性生物资产""公益性生物资产"等科目,贷记"农业生产成本——共同费用"科目。

应由生产性生物资产收获的农产品负担的费用,应当采用合理的方法在农产品各品种之间进行分配;如有尚未收获的农产品,还应当在已收获和尚未收获的农产品之间进行分配。

生产性生物资产收获的农产品验收入库时,按其实际成本,借记"农产品"科目,贷记本科目(农产品)。

四、本科目期末借方余额,反映企业尚未加工完成的在产品成本或尚未收获的农产品成本。

## 5101 制造费用

一、本科目核算企业生产车间(部门)为生产产品和提供劳务而发生的各项间接费用。企业行政管理部门为组织和管理生产经营活动而发生的管理费用,在"管理费用"科目核算。

二、本科目可按不同的生产车间、部门和费用项目进行明细核算。

三、制造费用的主要账务处理。

(一)生产车间发生的机物料消耗,借记本科目,贷记"原材料"等科目。

(二)发生的生产车间管理人员的工资等职工薪酬,借记本科目,贷记"应付职工薪酬"科目。

(三)生产车间计提的固定资产折旧,借记本科目,贷记"累计折旧"科目。

(四)生产车间支付的办公费、水电费等,借记本科目,贷记"银行存款"等科目。

(五)发生季节性的停工损失,借记本科目,贷记"原材料""应付职工薪酬""银行存款"等科目。

(六)将制造费用分配计入有关的成本核算对象,借记"生产成本(基本生产成本、辅助生产成本)""劳务成本"等科目,贷记本科目。

(七)季节性生产企业制造费用全年实际发生额与分配额的差额,除其中属于为下一年开工生产做准备的可留待下一年分配外,其余部分实际发生额大于分配额的差额，借记"生产成本——基本生产成本"科目，贷记本科目；实际发生额小于分配额的差额，做相反的会计分录。

四、除季节性的生产性企业外，本科目期末应无余额。

## 5201　服务成本

一、本科目核算企业对外提供服务发生的成本。企业（证券）在为上市公司进行承销业务发生的各项相关支出，可将本科目改为"待转承销费用"科目，并按照客户进行明细核算。对于执行新收入准则的企业，可以在"合同履约成本"科目下设置"服务成本"明细科目进行核算，对于业务较多的，可以设置"服务成本"一级科目。

二、本科目可按提供服务种类进行明细核算。

三、企业发生的各项劳务成本，借记本科目，贷记"银行存款""应付职工薪酬""原材料"等科目。建造承包商对外单位、专项工程等提供机械作业（包括运输设备）的成本，借记本科目，贷记"合同履约成本（机械作业）"科目。结转服务的成本，借记"主营业务成本""其他业务成本"等科目，贷记本科目。

四、本科目期末借方余额，反映企业尚未完成或尚未结转的服务成本。

## 5301　研发支出

一、本科目核算企业进行研究与开发无形资产过程中发生的各项支出。

企业内部研究开发项目研究阶段的支出，应当于发生时计入当期损益。企业内部研究开发项目开发阶段的支出，同时满足相关条件的，才能确认为无形资产。

对于尚未达到可使用状态的无形资产，应按照规定每年进行减值测试，对已资本化的开发支出发生的减值，应当按照《企业会计准则第8号——资产减值》的规定，恰当计提减值损失，而非转入管理费用。

企业与客户签订合同，为客户研发、生产定制化产品。客户向企业提出产品研发需求，企业按照客户需求进行产品设计与研发。产品研发成功后，企业按合同约定采购量为客户生产定制化产品。对于履行前述定制化产品客户合同过程中发生的研发支出，若企业无法控制相关研发成果，如研发成果仅可用于该合同、无法用于其他合同，企业应按照收入准则中合同履约成本的规定进行处理，最终计入营业成本。若综合考虑历史经验、行业惯例、法律法规等因素后，企业有充分证据表明能够控制相关研发成果，并且预期能够带来经济利益流入，企业应按照无形资产准则相关规定将符合条件的研发支出予以资本化。

二、本科目可按研究开发项目分别"费用化支出""资本化支出"进行明细核算。

三、研发支出的主要账务处理。

（一）企业自行开发无形资产发生的研发支出，不满足资本化条件的，借记本科目（费用化支出），满足资本化条件的，借记本科目（资本化支出），贷记"原材料""银行存款""应付职工薪酬"等科目。

（二）研究开发项目达到预定用途形成无形资产的，应按本科目（资本化支出）的余额，借记"无形资产"科目，贷记本科目（资本化支出）。

期（月）末，应将本科目归集的费用化支出金额转入"管理费用"科目，借记"管理费用"科目，贷记本科目（费用化支出）。

（三）根据《企业会计准则解释第 15 号》的规定，企业将固定资产达到预定可使用状态前或者研发过程中产出的产品或副产品对外销售（以下统称试运行销售）的，应当按照《企业会计准则第 14 号——收入》《企业会计准则第 1 号——存货》等规定，对试运行销售相关的收入和成本分别进行会计处理，计入当期损益，不应将试运行销售相关收入抵销相关成本后的净额冲减研发支出。试运行产出的有关产品或副产品在对外销售前，符合《企业会计准则第 1 号——存货》规定的应当确认为存货，符合其他相关企业会计准则中有关资产确认条件的应当确认为相关资产。企业应当按照《企业会计准则第 1 号——存货》《企业会计准则第 14 号——收入》《企业会计准则第 30 号——财务报表列报》等规定，判断试运行销售是否属于企业的日常活动，并在财务报表中分别日常活动和非日常活动列示试运行销售的相关收入和成本，属于日常活动的，在"营业收入"和"营业成本"项目列示，属于非日常活动的，在"资产处置收益"等项目列示。同时，企业应当在附注中单独披露试运行销售的相关收入和成本金额、具体列报项目以及确定试运行销售相关成本时采用的重要会计估计等相关信息。

四、本科目期末借方余额，反映企业正在进行无形资产研究开发项目满足资本化条件的支出。

# 5401　工程施工

一、本科目核算企业（建造承包商）实际发生的合同成本。对于执行新收入准则的企业，可以在"合同履约成本"科目下设置"工程施工"明细科目进行核算，对于业务较多的，可以保留"工程施工"一级科目。

二、本科目可按建造合同分别"合同成本""间接费用"进行明细核算。

三、工程施工的主要账务处理。

（一）企业进行合同建造时发生的人工费、材料费、机械使用费以及施工现场材料的二次搬运费、生产工具和用具使用费、检验试验费、临时设施折旧费等其他直接费用，借记本科目（合同成本），贷记"应付职工薪酬""原材料"等科目。发生的施工、生产单位管理人员职工薪酬、固定资产折旧费、财产保险费、工程保修费、排污费等间接费用，借记本科目（间接费用），贷记"累计折旧""银行存款"等科目。

期（月）末，将间接费用分配计入有关合同成本，借记本科目（合同成本），贷记本科目（间接费用）。

（二）结转合同成本时，借记"主营业务成本"科目，贷记本科目。

四、本科目期末借方余额，反映企业尚未完工的建造合同成本。

## 5402　合同结算

一、本科目核算同一合同下属于在某一时段内履行履约义务涉及与客户结算对价的合同资产或合同负债。

二、本科目可按合同，并在各合同下设置"价款结算""收入结转"明细科目进行核算。"合同结算——价款结算"科目反映定期与客户进行结算的金额；"合同结算——收入结转"反映按履约进度结转的收入金额。

三、主要账务处理。

（一）企业根据履约进度确认收入时，借记本科目（收入结转），贷记"主营业务收入"等科目，同时结转成本，借记"主营业务成本"等科目，贷记"合同履约成本"科目。

（二）企业根据合同与客户结算合同价款时，借记"应收账款"科目，贷记本科目（价款结算）和"应交税费——应交增值税（销项税额）"科目。

四、本科目期末贷方余额，反映企业尚未完工建造合同已办理结算的累计金额。

五、本科目期末余额为借方的，根据其流动性，在资产负债表中分别列示为"合同资产"或"其他非流动资产"项目；期末余额为贷方的，根据其流动性，在资产负债表中分别列示为"合同负债"或"其他非流动负债"项目。

## 5403　机械作业①

一、本科目核算企业（建造承包商）及其内部独立核算的施工单位、机械站和运输队使用自有施工机械和运输设备进行机械作业（包括机械化施工和运输作业等）所发生的各项费用。

企业及其内部独立核算的施工单位，从外单位或本企业其他内部独立核算的机械

---

① 对于执行新收入准则的企业，可以在"合同履约成本"科目下设置"机械作业"明细科目进行核算，对于业务较多的，可以保留"机械作业"一级科目。

站租入施工机械发生的机械租赁费，在"工程施工"科目核算。

二、本科目可按施工机械或运输设备的种类等进行明细核算。

施工企业内部独立核算的机械施工、运输单位使用自有施工机械或运输设备进行机械作业所发生的各项费用，可按成本核算对象和成本项目进行归集。

成本项目一般分为人工费、燃料及动力费、折旧及修理费、其他直接费用、间接费用（为组织和管理机械作业生产所发生的费用）。

三、机械作业的主要账务处理。

（一）企业发生的机械作业支出，借记本科目，贷记"原材料""应付职工薪酬""累计折旧"等科目。

（二）期（月）末，企业及其内部独立核算的施工单位、机械站和运输队为本单位承包的工程进行机械化施工和运输作业的成本，应转入承包工程的成本，借记"合同履约成本（工程施工）"科目，贷记本科目。对外单位、专项工程等提供机械作业（包括运输设备）的成本，借记"合同履约成本（服务成本）"科目，贷记本科目。

四、本科目期末应无余额。

# 第六节　损益类

## 6001　主营业务收入

一、本科目核算企业确认的销售商品、提供劳务等主营业务的收入。

二、本科目可按主营业务的种类进行明细核算。

三、主营业务收入的主要账务处理。

（一）企业在履行了合同中的单项履约义务时，应按照已收或应收的合同价款，加上应收取的增值税税额，借记"银行存款""应收账款""应收票据""合同资产"等科目，按应确认的收入金额，贷记本科目，按应收取的增值税税额，贷记"应交税费——应交增值税（销项税额）""应交税费——待转销项税额"等科目。

在识别单项履约义务时，企业应判断其向客户承诺转让的商品或服务本身是否能够明确区分，以及商品或服务在合同层面是否能够明确区分。若合同中承诺的多项商品或服务之间具有高度关联性，导致相关商品或服务在合同层面不可明确区分，企业应将相关商品或服务整体识别为一项履约义务。

高度关联性是指合同中承诺的各单项商品或服务之间会受到彼此的重大影响，而非仅存在功能上的单方面依赖。例如，企业在同一合同中为客户设计、生产某新产品专用模具，并使用该模具为客户生产若干样品，不应仅由于后续生产需要使用模具而认为模具与样品之间存在高度关联性。若企业在后续生产过程中，需要根据客户对样品的使用情况持续修正模具，基于修正后的模具再生产样品，最终将符合客户要求的模具及样品转让给客户，表明设计生产专用模具和生产样品之间互相受到彼此的重大影响，二者在合同层面不能明确区分，应将其识别为一项履约义务。

（二）合同中存在企业为客户提供重大融资利益的，企业应按照应收合同价款，借记"长期应收款"等科目，按照假定客户在取得商品控制权时即以现金支付而需支付的金额（即现销价格）确定的交易价格，贷记本科目，按其差额，贷记"未实现融资收益"科目；合同中存在客户为企业提供重大融资利益的，企业应按照已收合同价款，借记"银行存款"等科目，按照假定客户在取得商品控制权时即以现金支付的应付金额（即现销价格）确定的交易价格，贷记"合同负债"等科目，按其差额，借记"未确认融资费用"科目。涉及增值税的，还应进行相应的处理。

企业向客户转让商品或服务的时间与客户付款的时间间隔不超过一年的，可以不考虑合同中存在的融资成分的影响；超过一年的，如果相关事实和情况表明合同中约定的付款时间并未向客户或企业就转让商品或服务的交易提供重大融资利益，则认为合同中没有包含重大融资成分。如果相关事实和情况表明，导致该时间间隔的主要原因是国家有关部门需要履行相关的审批程序，且该时间间隔是履行上述程序所需经历的必要时间，其性质并非是提供融资利益，可认为公司取得的前述可再生能源电价补贴款和新能源汽车补贴款等款项不存在重大融资成分。

（三）可变对价、额外购买选择权、合同履约进度等的处理。根据企业会计准则及相关规定，合同中存在可变对价的，企业应当对计入交易价格的可变对价按照期望值或最可能发生金额进行估计。在每一资产负债表日，企业应当重新估计可变对价金额，以如实反映报告期末存在的情况以及报告期内发生的情况变化，对于后续可变对价的变动额应调整当期收入和应收账款。如前期按照销售合同暂定价格确认收入，本期依据同类产品的审定价，判断尚未完成审价工作的产品后续审定价很可能低于暂定价，从而对该产品相关应收账款按照暂定价与同类产品审定价之间的差价应调整当期收入和应收账款，而非对应收账款计提信用减值损失。

企业与客户的合同中约定的对价金额可能是固定的，也可能会因折扣、价格折让、返利、退款、奖励积分、激励措施、业绩奖金、索赔等因素而变化。企业在判断交易价格是否为可变对价时，应当考虑各种相关因素（如企业已公开宣布的政策、特定声明、以往的习惯做法、销售战略以及客户所处的环境等），以确定其是否会接受一个低于合同标价的金额，即企业向客户提供一定的价格折让，在估计交易价格时应对提供的价格折让予以充分考虑。企业应将其给予客户的返利作为可变对价或附有额外购买选择权的销售进行会计处理，将给予客户的现金折扣作为可变对价进行会计处理，充分考虑相应义务、交易价格最佳估计数以及交易价格分摊等因素后，恰当确认销售收入及相应负债。

企业应付客户（或向客户购买本企业商品的第三方）对价的，应当将该应付对价冲减交易价格，并在确认相关收入与支付（或承诺支付）客户对价二者孰晚的时点冲减当期收入，但应付客户对价是为了向客户取得其他可明确区分商品的除外。企业应付客户对价是为了自客户取得其他可明确区分商品的，应当采用与企业其他采购相一致的方式确认所购买的商品。企业应付客户对价超过自客户取得可明确区分商品公允价值的，超过金额应当冲减交易价格。自客户取得的可明确区分商品公允价值不能合理估计的，企业应当将应付客户对价全额冲减交易价格。

《监管规则适用指引——会计类第 2 号》规定，暂定价格的销售合同通常是指在商品控制权转移时，销售价格尚未最终确定的安排。例如，大宗商品贸易中的点价交易，即以约定时点的期货价格为基准加减双方协商的升贴水来确定双方买卖现货商品价格；金属加工业务中，双方约定合同对价以控制权转移之后某个时点的金属市价加上加工费来确定；某些金属矿的贸易价格将根据产品验收后的品相检验结果进行调整等。

暂定销售价格的交易安排中，企业应分析导致应收合同对价发生变动的具体原因。其中，与交易双方履约情况相关的变动（如基于商品交付数量、质量等进行的价格调整）通常属于可变对价，企业应按照可变对价原则进行会计处理；与定价挂钩的商品或原材料价值相关的变动（如定价挂钩不受双方控制的商品或原材料价格指数，因指数变动导致的价款变化）不属于可变对价，企业应将其视为合同对价中嵌入一项衍生金融工具进行会计处理，通常应按所挂钩商品或原材料在客户取得相关商品控制权日的价格计算确认收入，客户取得相关商品控制权后上述所挂钩商品或原材料价格后续变动对企业可收取款项的影响，应按照金融工具准则有关规定进行处理，不应计入交易对价。

企业在向客户转让商品或提供服务的同时，需要向客户支付对价的，应当将该应付对价冲减交易价格，但应付客户对价是为了自客户取得其他可明确区分商品或服务的除外。企业应分析其向客户支付对价的目的，若企业自客户取得了可明确区分的商品或服务，并且能够从主导相关商品或服务的使用中获益，企业通常应将其支付给客户的款项作为向客户购买商品或服务（而非应付客户对价）处理。例如，对于企业基于自身宣传需要支付给超市等客户的推广支出，如果有明确证据表明企业向客户支付对价是为了取得明确可区分的推广服务，并且能够主导推广服务的使用（如主导商品上架区域、堆放位置，以及展示时间、频率、方式等），企业应将其作为从客户购买推广服务处理，按照支付对价中与推广服务公允价值相当的部分确认销售费用，支付对价超过推广服务公允价值的部分冲减销售收入。

企业对客户的销售返利形式多样，有现金返利、货物返利等，返利的条款安排也各不相同。企业应当基于返利的形式和合同条款的约定，考虑相关条款安排是否会导致企业未来需要向客户提供可明确区分的商品或服务，在此基础上判断相关返利属于可变对价还是提供给客户的重大权利。一般而言，对基于客户采购情况等给予的现金返利，企业应当按照可变对价原则进行会计处理；对基于客户一定采购数量的实物返利或仅适用于未来采购的价格折扣，企业应当按照附有额外购买选择权的销售进行会计处理，评估该返利是否构成一项重大权利，以确定是否将其作为单项履约义务并分摊交易对价。

对于附有销售退回条款的销售，企业应当在客户取得相关商品控制权时，按照因向客户转让商品而预期有权收取的对价金额确认收入。企业应当遵循可变对价（包括将可变对价计入交易价格的限制要求）的处理原则来确定其预期有权收取的对价金额，即交易价格不应包含预期将会被退回的商品的对价金额。每一资产负债表日，企业应当重新估计未来销售退回情况，如有变化，应当作为会计估计变更进行会计处理。

企业应当根据《企业会计准则第14号——收入》（2017年）第三十五条附有客户额外购买选择权的有关规定进行会计处理。企业向客户授予的额外购买选择权的形式包括销售激励、客户奖励积分、未来购买商品的折扣券以及合同续约选择权等。对于附有客户额外购买选择权的销售，企业应当评估该选择权是否向客户提供了一项重大权利。企业提供重大权利的，应当作为单项履约义务，按照《企业会计准则第14号——收入》（2017年）第二十条至第二十四条规定将交易价格分摊至该履约义务，在客户未来行使购买选择权取得相关商品控制权时，或者该选择权失效时，确认相应的收入。客户额外购买选择权的单独售价无法直接观察的，企业应当综合考虑客户行使和不行使该选择权所能获得的折扣的差异、客户行使该选择权的可能性等全部相关信息后，予以合理估计。客户虽然有额外购买商品选择权，但客户行使该选择权购买商品时的价格反映了这些商品单独售价的，不应被视为企业向该客户提供了一项重大权利。

1. 合同履约进度问题。对于在某一时段内履行的履约义务，企业应当判断是否能合理确定合同履约进度，并考虑商品的性质，采用产出法或投入法确定恰当的履约进度。企业在评估是否采用产出法确定履约进度时，应当考虑具体事实和情况选择能够如实反映企业履约进度和向客户转移商品控制权的产出指标。例如，在评估是否采用"已达到的里程碑"这一产出指标来确定履约进度时，企业应当分析合同中约定的里程碑与履约进度是否存在差异，如果企业在合同约定的各个里程碑之间向客户转移了重大的商品控制权，则很可能表明采用"已达到的里程碑"确定履约进度是不恰当的，企业应当选择其他产出指标或其他方法来确定履约进度。对于每一项履约义务，企业只能采用一种方法来确定履约进度，并加以一贯运用，不得在同一会计期间内或不同会计期间随意变更确定履约进度的方法。

2. 主要责任人和代理人问题。当企业向客户销售商品涉及其他方参与其中时，企业不应仅局限于合同的法律形式，而应当综合考虑所有相关事实和情况，评估特定商品在转让给客户之前是否控制该商品，确定其自身在该交易中的身份是主要责任人还是代理人。控制该商品的，其身份为主要责任人，用总额法确认收入；不控制该商品的，其身份为代理人，用净额法确认收入。部分行业如贸易、百货、电商等应予以特别关注，应当严格按照新收入准则的相关规定进行判断和会计处理。

为便于准则实施，企业在判断时通常也可以参考如下三个迹象：（1）企业承担向客户转让商品的主要责任；（2）企业在转让商品之前或之后承担了该商品的存货风险；（3）企业有权自主决定所交易商品的价格。需要强调的是，企业在判断其是主要责任人还是代理人时，应当以该企业在特定商品转移给客户之前是否能够控制该商品为原则，上述三个迹象仅为支持对控制权的评估，不能取代控制权的评估，也不能凌驾于控制权评估之上，更不是单独或额外的评估。

（四）授予知识产权许可收入确认。

授予知识产权许可不属于在某一时段内履行的履约义务的，应当作为在某一时点履行的履约义务。在客户能够主导使用该知识产权许可并开始从中获利之前，企业不能对该知识产权许可确认收入。授予知识产权许可业务中，知识产权许可载体的实物交付，并不必然导致商品控制权的转移。企业应根据合同条款约定，分析客户是否有能力主导知识产权许可的使用，并获得几乎全部的经济利益。例如，企业在向客户（如播放平台）交付影视剧母带时，若双方在合同中对影视剧初始播放时间等进行限制性约定，导致客户尚不能主导母带的使用（如播放该影视剧）以获得经济利益，则企业不应在母带交付时确认影视剧版权许可收入。

（五）企业收到的对价为非现金资产时，应按该非现金资产在合同开始日的公允价值，借记"存货""固定资产""无形资产"等有关科目，贷记本科目。涉及增值税的，还应进行相应的处理。

（六）可再生能源电价附加有关会计处理。

1. 电网企业代征代缴可再生能源电附加的会计处理。电网企业向电力用户销售电量时，按实际收到或应收的金额，借记"银行存款""应收账款"等科目，按实现的电价收入，贷记本科目，按实际销售电量计算的应代征可再生能源电价附加额，贷记"其他应付款"等科目，按专用发票上注明的增值税税额，贷记"应交税费——应交增值税（销项税额）"科目。电网企业按月上缴可再生能源电价附加时，按取得的《非税收入一般缴款书》上注明的缴款额，借记"其他应付款"等科目，贷记"银行存款"科目。电网企业取得可再生能源电价附加代征手续费时，借记"银行存款"等科目，贷记"其他业务收入"科目。

电网企业按有关规定进行可再生能源电价附加汇算清缴时，因电力用户欠缴电费，经专员办审核确认后作为坏账损失核销而不计入电网企业实际销售电量的，按核减电量计算的可再生能源电价附加，借记"其他应付款"等科目，贷记"应收账款"科目。已审核确认并核销的坏账损失如果以后又收回的，按实际收回电量计算的可再生能源电价附加，借记"银行存款"科目，贷记"其他应付款"等科目。

2. 电网企业收购可再生能源电量的会计处理。电网企业收购可再生能源电量时，按可再生能源发电上网电价计算的购电费，借记"生产成本"等科目，按专用发票上注明的增值税税额，借记"应交税费——应交增值税（进项税额）"科目，按实际支付或应付的金额，贷记"银行存款""应付账款"等科目。

3. 电网企业取得可再生能源发电项目上网电价补助的会计处理。电网企业取得可再生能源发电项目上网电价补助时，在得到发改委下发的上网电价批复后，按收到或应收的金额，借记"银行存款"等科目，贷记本科目。

4. 可再生能源发电企业销售可再生能源电量的会计处理。可再生能源发电企业销售可再生能源电量时，按实际收到或应收的金额，借记"银行存款""应收账款"等科目，按实现的电价收入，贷记"主营业务收入"科目，按专用发票上注明的增值税额，贷记"应交税费——应交增值税（销项税额）"科目。

5. 企业取得可再生能源发电项目接网费用等补助的会计处理。企业专为可再生能源发电项目接入电网系统而发生的工程投资和运行维护费用，以及国家投资或补贴建设的公共可再生能源独立电力系统所发生的合理的运行和管理费用超出销售电价的部分，按规定取得可再生能源电价附加补助资金的，按收到或应收的补助金额，借记"银行存款""其他应收款"等科目，贷记本科目。

（七）新能源汽车厂商从政府取得的补贴，与其销售新能源汽车密切相关，且是新能源汽车销售对价的组成部分。中央和地方财政补贴实质上是为消费者购买新能源汽车承担和支付了部分销售价款，其拨付的补贴金额应属于新能源汽车厂商销售商品的资金流入，在性质上属于收入。因此，新能源汽车厂商应当按照收入准则的规定进行会计处理，在款项满足收入确认条件时应将其确认为收入，并根据中央和地方的相关补贴政策合理估计未来补贴款的金额。

四、期末，应将本科目的余额转入"本年利润"科目，结转后本科目应无余额。

# 6002 储备粮油结算价差收入

一、本科目核算企业按照国家计划收购、调拨、轮换、进口储备粮油或将其他性质的粮油转作储备粮油时，实际发生的价款和费用低于按照财政部门或主管部门核定入库结算价格计算的库存成本的差额。

二、财政等有关部门核定储备粮油入库结算价格后，储备企业按照核定的入库结算价格计算的粮油库存成本，借记"储备粮油——中央储备粮油或地方储备粮油"科目，贷记"储备粮油——待核定中央储备粮油价款或待核地方储备粮油费用"科目，差额部分计入当期损益。

三、期末，应将本科目的余额转入"本年利润"科目，结转后本科目无余额。

## 6011　利息收入

一、本科目核算企业（金融）确认的利息收入，包括发放的各类贷款（银团贷款、贸易融资、贴现和转贴现融出资金、协议透支、信用卡透支、转贷款、垫款等）、与其他金融机构（中央银行、同业等）之间发生资金往来业务、买入返售金融资产等实现的利息收入等。

如果金融资产的合同现金流量仅为对本金和以未偿付本金金额为基础的利息的支付，其中利息包括对货币时间价值、与特定时期未偿付本金金额相关的信用风险以及其他基本借贷风险、成本和利润的对价，且结合管理金融资产的业务模式，金融企业将其分类为以摊余成本计量或者以公允价值计量且其变动计入其他综合收益的金融资产的，应当按实际利率法计算利息收入，记入本科目。

例如，银行从事信用卡分期还款业务形成的金融资产，企业不得将其按实际利率法计算的利息收入记入"手续费及佣金收入"科目或在利润表中的"手续费及佣金收入"项目列示。再如，银行评估借款人财务状况、评估并记录各类担保、担保物和其他担保安排，以及议定金融资产的合同条款、编制和处理相关文件、达成交易等相关活动而收取的补偿，构成金融资产实际利率组成部分，银行应当以此为基础计算利息收入。

以公允价值计量且其变动计入当期损益的金融资产的利息收入，不得记入本科目，应通过"投资收益"科目核算。

二、本科目可按业务类别进行明细核算。

三、资产负债表日，企业应按合同利率计算确定的应收未收利息，借记"应收利息"等科目，按摊余成本和实际利率计算确定的利息收入，贷记本科目，按其差额，借记或贷记"贷款——利息调整"等科目。

实际利率与合同利率差异较小的，也可以采用合同利率计算确定利息收入。

四、期末，应将本科目余额转入"本年利润"科目，结转后本科目无余额。

## 6021　手续费及佣金收入

一、本科目核算企业（金融）确认的手续费及佣金收入，包括办理结算业务、咨询业务、担保业务、代保管等代理业务以及办理受托贷款及投资业务等取得的手续费及佣金，如结算手续费收入、佣金收入、业务代办手续费收入、基金托管收入、咨询服务收入、担保收入、受托贷款手续费收入、代保管收入，代理买卖证券、代理承销证券、代理兑付证券、代理保管证券、代理保险业务等代理业务以及其他相关服务实现的手续费及佣金收入等。

典当企业从事的鉴定评估及咨询等服务收入也在本科目核算。

证券公司在发行证券过程中，证券公司确认的改制辅导阶段财务顾问费、发行成功时承销费、尽职推荐和持续督导阶段保荐费等收入，以及相关直接费用支出，如登报费、律师费等支出，应当依照收入和支出性质分别在"手续费及佣金收入（支出）"科目下的"财务顾问业务""证券承销业务""保荐业务"明细科目中核算。

证券公司客户资产管理业务的管理费、业绩报酬、席位佣金及投资咨询等业务收入，应当根据收入性质，分别在"手续费及佣金收入"科目下的"受托客户资产管理业务""证券经纪业务""投资咨询业务"相应明细科目中核算。

证券公司向基金公司、QFII 等单位提供交易单元确认的收入属于证券经纪业务范畴，应当在"手续费及佣金收入"科目下的"证券经纪业务"下增设"经纪业务席位收入"明细科目核算。

证券公司代理基金公司等单位销售基金、理财产品等金融产品确认的收入属于证券经纪业务范畴，应当在"手续费及佣金收入"科目下的"证券经纪业务"下增设"代理销售金融产品"明细科目核算。

二、本科目可按手续费及佣金收入类别进行明细核算。

三、企业确认的手续费及佣金收入，按应收的金额，借记"应收手续费及佣金""代理承销证券款"等科目，贷记本科目。实际收到手续费及佣金，借记"存放中央银行款项""银行存款""结算备付金""吸收存款"等科目，贷记"应收手续费及佣金"等科目。

四、期末，应将本科目余额转入"本年利润"科目，结转后本科目无余额。

## 6031 保费收入

一、本科目核算企业（保险）确认的保费收入。

二、本科目可按保险合同和险种进行明细核算。

三、保费收入的主要账务处理。

（一）企业确认的原保险合同保费收入，借记"应收保费""预收保费""银行存款""库存现金"等科目，贷记本科目。

非寿险原保险合同提前解除的，按原保险合同约定计算确定的应退还投保人的金额，借记本科目，贷记"库存现金""银行存款"等科目。

（二）确认的再保险合同分保费收入，借记"应收分保账款"科目，贷记本科目。

收到分保业务账单，按账单标明的金额对分保费收入进行调整，按调整增加额，借记"应收分保账款"科目，贷记本科目；调整减少额做相反的会计分录。

四、期末，应将本科目余额转入"本年利润"科目，结转后本科目无余额。

## 6041　租赁收入

一、本科目核算租赁企业作为出租人确认的融资租赁和经营租赁的租赁收入。一般企业根据自身业务特点确定租赁收入的核算科目，例如"其他业务收入"等科目。

二、本科目可按租赁资产类别和项目进行明细核算。

三、主要账务处理。

（一）出租人在经营租赁下，将租赁收款额采用直线法或其他系统合理的方法在租赁期内进行分摊确认时，应当借记"银行存款""应收账款"等科目，贷记"租赁收入——经营租赁收入"科目。

出租人在融资租赁下，在确认租赁期内各个期间的利息收入时，应当借记"应收融资租赁款——未实现融资收益"科目，贷记"租赁收入——利息收入""其他业务收入"等科目。出租人为金融企业的，在融资租赁下，在确认租赁期内各个期间的利息收入时，应当借记"应收融资租赁款——未实现融资收益"科目，贷记"利息收入"等科目。

（二）出租人确认未计入租赁收款额的可变租赁付款额时，应当借记"银行存款""应收账款"等科目，贷记"租赁收入——可变租赁付款额"科目。

（三）新冠肺炎疫情相关租金减让会计处理。

对于经营租赁，出租人应当继续按照与减让前一致的方法将原合同租金确认为租赁收入。发生租金减免的，出租人应当将减免的租金作为可变租赁付款额，在减免期间冲减租赁收入；延期收取租金的，出租人应当在原收取期间将应收取的租金确认为应收款项，并在实际收到时冲减前期确认的应收款项。

对于融资租赁，出租人应当继续按照与减让前一致的折现率计算利息并确认为租赁收入。发生租金减免的，出租人应当将减免的租金作为可变租赁付款额，在达成减让协议等放弃原租金收取权利时，按未折现或减让前折现率折现金额冲减原确认的租赁收入，不足冲减的部分计入投资收益，同时相应调整应收融资租赁款；延期收取租金的，出租人应当在实际收到时冲减前期确认的应收融资租赁款。

四、期末，应将本科目余额转入"本年利润"科目，结转后本科目无余额。

## 6051 其他业务收入

一、本科目核算企业确认的除主营业务活动以外的其他经营活动实现的收入，包括出租固定资产、出租无形资产、出租包装物和商品、销售材料、用材料进行非货币性交换（非货币性资产交换具有商业实质且公允价值能够可靠计量）、代理业务等实现的收入。

以公允价值为基础计量的非货币性资产交换中，换出资产为投资性房地产的，按换出资产公允价值或换入资产公允价值确认其他业务收入，按换出资产账面价值结转其他业务成本。

企业（保险）经营受托管理业务收取的管理费收入、企业（典当）处置存货类物品取得的收入、电网企业取得可再生能源电价附加代征手续费等，也通过本科目核算。

二、本科目可按其他业务收入种类进行明细核算。

三、其他业务收入的主要账务处理。

企业确认的其他业务收入，借记"银行存款""其他应收款"等科目，贷记本科目等。

四、期末，应将本科目余额转入"本年利润"科目，结转后本科目应无余额。

## 6061 汇兑损益

一、本科目核算企业（金融）发生的外币交易因汇率变动而产生的汇兑损益。

外币预收账款和预付账款均不满足货币性项目的定义，属于以历史成本计量的外币非货币性项目，企业在资产负债表日应当采用交易发生日的即期汇率折算，不产生汇兑损益。

二、采用统账制核算的，各外币货币性项目的外币期（月）末余额，应当按照期（月）末汇率折算为记账本位币金额。按照期（月）末汇率折算的记账本位币金额与原账面记账本位币金额之间的差额，如为汇兑收益，借记有关科目，贷记本科目；如为汇兑损失做相反的会计分录。

采用分账制核算的，期（月）末将所有以外币表示的"货币兑换"科目余额按期（月）末汇率折算为记账本位币金额，折算后的记账本位币金额与"货币兑换——记账本位币"科目余额进行比较，为贷方差额的，借记"货币兑换——记账本位币"科目，贷记"汇兑损益"科目；为借方差额的，作相反的会计分录。

三、期末，应将本科目的余额转入"本年利润"科目，结转后本科目应无余额。

## 6101　公允价值变动损益

一、本科目核算企业交易性金融资产、交易性金融负债，以及采用公允价值模式计量的投资性房地产、衍生工具、套期保值业务等公允价值变动形成的应计入当期损益的利得或损失。

指定为以公允价值计量且其变动计入当期损益的金融资产或金融负债公允价值变动形成的应计入当期损益的利得或损失，也在本科目核算。

企业开展套期保值业务的，有效套期关系中套期工具或被套期项目的公允价值变动，也可以单独设置"套期损益"科目核算。

二、本科目可按交易性金融资产、交易性金融负债、投资性房地产等进行明细核算。

三、公允价值变动损益的主要账务处理。

（一）资产负债表日，企业应按交易性金融资产的公允价值高于其账面余额的差额，借记"交易性金融资产——公允价值变动"科目，贷记本科目；公允价值低于其账面余额的差额做相反的会计分录。

出售交易性金融资产时，应按实际收到的金额，借记"银行存款""存放中央银行款项"等科目，按该金融资产的账面余额，贷记"交易性金融资产"科目，按其差额，借记或贷记"投资收益"科目。同时，将原计入该金融资产的公允价值变动转出，借记或贷记本科目，贷记或借记"投资收益"科目。

（二）资产负债表日，交易性金融负债的公允价值高于其账面余额的差额，借记本科目，贷记"交易性金融负债"等科目；公允价值低于其账面余额的差额做相反的会计分录。

处置交易性金融负债，应按该金融负债的账面余额，借记"交易性金融负债"科目，按实际支付的金额，贷记"银行存款""存放中央银行款项""结算备付金"等科目，按其差额，贷记或借记"投资收益"科目。同时，按该金融负债的公允价值变动，贷记或借记本科目，借记或贷记"投资收益"科目。

（三）采用公允价值模式计量的投资性房地产、衍生工具、套期工具、被套期项目等形成的公允价值变动，按照"投资性房地产""衍生工具""套期工具""被套期项目"等科目的相关规定进行处理。

四、期末，应将本科目余额转入"本年利润"科目，结转后本科目无余额。

## 6111　投资收益

一、本科目核算企业确认的投资收益或投资损失。

企业（金融）债券投资持有期间取得的利息收入，也可在"利息收入"科目核算。

二、本科目可按投资项目进行明细核算。

三、投资收益的主要账务处理。

（一）长期股权投资采用成本法核算的，企业应按被投资单位宣告发放的现金股利或利润中属于本企业的部分，借记"应收股利"科目，贷记本科目。

长期股权投资采用权益法核算的，资产负债表日，应按被投资单位实现的净利润（以取得投资时被投资单位可辨认净资产的公允价值为基础计算）中企业享有的份额，借记"长期股权投资——损益调整"科目，贷记本科目。

被投资单位发生亏损、分担亏损份额未超过长期股权投资账面价值或分担亏损份额超过长期股权投资账面价值而冲减实质上构成对被投资单位长期净投资的，借记本科目，贷记"长期股权投资——损益调整""长期应收款"科目。除按照上述步骤已确认的损失外，按照投资合同或协议约定企业将承担的损失，借记本科目，贷记"预计负债"科目。发生亏损的被投资单位以后实现净利润的，企业计算的应享有的份额，如有未确认投资损失的，应先弥补未确认的投资损失，弥补损失后仍有余额的，借记"预计负债""长期应收款""长期股权投资——损益调整"等科目，贷记本科目。

处置长期股权投资时，应按实际收到的金额，借记"银行存款"等科目，原已计提减值准备的，借记"长期股权投资减值准备"科目，按其账面余额，贷记"长期股权投资"科目，按尚未领取的现金股利或利润，贷记"应收股利"科目，按其差额，贷记或借记本科目。

处置采用权益法核算的长期股权投资时，应当采用与被投资单位直接处置相关资产或负债相同的基础，对相关的其他综合收益进行会计处理。按照上述原则可以转入当期损益的其他综合收益，应按结转长期股权投资的投资成本比例结转原记入"其他综合收益"科目的金额，借记或贷记"其他综合收益"科目，贷记或借记本科目。

处置采用权益法核算的长期股权投资时，还应按结转长期股权投资的投资成本比例结转原记入"资本公积——其他资本公积"科目的金额，借记或贷记"资本公积——其他资本公积"科目，贷记或借记本科目。

（二）企业持有交易性金融资产、债权投资期间取得的投资收益以及处置交易性金融资产、交易性金融负债、指定为以公允价值计量且其变动计入当期损益的金融资产或金融负债、债权投资、其他债权投资实现的损益，比照"交易性金融资产""债权投资""其他债权投资""交易性金融负债"等科目的相关规定进行处理。

对于以公允价值计量且其变动计入当期损益的金融资产和金融负债，相关交易费用应当直接计入当期损益。交易费用是指可直接归属于购买、发行或者处置金融工具的增量费用。增量费用是指企业没有发生购买、发行或处置相关金融工具的情形就不会发生的费用，包括支付给代理机构、咨询公司、券商、证券交易所、政府有关部门等的手续费、佣金、相关税费以及其他必要支出，不包括债券溢价、折价、融资费用、内部管理成本和持有成本等与交易不直接相关的费用。无论期货投资企业的商品期货作为套期工具且适用于套期会计准则，还是不作为套期工具适用金融工具确认计量准则，手续费等交易费用均应当计入当期损益，并记入本科目。

（三）债务重组相关处理（2019 年新修订的债务重组准则及其应用指南）。

1. 债权人的会计处理。

（1）以资产清偿债务或将债务转为权益工具。债务重组采用以资产清偿债务或者将债务转为权益工具方式进行的，债权人应当在受让的相关资产符合其定义和确认条件时予以确认。

①债权人受让金融资产。债权人受让包括现金在内的单项或多项金融资产的，应当按照《企业会计准则第 22 号——金融工具确认和计量》的规定进行确认和计量。金融资产初始确认时应当以其公允价值计量。金融资产确认金额与债权终止确认日账面价值之间的差额，记入"投资收益"科目，但收取的金融资产的公允价值与交易价格（即放弃债权的公允价值）存在差异的应当按照《企业会计准则第 22 号——金融工具确认和计量》第三十四条的规定处理。

②债权人受让非金融资产。债权人初始确认受让的金融资产以外的资产时，应当按照下列原则以成本计量：第一，存货的成本，包括放弃债权的公允价值，以及使该资产达到当前位置和状态所发生的可直接归属于该资产的税金、运输费、装卸费、保险费等其他成本。第二，对联营企业或合营企业投资的成本，包括放弃债权的公允价值，以及可直接归属于该资产的税金等其他成本。第三，投资性房地产的成本，包括放弃债权的公允价值，以及可直接归属于该资产的税金等其他成本。第四，固定资产的成本，包括放弃债权的公允价值，以及使该资产达到预定可使用状态前所发生的可直接归属于该资产的装卸费、安装费、专业人员服务费等其他成本。确定固定资产成本时，应当考虑预计弃置费用因素。第五，生物资产的成本，包括放弃债权的公允价值，以及可直接归属于该资产的税金、运输费、保险费等其他成本。第六，无形资产的成本，包括放弃债权的公允价值，以及可直接归属于使该资产达到预定用途所发生的税金等其他成本。放弃债权的公允价值与账面价值之间的差额，计入"投资收益"科目。

一是债权人受让多项资产。债权人受让多项非金融资产，或者包括金融资产、非金融资产在内的多项资产的，应当按照《企业会计准则第 22 号——金融工具确认和计量》的规定确认和计量受让的金融资产；按照受让的金融资产以外的各项资产在债务重组合同生效日的公允价值比例，对放弃债权在合同生效日的公允价值扣除受让金融资产当日公允价值后的净额进行分配，并以此为基础分别确定各项资产的成本。放弃债权的公允价值与账面价值之间的差额，记入"投资收益"科目。

二是债权人受让处置组。债务人以处置组清偿债务的，债权人应当分别按照《企业会计准则第 22 号——金融工具确认和计量》和其他相关准则的规定，对处置组中的金融资产和负债进行初始计量，然后按照金融资产以外的各项资产在债务重组合同生效日的公允价值比例，对放弃债权在合同生效日的公允价值以及承担的处置组中负债的确认金额之和，扣除受让金融资产当日公允价值后的净额进行分配，并以此为基础分别确定各项资产的成本。放弃债权的公允价值与账面价值之间的差额，记入"投资收益"科目。

（2）修改其他条款。债务重组采用以修改其他条款方式进行的，如果修改其他条款导致全部债权终止确认，债权人应当按照修改后的条款以公允价值初始计量重组债权，重组债权的确认金额与债权终止确认日账面价值之间的差额，记入"投资收益"科目。

如果修改其他条款未导致债权终止确认、债权人应当根据其分类，继续以摊余成本、以公允价值计量且其变动计入其他综合收益，或者以公允价值计量且其变动计入当期损益进行后续计量。对于以摊余成本计量的债权，债权人应当根据重新议定合同的现金流量变化情况，重新计算该重组债权的账面余额，并将相关利得或损失记入"投资收益"科目。重新计算的该重组债权的账面余额，应当根据将重新议定或修改的合同现金流量按债权原实际利率折现的现值确定，购买或源生的已发生信用减值的重组债权，应按经信用调整的实际利率折现。对于修改或重新议定合同所产生的成本或费用，债权人应当调整修改后的重组债权的账面价值，并在修改后重组债权的剩余期限内摊销。

（3）组合方式。债务重组采用组合方式进行的，一般可以认为对全部债权的合同条款作出了实质性修改，债权人应当按照修改后的条款，以公允价值初始计量重组债权和受让的新金融资产，按照受让的金融资产以外的各项资产在债务重组合同生效日的公允价值比例，对放弃债权在合同生效日的公允价值扣除重组债权和受让金融资产当日公允价值后的净额进行分配，并以此为基础分别确定各项资产的成本。放弃债权的公允价值与账面价值之间的差额，记入"投资收益"科目。

2. 关于债务人的会计处理。

（1）债务人以金融资产清偿债务。债务人以单项或多项金融资产清偿债务的，债务的账面价值与偿债金融资产账面价值的差额，记入"投资收益"科目。偿债金融资产已计提减值准备的，应结转已计提的减值准备，对于以分类为以公允价值计量且其变动计入其他综合收益的债务工具投资清偿债务的，之前计入其他综合收益的累计利得或损失应当从其他综合收益中转出，记入"投资收益"科目。对于以指定为以公允价值计量且其变动计入其他综合收益的非交易性权益工具投资清偿债务的，之前计入其他综合收益的累计利得或损失应当从其他综合收益中转出，记入"盈余公积""利润分配——未分配利润"等科目。

（2）债务人将债务转为权益工具。债务重组采用将债务转为权益工具方式进行的，债务人初始确认权益工具时，应当按照权益工具的公允价值计量，权益工具的公允价值不能可靠计量的，应当按照所清偿债务的公允价值计量。所清偿债务账面价值与权益工具确认金额之间的差额，记入"投资收益"科目。债务人因发行权益工具而支出的相关税费等，应当依次冲减资本溢价、盈余公积、未分配利润等。

（3）修改其他条款。债务重组采用修改其他条款方式进行的，如果修改其他条款导致债务终止确认，债务人应当按照公允价值计量重组债务，终止确认的债务账面价值与重组债务确认金额之间的差额、记入"投资收益"科目。

如果修改其他条款未导致债务终止确认，或者仅导致部分债务终止确认，对于未终止确认的部分债务，债务人应当根据其分类，继续以摊余成本、以公允价值计量且其变动计入当期损益或其他适当方法进行后续计量。对于以摊余成本计量的债务，债务人应当根据重新议定合同的现金流量变化情况，重新计算该重组债务的账面价值，并将相关利得或损失记入"投资收益"科目，重新计算的该重组债务的账面价值，应当根据将重新议定或修改的合同现金流量按债务的原实际利率或按照《企业会计准则第24号——套期会计》第二十三条规定的重新计量的实际利率（如适用）折现的现值确定，对于修改或重新议定合同所产生的成本或费用，债务人应当调整修改后的重组债务的账面价值，并在修改后重组债务的剩余期限内摊销。

（4）组合方式。债务重组采用以资产清偿债务、将债务转为权益工具、修改其他条款等方式的组合进行的，对于权益工具，债务人应当在初始确认时按照权益工具的公允价值计量，权益工具的公允价值不能可靠计量的，应当按照所清偿债务的公允价值计量。对于修改其他条款形成的重组债务，债务人应当参照上文"六（三）修改其他条款"部分的指南，确认和计量重组债务。所清偿债务的账面价值与转让资产的账面价值以及权益工具和重组债务的确认金额之和的差额，记入"其他收益——债务重组收益"或"投资收益"（仅涉及金融工具时）科目。

（四）非货币性资产交换。

以公允价值为基础计量的非货币性资产交换中，换出资产为长期股权投资的，计入当期损益的部分通过"投资收益"科目核算。

四、期末，应将本科目余额转入"本年利润"科目，本科目结转后应无余额。

## 6117  其他收益

一、本科目核算企业按总额法确认的与日常活动有关的政府补助①以及其他与日常活动相关且应直接计入本科目的项目，如企业收到的代扣个人所得税手续费返还、软件企业申请的符合增值税即征即退政策的增值税退税额，还可能包括增值税增加计税抵扣额、减免增值税额、以非金融资产或处置组清偿债务的债务重组损益、企业超比例安排残疾人就业或者为安排残疾人就业做出显著成绩而按规定收到的奖励、所得税补贴、高新企业认定奖励等。承租人因疫情停业原因收到政府发放的、用于补偿其停业期间发生损失的租赁费补贴，属于与收益相关的政府补助。

通常情况下，政府补助补偿的成本费用如果是营业利润之中的项目，或者该补助与日常销售等经营行为是否密切相关，则该政府补助与日常活动相关。与日常活动无关的政府补助，通常由企业常规经营之外的原因所产生，有偶发性的特征。与企业日常活动相关的政府补助，应当按照经济业务实质，计入其他收益或冲减相关成本费用；与日常活动无关的政府补助，计入营业外收入或冲减相关损失。

二、记入本科目的政府补助可以按照类型进行明细核算。

三、企业确认的与日常活动有关的政府补助，按照经济业务实质，计入其他收益。

（一）对于总额法下与日常活动相关的政府补助，企业在实际收到或应收时，或者将先确认为"递延收益"的政府补助分摊计入收益时，借记"银行存款""其他应收款""递延收益"等科目，贷记本科目。

（二）生产、生活性服务业纳税人取得资产或接受劳务时，应当按照《增值税会计处理规定》的相关规定对增值税相关业务进行会计处理；实际缴纳增值税时，按应纳税额借记"应交税费——未交增值税"等科目，按实际纳税金额贷记"银行存款"科目，按加计抵减的金额贷记本科目。

（三）2019 年修订的债务重组准则及其应用指南规定，债务人以单项或多项非金融资产（如固定资产、日常活动产出的商品或服务等）清偿债务，或者以包括金融资

---

① 对企业而言，并不是所有来源于政府的经济资源都属于《企业会计准则第 16 号——政府补助》规范的政府补助。企业应当根据交易或事项的实质、按照政府补助的定义和特征对来源于政府的经济资源进行判断。政府补助，是指企业从政府无偿取得货币性资产或非货币性资产。政府补助具有如下特征：（1）政府补助是来源于政府的经济资源。这里的政府主要是指行政事业单位及类似机构。对于企业收到的来源于其他方的补助，有确凿证据表明政府是补助的实际拨付者，其他方只是起到代收代付作用的，该项补助也属于来源于政府的经济资源。（2）政府补助是无偿的。即企业取得来源于政府的经济资源，不需要向政府交付商品或服务等对价。无偿性是政府补助的基本特征，这一特征将政府补助与政府以投资者身份向企业投入资本、政府购买服务等政府与企业之间的互惠性交易区别开来。

产和非金融资产在内的多项资产清偿债务的，不需要区分资产处置损益和债务重组损益，也不需要区分不同资产的处置损益，而应将所清偿债务账面价值与转让资产账面价值之间的差额，记入"其他收益——债务重组收益"科目。偿债资产已计提减值准备的，应结转已计提的减值准备。

债务人以包含非金融资产的处置组清偿债务的，应当将所清偿债务和处置组中负债的账面价值之和，与处置组中资产的账面价值之间的差额，记入"其他收益——债务重组收益"科目。处置组所属的资产组或资产组组合按照《企业会计准则第8号——资产减值》分摊了企业合并中取得的商誉的，该处置组应当包含分摊至处置组的商誉。处置组中的资产已计提减值准备的，应结转已计提的减值准备。

（四）对于企业因破产重整而进行的债务重组交易，由于涉及破产重整的债务重组协议执行过程及结果存在重大不确定性，因此，通常应在破产重整协议履行完毕后确认债务重组收益，除非有确凿证据表明上述重大不确定性已经消除。

对于企业在报告期资产负债表日已经存在的债务，在其资产负债表日后期间与债权人达成的债务重组交易不属于资产负债表日后调整事项，不能据以调整报告期资产、负债项目的确认和计量。在报告期资产负债表中，债务重组中涉及的相关负债仍应按照达成债务重组协议前具有法律效力的有关协议等约定进行确认和计量。

（五）政府补助通常在企业能够满足政府补助所附条件以及企业能够收到政府补助时才能予以确认。判断企业能够收到政府补助，应着眼于分析和落实企业能够符合财政扶持政策规定的相关条件且预计能够收到财政扶持资金的"确凿证据"，例如，关注政府补助的发放主体是否具备相应的权力和资质，补助文件中索引的政策依据是否适用，申请政府补助的流程是否合法合规，是否已经履行完毕补助文件中的要求，实际收取资金前是否需要政府部门的实质性审核，同类型政府补助过往实际发放情况，补助文件是否有明确的支付时间，政府是否具备履行支付义务的能力等因素。

四、期末，应将本科目余额转入"本年利润"科目，结转后本科目无余额。

## 6121　资产处置收益

一、本科目核算企业确认的出售划分为持有待售的非流动资产（金融工具、长期股权投资和投资性房地产除外）或处置组时确认的处置利得或损失，以及处置未划分为持有待售的固定资产、在建工程、生产性生物资产及无形资产而产生的处置利得或损失。

二、本科目可按资产处置收益项目进行明细核算。

三、企业确认出售划分为持有待售的非流动资产（金融工具、长期股权投资和投资性房地产除外）或处置组时确认的处置利得或损失，比照"持有待售清理""持有待售资产""持有待售负债"等科目的相关规定进行处理；确认处置未划分为持有待售的固定资产、在建工程、生产性生物资产及无形资产而产生的处置利得或损失，比照"固定资产清理""固定资产""无形资产""在建工程""生产性生物资产"等科目的相关规定进行处理。

企业确认出售划分为持有待售的金融工具、长期股权投资和投资性房地产时确认的处置利得或损失，比照"债权投资""其他债权投资""其他权益工具投资""长期股权投资""投资性房地产"等科目的规定处理。

以公允价值为基础计量的非货币性资产交换中，换出资产为固定资产、在建工程、生产性生物资产和无形资产的，换出资产的公允价值与其账面价值的差额通过本科目核算。

四、期末，应将本科目余额转入"本年利润"科目，结转后本科目无余额。

## 6131 套期损益

一、本科目核算套期工具和被套期项目价值变动形成的利得和损失。

二、本科目可按套期关系进行明细核算。

三、主要账务处理。

（一）资产负债表日，对于公允价值套期，应当按照套期工具产生的利得，借记"套期工具"科目，贷记本科目；套期工具产生损失作相反的会计分录。对于现金流量套期，套期工具的利得中属于套期无效的部分，借记"套期工具"科目，贷记本科目；套期工具的损失中属于套期无效的部分，作相反的会计分录。

（二）资产负债表日，对于公允价值套期，应当按照被套期项目因被套期风险敞口形成的利得，借记"被套期项目"科目，贷记本科目；被套期项目因被套期风险敞口形成损失作相反的会计分录。

四、期末，应当将本科目余额转入"本年利润"科目，结转后本科目无余额。

## 6141 净敞口套期损益

一、本科目核算净敞口套期下被套期项目累计公允价值变动转入当期损益的金额或现金流量套期储备转入当期损益的金额。

二、本科目可按套期关系进行明细核算。

三、主要账务处理。

（一）对于净敞口公允价值套期，应当在被套期项目影响损益时，将被套期项目因被套期风险敞口形成的累计利得或损失转出，贷记或借记"被套期项目"等科目，借记或贷记本科目。

（二）对于净敞口现金流量套期，应当在将相关现金流量套期储备转入当期损益时，借记或贷记"其他综合收益——套期储备"科目，贷记或借记本科目；将相关现金流量套期储备转入资产或负债的，当资产和负债影响损益时，借记或贷记资产（或其备抵科目）、负债科目，贷记或借记本科目。

四、期末，应当将本科目余额转入"本年利润"科目，结转后本科目无余额。

## 6201　摊回保险责任准备金

一、本科目核算企业（再保险分出人）从事再保险业务应向再保险接受人摊回的保险责任准备金，包括未决赔款准备金、寿险责任准备金、长期健康险责任准备金。

企业（再保险分出人）也可以单独设置"摊回未决赔款准备金""摊回寿险责任准备金""摊回长期健康险责任准备金"等科目。

二、本科目可按保险责任准备金类别和险种进行明细核算。

三、摊回保险责任准备金的主要账务处理。

（一）企业在提取原保险合同保险责任准备金的当期，应按相关再保险合同约定计算确定的应向再保险接受人摊回的保险责任准备金，借记"应收分保合同准备金"科目，贷记本科目。

对原保险合同保险责任准备金进行充足性测试补提保险责任准备金，应按相关再保险合同约定计算确定的应收分保保险责任准备金的相应增加额，借记"应收分保合同准备金"科目，贷记本科目。

（二）在确定支付赔付款项金额或实际发生理赔费用而冲减原保险合同相应保险责任准备金余额的当期，应按相关应收分保保险责任准备金的相应冲减金额，借记本科目，贷记"应收分保合同准备金"科目。

（三）在寿险原保险合同提前解除而转销相关寿险责任准备金、长期健康险责任准备金余额的当期，应按相关应收分保保险责任准备金余额，借记本科目，贷记"应收分保合同准备金"科目。

四、期末，应将本科目余额转入"本年利润"科目，结转后本科目无余额。

## 6202　摊回赔付支出

一、本科目核算企业（再保险分出人）向再保险接受人摊回的赔付成本。企业（再保险分出人）也可以单独设置"摊回赔款支出""摊回年金给付""摊回满期给付""摊回死伤医疗给付"等科目。

二、本科目可按险种进行明细核算。

三、摊回赔付支出的主要账务处理。

（一）企业在确定支付赔付款项金额或实际发生理赔费用而确认原保险合同赔付成本的当期，应按相关再保险合同约定计算确定的应向再保险接受人摊回的赔付成本金额，借记"应收分保账款"科目，贷记本科目。

（二）在因取得和处置损余物资、确认和收到应收代位追偿款等而调整原保险合同赔付成本的当期，应按相关再保险合同约定计算确定的摊回赔付成本的调整金额，借记或贷记本科目，贷记或借记"应收分保账款"科目。

（三）对于超额赔款再保险等非比例再保险合同，计算确定应向再保险接受人摊回的赔付成本的，应按摊回的赔付成本金额，借记"应收分保账款"科目，贷记本科目。

四、期末，应将本科目余额转入"本年利润"科目，结转后本科目无余额。

## 6203　摊回分保费用

一、本科目核算企业（再保险分出人）向再保险接受人摊回的分保费用。

二、本科目可按险种进行明细核算。

三、摊回分保费用的主要账务处理。

（一）企业在确认原保险合同保费收入的当期，应按相关再保险合同约定计算确定的应向再保险接受人摊回的分保费用，借记"应收分保账款"科目，贷记本科目。

（二）计算确定应向再保险接受人收取的纯益手续费的，应按相关再保险合同约定计算确定的纯益手续费，借记"应收分保账款"科目，贷记本科目。

（三）在原保险合同提前解除的当期，应按相关再保险合同约定计算确定的摊回分保费用的调整金额，借记本科目，贷记"应收分保账款"科目。

四、期末，应将本科目余额转入"本年利润"科目，结转后本科目无余额。

## 6301　营业外收入

一、本科目核算企业发生的除营业利润以外的收益，主要包括与企业日常活动无关的政府补助、盘盈利得、捐赠利得（企业接受股东或股东的子公司直接或间接的捐赠，经济实质属于股东对企业的资本性投入的除外）、非流动资产的毁损报废所得等。

债务重组中债务人以单项或多项非金融资产（如固定资产、日常活动产出的商品或服务等）清偿债务，或者以包括金融资产和非金融资产在内的多项资产清偿债务的，不需要区分资产处置损益和债务重组损益，也不需要区分不同资产的处置损益，而应将所清偿债务账面价值与转让资产账面价值之间的差额，记入"其他收益——债务重组收益"科目。

债务人以包含非金融资产的处置组清偿债务的，应当将所清偿债务和处置组中负债的账面价值之和，与处置组中资产的账面价值之间的差额，记入"其他收益——债务重组收益"科目。

二、本科目可按营业外收入项目进行明细核算。

三、企业确认长期资产盘盈利得，比照"固定资产""无形资产""原材料""库存商品""应付账款"等科目的相关规定进行处理。

确认的与日常活动无关的政府补助利得，采用总额法核算的，借记"银行存款""递延收益"等科目，贷记本科目。

四、期末，应将本科目余额转入"本年利润"科目，结转后本科目无余额。

# 6401　主营业务成本

一、本科目核算企业确认销售商品、提供劳务等主营业务收入时应结转的成本。

二、本科目可按主营业务的种类进行明细核算。

三、主营业务成本的主要账务处理。

期（月）末，企业应根据本期（月）销售各种商品、提供各种劳务等实际成本，计算应结转的主营业务成本，借记本科目，贷记"库存商品""合同履约成本"等科目。

采用计划成本或售价核算库存商品的，平时的营业成本按计划成本或售价结转，月末，还应结转本月销售商品应分摊的产品成本差异或商品进销差价。

本期（月）发生的销售退回，如已结转销售成本的，借记"库存商品"等科目，贷记本科目。

建造承包商正在执行的建造合同，如果建造合同的预计总成本超过合同总收入，则形成预计损失，根据《企业会计准则第13号——或有事项》的相关规定，待执行合同变成亏损合同的，该亏损合同产生的义务满足相关条件的，则应当对亏损合同确认预计负债，即借记"主营业务成本"科目，贷记"预计负债"科目。

企业为了履行收入合同而从事的运输活动，应当根据新收入准则相关规定，结合相关商品的控制权转移时点判断该运输活动是否构成单项履约义务。如果该运输服务不构成单项履约义务，相关运输成本应当作为合同履约成本，采用与商品收入确认相同的基础进行摊销计入当期损益。该合同履约成本应当在确认商品收入时结转记入"主营业务成本"或"其他业务成本"科目，并在利润表"营业成本"项目中列示。

四、期末，应将本科目的余额转入"本年利润"科目，结转后本科目无余额。

## 6402  其他业务成本

一、本科目核算企业确认的除主营业务活动以外的其他经营活动所发生的支出，包括销售材料的成本、出租固定资产的折旧额、出租无形资产的摊销额、出租包装物的成本或摊销额等。

除主营业务活动以外的其他经营活动发生的相关税费，在"税金及附加"科目核算。

采用成本模式计量投资性房地产的，其投资性房地产计提的折旧额或摊销额，也通过本科目核算。

典当企业处置存货类绝当物品的成本结转，也通过本科目核算。

二、本科目可按其他业务成本的种类进行明细核算。

三、其他业务成本的主要账务处理。

企业发生的其他业务成本，借记本科目，贷记"原材料""周转材料""累计折旧""累计摊销""应付职工薪酬""银行存款"等科目。

四、期末，应将本科目余额转入"本年利润"科目，结转后本科目无余额。

## 6403  税金及附加

一、本科目核算企业经营活动发生的消费税、城市维护建设税、资源税和教育费附加、地方教育附加等相关税费。

营业税改征增值税前房产税、车船税、土地使用税、印花税在"管理费用"科目核算，与投资性房地产相关的房产税、土地使用税在本科目核算；

全面试行营业税改征增值税后，房产税、土地使用税、车船税、印花税等相关税费也在本科目核算。

二、企业按规定计算确定的与经营活动相关的税费，借记本科目，贷记"应交税费"科目。

三、期末，应将本科目余额转入"本年利润"科目，结转后本科目无余额。

## 6404  储备粮油结算价差支出

一、本科目核算粮食企业按照国家计划收购、调拨、进口储备粮油或将其他性质的粮油转作储备粮油实际发生的价款和费用高于按照财政部门核定的入库结算价格计算的库存成本的差额。

二、财政等有关部门核定储备粮油入库结算价格后，储备企业按照核定的入库结算价格计算的粮油库存成本，借记"储备粮油——中央储备粮油或地方储备粮油"科目，贷记"储备粮油——待核定中央储备粮油价款或待核地方储备粮油费用"科目，差额部分计入当期损益。

三、期末，应将本科目的余额转入"本年利润"科目，结转后本科目无余额。

## 6411　利息支出

一、本科目核算企业（金融）发生的利息支出，包括吸收的各种存款（单位存款、个人存款、信用卡存款、特种存款、转贷款资金等）、与其他金融机构（中央银行、同业等）之间发生资金往来业务、卖出回购金融资产等产生的利息支出。

二、本科目可按利息支出项目进行明细核算。

三、资产负债表日，企业应按摊余成本和实际利率计算确定的利息费用金额，借记本科目，按合同利率计算确定的应付未付利息，贷记"应付利息"科目，按其差额，借记或贷记"吸收存款——利息调整"等科目。

实际利率与合同利率差异较小的，也可以采用合同利率计算确定利息费用。

四、期末，应将本科目余额转入"本年利润"科目，结转后本科目无余额。

## 6421　手续费及佣金支出

一、本科目核算企业（金融）发生的与其经营活动相关的各项手续费、佣金等支出。典当企业发生的鉴定评估及咨询等服务支出，也在本科目核算。

证券公司委托证券经纪人从事客户招揽、客户服务等活动发生的报酬支出，支付给银行的"资金三方存管"费用，应当在"手续费及佣金支出"科目中设置二级科目核算。

二、本科目可按支出类别进行明细核算。

三、企业发生的与其经营活动相关的手续费、佣金等支出，借记本科目，贷记"银行存款""存放中央银行款项""存放同业""库存现金""应付手续费及佣金"等科目。

四、期末，应将本科目余额转入"本年利润"科目，结转后本科目无余额。

## 6501　提取未到期责任准备金

一、本科目核算企业（保险）提取的非寿险原保险合同未到期责任准备金和再保险合同分保未到期责任准备金。

二、本科目可按保险合同和险种进行明细核算。

三、提取未到期责任准备金的主要账务处理。

（一）企业在确认原保费收入、分保费收入的当期，应按保险精算确定的未到期责任准备金，借记本科目，贷记"未到期责任准备金"科目。

（二）资产负债表日，应按保险精算重新计算确定的未到期责任准备金与已确认的未到期责任准备金的差额，借记"未到期责任准备金"科目，贷记本科目。

（三）原保险合同提前解除的，应按相关未到期责任准备金余额，借记"未到期责任准备金"科目，贷记本科目。

（四）在确认非寿险原保险合同保费收入的当期，按相关再保险合同约定计算确定的相关应收分保未到期责任准备金金额，借记"应收分保合同准备金"科目，贷记本科目。

资产负债表日，调整原保险合同未到期责任准备金余额的，按相关再保险合同约定计算确定的应收分保未到期责任准备金的调整金额，借记本科目，贷记"应收分保合同准备金"科目。

四、期末，应将本科目余额转入"本年利润"科目，结转后本科目无余额。

## 6502　提取保险责任准备金

一、本科目核算企业（保险）提取的原保险合同保险责任准备金，包括提取的未决赔款准备金、提取的寿险责任准备金、提取的长期健康险责任准备金。

再保险接受人提取的再保险合同保险责任准备金，也在本科目核算。

企业（保险）也可以单独设置"提取未决赔款准备金""提取寿险责任准备金""提取长期健康险责任准备金"等科目。

二、本科目可按保险责任准备金类别、险种和保险合同进行明细核算。

三、提取保险责任准备金的主要账务处理。

（一）企业确认寿险保费收入，应按保险精算确定的寿险责任准备金、长期健康险责任准备金，借记本科目，贷记"保险责任准备金"科目。

投保人发生非寿险保险合同约定的保险事故当期，企业应按保险精算确定的未决赔款准备金，借记本科目，贷记"保险责任准备金"科目。对保险责任准备金进行充足性测试，应按补提的保险责任准备金，借记本科目，贷记"保险责任准备金"科目。

（二）原保险合同保险人确定支付赔付款项金额或实际发生理赔费用的当期，应按冲减的相应保险责任准备金余额，借记"保险责任准备金"科目，贷记本科目。

再保险接受人收到分保业务账单的当期，应按分保保险责任准备金的相应冲减金额，借记"保险责任准备金"科目，贷记本科目。

（三）寿险原保险合同提前解除的，应按相关寿险责任准备金、长期健康险责任准备金余额，借记"保险责任准备金"科目，贷记本科目。

四、期末，应将本科目余额转入"本年利润"科目，结转后本科目无余额。

## 6505　提取保费准备金

一、本科目核算保险机构按规定当期从农业保险保费收入中提取的保费准备金。

二、本科目应按种植业、养殖业、森林等大类险种进行明细核算。

三、提取保费准备金的主要账务处理。

期末，保险机构按照各类农业保险当期实现的自留保费（即保险业务收入减去分出保费的净额）和规定的保费准备金计提比例计算应提取的保费准备金，借记本科目，贷记"保费准备金"科目。

保险机构在确定支付赔付款项金额或实际发生理赔费用的当期，按照应赔付或实际赔付的金额，借记"赔付支出"科目，贷记"应付赔付款""银行存款"等科目；按规定以大灾准备金用于弥补农业大灾风险损失时，按弥补的金额依次冲减"保费准备金""大灾风险利润准备"科目，借记"保费准备金""大灾风险利润准备"科目，贷记本科目、"利润分配——提取利润准备"科目。

四、期末，应将本科目余额转入"本年利润"科目，结转后本科目无余额。

## 6511　赔付支出

一、本科目核算企业（保险）支付的原保险合同赔付款项和再保险合同赔付款项。企业（保险）可以单独设置"赔款支出""满期给付""年金给付""死伤医疗给付""分保赔付支出"等科目。

二、本科目可按保险合同和险种进行明细核算。

三、赔付支出的主要账务处理。

（一）企业在确定支付赔付款项金额或实际发生理赔费用的当期，借记本科目，贷记"银行存款""库存现金"等科目。

（二）承担赔付保险金责任后应当确认的代位追偿款，借记"应收代位追偿款"科目，贷记本科目。

收到应收代位追偿款时，应按实际收到的金额，借记"库存现金""银行存款"等科目，按应收代位追偿款的账面余额，贷记"应收代位追偿款"科目，按其差额，借记或贷记本科目。已计提坏账准备的，还应同时结转坏账准备。

（三）承担赔偿保险金责任后取得的损余物资，应按同类或类似资产的市场价格计算确定的金额，借记"损余物资"科目，贷记本科目。

处置损余物资，应按实际收到的金额，借记"库存现金""银行存款"等科目，按损余物资的账面余额，贷记"损余物资"科目，按其差额，借记或贷记本科目。已计提跌价准备的，还应同时结转跌价准备。

（四）再保险接受人收到分保业务账单的当期，应按账单标明的分保赔付款项金额，借记本科目，贷记"应付分保账款"科目。

四、期末，应将本科目余额转入"本年利润"科目，结转后本科目无余额。

## 6521　保单红利支出

一、本科目核算企业（保险）按原保险合同约定支付给投保人的红利。

二、本科目可按保单红利来源进行明细核算。

三、企业按原保险合同约定计提应支付的保单红利，借记本科目，贷记"应付保单红利"科目。

四、期末，应将本科目余额转入"本年利润"科目，结转后本科目无余额。

## 6531　退保金

一、本科目核算企业（保险）寿险原保险合同提前解除时按照约定应当退还投保人的保单现金价值。

企业（保险）寿险原保险合同提前解除时应当退还投保人的不属于保单现金价值的款项，以及非寿险原保险合同提前解除时应当退还投保人的款项，在"保费收入"科目核算。

二、本科目可按险种进行明细核算。

三、企业寿险原保险合同提前解除的，应按原保险合同约定计算确定的应退还投保人的保单现金价值，借记本科目，贷记"库存现金""银行存款"等科目。

四、期末，应将本科目余额转入"本年利润"科目，结转后本科目无余额。

## 6541　分出保费

一、本科目核算企业（再保险分出人）向再保险接受人分出的保费。

二、本科目可按险种进行明细核算。

三、分出保费的主要账务处理。

（一）企业在确认原保险合同保费收入的当期，应按再保险合同约定计算确定的分出保费金额，借记本科目，贷记"应付分保账款"科目。

在原保险合同提前解除的当期，应按再保险合同约定计算确定的分出保费的调整金额，借记"应付分保账款"科目，贷记本科目。

（二）对于超额赔款再保险等非比例再保险合同，应按再保险合同约定计算确定的分出保费金额，借记本科目，贷记"应付分保账款"科目。调整分出保费时，借记或贷记本科目，贷记或借记"应付分保账款"科目。

四、期末，应将本科目余额转入"本年利润"科目，结转后本科目无余额。

## 6542　分保费用

一、本科目核算企业（再保险接受人）向再保险分出人支付的分保费用。

二、本科目可按险种进行明细核算。

三、分保费用的主要账务处理。

（一）企业在确认分保费收入的当期，应按再保险合同约定计算确定的分保费用金额，借记本科目，贷记"应付分保账款"科目。

收到分保业务账单，按账单标明的金额对分保费用进行调整，借记或贷记本科目，贷记或借记"应付分保账款"科目。

（二）计算确定应向再保险分出人支付的纯益手续费的，应按再保险合同约定计算确定的纯益手续费，借记本科目，贷记"应付分保账款"科目。

四、期末，应将本科目余额转入"本年利润"科目，结转后本科目无余额。

## 6601　销售费用

一、本科目核算企业销售商品和材料、提供劳务的过程中发生的各种费用，包括保险费、包装费、展览费和广告费、商品维修费、装卸费等（不包括构成合同履约成本从而应当计入主营业务成本的情形），以及为销售本企业商品而专设的销售机构（含销售网点、售后服务网点等）的职工薪酬、业务费、折旧费、固定资产修理费用等费用。

企业（金融）应将本科目改为"业务及管理费"科目，核算企业（金融）在业务经营和管理过程中所发生的各项费用，包括折旧费、业务宣传费、业务招待费、电子设备运转费、钞币运送费、安全防范费、邮电费、劳动保护费、外事费、印刷费、低值易耗品摊销、职工工资及福利费、差旅费、水电费、职工教育经费、工会经费、会议费、诉讼费、公证费、咨询费、无形资产摊销、长期待摊费用摊销、取暖降温费、聘请中介机构费、技术转让费、绿化费、董事会费、财产保险费、劳动保险费、待业保险费、住房公积金、物业管理费、研究费用、提取保险保障基金等。

企业为履行合同发生的成本，同时满足与当前或预期取得的合同直接相关、增加了企业未来用于履行履约义务的资源、预期能够收回等条件的，应当确认为合同履约成本，后续摊销计入营业成本。企业为取得合同发生的增量成本预期能够收回的，应当确认为合同取得成本，后续摊销计入销售费用。例如，企业从事游戏产品推广业务，并通过渠道分销商将游戏产品销售至游戏用户，企业支付给渠道分销商的款项未增加企业未来用于履行履约义务的资源，属于为取得合同发生的增量成本，应将其作为合同取得成本并摊销计入销售费用。

对于商品达到预定可销售状态之后发生的与履行合同相关的运输费用，例如制造业企业将产品从其仓库运输至全国各销售区域而发生的运输支出，因其本身并没有向客户转让已承诺的商品，也不与当前或预期取得的合同直接相关，应直接计入销售费用。对于与履行合同相关的运输活动，发生在商品的控制权转移之前的，不构成单项履约义务，相关支出应作为商品销售成本；发生在商品的控制权转移之后的，构成单项履约义务，企业应当在确认运输服务收入的同时，将相关支出作为运输成本。

企业（金融）不应设置"管理费用"科目。

二、本科目可按费用项目进行明细核算。

三、销售费用的主要账务处理。

（一）企业在销售商品过程中发生的包装费、保险费、展览费和广告费、运输费、装卸费等费用，借记本科目，贷记"库存现金""银行存款"等科目。

（二）发生的为销售本企业商品而专设的销售机构的职工薪酬、业务费等经营费用，借记本科目，贷记"应付职工薪酬""银行存款""累计折旧"等科目。

四、证券公司业务及管理费有关费用核算问题。

证券公司通过公司员工从事客户招揽、客户服务等活动发生的薪酬支出，应当在"业务及管理费"科目下的"职工薪酬"核算。

证券公司交纳的证券投资者保护基金，应当在"业务及管理费"科目中设置二级科目核算。

五、期末，应将本科目余额转入"本年利润"科目，结转后本科目无余额。

## 6602　管理费用

一、本科目核算企业为组织和管理企业生产经营所发生的管理费用，包括企业在筹建期间内发生的开办费、董事会和行政管理部门在企业的经营管理中发生的或者应由企业统一负担的公司经费（包括行政管理部门职工工资及福利费、物料消耗、低值易耗品摊销、办公费和差旅费等）、工会经费、董事会费（包括董事会成员津贴、会议费和差旅费等）、聘请中介机构费、咨询费（含顾问费）、诉讼费、业务招待费、技术转让费、矿产资源补偿费、残疾人就业保障金、研究费用、排污费以及行政管理部门等发生的固定资产修理费用等。

企业（商品流通）管理费用不多的，可不设置本科目，本科目的核算内容可并入"销售费用"科目核算。

二、本科目可按费用项目进行明细核算。

三、管理费用的主要账务处理。

（一）企业在筹建期间内发生的开办费，包括人员工资、办公费、培训费、差旅费、印刷费、注册登记费以及不计入固定资产成本的借款费用等在实际发生时，借记本科目（开办费），贷记"银行存款"等科目。

（二）行政管理部门人员的职工薪酬，借记本科目，贷记"应付职工薪酬"科目。

（三）行政管理部门计提的固定资产折旧，借记本科目，贷记"累计折旧"科目。

发生的办公费、水电费、业务招待费、聘请中介机构费、咨询费、诉讼费、技术转让费、研究费用，借记本科目，贷记"银行存款""研发支出"等科目。

按规定计算缴纳的矿产资源补偿费、残疾人就业保障金等，借记本科目，贷记"应交税费"。

按现行增值税制度规定，企业初次购买增值税税控系统专用设备支付的费用以及缴纳的技术维护费允许在增值税应纳税额中全额抵减的，按规定抵减的增值税应纳税额，借记"应交税费——应交增值税（减免税款）"科目（小规模纳税人应借记"应交税费——应交增值税"科目），贷记"管理费用"等科目。

四、期末，应将本科目的余额转入"本年利润"科目，结转后本科目无余额。

## 6603　财务费用

一、本科目核算企业为筹集生产经营所需资金等而发生的筹资费用，包括利息支出（减利息收入）、汇兑损益以及相关的手续费、企业发生的现金折扣或收到的现金折扣等。

为购建或生产满足资本化条件的资产发生的应予资本化的借款费用，在"在建工程""制造费用"等科目核算。

二、本科目可按费用项目进行明细核算。

三、企业发生的财务费用，借记本科目，贷记"银行存款""未确认融资费用"等科目。发生的应冲减财务费用的利息收入、汇兑损益、现金折扣，借记"银行存款""应付账款"等科目,贷记本科目。

四、期末,应将本科目余额转入"本年利润"科目,结转后本科目无余额。

## 6604  勘探费用

一、本科目核算企业(石油天然气开采)在油气勘探过程中发生的地质调查、物理化学勘探各项支出和非成功探井等支出。

二、本科目可按勘探项目进行明细核算。

三、企业油气勘探过程中发生的各项非钻井勘探支出,借记本科目,贷记"银行存款""累计折旧""应付职工薪酬"等科目。油气勘探过程中发生的各项钻井勘探支出中属于未发现探明经济可采储量的钻井勘探支出,借记本科目,贷记"油气勘探支出"科目。

四、期末,应将本科目余额转入"本年利润"科目,结转后本科目无余额。

## 6701  资产减值损失

一、本科目核算企业计提各项资产减值准备所形成的损失。

二、本科目可按资产减值损失的项目进行明细核算。

三、企业的存货、合同履约成本、合同取得成本、合同资产、长期股权投资、固定资产、无形资产、在建工程等资产发生减值的,按应减记的金额,借记本科目,贷记"存货跌价准备""合同履约成本减值准备""合同取得成本减值准备""合同资产减值准备""长期股权投资减值准备""固定资产减值准备""无形资产减值准备""在建工程减值准备"等科目。

在建工程、工程物资、生产性生物资产、商誉、抵债资产、损余物资、采用成本模式计量的投资性房地产等资产发生减值的,应当设置相应的减值准备科目,比照上述规定进行处理。

四、企业计提存货跌价准备、合同履约成本减值准备、合同取得成本减值准备、合同资产减值准备等,相关资产的价值又得以恢复的,应在原已计提的减值准备金额内,按恢复增加的金额,借记"存货跌价准备""合同履约成本减值准备""合同取得成本减值准备""合同资产减值准备"等科目,贷记本科目。

五、期末,应将本科目余额转入"本年利润"科目,结转后本科目无余额。

## 6702  信用减值损失

一、本科目核算企业计提《企业会计准则第 22 号——金融工具确认和计量》要求的各项金融工具减值准备所形成的预期信用损失。

二、本科目可按信用减值损失的项目进行明细核算。

三、企业应当在资产负债表日计算金融工具（或金融工具组合）预期信用损失。如果该预期信用损失大于该工具（或组合）当前减值准备的账面金额，企业应当将其差额确认为减值损失，借记本科目，根据金融工具的种类，贷记"贷款损失准备""债权投资减值准备""坏账准备""应收融资租赁款减值准备""预计负债"（用于贷款承诺及财务担保合同）或"其他综合收益"（用于以公允价值计量且其变动计入其他综合收益的债权类资产，企业可以设置二级科目"其他综合收益——信用减值准备"核算此类工具的减值准备）等科目（上述贷记科目，以下统称"贷款损失准备"等科目）；如果资产负债表日计算的预期信用损失小于该工具（或组合）当前减值准备的账面金额（例如，从按照整个存续期预期信用损失计量损失准备转为按照未来12个月预期信用损失计量损失准备时，可能出现这一情况），则应当将差额确认为减值利得，做相反的会计分录。

四、企业实际发生信用损失，认定相关金融资产无法收回，经批准予以核销的，应当根据批准的核销金额，借记"贷款损失准备"等科目，贷记相应的资产科目，如"贷款""应收账款""应收融资租赁款"等。若核销金额大于已计提的损失准备，还应按其差额借记本科目。

五、期末，应将本科目余额转入"本年利润"科目，结转后本科目无余额。

## 6711　营业外支出

一、本科目核算企业发生的营业利润以外的支出，主要包括公益性捐赠支出、非常损失、盘亏损失、非流动资产毁损报废损失①、税费的滞纳金等。

债务重组中以金融资产清偿债务的，债务的账面价值与偿债金融资产账面价值的差额记入"投资收益"科目；以单项或多项非金融资产清偿债务，或者以包括金融资产和非金融资产在内的多项资产清偿债务的，债务的账面价值与转让资产账面价值之间的差额，记入"其他收益——债务重组收益"科目。

非货币性资产交换中，视换出资产类别的不同而有所区别：（1）换出资产为固定资产、在建工程、生产性生物资产和无形资产的，计入当期损益的部分通过"资产处置损益"科目核算，在利润表"资产处置收益"项目中列示；（2）换出资产为投资性房地产的，按换出资产公允价值或换入资产公允价值确认其他业务收入，按换出资产

---

① 非流动资产毁损报废损失通常包括因自然灾害发生毁损、已丧失使用功能等原因而报废清理产生的损失。

账面价值结转其他业务成本，二者之间的差额计入当期损益，二者分别在利润表"营业收入"和"营业成本"项目中列示；(3) 换出资产为长期股权投资的，计入当期损益的部分通过"投资收益"科目核算，在利润表"投资收益"项目中列示。

二、本科目可按支出项目进行明细核算。

三、非流动资产盘亏、毁损的资产发生的净损失，按管理权限报经批准后，借记本科目，贷记"待处理财产损溢"科目。

四、期末，应将本科目余额转入"本年利润"科目，结转后本科目无余额。

## 6801  所得税费用

一、本科目核算企业确认的应从当期利润总额中扣除的所得税费用。

二、本科目可按"当期所得税费用""递延所得税费用"进行明细核算。

三、所得税费用的主要账务处理。

(一) 资产负债表日，企业按照税法规定计算确定的当期应交所得税，借记本科目 (当期所得税费用)，贷记"应交税费——应交所得税"科目。

(二) 资产负债表日，根据递延所得税资产的应有余额大于"递延所得税资产"科目余额的差额，借记"递延所得税资产"科目，贷记本科目 (递延所得税费用)、"资本公积——其他资本公积"等科目；递延所得税资产的应有余额小于"递延所得税资产"科目余额的差额做相反的会计分录。

企业应予确认的递延所得税负债，应当比照上述原则调整本科目、"递延所得税负债"科目及有关科目。

四、期末，应将本科目的余额转入"本年利润"科目，结转后本科目无余额。

## 6901  以前年度损益调整

一、本科目核算企业本年度发生的调整以前年度损益的事项以及本年度发现的重要前期差错更正涉及调整以前年度损益的事项。企业在资产负债表日至财务报告批准报出日之间发生的需要调整报告年度损益的事项，也可以通过本科目核算。

二、以前年度损益调整的主要账务处理。

(一) 企业调整增加以前年度利润或减少以前年度亏损，借记有关科目，贷记本科目；调整减少以前年度利润或增加以前年度亏损做相反的会计分录。

(二) 由于以前年度损益调整增加的所得税费用，借记本科目，贷记"应交税费——应交所得税"等科目；由于以前年度损益调整减少的所得税费用做相反的会计分录。

（三）经上述调整后，应将本科目的余额转入"利润分配——未分配利润"科目。本科目如为贷方余额，借记本科目，贷记"利润分配——未分配利润"科目；如为借方余额做相反的会计分录。

三、本科目结转后应无余额。

# 第四章 一般企业的财务报表格式及其编制说明

## 第一节 报表格式

根据《企业会计准则第 30 号——财务报表列报》和《关于修订印发 2019 年度一般企业财务报表格式的通知》的规定，执行企业会计准则的一般企业的财务报表格式包括资产负债表、利润表、现金流量表和所有者权益变动表四个表格，各报表的编号、编报期如表 4-1 所示。

表 4-1　　　　　　　　　　　　　　一般企业的财务报表格式

| 编号 | 会计报表名称 | 编报期 |
|---|---|---|
| 会企 01 表 | 资产负债表 | 中期报告、年度报告 |
| 会企 02 表 | 利润表 | 中期报告、年度报告 |
| 会企 03 表 | 现金流量表 | （至少）年度报告 |
| 会企 04 表 | 所有者权益变动表 | 年度报告 |

《关于严格执行企业会计准则 切实加强企业 2020 年年报工作的通知》规定，企业应当按照《企业会计准则第 30 号——财务报表列报》《企业会计准则第 31 号——现金流量表》《关于修订印发 2018 年度金融企业财务报表格式的通知》《关于修订印发 2019 年度一般企业财务报表格式的通知》《关于修订印发合并财务报表格式（2019 年版）的通知》的相关规定，编制 2020 年年度财务报表。企业对不存在相应业务的报表项目可结合本企业的实际情况进行必要删减，企业根据重要性原则并结合本企业的实际情况，对确需单独列示的内容可增加报表项目。例如，可以在合并现金流量表中"筹资活动产生的现金流量"项下增加"发行债券收到的现金"项目。

## 一、资产负债表格式

1. 一般资产负债表格式，如表 4-2 所示。

表 4 – 2　　　　　　　　　　　　　　**资产负债表**　　　　　　　　　会企 01 表

编制单位：　　　　　　　　　　　　　　\_\_\_\_\_年\_\_\_月\_\_\_日　　　　　　　　　　　　单位：元

| 资产 | 期末余额 | 上年年末余额 | 负债和所有者权益（或股东权益） | 期末余额 | 上年年末余额 |
|---|---|---|---|---|---|
| 流动资产： | | | 流动负债： | | |
| 货币资金 | | | 短期借款 | | |
| 交易性金融资产 | | | 交易性金融负债 | | |
| 衍生金融资产 | | | 衍生金融负债 | | |
| 应收票据 | | | 应付票据 | | |
| 应收账款 | | | 应付账款 | | |
| 应收款项融资 | | | 预收款项 | | |
| 预付款项 | | | 合同负债 | | |
| 其他应收款 | | | 应付职工薪酬 | | |
| 存货 | | | 应交税费 | | |
| 合同资产 | | | 其他应付款 | | |
| 持有待售资产 | | | 持有待售负债 | | |
| 一年内到期的非流动资产 | | | 一年内到期的非流动负债 | | |
| 其他流动资产 | | | 其他流动负债 | | |
| 　流动资产合计 | | | 　流动负债合计 | | |
| 非流动资产： | | | 非流动负债： | | |
| 债权投资 | | | 长期借款 | | |
| 其他债权投资 | | | 应付债券 | | |
| 长期应收款 | | | 其中：优先股 | | |
| 长期股权投资 | | | 永续债 | | |
| 其他权益工具投资 | | | 租赁负债 | | |
| 其他非流动金融资产 | | | 长期应付款 | | |
| 投资性房地产 | | | 预计负债 | | |
| 固定资产 | | | 递延收益 | | |
| 在建工程 | | | 递延所得税负债 | | |
| 生产性生物资产 | | | 其他非流动负债 | | |
| 油气资产 | | | 非流动负债合计 | | |
| 使用权资产 | | | 负债合计 | | |
| 无形资产 | | | 所有者权益（或股东权益）： | | |
| 开发支出 | | | 实收资本（或股本） | | |
| 商誉 | | | 其他权益工具 | | |

续表

| 资产 | 期末余额 | 上年年末余额 | 负债和所有者权益（或股东权益） | 期末余额 | 上年年末余额 |
|---|---|---|---|---|---|
| 长期待摊费用 | | | 其中：优先股 | | |
| 递延所得税资产 | | | 永续债 | | |
| 其他非流动资产 | | | 资本公积 | | |
| 非流动资产合计 | | | 减：库存股 | | |
| | | | 其他综合收益 | | |
| | | | 专项储备 | | |
| | | | 盈余公积 | | |
| | | | 未分配利润 | | |
| | | | 所有者权益（或股东权益）合计 | | |
| 资产总计 | | | 负债和所有者权益（或股东权益）总计 | | |

注：对于国有企业财务决算报表，要求将"上年年末余额"栏改为列报"期初余额"。

2. 执行新金融工具准则、新收入准则、新租赁准则要求调整期初余额资产负债表格式。

对于执行新金融工具准则、新收入准则、新租赁准则，要求调整期初余额的，从报表的数据的可比性，上述资产负债表可以增加"期初余额"栏（如表4-3所示）。

表4-3　　　　　　　　　　　　　资产负债表　　　　　　　　　　会企01表

编制单位：　　　　　　　　　　　____年___月___日　　　　　　　　单位：元

| 资产 | 期末余额 | 期初余额 | 上年年末余额 | 负债和所有者权益（或股东权益） | 期末余额 | 期初余额 | 上年年末余额 |
|---|---|---|---|---|---|---|---|
| 流动资产： | | | | 流动负债： | | | |
| 货币资金 | | | | 短期借款 | | | |
| 交易性金融资产 | | | | 交易性金融负债 | | | |
| 衍生金融资产 | | | | 衍生金融负债 | | | |
| 应收票据 | | | | 应付票据 | | | |
| 应收账款 | | | | 应付账款 | | | |
| 应收款项融资 | | | | 预收款项 | | | |
| 预付款项 | | | | 合同负债 | | | |
| 其他应收款 | | | | 应付职工薪酬 | | | |
| 存货 | | | | 应交税费 | | | |
| 合同资产 | | | | 其他应付款 | | | |
| 持有待售资产 | | | | 持有待售负债 | | | |

续表

| 资产 | 期末余额 | 期初余额 | 上年年末余额 | 负债和所有者权益（或股东权益） | 期末余额 | 期初余额 | 上年年末余额 |
|---|---|---|---|---|---|---|---|
| 　一年内到期的非流动资产 | | | | 　一年内到期的非流动负债 | | | |
| 　其他流动资产 | | | | 　其他流动负债 | | | |
| 　流动资产合计 | | | | 　流动负债合计 | | | |
| 非流动资产： | | | | 非流动负债： | | | |
| 　债权投资 | | | | 　长期借款 | | | |
| 　其他债权投资 | | | | 　应付债券 | | | |
| 　长期应收款 | | | | 　其中：优先股 | | | |
| 　长期股权投资 | | | | 　　　　永续债 | | | |
| 　其他权益工具投资 | | | | 　租赁负债 | | | |
| 　其他非流动金融资产 | | | | 　长期应付款 | | | |
| 　投资性房地产 | | | | 　预计负债 | | | |
| 　固定资产 | | | | 　递延收益 | | | |
| 　在建工程 | | | | 　递延所得税负债 | | | |
| 　生产性生物资产 | | | | 　其他非流动负债 | | | |
| 　油气资产 | | | | 　非流动负债合计 | | | |
| 　使用权资产 | | | | 　负债合计 | | | |
| 　无形资产 | | | | 所有者权益（或股东权益）： | | | |
| 　开发支出 | | | | 　实收资本（或股本） | | | |
| 　商誉 | | | | 　其他权益工具 | | | |
| 　长期待摊费用 | | | | 　其中：优先股 | | | |
| 　递延所得税资产 | | | | 　　　　永续债 | | | |
| 　其他非流动资产 | | | | 　资本公积 | | | |
| 　非流动资产合计 | | | | 　减：库存股 | | | |
| | | | | 　其他综合收益 | | | |
| | | | | 　专项储备 | | | |
| | | | | 　盈余公积 | | | |
| | | | | 　未分配利润 | | | |
| | | | | 　所有者权益（或股东权益）合计 | | | |
| 　资产总计 | | | | 　负债和所有者权益（或股东权益）总计 | | | |

## 二、利润表格式

利润表具体如表4–4所示。

**表4–4**                             **利润表**                          会企02表

编制单位：                          ___ 年__月                          单位：元

| 项目 | 本期金额 | 上期金额 |
|---|---|---|
| 一、营业收入 | | |
| 减：营业成本 | | |
| 税金及附加 | | |
| 销售费用 | | |
| 管理费用 | | |
| 研发费用 | | |
| 财务费用 | | |
| 其中：利息费用 | | |
| 利息收入 | | |
| 加：其他收益 | | |
| 投资收益（损失以"–"号填列） | | |
| 其中：对联营企业和合营企业的投资收益 | | |
| 以摊余成本计量的金融资产终止确认收益（损失以"–"号填列） | | |
| 净敞口套期收益（损失以"–"号填列） | | |
| 公允价值变动收益（损失以"–"号填列） | | |
| 信用减值损失（损失以"–"号填列） | | |
| 资产减值损失（损失以"–"号填列） | | |
| 资产处置收益（损失以"–"号填列） | | |
| 二、营业利润（亏损以"–"号填列） | | |
| 加：营业外收入 | | |
| 减：营业外支出 | | |
| 三、利润总额（亏损总额以"–"号填列） | | |
| 减：所得税费用 | | |
| 四、净利润（净亏损以"–"号填列） | | |
| （一）持续经营净利润（净亏损以"–"号填列） | | |
| （二）终止经营净利润（净亏损以"–"号填列） | | |
| 五、其他综合收益的税后净额 | | |
| （一）不能重分类进损益的其他综合收益 | | |

续表

| 项目 | 本期<br>金额 | 上期<br>金额 |
|---|---|---|
| 1. 重新计量设定受益计划变动额 | | |
| 2. 权益法下不能转损益的其他综合收益 | | |
| 3. 其他权益工具投资公允价值变动 | | |
| 4. 企业自身信用风险公允价值变动 | | |
| …… | | |
| （二）将重分类进损益的其他综合收益 | | |
| 1. 权益法下可转损益的其他综合收益 | | |
| 2. 其他债权投资公允价值变动 | | |
| 3. 金融资产重分类计入其他综合收益的金额 | | |
| 4. 其他债权投资信用减值准备 | | |
| 5. 现金流量套期储备 | | |
| 6. 外币财务报表折算差额 | | |
| …… | | |
| 六、综合收益总额 | | |
| 七、每股收益 | | |
| （一）基本每股收益 | | |
| （二）稀释每股收益 | | |

## 三、现金流量表格式

现金流量表具体如表 4 - 5 所示。

| 表 4 - 5 | 现金流量表 | 会企 03 表 |
|---|---|---|

编制单位： ___年_月 单位：元

| 项目 | 本期金额 | 上期金额 |
|---|---|---|
| 一、经营活动产生的现金流量： | | |
| 销售商品、提供劳务收到的现金 | | |
| 收到的税费返还 | | |
| 收到其他与经营活动有关的现金 | | |
| 经营活动现金流入小计 | | |
| 购买商品、接受劳务支付的现金 | | |
| 支付给职工以及为职工支付的现金 | | |
| 支付的各项税费 | | |

续表

| 项目 | 本期金额 | 上期金额 |
|---|---|---|
| 　支付其他与经营活动有关的现金 | | |
| 　　　　经营活动现金流出小计 | | |
| 　　　经营活动产生的现金流量净额 | | |
| 二、投资活动产生的现金流量： | | |
| 　收回投资收到的现金 | | |
| 　取得投资收益收到的现金 | | |
| 　处置固定资产、无形资产和其他长期资产收回的现金净额 | | |
| 　处置子公司及其他营业单位收到的现金净额 | | |
| 　收到其他与投资活动有关的现金 | | |
| 　　　　投资活动现金流入小计 | | |
| 　购建固定资产、无形资产和其他长期资产支付的现金 | | |
| 　投资支付的现金 | | |
| 　取得子公司及其他营业单位支付的现金净额 | | |
| 　支付其他与投资活动有关的现金 | | |
| 　　　　投资活动现金流出小计 | | |
| 　　　投资活动产生的现金流量净额 | | |
| 三、筹资活动产生的现金流量： | | |
| 　吸收投资收到的现金 | | |
| 　取得借款收到的现金 | | |
| 　收到其他与筹资活动有关的现金 | | |
| 　　　　筹资活动现金流入小计 | | |
| 　偿还债务支付的现金 | | |
| 　分配股利、利润或偿付利息支付的现金 | | |
| 　支付其他与筹资活动有关的现金 | | |
| 　　　　筹资活动现金流出小计 | | |
| 　　　筹资活动产生的现金流量净额 | | |
| 四、汇率变动对现金及现金等价物的影响 | | |
| 五、现金及现金等价物净增加额 | | |
| 　加：期初现金及现金等价物余额 | | |
| 六、期末现金及现金等价物余额 | | |

## 四、所有者权益变动表格式

所有者权益变动表具体如表4-6所示。

**表4-6**

## 所有者权益变动表

编制单位： ____年度

会企04表

单位：元

| 项目 | 本年金额 | | | | | | | | | | 上年金额 | | | | | | | | | |
|---|---|---|---|---|---|---|---|---|---|---|---|---|---|---|---|---|---|---|---|---|
| | 实收资本（或股本） | 其他权益工具 | | | 资本公积 | 减：库存股 | 其他综合收益 | 专项储备 | 盈余公积 | 未分配利润 | 所有者权益合计 | 实收资本（或股本） | 其他权益工具 | | | 资本公积 | 减：库存股 | 其他综合收益 | 专项储备 | 盈余公积 | 未分配利润 | 所有者权益合计 |
| | | 优先股 | 永续债 | 其他 | | | | | | | | | 优先股 | 永续债 | 其他 | | | | | | | |
| 一、上年年末余额 | | | | | | | | | | | | | | | | | | | | | | |
| 加：会计政策变更 | | | | | | | | | | | | | | | | | | | | | | |
| 前期差错更正 | | | | | | | | | | | | | | | | | | | | | | |
| 其他 | | | | | | | | | | | | | | | | | | | | | | |
| 二、本年年初余额 | | | | | | | | | | | | | | | | | | | | | | |
| 三、本年增减变动金额（减少以"-"号填列） | | | | | | | | | | | | | | | | | | | | | | |
| （一）综合收益总额 | | | | | | | | | | | | | | | | | | | | | | |
| （二）所有者投入和减少资本 | | | | | | | | | | | | | | | | | | | | | | |
| 1.所有者投入的普通股 | | | | | | | | | | | | | | | | | | | | | | |
| 2.其他权益工具持有者投入资本 | | | | | | | | | | | | | | | | | | | | | | |
| 3.股份支付计入所有者权益的金额 | | | | | | | | | | | | | | | | | | | | | | |
| 4.其他 | | | | | | | | | | | | | | | | | | | | | | |

续表

| 项目 | 本年金额 | | | | | | | | | | 上年金额 | | | | | | | | | |
|---|---|---|---|---|---|---|---|---|---|---|---|---|---|---|---|---|---|---|---|---|
| | 实收资本（或股本） | 其他权益工具 | | | 资本公积 | 减：库存股 | 其他综合收益 | 专项储备 | 盈余公积 | 未分配利润 | 所有者权益合计 | 实收资本（或股本） | 其他权益工具 | | | 资本公积 | 减：库存股 | 其他综合收益 | 专项储备 | 盈余公积 | 未分配利润 | 所有者权益合计 |
| | | 优先股 | 永续债 | 其他 | | | | | | | | | 优先股 | 永续债 | 其他 | | | | | | | |
| （三）利润分配 | | | | | | | | | | | | | | | | | | | | | | |
| 1. 提取盈余公积 | | | | | | | | | | | | | | | | | | | | | | |
| 2. 对所有者（或股东）的分配 | | | | | | | | | | | | | | | | | | | | | | |
| 3. 其他 | | | | | | | | | | | | | | | | | | | | | | |
| （四）所有者权益内部结转 | | | | | | | | | | | | | | | | | | | | | | |
| 1. 资本公积转增资本（或股本） | | | | | | | | | | | | | | | | | | | | | | |
| 2. 盈余公积转增资本（或股本） | | | | | | | | | | | | | | | | | | | | | | |
| 3. 盈余公积弥补亏损 | | | | | | | | | | | | | | | | | | | | | | |
| 4. 设定受益计划变动额结转留存收益 | | | | | | | | | | | | | | | | | | | | | | |
| 5. 其他综合收益结转留存收益 | | | | | | | | | | | | | | | | | | | | | | |
| 6. 其他 | | | | | | | | | | | | | | | | | | | | | | |
| 四、本年年末余额 | | | | | | | | | | | | | | | | | | | | | | |

# 第二节　一般企业会计报表编制说明

## 一、资产负债表编制说明

1. 资产负债表是指反映企业在某一特定日期财务状况的报表。

2. 表内"期末余额"指标以企业年终财务决算有关指标金额填列。

3. 表内"上年年末余额"指标根据企业上年度财务决算中资产负债表的"期末余额"结合本年度调整数填列。

为了提高信息在会计期间的可比性，向报表使用者提供与理解当期财务报表更加相关的比较数据，企业可以增加列报首次执行各项新准则当年年初的资产负债表。已执行新租赁工具、新金融工具准则或新收入准则的企业，"年初余额"需将上年度财务决算中资产负债表的"期末余额"按照新准则规定转化后，结合本年度调整数填列。企业无论是否增加列报首次执行当年年初的资产负债表，均应当按照相关规定，在附注中分别披露首次执行各项新准则对当年年初财务报表相关项目的影响金额及调整信息。

4. 表内"期末余额"栏各项目的内容和填列方法。

（1）"货币资金"项目，反映企业期末持有的现金、银行存款和其他货币资金总额。根据货币资金期末余额填列。如果存在按实际利率法计提的银行存款利息，也应填列在该项目中。

对于大额存单，能否在货币资金列示，一般考虑以下因素：一是期限在 12 个月内；二是存单的发行条件允许提前支取；三是持有人没有明确将其持有至到期的意图。对不同时满足上述条件，但预计持有期限不超过一年（自购入日起算）的大额存单，可在"其他流动资产"项目下列报；预计持有期限超过一年的大额存单，可在"其他非流动资产"项目下列报①。

企业根据相关法规制度，通过内部结算中心、财务公司等对母公司及成员单位资金实行集中统一管理的，对于成员单位未归集至集团母公司账户而直接存入财务公司的资金，成员单位应当在资产负债表"货币资金"项目中列示，根据重要性原则并结合本企业的实际情况，成员单位还可以在"货币资金"项目之下增设"其中：存放财

---

① 上述大额存单的列报方法参考《中审众环研究．实务案例卷 2020》问题 4 – 1 – 49（大额存单的核算）。

务公司款项"项目单独列示。这里的财务公司，是指依法接受银保监会的监督管理，以加强企业集团资金集中管理和提高企业集团资金使用效率为目的，为企业集团成员单位提供财务管理服务的非银行金融机构，下同。

（2）交易性金融资产，反映资产负债表日企业分类为以公允价值计量且其变动计入当期损益的金融资产，以及企业持有的直接指定为以公允价值计量且其变动计入当期损益的金融资产期末账面价值，应根据"交易性金融资产"科目的相关明细科目期末余额分析填列。包括未能通过 SPPI 测试的、到期日不超过一年或预期持有不超过一年的债务工具投资（含嵌入衍生工具）；以其他业务模式持有的债务工具投资（含嵌入衍生工具）；未指定为有效套期工具的衍生工具；到期日不超过一年或预期持有不超过一年的权益工具投资（不包括指定为 FVOCI 的）；不超过一年的、直接指定为 FVT-PL 的债务工具投资。自资产负债表日起超过一年到期且预期持有超过一年的以公允价值计量且其变动计入当期损益的非流动金融资产的期末账面价值，在"其他非流动金融资产"行项目反映。

企业购买的符合《中国银保监会办公厅关于进一步规范商业银行结构性存款业务的通知》定义的结构性存款，通常应当分类为以公允价值计量且其变动计入当期损益的金融资产，并在"交易性金融资产"项目列示，除非仅与利率挂钩且不存在杠杆或逆向浮动。对预期持有超过一年的，宜列"其他非流动金融资产"项目。

企业购买的符合《商业银行理财业务监督管理办法》规定的理财产品（按照约定条件和实际投资收益情况向投资者支付收益、不保证本金支付和收益水平），通常应当分类为以公允价值计量且其变动计入当期损益的金融资产，并在"交易性金融资产"或"其他非流动金融资产"（自资产负债表日起超过一年到期且预期持有超过一年的）项目列示。

企业购买的符合《中国人民银行关于规范金融机构资产管理业务的指导意见》规定的资产管理产品，若包含"无追索权条款"或属于"合同挂钩工具"的，需要进一步穿透分析能否通过 SPPI 测试；企业购买的货币市场基金份额由于基金通常投资于动态管理的资产组合，因此通不过 SPPI 测试，通常应当分类为以公允价值计量且其变动计入当期损益的金融资产，并在"交易性金融资产"或"其他非流动金融资产"（自资产负债表日起超过一年到期且预期持有超过一年的）项目列示。

（3）衍生金融资产，反映企业衍生工具形成资产的期末余额。

（4）应收票据，反映资产负债表日以摊余成本计量的、企业因销售商品、提供服务等收到的商业汇票，包括银行承兑汇票和商业承兑汇票，应根据"应收票据"科目的期末余额，减去"坏账准备"科目中相关坏账准备期末余额后的金额填列。

（5）应收账款，反映资产负债表日以摊余成本计量的、企业因销售商品、提供服务等经营活动应收取的款项，应根据"应收账款"科目的期末余额，减去"坏账准备"科目中相关坏账准备期末余额后的金额填列。

企业因销售商品、提供服务等取得的、不属于《中华人民共和国票据法》规范票据的"云信""融信"等数字化应收账款债权凭证，不应当在"应收票据"项目中列示。企业管理"云信""融信"等的业务模式以收取合同现金流量为目标的，应当在"应收账款"项目中列示；既以收取合同现金流量为目标又以出售为目标的，应当在"应收款项融资"项目中列示。

（6）应收款项融资，反映资产负债表日以公允价值计量且其变动计入其他综合收益的应收票据和应收账款等。

（7）预付款项，反映企业按照合同规定预付的款项。为购建固定资产而预付的款项，日常会计核算时在"预付账款"科目反映，期末编制财务报表时，应分类为非流动资产，列示于"其他非流动资产"。

（8）其他应收款，企业应根据"应收利息""应收股利"和"其他应收款"科目的期末余额合计数，减去"坏账准备"科目中相关坏账准备期末余额后的金额填列。其中的"应收利息"仅反映相关金融工具已到期可收取但于资产负债表日尚未收到的利息。基于实际利率法计提的金融工具的利息应包含在相应金融工具的账面余额中。应收股利单独列示。

企业根据相关法规制度，通过内部结算中心、财务公司等对母公司及成员单位资金实行集中统一管理的，对于成员单位归集至集团母公司账户的资金，成员单位应当在资产负债表"其他应收款"项目中列示，或者根据重要性原则并结合本企业的实际情况，在"其他应收款"项目之上增设"应收资金集中管理款"项目单独列示；对于成员单位从集团母公司账户拆借的资金，母公司应当在资产负债表"其他应收款"项目中列示。

（9）存货，企业应根据存货相关科目的期末余额合计，减去"存货跌价准备"或"商品削价准备""代销商品款"科目的期末余额后的净额填列。除了企业在日常活动中持有以备出售的产成品或商品、处在生产过程中的在产品、在生产过程或提供劳务过程中耗用的材料和物料等之外，还包括摊销期限不超过一年或一个正常营业周期的资本化的合同履约成本和合同取得成本（按扣除减值准备后的净额列示）。企业进口商品所缴纳的反倾销税应当计入所购商品的成本。

"发出商品"和"合同履约成本"，商品的控制权均未转移、尚未确认收入。"发出商品"适用存货准则，通常构成单项履约义务；"合同履约成本"是指不适用"存货"等准则的为履行合同发生的、增加了企业未来用于履行履约义务的资源的必要成本。为履行与客户的合同而发生的培训费应计入损益，不应资本化。

（10）持有待售资产，反映资产负债表日划分为持有待售类别的非流动资产及划分为持有待售类别的处置组中的流动资产和非流动资产的期末账面价值，应根据"持有待售资产"科目的期末余额，减去"持有待售资产减值准备"科目的期末余额后的金额填列。

（11）一年内到期的非流动资产，反映企业将于一年内到期的非流动资产项目金额，本项目应根据有关科目的期末净额填列。对于按照相关会计准则采用折旧（或摊销、折耗）方法进行后续计量的固定资产、无形资产和长期待摊费用等非流动资产，折旧（或摊销、折耗）年限（或期限）只剩一年或不足一年的，或预计在一年内（含一年）进行折旧（或摊销、折耗）的部分，不得归类为流动资产，仍在各该非流动资产项目中填列，不转入"一年内到期的非流动资产"项目。

（12）其他流动资产，反映企业除货币资金、交易性金融资产、应收票据、应收账款、存货等流动资产以外的其他流动资产。除进项税额、多缴或预缴的增值税额、待抵扣进项税额、待认证进项税额、增值税留抵税额、预缴所得税、预缴其他税费、待摊费用外，还包括：①一年内到期的债权投资（包括以摊余成本计量及以公允价值计量且其变动计入其他综合收益），但分类为 FVOCI 的应收票据和应收账款等应收债权融资除外（应收款项融资）；②摊销期限不超过一年或一个正常营业周期的资本化的合同取得成本，根据"负债确认的时点"来确定合同取得成本（佣金）何时入账；③在一年或一个正常营业周期内出售的应收退货成本；④被套期项目为尚未确认的确定承诺（或其组成部分）的，其在套期关系指定后因被套期风险引起的公允价值累计变动额；⑤碳排放权资产借方余额等。

（13）债权投资，反映资产负债表日企业以摊余成本计量的长期债权投资的期末账面价值，应根据"债权投资"科目的相关明细科目期末余额，减去"债权投资减值准备"科目中相关减值准备的期末余额后的金额分析填列。自资产负债表日起一年内到期的长期债权投资的期末账面价值，在"一年内到期的非流动资产"项目反映。企业购入的以摊余成本计量的一年内到期的债权投资的期末账面价值，在"其他流动资产"行项目反映。

（14）其他债权投资，反映资产负债表日企业分类为以公允价值计量且其变动计入其他综合收益的长期债权投资的期末账面价值。该项目应根据"其他债权投资"科目的相关明细科目期末余额分析填列。自资产负债表日起一年内到期的长期债权投资的期末账面价值，在"一年内到期的非流动资产"项目反映。企业购入的以公允价值计量且其他变动计入其他综合收益的一年内到期的债权投资的期末账面价值，在"其他流动资产"行项目反映。

（15）长期应收款。企业应根据"长期应收款""应收融资租赁款"科目的期末余额，减去相应的"未实现融资收益"科目和"坏账准备"科目所属相关科目期末余额后的净额填列。

（16）长期股权投资。企业应根据"长期股权投资"科目账面余额，减去相应

"长期股权投资减值准备"科目期末余额后的净额填列。

（17）其他权益工具投资，反映资产负债表日企业指定为公允价值计量且其变动计入其他综合收益的非交易性权益工具投资的期末账面价值，应根据"其他权益工具投资"科目的期末余额填列。

（18）其他非流动金融资产，反映企业持有的自资产负债表日起超过一年到期且预期持有超过一年的以公允价值计量且其变动计入当期损益的非流动金融资产的期末账面价值，应根据"交易性金融资产"科目的相关明细科目期末余额分析填列。

（19）投资性房地产，反映企业持有的投资性房地产。采用成本模式计量投资性房地产的，应根据"投资性房地产"科目的期末余额，减去"投资性房地产累计折旧（摊销）""投资性房地产减值准备"科目期末余额后的净额填列；采用公允价值模式计量投资性房地产的，应根据"投资性房地产"科目的期末余额填列。

（20）固定资产，反映资产负债表日企业固定资产的期末账面价值和企业尚未清理完毕的固定资产清理净损益，应根据"固定资产""融资租赁资产"科目的期末余额，减去"累计折旧""固定资产减值准备"科目的期末余额后的金额，加上"固定资产清理"科目的期末余额填列，其中："固定资产原价""累计折旧""固定资产减值准备"单独列示。

（21）在建工程，反映资产负债表日企业尚未达到预定可使用状态的在建工程期末账面价值和企业为在建工程准备的各种物资的期末账面价值。该项目应根据"在建工程"科目的期末余额，减去"在建工程减值准备"科目的期末余额后的金额，加上"工程物资"科目的期末余额，减去"工程物资减值准备"科目的期末余额后的金额填列。

（22）生产性生物资产，反映企业持有的为产出农产品、提供劳务或出租等目的而持有的生物资产，应根据"生产性生物资产"科目的期末余额，减去"生产性生物资产累计折旧""生产性生物资产减值准备"科目期末余额后的净额填列。

（23）油气资产，反映企业持有的矿区权益和油气井及相关设施的原价减去累计折耗和累计减值准备后的净额，应根据"油气资产"科目期末余额，减去"累计折耗"科目期末余额和相应减值准备后的净额填列。

（24）使用权资产，反映资产负债表日承租人企业持有的使用权资产的期末账面价值。该项目应根据"使用权资产"科目的期末余额，减去"使用权资产累计折旧""使用权资产减值准备"科目的期末余额后的金额填列。

（25）无形资产，反映企业持有无形资产的账面价值，包括专利权、非专利技术、商标权、著作权、土地使用权等，应根据"无形资产"科目的期末余额，减去相应的"无形资产减值准备""累计摊销"科目期末余额后的净额填列。

（26）开发支出，反映企业开发无形资产过程中能够资本化形成无形资产成本的支出部分，应根据"研发支出"科目中所属的"资本化支出"明细科目期末余额填列。

（27）商誉，反映企业合并中形成商誉的价值，应根据"商誉"科目期末余额，减去相应减值准备后的净额填列。

（28）长期待摊费用，反映企业已经发生但应由本期和以后各期负担的各项费用，应根据"长期待摊费用"科目的期末余额填列。

（29）递延所得税资产，反映企业确认的可抵扣暂时性差异产生的递延所得税资产，应根据"递延所得税资产"科目期末余额填列。

（30）其他非流动资产，反映企业除以上资产以外的其他长期资产。其中，特准储备物资主要反映企业按照国家和上级规定储备的用于防汛、战备等特定用途的物资年末结存成本，应单独列示。如该项目价值较大的，应在会计报表附注中披露其内容和金额。根据新收入准则规定确认为资产的合同履约成本和合同取得成本（扣除减值准备后的净额），初始确认时摊销期限在一年或一个正常营业周期以上的，也计入本项目。

企业根据与供应商、承包商、土地使用权出让方等签订的相关合同，为购建固定资产、无形资产、投资性房地产等非流动资产而预付给供应商、承包商或土地使用权出让方等的款项（如预付设备购买款、预付出包工程款、预付土地出让金等），在资产负债表中应当列报为非流动资产。在资产负债表中，可根据其不同的性质确定所属的报表项目，通常在"在建工程""工程物资""开发支出""其他非流动资产"等项目中列报。

（31）交易性金融负债，反映资产负债表日企业承担的交易性金融负债，以及企业持有的直接指定为以公允价值计量且其变动计入当期损益的金融负债的期末账面价值，应根据"交易性金融负债"科目的相关明细科目期末余额填列。

（32）衍生金融负债，反映企业衍生工具形成负债的期末余额。

（33）应付票据，反映资产负债表日以摊余成本计量的、企业因购买材料、商品和接受服务等开出、承兑的商业汇票，包括银行承兑汇票和商业承兑汇票。该项目应根据"应付票据"科目的期末余额填列。

（34）应付账款，反映资产负债表日以摊余成本计量的、企业因购买材料、商品和接受服务等经营活动应支付的款项。该项目应根据"应付账款""预付账款"科目所属的相关明细科目的期末贷方余额合计数填列。

（35）合同资产＆合同负债，应分别根据"合同资产""合同负债"科目的相关明细科目期末余额分析填列，同一合同下的合同资产和合同负债应当以净额列示，其中净额为借方余额的，应当根据其流动性在"合同资产"或"其他非流动资产"项目中填列，已计提减值准备的，还应减去"合同资产减值准备"科目中相关的期末余额后的金额填列；其中净额为贷方余额的，应当根据其流动性在"合同负债"或"其他非流动负债"项目中填列。

按照《企业会计准则第14号——收入》的相关规定确认为资产的合同取得成本，应根据"合同取得成本"科目的明细科目初始确认时摊销期限是否超过一年或一个正常营业周期，在"其他流动资产"或"其他非流动资产"项目中填列，已计提减值准备的，还应减去"合同取得成本减值准备"科目中相关的期末余额后的金额填列。

按照《企业会计准则第14号——收入》的相关规定确认为资产的合同履约成本，应根据"合同履约成本"科目的明细科目初始确认时摊销期限是否超过一年或一个正常营业周期，在"存货"或"其他非流动资产"项目中填列，已计提减值准备的，还应减去"合同履约成本减值准备"科目中相关的期末余额后的金额填列。

按照《企业会计准则第14号——收入》的相关规定确认为资产的应收退货成本，应根据"应收退货成本"科目是否在一年或一个正常营业周期内出售，在"其他流动资产"或"其他非流动资产"项目中填列。

按照《企业会计准则第14号——收入》的相关规定确认为预计负债的应付退货款，应根据"预计负债"科目下的"应付退货款"明细科目是否在一年或一个正常营业周期内清偿，在"其他流动负债"或"预计负债"项目中填列。

（36）应付职工薪酬，反映企业根据有关规定应付给职工的工资、职工福利、社会保险费、住房公积金、工会经费、职工教育经费、非货币性福利、辞退福利等各种薪酬，应根据"应付职工薪酬"科目的期末余额填列。其中，应付工资和应付福利费应单独列示。外商投资企业按规定从净利润中提取的职工奖励及福利基金，应在"应付福利费"项下单独列示。

（37）应交税费，反映企业按照税法规定计算应缴纳的各种税费，包括增值税、消费税、所得税、资源税、土地增值税、城市维护建设税、房产税、土地使用税、车船税、教育费附加、矿产资源补偿费等。应根据"应交税费"科目下的"未交增值税""简易计税""转让金融商品应交增值税""代扣代交增值税"等科目贷方余额填列，其中，应交税金应单独列示。"应交税费"科目下的"应交增值税""未交增值税""待抵扣进项税额""待认证进项税额""增值税留抵税额"等明细科目期末借方余额应根据情况，在资产负债表中的"其他流动资产"或"其他非流动资产"项目列示；企业实际缴纳的所得税税款大于按照税法规定计算的应缴税款，多缴的部分应在资产负债表中的"其他流动资产"项目列示；"应交税费"科目下的"待转销项税额"等科目期末贷方余额应根据情况，在资产负债表中的"其他流动负债"或"其他非流动负债"项目列示。

（38）其他应付款，应根据"应付利息""应付股利"和"其他应付款"科目的期末余额合计数填列。其中的"应付利息"仅反映相关金融工具已到期应支付但于资产负债表日尚未支付的利息。基于实际利率法计提的金融工具的利息应包含在相应金融工具的账面余额中。应付股利单独列示。

企业根据相关法规制度，通过内部结算中心、财务公司等对母公司及成员单位资金实行集中统一管理的，母公司应当在资产负债表"其他应付款"项目中列示。对于成员单位从集团母公司账户拆借的资金，成员单位应当在资产负债表"其他应付款"项目中列示。

（39）持有待售负债，反映资产负债表中处置组中与划分为持有待售类别的资产直接相关的负债的期末账面价值，应根据"持有待售负债"科目的期末余额填列。

（40）其他流动负债，反映未包括在短期借款、交易性金融负债、应付票据、应付账款、预收款项、应付职工薪酬、应交税费、其他应付款、一年内到期的非流动负债项目内的流动负债等报表项目中的流动负债，含短期融资券和超短期融资券。

（41）租赁负债，反映资产负债表日承租人企业尚未支付的租赁付款额的期末账面价值。该项目应根据"租赁负债"科目的期末余额填列。自资产负债表日起一年内到期应予以清偿的租赁负债的期末账面价值，在"一年内到期的非流动负债"项目反映。

（42）长期应付款，反映资产负债表日企业除长期借款和应付债券以外的其他各种长期应付款项的期末账面价值，应根据"长期应付款"科目的期末余额，减去相关的"未确认融资费用"科目的期末余额后的金额，加上"专项应付款"科目的期末余额填列。

（43）长期应付职工薪酬，反映企业辞退福利中将于资产负债表日起12个月之后支付的部分、离职后福利中设定受益计划净负债、其他长期职工福利中符合设定受益计划条件的净负债。

（44）预计负债，反映企业各项预计的负债，包括对外提供担保、商业承兑票据贴现、未决诉讼、产品质量保证、重组义务、亏损合同、应付退货款等，应根据"预计负债"科目期末余额填列。

（45）递延收益，反映企业应在以后期间计入当期损益的政府补助和未实现融资收益等。递延收益项目中摊销期限只剩一年或不足一年的，或预计在一年内（含一年）进行摊销的部分，不归类为流动负债，仍在该项目中填列，不转入"一年内到期的非流动负债"项目。

（46）递延所得税负债，反映企业确认的应纳税暂时性差异产生的递延所得税负债，应根据"递延所得税负债"科目期末余额填列。

（47）特准储备基金，反映国家拨给企业的特准储备基金的余额。

（48）实收资本（或股本），反映企业各投资者实际投入的资本（或股本）总额。其中，中外合作经营企业"实收资本净额"按"实收资本"扣除"已归还投资"后的金额填列。

（49）已归还投资，反映中外合作经营企业按合同规定在合作期间归还投资者的投资。本项目应根据"已归还投资"科目的期末借方余额填列。非中外合作经营企业不填。

（50）其他权益工具，反映企业发行的除普通股以外分类为权益工具的金融工具的账面价值。对于资产负债表日企业发行的金融工具，分类为金融负债的，应在"应付债券"项目填列，对于优先股和永续债，还应在"应付债券"项目下的"优先股"项目和"永续债"项目分别填列；分类为权益工具的，应在"其他权益工具"项目填列，对于优先股和永续债，还应在"其他权益工具"项目下的"优先股"项目和"永续债"项目分别填列。

（51）"资本公积"项目，反映企业收到投资者出资额超出其在注册资本或股本中所占份额的部分，直接计入所有者权益的利得和损失，以及国家或股东对企业的其他资本性投入。

（52）库存股，反映企业持有尚未转让或注销的本企业股份金额，应根据"库存股"科目期末余额分析填列。

（53）其他综合收益，反映企业未在当期损益中确认的各项利得和损失，应根据"其他综合收益"科目期末余额分析填列。其中，外币报表折算差额反映企业将外币表示的资产负债表折算成记账本位币表示的资产负债表时，由于报表项目采用不同的折算汇率所产生的差额，应单独列示。

（54）专项储备，反映高危行业企业按照国家规定提取的安全生产费的期末账面价值，该项目应根据"专项储备"科目的期末余额填列。

（55）盈余公积，反映企业盈余公积的期末余额。本项目应根据"盈余公积"科目的期末余额填列。其中，"法定盈余公积"反映企业按照规定的比例从净利润中提取的盈余公积；"任意盈余公积"反映企业经股东大会或类似机构批准按照规定的比例从净利润中提取的盈余公积；"储备基金"反映外商投资企业按照法律、行政法规规定从净利润中提取的、经批准用于弥补亏损和增加资本的储备基金；"企业发展基金"反映外商投资企业按照法律、行政法规规定从净利润中提取的、用于企业生产发展和经批准用于增加资本的企业发展基金；"利润归还投资"反映中外合作经营企业按照规定在合作期间以利润归还投资者的投资。

（56）未分配利润，反映尚未分配的利润，未弥补的亏损，在本项目内以"－"填列。

5. 表内"期初余额"根据企业上年度财务决算中资产负债表的"期末余额"结合本年度调整数填列。首次执行新租赁工具、新金融工具准则、新收入准则的企业，需将上年度财务决算中资产负债表的"期末余额"按照新准则规定转化后，结合本年度调整数填列。

## 二、利润表编制说明

1. 本表反映企业在一年或一个会计期间内的经营成果。企业应根据损益类账户及其有关明细账户的上年累计实际发生数和本年累计实际发生数分析填列。如果上年度利润表与本年度该表的项目名称和内容不相一致，应按本年度口径调整后填列。

2. 表内"本期金额"各项目内容和填列方法。

(1) 营业收入，反映企业经营主要业务和其他业务所确认的收入总额，应根据"主营业务收入"和"其他业务收入"科目的发生额分析填列。如果企业取得的补贴收入与其销售商品或提供服务等活动密切相关，且是企业商品或服务的对价或者是对价的组成部分，应当适用收入准则，在该项目填列。

对新能源汽车厂商而言，如果没有政府的新能源汽车财政补贴，企业通常不会以低于成本的价格进行销售，政府补贴实际上是新能源汽车销售对价的组成部分。新能源汽车厂商从政府取得的补贴，与其销售新能源汽车密切相关，且是新能源汽车销售对价的组成部分。中央和地方财政补贴实质上是为消费者购买新能源汽车承担和支付了部分销售价款，其拨付的补贴金额应属于新能源汽车厂商销售商品的资金流入，在性质上属于收入。因此，新能源汽车厂商应当按照收入准则的规定进行会计处理，在款项满足收入确认条件时应将其确认为收入，并根据中央和地方的相关补贴政策合理估计未来补贴款的金额。

对于日常经营活动为租赁的企业，其利息收入和租赁收入可以作为营业收入列报。

(2) 营业成本，反映企业经营主要业务和其他业务所确认的成本总额，应根据"主营业务成本"和"其他业务成本"科目的发生额分析填列。

(3) 税金及附加，反映企业经营活动发生的消费税、城市维护建设税、资源税、教育费附加及房产税、土地使用税、车船税、印花税等相关税费，应根据"税金及附加"科目的发生额填列。

(4) 销售费用，反映企业在销售过程中发生的包装费、广告费等相关费用，以及专设销售机构的职工薪酬、业务费等经营费用，应根据"销售费用"科目的发生额分析填列。

(5) 管理费用，反映为组织和管理企业生产经营所发生的费用，包括企业在筹建期间内发生的开办费、董事会和行政管理部门在企业的经营管理中发生的或者应由企业统一负担的公司经费（包括行政管理部门职工工资及福利费、物料消耗、低值易耗品摊销、办公费和差旅费等）、工会经费、董事会费（包括董事会成员津贴、会议费和差旅费等）、聘请中介机构费、咨询费（含顾问费）、诉讼费、业务招待费、残疾人就业保障金、技术转让费、矿产资源补偿费、研究费用、排污费等，不包括企业进行研究与开发过程中发生的费用化支出和无形资产摊销。该项目应根据"管理费用"科目的发生额分析填列。按现行增值税制度的规定，企业初次购买增值税税控系统专用设备支付的费用以及缴纳的技术维护费允许在增值税应纳税额中全额抵减的，抵减的增值税税额在"管理费用"中填列。

（6）研发费用，反映企业进行研究与开发过程中发生的费用化支出，以及计入管理费用的自行开发无形资产的摊销。该项目应根据"管理费用"科目下的"研究费用"明细科目的发生额，以及"管理费用"科目下的"无形资产摊销"明细科目的发生额分析填列。

（7）财务费用，反映企业为筹集生产经营所需资金等发生的费用，其中，利息费用、利息收入、汇兑净损失项目需单独列示，"利息费用""利息收入""汇兑净损失"项目均以正数填列。其中，"利息费用"反映企业为筹集生产经营所需资金等而发生的应予费用化的利息支出；"汇兑净损失"科目反映企业外币货币性项目因汇率变动形成的损失，若为汇兑净收益，则在"汇兑净损失"以负数列示。

（8）其他，反映石油石化企业勘探费用。

（9）其他收益，反映计入其他收益的政府补助（政府补助指企业从政府无偿取得货币性资产或非货币性资产。政府补助主要形式包括政府对企业的无偿拨款、税收返还、财政贴息以及无偿给予非货币性资产，但不包括政府作为企业所有者投入的资本），以及其他与日常活动相关且计入其他收益的项目。该项目应根据"其他收益"科目的发生额分析填列。企业作为个人所得税的扣缴义务人，根据《中华人民共和国个人所得税法》收到的扣缴税款手续费，应作为其他与日常活动相关的收益在该项目中填列；企业超比例安排残疾人就业或者为安排残疾人就业做出显著成绩，按规定收到的奖励在该项目中填列；对于小微企业达到增值税制度规定的免征增值税条件时，有关应交增值税在该项目中填列；对于当期直接减免的增值税，在该项目中填列；根据《关于深化增值税改革有关政策的公告》的规定，自 2019 年 4 月 1 日起至 2021 年 12 月 31 日，允许生产、生活性服务业纳税人按照当期可抵扣进项税额加计 10%，抵减应纳税额，该部分加计抵减的增值税在该项目中填列。

如果取得的补贴收入与企业销售商品或提供服务等活动密切相关，且是企业商品或服务的对价或者是对价的组成部分，应当适用收入准则。

债务重组中，债务人以单项或多项非金融资产（如固定资产、日常活动产出的商品或服务等）清偿债务，或者以包括金融资产和非金融资产在内的多项资产清偿债务的，不需要区分资产处置损益和债务重组损益，也不需要区分不同资产的处置损益，而应将所清偿债务账面价值与转让资产账面价值之间的差额，记入"其他收益——债务重组收益"科目，在该项目填列；债务人以包含非金融资产的处置组清偿债务的，应当将所清偿债务和处置组中负债的账面价值之和，与处置组中资产的账面价值之间的差额，记入"其他收益——债务重组收益"科目，在该项目填列。

（10）投资收益，反映企业以各种方式对外投资所取得的收益，应根据"投资收益"科目的发生额分析填列。如为投资损失以"－"号填列。其中，"对联营企业和合营企业的投资收益"和"以摊余成本计量的金融资产终止确认收益"单独列示。

"以摊余成本计量的金融资产终止确认收益"项目，反映企业因转让等情形导致终止确认以摊余成本计量的金融资产而产生的利得或损失。该项目应根据"投资收益"科目的相关明细科目的发生额分析填列；如为损失，以"－"号填列。

（11）净敞口套期收益，反映净敞口套期下被套期项目累计公允价值变动转入当期损益的金额或现金流量套期储备转入当期损益的金额，应根据"净敞口套期收益"科目发生额分析填列。如为套期损失，以"－"号填列。

（12）公允价值变动收益，反映企业应当计入当期损益的资产或负债公允价值变动收益，应根据"公允价值变动损益"科目发生额分析填列，如为净损失以"－"号填列。

（13）信用减值损失，反映企业按照《企业会计准则第22号——金融工具确认和计量》的要求计提的各项金融工具减值准备所形成的预期信用损失，应根据"信用减值损失"科目发生额分析填列，如为减值损失，以"－"号填列。

（14）资产减值损失，反映除按照《企业会计准则第22号——金融工具确认和计量》的要求计提的各项预期信用损失外，企业针对其他资产计提减值准备所形成的各项减值损失，如为减值损失，以"－"号填列。

（15）资产处置收益，反映企业出售划分为持有待售的非流动资产（金融工具、长期股权投资和投资性房地产除外）或处置组（子公司和业务除外）时确认的处置利得或损失，以及处置未划分为持有待售的固定资产、在建工程、生产性生物资产及无形资产而产生的处置利得或损失。债务重组中因处置非流动资产产生的利得或损失和非货币性资产交换中换出非流动资产产生的利得或损失也包括在本项目内。该项目应根据"资产处置损益"科目的发生额分析填列；如为处置损失，以"－"号填列。

（16）营业外收入，反映企业发生的除营业利润以外的收益，主要包括与企业日常活动无关的政府补助、盘盈利得、捐赠利得（企业接受股东或股东的子公司直接或间接的捐赠，经济实质属于股东对企业的资本性投入的除外）等。该项目应根据"营业外收入"科目的发生额分析填列。

（17）营业外支出，反映企业发生的除营业利润以外的支出，主要包括公益性捐赠支出、非常损失、盘亏损失、非流动资产毁损报废损失等。该项目应根据"营业外支出"科目的发生额分析填列。"非流动资产毁损报废损失"通常包括因自然灾害发生毁损、已丧失使用功能等原因而报废清理产生的损失。企业在不同交易中形成的非流动资产毁损报废利得和损失不得相互抵销，应分别在"营业外收入"项目和"营业外支出"项目进行填列。

（18）所得税费用，反映企业应从当期利润总额中扣除的所得税费用，包括当期所得税和递延所得税两个部分。

（19）净利润，按归属分，包括归属于母公司所有者的净利润和少数股东损益两部分内容；按经营的持续性分，包括持续经营净利润和终止经营净利润两部分内容。不符合终止经营定义的持有待售的非流动资产或处置组，其减值损失和转回金额及处置损益应当作为持续经营净利润列报。企业终止经营的减值损失和转回金额等经营损益及处置损益应当作为终止经营净利润列报。

（20）其他综合收益的税后净额，反映企业根据企业会计准则规定未在当期损益中确认的各项利得和损失扣除所得税影响后的净额。其中归属于母公司所有者的其他综合收益的税后净额须按照能否重分类进损益单独列示以下项目：①不能重分类进损益的其他综合收益项目，主要包括：重新计量设定受益计划变动额、权益法下不能转损益的其他综合收益、其他权益工具投资公允价值变动、企业自身信用风险公允价值变动。其中："其他权益工具投资公允价值变动"项目，反映企业指定为以公允价值计量且其变动计入其他综合收益的非交易性权益工具投资发生的公允价值变动；"企业自身信用风险公允价值变动"项目，反映企业指定为以公允价值计量且其变动计入当期损益的金融负债，由企业自身信用风险变动引起的公允价值变动而计入其他综合收益的金额。②将重分类进损益的其他综合收益项目，主要包括：权益法下可重分类进损益的其他综合收益、其他债权投资公允价值变动、可供出售金融资产公允价值变动损益、金融资产重分类计入其他综合收益的金额、持有至到期投资重分类为可供出售金融资产损益、其他债权投资信用减值准备、现金流量套期储备（现金流量套期损益的有效部分）、外币财务报表折算差额。其中："其他债权投资公允价值变动"项目，反映企业分类为以公允价值计量且其变动计入其他综合收益的债权投资发生的公允价值变动。企业将一项以公允价值计量且其变动计入其他综合收益的金融资产重分类为以摊余成本计量的金融资产，或重分类为以公允价值计量且其变动计入当期损益的金融资产时，之前计入其他综合收益的累计利得或损失从其他综合收益中转出的金额作为该项目的减项。"金融资产重分类计入其他综合收益的金额"项目，反映企业将一项以摊余成本计量的金融资产重分类为以公允价值计量且其变动计入其他综合收益的金融资产时，计入其他综合收益的原账面价值与公允价值之间的差额。"其他债权投资信用减值准备"项目，反映企业按照《企业会计准则第 22 号——金融工具确认和计量》第十八条分类为以公允价值计量且其变动计入其他综合收益的金融资产的减值准备。"现金流量套期储备（现金流量套期损益的有效部分）"项目，反映企业套期工具产生的利得或损失中属于套期有效的部分。

（21）综合收益总额，反映企业在当期除与所有者以其所有者身份进行的交易之外的其他交易或事项所引起的所有者权益变动。综合收益总额项目反映净利润和其他综合收益扣除所得税影响后的净额相加后的合计金额。

（22）每股收益，反映普通股股东每持有一股所能享有的企业利润或承担的亏损，包括基本每股收益和稀释每股收益。仅由普通股或潜在普通股已公开交易的企业，以及正处于公开发行普通股或潜在普通股过程中的企业填列。

基本每股收益，反映股份有限公司仅考虑当期实际发行在外的普通股股份计算的每股收益，按照归属于普通股股东的当期净利润，除以当期实际发行在外普通股的加权平均数计算确定。

稀释每股收益，反映股份有限公司以基本每股收益为基础，假设企业所有发行在外的稀释性潜在普通股均已转换为普通股，从而分别调整归属于普通股股东的当期净利润以及发行在外普通股的加权平均数而计算的每股收益。

## 三、现金流量表编制说明

1. 本表反映企业在一年或一个会计期间内有关现金和现金等价物的流入和流出的情况。企业采用直接法报告经营活动的现金流量时，有关现金流量的信息可以从会计记录中直接获得，也可以在利润表营业收入、营业成本等数据的基础上，通过调整存货和经营性应收应付项目的变动，以及固定资产折旧、无形资产摊销等项目后获得。

2. 表内"本期金额"各项目的内容和填列方法。

（1）销售商品、提供劳务收到的现金，反映企业销售商品、提供劳务实际收到的现金（含销售收入和应向购买者收取的增值税额），包括本期销售商品、提供劳务收到的现金，以及前期销售和前期提供劳务本期收到的现金和本期预收的账款，减去本期退回本期销售的商品和前期销售本期退回的商品支付的现金。企业销售材料和代购代销业务收到的现金也在本项目反映。本项目可根据"现金""银行存款""应收票据""应收账款""预收账款""主营业务收入""其他业务收入"等科目的记录分析填列。

（2）收到的税费返还，反映企业收到的增值税、消费税、所得税返还等。本项目可根据"库存现金""银行存款""税金及附加""营业外收入""补贴收入""其他应收款""应收补贴款"等科目的记录分析填列。

（3）收到其他与经营活动有关的现金，反映企业除上述各项目外，收到的其他与经营活动有关的现金，如罚款收入、流动资产损失中由个人赔偿的现金收入等。其他现金流入如价值较大的，应在报表附注中披露。本项目可根据"库存现金""银行存款""营业外收入"等科目的记录分析填列。其中，企业实际收到的政府补助，无论是与资产相关还是与收益相关，均作为经营活动产生的现金流量填列。若银行承兑汇票贴现符合金融资产终止确认的条件，相关现金流入则分类为经营活动现金流量。

（4）购买商品、接受劳务支付的现金，反映企业购买材料、商品、接受劳务实际支付的现金，包括本期购入材料、商品、接受劳务支付的现金（包括增值税进项税额），以及本期支付前期购入商品、接受劳务的未付款项和本期预付款项。本期发生的购货退回收到的现金应从本项目中扣除。本项目可根据"库存现金""银行存款""应付票据""应付账款""预付账项""主营业务成本""其他业务支出"等科目的记录分析填列。

（5）支付给职工及为职工支付的现金，反映企业实际支付给职工，以及为职工支付的现金，包括本期实际支付给职工的工资、奖金、各种津贴和补贴、为职工代扣代缴的个人所得税等，以及为职工支付的其他费用。不包括支付的离退休人员的各项费用和支付给在建工程人员的工资等。企业为职工支付的养老、失业等社会保险基金、补充养老保险、住房公积金、支付给职工的住房困难补助，以及企业支付给职工或为职工支付的其他福利费等，应按职工的工作性质和服务对象，分别在本项目和"购建固定资产、无形资产和其他长期资产支付的现金"项目反映。本项目可根据"应付工资""库存现金""银行存款"等科目的记录分析填列。企业支付给离退休人员的费用，在"支付的其他与经营活动有关的现金"项目中反映。

（6）支付的各项税费，反映企业按规定支付的各种税费，包括本期发生并支付的税费，以及本期支付以前各期发生的税费和预交的税金。本项目可根据"应交税费""库存现金""银行存款"等科目的记录分析填列，不包括企业代扣代缴的个人所得税。

（7）支付其他与经营活动有关的现金，反映企业除上述各项目外，支付的其他与经营活动有关的现金，如罚款支出、支付的差旅费、业务招待费现金支出、支付的保险费、支付的工会经费及签发银行承兑汇票、保函时缴纳的保证金等。

企业支付的按《企业会计准则第21号——租赁》第三十二条简化处理的短期租赁付款额和低价值资产租赁付款额、相关的预付租金和租赁保证金以及未纳入租赁负债计量的可变租赁付款额应当计入经营活动现金流出。

对于收到的票据贴现款、票据到期解付款、票据相关保证金的收付款，企业应根据其实际业务性质将已终止确认的票据贴现取得的现金、因采购性质而产生票据结算及相关保证金的收付款分类为经营活动现金流量；对于因收购的标的公司未达到业绩承诺而收到的业绩补偿款，应分类为投资活动现金流量。

（8）收回投资收到的现金，本项目反映企业出售、转让或到期收回除现金等价物以外的交易性金融资产、以公允价值计量且其变动计入当期损益的金融资产、债权投资、可供出售金融资产、其他债权投资、持有至到期投资、长期股权投资、其他权益工具投资等而收到的现金。不包括债权性投资收回的利息、收回的非现金资产，以及处置子公司及其他营业单位收到的现金净额。本项目可根据"交易性金融资产""以公允价值计量且其变动计入当期损益的金融资产""债权投资""可供出售金融资产""其他债权投资""持有至到期投资""长期股权投资""其他权益工具投资""库存现金""银行存款"等科目的记录分析填列。

（9）取得投资收益收到的现金，反映企业因权益性投资和债权性投资而取得的现金股利、利息，以及从子公司、联营企业和合营企业分回利润收到的现金。不包括股票股利。包括在现金等价物范围内的债权性投资，其利息收入在本项目中反映。本项目可根据"应收股利""应收利息""库存现金""银行存款""投资收益"等科目的记录分析填列。

（10）处置固定资产、无形资产和其他长期资产收回的现金净额，反映企业处置固定资产、无形资产和其他长期资产所取得的现金，减去为处置这些资产而支付的有关费用后的净额。由于自然灾害所造成的固定资产等长期资产损失而收到的保险赔偿收入，也在本项目反映。如处置固定资产、无形资产和其他长期资产所收回的现金净额为负数，则应作为投资活动产生的现金流量，在"支付的其他与投资活动有关的现金"项目中反映。本项目可根据"固定资产""库存现金""银行存款"等科目的记录分析填列。

（11）处置子公司及其他营业单位收到的现金净额，反映企业处置子公司及其他营业单位所取得的现金减去子公司或其他营业单位持有的现金和现金等价物以及相关处置费用后的净额。本项目可以根据有关科目的记录分析填列。如净额为负数，应将该金额填列至"支付其他与投资活动有关的现金"项目中。

（12）收到其他与投资活动有关的现金，反映企业除上述各项外，收到的其他与投资活动有关的现金流入。本项目可根据有关科目的记录分析填列。

（13）购建固定资产、无形资产和其他长期资产支付的现金，反映企业购买、建造固定资产，取得无形资产和其他长期资产所支付的现金。包括购买机器设备所支付的现金及增值税款、建造工程支付的现金、支付在建工程人员的工资等现金支出，不包括为购建固定资产、无形资产和其他长期资产而发生的借款利息资本化的部分，以及未执行新租赁准则下融资租入固定资产所支付的租赁费。为购建固定资产、无形资产和其他长期资产而发生的借款利息资本化部分，在"分配股利、利润或偿付利息支付的现金"项目中反映；融资租入固定资产所支付的租赁费，在"支付其他与筹资活动有关的现金"项目中反映。本项目可根据"固定资产""在建工程""无形资产""库存现金""银行存款"等科目的记录分析填列。

（14）投资支付的现金，反映企业进行权益性投资和债权性投资所支付的现金，包括企业取得的除现金等价物以外的交易性金融资产、以公允价值计量且其变动计入当期损益的金融资产、债权投资、可供出售金融资产、其他债权投资、持有至到期投资、长期股权投资、其他权益工具投资等而支付的现金，以及支付的佣金、手续费等交易费用。本项目可根据"交易性金融资产""以公允价值计量且其变动计入当期损益的金融资产""债权投资""可供出售金融资产""持有至到期投资""其他权益工具投资""投资性房地产""长期股权投资""库存现金""银行存款"等科目的记录分析填列。其中，取得子公司及其他营业单位支付的现金净额应在"取得子公司及其他营业单位支付的现金净额"项目中反映。

（15）取得子公司及其他营业单位支付的现金净额，反映企业取得子公司及其他营业单位购买出价中以现金支付的部分，减去子公司或其他营业单位持有的现金和现金等价物后的净额，可根据有关科目的记录分析填列。如净额为负数，应将该金额填列至"支付其他与投资活动有关的现金"项目中。

（16）支付其他与投资活动有关的现金，反映企业除上述各项目外，支付的其他与投资活动有关的现金。本项目可根据有关科目的记录分析填列。

（17）吸收投资收到的现金，反映企业以发行股票等方式筹集资金实际收到款项净额（发行收入减去支付的佣金等发行费用后的净额）。以发行股票等方式筹集资金而由企业直接支付的审计、咨询等费用不在本项目反映，在"支付的其他与筹资活动有关的现金"项目反映，不在本项目内减去。本项目可根据"实收资本（或股本）""库存现金""银行存款"等科目的记录分析填列。

（18）子公司吸收少数股东投资收到的现金，反映子公司以发行股票等方式筹集来自少数股东资金实际收到的款项净额。

（19）取得借款收到的现金，本项目反映企业举借各种短期、长期借款而收到的现金，以及发行债券实际收到的款项净额（发行收入减去直接支付的佣金等发行费用后的净额）。本项目可以根据"短期借款""长期借款""交易性金融负债""应付债券""库存现金""银行存款"等科目的记录分析填列。

（20）收到其他与筹资活动有关的现金，反映企业除上述各项目外，收到的其他与筹资活动有关的现金，如接受现金捐赠等。

若银行承兑汇票贴现不符合金融资产终止确认条件，因票据贴现取得的现金在资产负债表中应确认为一项借款，该现金流入在现金流量表中相应分类为筹资活动现金流量。

（21）偿还债务支付的现金，反映企业偿还债务本金而支付的现金，包括偿还金融企业的借款本金、偿还债券本金等。本项目可根据"短期借款""长期借款""库存现金""银行存款"等科目的记录分析填列。

（22）分配股利、利润或偿付利息支付的现金，反映企业实际支付的现金股利、以现金支付给其他投资单位的利润以及支付的借款利息、债券利息等。本项目可根据

"应付股利""应付利息""财务费用""长期借款""库存现金""银行存款"等科目的记录分析填列。

（23）子公司支付给少数股东的股利、利润，反映子公司实际支付给少数股东的现金股利、利润等。

（24）支付其他与筹资活动有关的现金，反映企业除上述各项外，支付的其他与筹资活动有关的现金，如捐赠现金支出、未执行新租赁准则下融资租入固定资产支付的租赁费、发生筹资费用所支付的现金、融资租赁所支付的现金、减少注册资本所支付的现金等。企业以分期付款方式购建的固定资产，在本项目中反映。企业偿还租赁负债本金和利息所支付的现金，支付的预付租金和租赁保证金应当计入筹资活动现金流出。

（25）汇率变动对现金及现金等价物的影响，反映企业外币现金流量折算为人民币时，所采用的现金流量发生日的即期汇率折算为人民币金额与"现金及现金等价物净增加额"中外币现金净增加额按资产负债表日的即期汇率折算的人民币金额之间的差额。

（26）现金及现金等价物净增加额，现金是指企业库存现金以及可以随时用于支付的存款。不能随时用于支付的存款不属于现金。例如，不能随时支取的定期存款等不应作为现金；提前通知金融机构便可支取的定期存款则应包括在现金范围内。现金等价物是指企业持有的期限短、流动性强、易于转换为已知金额现金、价值变动风险很小的投资，其中"期限短"一般是指从购买日起 3 个月内到期。例如可在证券市场上流通的 3 个月内到期的短期债券等。权益性投资变现的金额通常不确定，因而不属于现金等价物。

## 四、所有者权益变动表编制说明

1. 所有者权益变动表是反映构成所有者权益的各组成部分当期的增减变动情况的报表。

2. 企业应当根据所有者权益类科目和损益类有关科目的发生额分析填列所有者权益变动表"本年金额"栏，具体包括如下情况：

（1）"上年年末余额"项目，反映企业上年资产负债表中的年末所有者权益金额。应根据上年资产负债表中"实收资本（或股本）""其他权益工具""资本公积""其他综合收益""库存股""专项储备""盈余公积""未分配利润"等项目的年末余额填列。

（2）"会计政策变更"和"前期差错更正"项目，反映企业本年和上年会计政策变更和重要前期会计差错更正等对上上年及以前年度所有者权益的累积影响金额。应根据"盈余公积""利润分配""以前年度损益调整"等科目的发生额分析填列,并在"上年年末余额"的基础上调整得出"本年年初金额"项目。

①会计政策变更:反映企业采用追溯调整法处理的会计政策变更的累积影响金额。注意不同部委对执行新租赁准则、金融工具准则与新收入准则引起的影响金额的不同填列要求。

根据《财政部关于做好2021年度国有企业财务会计决算报告工作的通知》和国务院国资委《关于做好2021年度中央企业财务决算管理及报表编制工作的通知》附件2,企业执行新租赁准则、新金融工具准则、新收入准则、企业会计准则解释第14号或企业会计准则解释第15号引起的影响金额不填列于此项。

《财政部关于印发2021年度金融企业财务决算报表〔银行类〕的通知》《财政部关于印发2021年度金融企业财务决算报表〔证券类〕的通知》《财政部关于印发2021年度金融企业财务决算报表〔保险类〕的通知》《财政部关于印发2021年度金融企业财务决算报表〔担保类〕的通知》《财政部关于印发2021年度金融企业财务决算报表〔金融资产管理公司类〕的通知》等规定,执行新金融工具准则的金融企业,新旧准则转换产生对期初权益影响金额在本年金额的会计政策变更行填列。

②前期差错更正:反映企业采用追溯重述法处理的重要前期会计差错更正的累积影响金额。

(3)"其他"项目,反映企业本年和上年同一控制下企业合并、清产核资等影响的金额,国务院国资委要求执行新准则(新收入准则、新金融工具准则、新租赁准则、企业会计准则解释第14号或企业会计准则解释第15号)等对期初权益影响金额也在该项本年金额栏填列。

(4)"本年年初余额"项目,"本年金额"栏反映企业考虑本年会计政策变更及重要前期会计差错更正等对以前年度的影响调整后得出的本年年初所有者权益金额;"上年金额"栏反映企业在上上年年末所有者权益金额的基础上,考虑本年和上年会计政策变更和重要前期会计差错更正等对上上年及以前年度所有者权益的累积影响调整后的上年年初所有者权益金额。

(5)"本年增减变动额"项目分别反映如下内容:

①"综合收益总额"项目,反映企业当年的综合收益总额,应根据当年利润表中"其他综合收益的税后净额"和"净利润"项目填列,并对应列在"其他综合收益"和"未分配利润"栏。

净利润,反映企业当年实现的净利润(或净亏损)金额,对应列在"未分配利润"栏。

其他综合收益,反映企业根据企业会计准则规定未在损益中确认而直接计入所有者权益的各项利得和损失扣除所得税影响后的净额。

②"所有者投入和减少资本"项目，反映企业当年所有者投入的资本和减少的资本，其中：

"所有者投入的普通股"项目，反映企业接受普通股投资者投入形成的实收资本（或股本）和资本公积，应根据"实收资本""资本公积"等科目发生额分析填列，并对应列在"实收资本"和"资本公积"栏。

"其他权益工具持有者投入资本"项目，反映企业发行的除普通股以外分类为权益工具的金融工具的持有者投入资本的金额，应根据金融工具类科目的相关明细科目的发生额分析填列。

"股份支付计入所有者权益的金额"项目，反映企业处于等待期中的权益结算的股份支付当年计入资本公积的金额，应根据"资本公积"科目所属的"其他资本公积"二级科目的发生额分析填列，并对应列在"资本公积"栏。

③"专项储备提取和使用"项目，反映企业当年专项储备的提取和使用情况。

"提取专项储备"项目，反映企业当年依照国家有关规定提取的安全费用以及具有类似性质的各项费用，对应列在"专项储备"栏。

"使用专项储备"项目，反映企业当年按规定使用安全生产储备用于购建安全防护设备或与安全生产相关的费用性支出情况，对应列在"专项储备"栏。以"－"号填列。

④"利润分配"下各项目，反映当年对所有者（或股东）分配的利润（或股利）金额和按照规定提取的盈余公积金额，并对应列在"盈余公积"和"未分配利润"栏。其中：

"提取盈余公积"项目，反映企业按照规定提取的盈余公积、储备基金、企业发展基金项目、中外合作经营在合作期间归还投资者的投资等项目，应根据"盈余公积""利润分配"科目的发生额分析填列。

"对所有者（或股东）的分配"项目，反映对所有者（或股东）分配的利润（或股利）金额，应根据"利润分配"科目的发生额分析填列。

⑤"所有者权益内部结转"下各项目，反映不影响当年所有者权益总额的所有者权益各组成部分之间当年的增减变动，包括资本公积转增资本（或股本）、盈余公积转增资本（或股本）、盈余公积弥补亏损等。其中：

"资本公积转增资本（或股本）"项目，反映企业以资本公积转增资本或股本的金额，应根据"实收资本""资本公积"等科目的发生额分析填列。

"盈余公积转增资本（或股本）"项目，反映企业以盈余公积转增资本或股本的金额，应根据"实收资本""盈余公积"等科目的发生额分析填列。

"盈余公积弥补亏损"项目，反映企业以盈余公积弥补亏损的金额，应根据"盈余公积""利润分配"等科目的发生额分析填列。

"设定受益计划变动额结转留存收益"项目，反映按年计算的设定收益计划增减变动结转所有者权益的数额。

"其他综合收益结转留存收益"项目，企业指定为以公允价值计量且其变动计入其他综合收益的非交易性权益工具投资终止确认时，之前计入其他综合收益的累计利得或损失从其他综合收益中转入留存收益的金额；企业指定为以公允价值计量且其变动计入当期损益的金融负债终止确认时，之前由企业自身信用风险变动引起而计入其他综合收益的累计利得或损失从其他综合收益中转入留存收益的金额等。该项目应根据"其他综合收益"科目的相关明细科目的发生额分析填列。

对于未分配利润转增资本，不在"所有者权益内部结转"项目下填列，分别在"对所有者（或股东）的分配"项目的"实收资本（或股本）"和"未分配利润"栏填列。

⑥"本年年末余额"项目，"本年金额"栏反映企业本年年末所有者权益金额；"上年金额"栏反映企业考虑本年会计政策变更及重要前期会计差错更正等对以前年度的影响调整后得出的上年年末所有者权益金额。

企业应当根据上年度所有者权益变动表"本年金额"栏内所列数字填列本年度"上年金额"栏内各项数字。如果上年度所有者权益变动表规定的项目的名称和内容同本年度不一致，应对上年度所有者权益变动表相关项目的名称和金额按本年度的规定进行调整，填入所有者权益变动表"上年金额"栏内。

# 第五章 金融企业的财务报表格式及其编制说明

## 第一节 金融企业报表格式

具体如表 5 - 1 ~ 表 5 - 5 所示。

表 5 - 1

| 编号 | 会计报表名称 | 编报期 |
|---|---|---|
| 会金融 01 表 | 资产负债表 | 中期报告、年度报告 |
| 会金融 02 表 | 利润表 | 中期报告、年度报告 |
| 会金融 03 表 | 现金流量表 | （至少）年度报告 |
| 会金融 04 表 | 所有者权益变动表 | 年度报告 |

表 5 - 2　　　　　　　　　　　　　　资产负债表　　　　　　　　　　　会金融 01 表

编制单位：　　　　　　　　　　　　　年　月　日　　　　　　　　　　　　单位：元

| 资产 | 期末余额 | 上年年末余额 | 负债和所有者权益（或股东权益） | 期末余额 | 上年年末余额 |
|---|---|---|---|---|---|
| 资产： | | | 负债： | | |
| ［现金及存放中央银行款项］[3] | | | 短期借款 | | |
| 货币资金 | | | ［向中央银行借款］[3] | | |
| ［其中：客户资金存款］[1] | | | ［应付短期融资款］[1] | | |
| 结算备付金 | | | ［同业及其他金融机构存放款项］[3] | | |
| ［其中：客户备付金］[1] | | | 拆入资金 | | |
| ［存放同业款项］[3] | | | 交易性金融负债 | | |
| 贵金属 | | | 衍生金融负债 | | |
| 拆出资金 | | | 卖出回购金融资产款 | | |
| ［融出资金］[1] | | | ［吸收存款］[3] | | |

续表

| 资产 | 期末余额 | 上年年末余额 | 负债和所有者权益（或股东权益） | 期末余额 | 上年年末余额 |
|---|---|---|---|---|---|
| 衍生金融资产 | | | [代理买卖证券款]1 | | |
| [存出保证金]1 | | | [代理承销证券款]1 | | |
| 应收款项 | | | [预收保费]2 | | |
| 合同资产 | | | [应付手续费及佣金]2 | | |
| [应收保费]2 | | | [应付分保账款]2 | | |
| [应收代位追偿款]2 | | | 应付职工薪酬 | | |
| [应收分保账款]2 | | | 应交税费 | | |
| [应收分保未到期责任准备金]2 | | | 应付款项 | | |
| [应收分保未决赔款准备金]2 | | | 合同负债 | | |
| [应收分保寿险责任准备金]2 | | | 持有待售负债 | | |
| [应收分保长期健康险责任准备金]2 | | | [应付赔付款]2 | | |
| [保户质押贷款]2 | | | [应付保单红利]2 | | |
| 买入返售金融资产 | | | [保户储金及投资款]2 | | |
| 持有待售资产 | | | [未到期责任准备金]2 | | |
| [发放贷款和垫款]3 | | | [未决赔款准备金]2 | | |
| 金融投资： | | | [寿险责任准备金]2 | | |
| 交易性金融资产 | | | [长期健康险责任准备金]2 | | |
| 债权投资 | | | 租赁负债 | | |
| 其他债权投资 | | | 预计负债 | | |
| 其他权益工具投资 | | | 长期借款 | | |
| 长期股权投资 | | | 应付债券 | | |
| [存出资本保证金]2 | | | 其中：优先股 | | |
| 投资性房地产 | | | 永续债 | | |
| 固定资产 | | | [独立账户负债]2 | | |
| 在建工程 | | | 递延所得税负债 | | |
| 使用权资产 | | | 其他负债 | | |
| 无形资产 | | | 负债合计 | | |
| [独立账户资产]2 | | | 所有者权益（或股东权益）： | | |
| 递延所得税资产 | | | 实收资本（或股本） | | |

续表

| 资产 | 期末余额 | 上年年末余额 | 负债和所有者权益（或股东权益） | 期末余额 | 上年年末余额 |
|---|---|---|---|---|---|
| 其他资产 | | | 其他权益工具 | | |
| | | | 其中：优先股 | | |
| | | | 永续债 | | |
| | | | 资本公积 | | |
| | | | 减：库存股 | | |
| | | | 其他综合收益 | | |
| | | | 盈余公积 | | |
| | | | 一般风险准备 | | |
| | | | 未分配利润 | | |
| | | | 所有者权益（或股东权益）合计 | | |
| 资产总计 | | | 负债和所有者权益（或股东权益）总计 | | |

注：1. ［……］¹系证券公司专用项目，企业正式使用时不加方括号。下同。

2. ［……］²系保险公司专用项目。

3. ［……］³系银行专用项目。

4. 无方括号和角标的项目为通用项目，适用于两类及两类以上金融企业。

**表 5 – 3**         **利润表**         会金融 02 表

编制单位：         年   月   日         单位：元

| 项目 | 本期金额 | 上期金额 |
|---|---|---|
| 一、营业总收入 | | |
| 利息收入 | | |
| ［已赚保费］ | | |
| 保险业务收入 | | |
| 其中：分保费收入 | | |
| 减：分出保费 | | |
| ［提取未到期责任准备金］² | | |
| 手续费及佣金收入 | | |
| ［其中：经纪业务手续费收入 | | |
| 投资银行业务手续费收入 | | |
| 资产管理业务手续费收入］¹ | | |

| 项目 | 本期金额 | 上期金额 |
|---|---|---|
| 投资收益（损失以"－"号填列） | | |
| 其中：对联营企业和合营企业的投资收益 | | |
| 以摊余成本计量的金融资产终止确认产生的收益（损失以"－"号填列） | | |
| 净敞口套期收益（损失以"－"号填列） | | |
| 其他收益 | | |
| 公允价值变动收益（损失以"－"号填列） | | |
| 汇兑收益（损失以"－"号填列） | | |
| 其他业务收入 | | |
| 资产处置收益（损失以"－"号填列） | | |
| 二、营业总支出 | | |
| 利息支出 | | |
| 手续费及佣金支出 | | |
| ［其中：经纪业务手续费支出 | | |
| 投资银行业务手续费支出 | | |
| 资产管理业务手续费支出］[1] | | |
| ［退保金］[2] | | |
| ［赔付支出 | | |
| 减：摊回赔付支出］[2] | | |
| ［提取保险责任准备金 | | |
| 减：摊回保险责任准备金］[2] | | |
| ［提取保费准备金］[2] | | |
| ［保单红利支出］[2] | | |
| ［分保费用］[2] | | |
| 税金及附加 | | |
| 业务及管理费 | | |
| ［减：摊回分保费用］[2] | | |
| 信用减值损失 | | |
| 其他资产减值损失 | | |
| 其他业务成本 | | |

续表

| 项目 | 本期金额 | 上期金额 |
|---|---|---|
| 三、营业利润（亏损以"－"号填列） | | |
| 加：营业外收入 | | |
| 减：营业外支出 | | |
| 四、利润总额（亏损总额以"－"号填列） | | |
| 减：所得税费用 | | |
| 五、净利润（净亏损以"－"号填列） | | |
| （一）持续经营净利润（净亏损以"－"号填列） | | |
| （二）终止经营净利润（净亏损以"－"号填列） | | |
| 六、其他综合收益的税后净额 | | |
| （一）不能重分类进损益的其他综合收益 | | |
| 1. 重新计量设定受益计划变动额 | | |
| 2. 权益法下不能转损益的其他综合收益 | | |
| 3. 其他权益工具投资公允价值变动 | | |
| 4. 企业自身信用风险公允价值变动 | | |
| …… | | |
| （二）将重分类进损益的其他综合收益 | | |
| 1. 权益法下可转损益的其他综合收益 | | |
| 2. 其他债权投资公允价值变动 | | |
| 3. 金融资产重分类计入其他综合收益的金额 | | |
| 4. 其他债权投资信用损失准备 | | |
| 5. 现金流量套期储备 | | |
| 6. 外币财务报表折算差额 | | |
| …… | | |
| 七、综合收益总额 | | |
| 八、每股收益： | | |
| （一）基本每股收益 | | |
| （二）稀释每股收益 | | |

注：1. ［……］$^1$ 系证券公司专用项目，企业正式使用时不加方括号。下同。

2. ［……］$^2$ 系保险公司专用项目。

3. ［……］$^3$ 系银行专用项目。

4. 无方括号和角标的项目为通用项目，适用于两类及两类以上金融企业。

| 表 5 - 4 | 现金流量表 | 会金融 03 表 |
|---|---|---|

| 编制单位： | 年　月 | | 单位：元 |
|---|---|---|---|

| 项目 | 本期金额 | 上期金额 |
|---|---|---|
| 一、经营活动产生的现金流量： | | |
| 　　销售商品、提供劳务收到的现金 | | |
| 　　[客户存款和同业存放款项净增加额][3] | | |
| 　　[向中央银行借款净增加额][3] | | |
| 　　向其他金融机构拆入资金净增加额 | | |
| 　　[收到原保险合同保费取得的现金][2] | | |
| 　　[收到再保业务现金净额][2] | | |
| 　　[保户储金及投资款净增加额][2] | | |
| 　　收取利息、手续费及佣金的现金 | | |
| 　　拆入资金净增加额 | | |
| 　　回购业务资金净增加额 | | |
| 　　[代理买卖证券收到的现金净额][1] | | |
| 　　收到其他与经营活动有关的现金 | | |
| 　　　　经营活动现金流入小计 | | |
| 　　[客户贷款及垫款净增加额][3] | | |
| 　　[存放中央银行和同业款项净增加额][3] | | |
| 　　[支付原保险合同赔付款项的现金][2] | | |
| 　　为交易目的而持有的金融资产净增加额 | | |
| 　　拆出资金净增加额 | | |
| 　　返售业务资金净增加额 | | |
| 　　支付利息、手续费及佣金的现金 | | |
| 　　[支付保单红利的现金][2] | | |
| 　　支付给职工及为职工支付的现金 | | |
| 　　支付的各项税费 | | |
| 　　支付其他与经营活动有关的现金 | | |
| 　　　　经营活动现金流出小计 | | |
| 　　　　经营活动产生的现金流量净额 | | |
| 二、投资活动产生的现金流量： | | |
| 　　收回投资收到的现金 | | |
| 　　取得投资收益收到的现金 | | |

续表

| 项目 | 本期金额 | 上期金额 |
|---|---|---|
| 处置固定资产、无形资产和其他长期资产收回的现金净额 | | |
| 收到其他与投资活动有关的现金 | | |
| 投资活动现金流入小计 | | |
| 投资支付的现金 | | |
| ［返售业务资金净增加额］² | | |
| ［质押贷款净增加额］² | | |
| 购建固定资产、无形资产和其他长期资产支付的现金 | | |
| 支付其他与投资活动有关的现金 | | |
| 投资活动现金流出小计 | | |
| 投资活动产生的现金流量净额 | | |
| 三、筹资活动产生的现金流量： | | |
| 吸收投资收到的现金 | | |
| 取得借款收到的现金 | | |
| 发行债券收到的现金 | | |
| ［回购业务资金净增加额］² | | |
| 收到其他与筹资活动有关的现金 | | |
| 筹资活动现金流入小计 | | |
| 偿还债务支付的现金 | | |
| 分配股利、利润或偿付利息支付的现金 | | |
| 支付其他与筹资活动有关的现金 | | |
| 筹资活动现金流出小计 | | |
| 筹资活动产生的现金流量净额 | | |
| 四、汇率变动对现金及现金等价物的影响 | | |
| 五、现金及现金等价物净增加额 | | |
| 加：期初现金及现金等价物余额 | | |
| 六、期末现金及现金等价物余额 | | |

注：1. ［……］¹ 系证券公司专用项目，企业正式使用时不加方括号。下同。

2. ［……］² 系保险公司专用项目。

3. ［……］³ 系银行专用项目。

4. 无方括号和角标的项目为通用项目，适用于两类及两类以上金融企业。

## 所有者权益变动表

年度

表 5－5

编制单位：

会金融 04 表

单位：元

| 项目 | 本年金额 | | | | | | | | | 上年金额 | | | | | | | | |
|---|---|---|---|---|---|---|---|---|---|---|---|---|---|---|---|---|---|---|
| | 实收资本（或股本） | 其他权益工具 | | 资本公积 | 减：库存股 | 其他综合收益 | 盈余公积 | 一般风险准备 | 未分配利润 | 所有者权益合计 | 实收资本（或股本） | 其他权益工具 | | 资本公积 | 减：库存股 | 其他综合收益 | 盈余公积 | 一般风险准备 | 未分配利润 | 所有者权益合计 |
| | | 优先股 | 永续债 | 其他 | | | | | | | | | 优先股 | 永续债 | 其他 | | | | | | |
| 一、上年年末余额 | | | | | | | | | | | | | | | | | | | | |
| 加：会计政策变更 | | | | | | | | | | | | | | | | | | | | |
| 前期差错更正 | | | | | | | | | | | | | | | | | | | | |
| 其他 | | | | | | | | | | | | | | | | | | | | |
| 二、本年年初余额 | | | | | | | | | | | | | | | | | | | | |
| 三、本年增减变动金额（减少以"-"号填列） | | | | | | | | | | | | | | | | | | | | |
| （一）综合收益总额 | | | | | | | | | | | | | | | | | | | | |
| （二）所有者投入和减少资本 | | | | | | | | | | | | | | | | | | | | |
| 1. 所有者投入的普通股 | | | | | | | | | | | | | | | | | | | | |
| 2. 其他权益工具持有者投入资本 | | | | | | | | | | | | | | | | | | | | |
| 3. 股份支付计入所有者权益的金额 | | | | | | | | | | | | | | | | | | | | |
| 4. 其他 | | | | | | | | | | | | | | | | | | | | |
| （三）利润分配 | | | | | | | | | | | | | | | | | | | | |
| 1. 提取盈余公积 | | | | | | | | | | | | | | | | | | | | |

续表

| 项目 | 本年金额 | | | | | | | | | | | 上年金额 | | | | | | | | | | |
|---|---|---|---|---|---|---|---|---|---|---|---|---|---|---|---|---|---|---|---|---|---|---|
| | 实收资本（或股本） | 其他权益工具 | | | 资本公积 | 减：库存股 | 其他综合收益 | 盈余公积 | 一般风险准备 | 未分配利润 | 所有者权益合计 | 实收资本（或股本） | 其他权益工具 | | | 资本公积 | 减：库存股 | 其他综合收益 | 盈余公积 | 一般风险准备 | 未分配利润 | 所有者权益合计 |
| | | 优先股 | 永续债 | 其他 | | | | | | | | | 优先股 | 永续债 | 其他 | | | | | | | |
| 2. 提取一般风险准备 | | | | | | | | | | | | | | | | | | | | | | |
| 3. 对所有者（或股东）的分配 | | | | | | | | | | | | | | | | | | | | | | |
| 4. 其他 | | | | | | | | | | | | | | | | | | | | | | |
| （四）所有者权益内部结转 | | | | | | | | | | | | | | | | | | | | | | |
| 1. 资本公积转增资本（或股本） | | | | | | | | | | | | | | | | | | | | | | |
| 2. 盈余公积转增资本（或股本） | | | | | | | | | | | | | | | | | | | | | | |
| 3. 盈余公积弥补亏损 | | | | | | | | | | | | | | | | | | | | | | |
| 4. 设定受益计划变动额结转留存收益 | | | | | | | | | | | | | | | | | | | | | | |
| 5. 其他综合收益结转留存收益 | | | | | | | | | | | | | | | | | | | | | | |
| 6. 其他 | | | | | | | | | | | | | | | | | | | | | | |
| 四、本年末余额 | | | | | | | | | | | | | | | | | | | | | | |

修订、新增的项目说明：

（1）"其他权益工具"项目，反映企业发行的除普通股以外分类为权益工具的金融工具。企业应根据实际情况在该项目下设"优先股""永续债""其他"三个项目，分别反映企业发行的分类为权益工具的优先股和永续工具等项目。

（2）"其他权益工具持有者投入资本"项目，反映企业发行的除普通股以外分类为权益工具的金融工具的持有者投入资本的金额。

（3）"对所有者（或股东）的分配"项目，反映企业对普通股以外及企业发行的除普通股以外分类为权益工具的金融工具持有者的股利分配。

（4）"其他综合收益结转留存收益"项目，主要反映：①企业指定为以公允价值计量且其变动计入其他综合收益的非交易性权益工具投资终止确认时，之前计入其他综合收益的累计利得或损失从其他综合收益结转留存收益的金额；②企业指定为以公允价值计量且其变动计入当期损益的金融负债终止确认时，之前由企业自身信用风险变动引起而计入其他综合收益的累计利得或损失从其他综合收益中转入留存收益的金额等。

# 第二节　金融企业财务报表编制说明

## 一、资产负债表编制说明

1. 本表反映期末全部资产、负债和所有者权益情况。表内资产总计等于负债加所有者权益总计。

2. 本表中的"上年年末余额"栏目，企业按照《企业会计准则第 22 号——金融工具确认和计量》（2017 年修订）和《企业会计准则第 14 号——收入》（2017 年修订）的规定，未调整前期比较财务报表数据的，应当根据未经新金融工具准则及新收入准则调整的财务报表格式及数字填列，上期项目与本期不一致的，应当分别列示新旧项目名称及其金额，并按照《企业会计准则第 37 号——金融工具列报》（2017 年修订）和《企业会计准则第 14 号——收入》（2017 年修订）及其应用指南有关规定在附注中披露执行新金融工具准则导致的分类、减值等变化的影响和执行新收入准则对当期财务报表相关项目的影响。

3. 本表"期末余额"各项目的内容和填列方法。

（1）"现金及存放中央银行款项"项目，反映企业库存现金以及存放于中国人民银行的各种款项包括业务资金的调拨、办理同城票据交换和异地跨系统资金汇划、提取或缴存现金等。企业按规定缴存的法定准备金和超额准备金存款、农信社"专项央行票据"也在该项目列示。

（2）"货币资金"项目，反映企业期末持有的现金、银行存款和其他货币资金总额。其中，证券公司的客户资金存款应在本项目下单独反映。

（3）"存放中央银行款项"项目，反映企业存放于中国人民银行的各种款项，包括业务资金的调拨、办理同城票据交换和异地跨系统资金汇划、提取或缴存现金等。企业按规定缴存的法定准备金和超额准备金存款、农信社"专项央行票据"也在该项目列示。

（4）"结算备付金"项目，反映企业期末持有的为证券交易的资金清算与交收而存入指定清算代理机构的款项。其中，证券公司的客户备付金应在本项目下单独反映。

（5）"存放同业款项"项目，反映银行业金融机构存放于境内外其他金融机构的各种款项。信托公司和金融租赁公司的银行存款也在该项目中填列。

（6）"贵金属"项目，反映企业持有的黄金、白银等贵金属存货的成本，企业为上市交易而持有的贵金属也在此项目填列。

（7）"拆出资金"项目，反映企业拆借给境内、境外其他金融机构的款项。应根据"拆出资金"科目的期末余额，减去"贷款损失准备"科目所属相关明细科目期末余额后的金额分析计算填列。

（8）"融出资金"项目，反映证券公司融资融券业务中的融资部分，以及买入相关监管部门规定的约定购回等买入返售之外的向客户提供融资的业务。

（9）"衍生金融资产"项目，反映企业期末持有的衍生工具、套期工具、被套期项目中属于衍生金融资产的金额，应根据"衍生工具""套期工具""被套期项目"等科目的期末余额分析计算填列。

（10）"存出保证金"项目，反映证券公司因办理业务需要存出或交纳的各种保证金款项期末余额。

（11）"应收款项"项目，反映资产负债表日企业因销售商品和提供服务等经营活动形成的收取款项的合同权利以及收到的商业汇票（包括银行承兑汇票和商业承兑汇票）的期末账面价值。

（12）"合同资产"和"合同负债"项目。企业应按照《企业会计准则第14号——收入》（2017年修订）的相关规定，根据企业履行履约义务与客户付款之间的关系，在资产负债表中列示合同资产或合同负债。同一合同下的合同资产和合同负债应当以净额列示，其中，净额为借方余额的，应当扣除损失准备后在"合同资产"项目中填列；净额为贷方余额的，应当在"合同负债"项目中填列。

（13）"应收保费"项目，反映企业按照原保险合同约定应向投保人收取的保费。

（14）"应收代位追偿款"项目，反映企业按照原保险合同约定承担赔付保险金责任后确认的代位追偿款。

（15）"应收分保账款"项目，反映从事再保险业务应收取的款项。

（16）"应收分保未到期责任准备金""应收分保未决赔款准备金""应收分保寿险责任准备金""应收分保长期健康险责任准备金"项目，反映再保险分出人从事再保险业务确认的应收分保未到期责任准备金以及应向再保险接受人摊回的保险责任准备金。

（17）"保户质押贷款"项目，反映按规定对保户提供的质押贷款。

（18）"买入返售金融资产"项目，反映按照返售协议约定先买入再按固定价格返售的票据、证券、贷款等金融资产所融出资金。

（19）"持有待售资产"项目，反映资产负债表日企业分类为持有待售类别的非流动资产及分类为持有待售类别的处置组中的流动资产和非流动资产的期末账面价值（扣除减值准备）。

（20）"发放贷款和垫款"项目，反映银行发放贷款及垫款业务形成的金融资产的期末账面价值，包括以摊余成本计量的发放贷款及垫款、分类为以公允价值计量且其变动计入其他综合收益的贷款及垫款以及以公允价值计量且其变动计入当期损益的贷款及垫款。企业根据《企业会计准则第 37 号——金融工具列报》（2017 年修订）第三十九条的规定在附注中披露各明细项的账面价值。金融租赁公司、融资租赁公司等类银行企业的应收融资租赁款在该项目中填列。

（21）金融投资包括交易性金融资产、债权投资、其他债权投资和其他权益工具投资。其中：

①交易性金融资产，包括资产负债表日企业列示在"金融投资"项下的下列资产的账面价值：为交易目的持有的金融资产，企业持有的指定为以公允价值计量且其变动计入当期损益的金融资产，以及因不符合分类为摊余成本计量的金融资产或以公允价值计量且其变动计入其他综合收益的金融资产的条件而分类为以公允价值计量且其变动计入当期损益的金融资产。企业同时应当在附注中分别单独反映《企业会计准则第 37 号——金融工具列报》（2017 年修订）第三十九条（四）所要求披露的以公允价值计量且其变动计入当期损益的金融资产的各明细项。

②债权投资，反映资产负债表日企业列示在"金融投资"项下的以摊余成本计量的金融资产的期末账面价值（扣除损失准备）。该项目金额与其他以摊余成本计量的金融资产（例如"发放贷款和垫款"项目中的以摊余成本计量的金融资产）金额的合计，为《企业会计准则第 37 号——金融工具列报》（2017 年修订）第三十九条（一）所要求列报的"以摊余成本计量的金融资产"的金额。

③其他债权投资，反映资产负债表日企业列示在"金融投资"项下的按照《企业会计准则第 22 号——金融工具确认和计量》（2017 年修订）第十八条分类为以公允价值计量且其变动计入其他综合收益的金融资产的期末账面价值。该项目金额与其他分类为以公允价值计量且其变动计入其他综合收益的金融资产（例如"发放贷款和垫款"项目中的分类为以公允价值计量且其变动计入其他综合收益的金融资产）金额的合计，为《企业会计准则第 37 号——金融工具列报》（2017 年修订）第三十九条（三）所要求列报的"以公允价值计量且其变动计入其他综合收益的金融资产"的金额。

④其他权益工具投资，反映资产负债表日企业指定为以公允价值计量且其变动计入其他综合收益的非交易性权益工具投资的期末账面价值。此处"权益工具投资"中的权益工具，是指从该工具发行方角度满足《企业会计准则第 37 号——金融工具列报》（2017 年修订）中权益工具定义的工具。

（22）"长期股权投资"项目，反映企业持有的对子公司、联营企业和合营企业的长期股权投资。本项目应根据"长期股权投资"科目的期末余额，减去"长期股权投资减值准备"科目期末余额后的金额填列。

（23）"存出资本保证金"项目，反映按规定比例缴存的资本保证金。

（24）"投资性房地产"项目，反映企业持有的投资性房地产。采用成本模式计量投资性房地产的，本项目应根据"投资性房地产"科目的期末余额，减去"投资性房地产累计折旧（摊销）"和"投资性房地产减值准备"科目期末余额后金额填列；采用公允价值计量投资性房地产的，本项目应根据"投资性房地产"科目的期末余额填列。

（25）"固定资产"项目，反映企业持有固定资产的账面价值扣减累计折旧、减值准备后的账面余额和尚未清理完毕的固定资产清理净损益。

（26）"在建工程"项目，反映企业尚未达到预定可使用状态的在建工程的成本扣减减值准备后的账面价值。

（27）"使用权资产"项目，反映企业按照《企业会计准则第 21 号——租赁》（2018 年修订）的要求填列的使用权资产，应以使用权资产的账面价值扣减累计折旧、减值准备后的余额填列。

（28）"无形资产"项目，反映企业持有无形资产的成本，包括专利权、非专利技术、商标权、著作权、土地使用权等，扣减累计摊销、无形资产减值准备后的账面余额。

（29）"独立账户资产"项目，反映对分拆核算的投资连结产品不属于风险保障部分确认的独立账户资产价值。

（30）"递延所得税资产"项目，反映企业确认的可抵扣暂时性差异产生的递延所得税资产。

（31）"其他资产"项目，反映除以上资产以外的其他资产。主要包括应收股利、应收利息以及其他未列示的资产，如长期待摊费用、抵债资产、其他应收款。

已执行新金融工具准则的企业应当按照《企业会计准则第 22 号——金融工具确认和计量》（2017 年修订）的相关规定确认利息收入和利息费用。基于实际利率法计提的金融工具的利息应包含在相应金融工具的账面余额中，并列入相关"拆出资金""金融投资：债权投资""金融投资：其他债权投资""发放贷款和垫款""应付债券""长期借款"等项目，而不应单独列报"应收利息"或"应付利息"。"应收利息"和"应付利息"应仅反映相关金融工具已到期可收取或应支付但于资产负债表日尚未收到或尚未支付的利息，通常由于金额相对较小，可包括在"其他资产"或"其他负债"项目中。

企业按照《企业会计准则第 14 号——收入》（2017 年修订）相关规定确认为资产的合同取得成本、合同履约成本与应收退货成本，应当扣除相关减值准备后在"其他资产"项目中填列。

"长期待摊费用"项目，反映企业已经发生但应由本期和以后各期负担的分摊期限在一年以上的各项费用。本项目应根据"长期待摊费用"科目的期末余额填列；

"抵债资产"项目，反映企业取得的尚未处置的抵债资产的成本减去抵债资产减值准备后的账面价值。

"其他应收款"项目，反映临时性应收未收款项、临时性垫付款项等。信托公司、金融租赁公司、融资租赁公司、商业保理公司、典当行等类银行企业的应收账款、预付账款、其他应收款等在该项目中填列。

（32）"短期借款"项目，反映公司向银行或其他金融机构借入的期限在 1 年期以下（含 1 年）的各种借款。

（33）"向中央银行借款"项目，反映企业向中国人民银行借入的款项；农信社"央行拨付专项票据资金"也在该项目中反映。

（34）"应付短期融资款"项目，反映证券公司对外发行的期限在 1 年以下（含 1 年）的其他金融负债，如期限短于 1 年的债券等。

（35）"同业及其他金融机构存放款项"项目，反映银行类企业吸收的境内、境外金融机构的存款。

（36）"拆入资金"项目，反映企业从境内、境外金融机构拆入的款项。

（37）"交易性金融负债"项目，反映企业按照《企业会计准则第 22 号——金融工具确认和计量》（2017 年修订）第二十一条规定分类的金融负债，反映资产负债表日企业承担的分类为以公允价值计量且其变动计入当期损益的金融负债（含企业指定为以公允价值计量且其变动计入当期损益的金融负债）的期末账面价值。

（38）"衍生金融负债"项目，反映衍生工具、套期项目、被套期项目中属于衍生金融负债的金额，应根据"衍生工具""套期项目""被套期项目"等科目的期末贷方余额分析填列。本项目年初数应以负债年初的公允价值填列，同时调整年初留存收益等。

（39）"卖出回购金融资产款"项目，反映企业按照回购协议先卖出再按固定价格买入的票据、证券、贷款等金融资产所融入的资金。

（40）"吸收存款"项目，反映企业吸收的除同业存放款项以外的其他各种存款，包括单位存款（企业、事业单位、机关、社会团体等）、个人存款、信用卡存款、特种存款、转贷款资金和财政性存款等，企业收到的存入保证金也在本项目填列。

（41）"代理买卖证券款"项目，反映证券公司接受客户委托，代理客户买卖股票、债券和基金等有价证券而收到的款项。

（42）"代理承销证券款"项目，反映证券公司接受委托，采用承购包销方式或代销方式承销证券所形成的、应付证券发行人的承销资金。

（43）"预收保费"项目，反映保险公司收到未满足保费收入确认条件的保险费。

（44）"应付手续费及佣金"项目，反映保险公司应支付但尚未支付的手续费和佣金。

（45）"应付分保账款"项目，反映保险公司从事再保险业务应付未付的款项。

（46）"应付职工薪酬"项目，反映企业根据有关规定应付给职工的各种薪酬。其中工资、奖金、津贴和补贴应单独填列。

（47）"应交税费"项目，反映企业按照税法等规定计算应缴纳的各种税费。包括增值税、消费税、所得税、资源税、土地增值税、城市维护建设税、房产税、土地使用税、车船税、教育费附加、矿产资源补偿费等。企业代扣代缴的个人所得税等也通过本项目反映。

（48）"应付款项"项目，反映资产负债表日以摊余成本计量的、企业因购买商品和接受服务等经营活动形成的支付款项的合同义务以及开出、承兑的商业汇票（包括银行承兑汇票和商业承兑汇票）的账面价值（即摊余成本）。

（49）"持有待售负债"项目，反映资产负债表日处置组中与划分为持有待售类别的资产直接相关的负债的期末账面价值。

（50）"应付赔付款"项目，反映保险公司应支付但尚未支付的赔付款项。

（51）"应付保单红利"项目，反映保险公司按原保险合同约定应付未付投保人的红利。

（52）"保户储金及投资款"项目，反映保险公司收到尚未返还的保户储金和投资款。

（53）"未到期责任准备金"项目，反映保险公司提取的非寿险原保险合同未到期责任准备金以及再保险接受人提取的再保险合同分保未到期责任准备金。

（54）"未决赔款准备金""寿险责任准备金""长期健康险责任准备金"项目，反映保险公司提取的原保险合同保险责任准备金以及再保险接受人提取的再保险合同保险责任准备金。

（55）"租赁负债"项目，反映企业按照《企业会计准则第21号——租赁》（2018年修订）的要求填列的租赁负债。

（56）"预计负债"项目，反映企业确认的对外提供担保、未决诉讼、产品质量保证、重组义务、亏损性合同等预计负债。企业按照《企业会计准则第14号——收入》（2017年修订）相关规定确认为预计负债的应付退货款，按照《企业会计准则第22号——金融工具确认和计量》（2017年修订）相关规定对贷款承诺、财务担保合同等项目计提的损失准备，应当在"预计负债"项目中填列。

（57）"长期借款"项目，反映企业向银行或其他金融机构借入的期限在1年以上（不含1年）的各项借款。

（58）"应付债券"项目，反映企业为筹集（长期）资金而发行债券的本金和利息。企业应根据实际情况在"应付债券"项目下增设"其中：优先股"和"永续债"两个项目，分别反映资产负债表日企业发行在外的分类为金融负债的优先股和永续工具的期末账面价值。

（59）"独立账户负债"项目，反映对分拆核算的投资连结产品不属于风险保障部分确认的独立账户负债。

（60）"递延所得税负债"项目，反映企业确认的应纳税暂时性差异产生的所得税负债。

（61）"其他负债"项目，反映除以上负债以外的其他负债。

（62）"实收资本（或股本）"项目，反映企业接受投资者投入的实收资本（或股本）。

（63）"其他权益工具"项目，反映企业发行在外的除普通股以外的归类为权益工具的各种金融工具账面价值。企业应根据实际情况在"其他权益工具"项目下设"其中：优先股"和"永续债"两个项目，分别反映资产负债表日企业发行在外的分类为权益工具的优先股和永续工具的账面价值。

（64）"资本公积"项目，反映企业收到投资者出资额超出其在注册资本或股本中所占份额的部分，直接计入所有者权益的利得和损失，国家或股东对企业的其他资本性投入。

（65）"库存股"项目，反映企业收购、转让或注销的本公司股份金额。

（66）"其他综合收益"项目，反映企业根据会计准则的规定未在当期损益中确认的各项利得和损失的余额。

（67）"盈余公积"项目，反映企业从净利润中提取的盈余公积。

（68）"一般风险准备"项目，反映企业按规定从净利润中提取的一般风险准备。信托公司在税后提取的信托赔偿准备、保险公司从净利润中提取的大灾风险利润准备在该项目中填列。

（69）"未分配利润"项目，反映尚未分配的利润，未弥补的亏损在本项目内以"－"号填列。


## 二、利润表编制说明

1. 本表反映企业在一定会计期间的经营成果情况。

2. 本表"上期金额"栏反映各项目的上期实际发生数。如果上期利润表与本期利润表的项目名称和内容不相一致，应对上期利润表各项目的名称和数字按本期的规定进行调整，填入本表"上期金额"栏。

3. 本表"本期金额"栏反映各项目自年初起至报告期末止的实际发生数，各项目的内容及其填列方法如下。

（1）"营业总收入"项目，反映"利息收入""已赚保费""保险业务收入""手续费及佣金收入""投资收益""净敞口套期收益""公允价值变动收益""汇兑收益"

"其他业务收入""资产处置收益""其他收益"等项目的合计金额。

（2）银行及证券公司可在营业总收入下列示"利息净收入"项目，并在"利息净收入"项目下分列"利息收入"项目与"利息支出"项目。

①"利息收入"项目，反映企业按照《企业会计准则第 22 号——金融工具确认和计量》（2017 年修订）相关规定对分类为以摊余成本计量的金融资产和分类为以公允价值计量且其变动计入其他综合收益的金融资产按照实际利率法计算的利息收入。其他项目的利息收入不得计入本项目；应计入本项目的利息收入金额也不得计入"投资收益"等其他项目。

②"利息支出"项目，反映企业吸收各种存款、与其他金融机构之间发生资金往来业务、卖出回购金融资产等产生的利息支出。

（3）"已赚保费"项目，反映"保险业务收入"项目金额减去"分出保费""提取未到期责任准备金"项目金额后的余额。

（4）"保险业务收入"项目，反映保险公司从事保险业务确认的原保费收入和分保费收入，应根据"保费收入"科目的发生额分析填列。其中，"分保费收入"应单独填列。

（5）"分出保费"项目，反映保险公司从事再保险业务分出的保费，应根据"分出保费"科目的发生额分析填列。

（6）"提取未到期责任准备金"项目，反映保险公司提取的非寿险原保险合同未到期责任准备金和再保险合同分保未到期责任准备金。

（7）"手续费及佣金收入"与"手续费及佣金支出"项目。银行可在营业总收入下列示"手续费及佣金净收入"项目，并在"手续费及佣金净收入"项目下分列"手续费及佣金收入"项目和"手续费及佣金支出"项目。证券公司可在营业总收入下列示"手续费及佣金净收入"项目，并在"手续费及佣金净收入"项目下分列"经纪业务手续费净收入""投资银行业务手续费净收入""资产管理业务手续费净收入"等项目。

①"手续费及佣金收入"项目，反映企业确认的手续费及佣金收入，包括办理结算业务、咨询业务、担保业务、代保管等代理业务以及办理受托贷款及投资业务等取得的手续费及佣金，如结算手续费收入、佣金收入、业务代办手续费收入、基金托管收入、咨询服务收入、担保收入、受托贷款手续费收入、代保管收入、代理保险业务等代理业务以及其他相关服务实现的手续费及佣金收入等。

②"手续费及佣金支出"项目，反映企业确认的与其经营活动相关的各项手续费、佣金等支出。

（8）"投资收益"项目，反映企业以各种方式对外投资取得的收益。本项目应根据"投资收益"科目的发生额分析填列。保险公司的定期存款、保户质押贷款、买入返售金融资产形成的利息收入，也在"投资收益"项目反映。如为投资损失，本项目以"－"号填列。其中，对联营企业和合营企业的投资收益和以摊余成本计量的金融资产终止确认产生的收益应单独列示。

（9）"以摊余成本计量的金融资产终止确认产生的收益"项目，反映企业因转让等情形导致终止确认以摊余成本计量的金融资产而产生的损益。如为损失，以"－"号填列。

（10）"净敞口套期收益"项目，反映净敞口套期下被套期项目累计公允价值变动转入当期损益的金额或现金流量套期储备转入当期损益的金额。该项目应根据"净敞口套期损益"科目的发生额分析填列。如为套期损失，以"－"号填列。

（11）"公允价值变动收益"项目，反映企业应当计入当期损益的资产或负债公允价值的变动收益。本项目应根据"公允价值变动收益"科目的发生额分析填列，如为净损失，本项目以"－"号填列。

（12）"汇兑收益"项目，反映企业外币货币性项目因汇率变动形成的净收益，应根据"汇兑损益"科目的发生额分析填列。如为净损失，以"－"号填列。

（13）"其他业务收入"项目，反映企业确认的除主营业务活动以外的其他经营活动实现的收入，包括出租固定资产、出租无形资产、出租包装物和商品、销售材料、用材料进行非货币性交换（非货币性资产交换具有商业实质且公允价值能够可靠计量）或债务重组等实现的收入。

（14）"资产处置收益"项目，反映企业出售划分为持有待售的非流动资产（金融工具、长期股权投资和投资性房地产除外）或处置组（子公司和业务除外）时确认的处置利得或损失，以及处置未划分为持有待售的固定资产、在建工程、生产性生物资产及无形资产而产生的处置利得或损失。债务重组中因处置非流动资产产生的利得或损失和非货币性资产交换中换出非流动资产产生的利得或损失也包括在本项目内。商业银行、证券公司等金融企业处置抵押、质押资产的利得或损失，依据被处置资产的类别在本项目或"投资收益"等相关项目中反映。如为处置损失，以"－"号填列。

（15）"其他收益"项目，反映计入其他收益的政府补助以及其他与日常活动相关且计入其他收益的项目。该项目应根据"其他收益"科目的发生额分析填列。

企业作为个人所得税的扣缴义务人，根据《中华人民共和国个人所得税法》收到的扣缴税款手续费，应作为其他与日常活动相关的收益在该项目中填列；企业超比例安排残疾人就业或者为安排残疾人就业做出显著成绩，按规定收到的奖励在该项目中填列；对于当期直接减免的增值税，在该项目中填列。

债务重组中，债务人以单项或多项非金融资产（如固定资产、日常活动产出的商品或服务等）清偿债务，或者以包括金融资产和非金融资产在内的多项资产清偿债务的，不需要区分资产处置损益和债务重组损益，也不需要区分不同资产的处置损益，而应将所清偿债务账面价值与转让资产账面价值之间的差额，记入"其他收益——债务重组收益"科目，在该项目填列；债务人以包含非金融资产的处置组清偿债务的，应当将所清偿债务和处置组中负债的账面价值之和，与处置组中资产的账面价值之间的差额，记入"其他收益——债务重组收益"科目，在该项目填列。

（16）"营业支出"项目，对银行企业反映"税金及附加""业务及管理费""信用减值损失""其他资产减值损失""资产减值损失""其他业务成本"等项目的金额合计。对保险公司反映"退保金""赔付支出""提取保险责任准备金""提取保费准备金""保单红利支出""分保费用""税金及附加""手续费及佣金支出""业务及管理费""其他业务成本""资产减值损失"等项目金额合计，减去"摊回赔付支出""摊回保险责任准备金""摊回分保费用"等项目金额后的余额。

（17）"退保金"项目，反映企业寿险原保险合同提前解除时，按照约定退还投保人的保单现金价值。

（18）"赔付支出"项目，反映企业支付的原保险合同赔付款项和再保险合同赔付款项减去追偿收入。

（19）"摊回赔付支出"项目，反映企业向再保险接受人摊回的赔付成本。

（20）"提取保险责任准备金"项目，反映企业提取的保险责任准备金，包括未决赔款准备金、寿险责任准备金、长期健康险责任准备金，应根据"提取保险责任准备金"科目的发生额分析填列。

（21）"摊回保险责任准备金"项目，反映企业从事再保险业务应向再保险接受人摊回的保险责任准备金，包括未决赔款准备金、寿险责任准备金、长期健康险责任准备金。

（22）"提取保费准备金"项目，反映按照规定当期从农业保险保费收入中提取的保费准备金。

（23）"保单红利支出"项目，反映按原保险合同约定支付给投保人的红利。

（24）"分保费用"项目，反映企业从事再保险业务支付的分保费用。

（25）"税金及附加"项目，反映企业经营业务应负担的消费税、城市建设维护税、资源税、教育费附加及房产税、土地使用税、车船税、印花税等相关税费。企业补缴的营业税也在该项目反映。

（26）"业务及管理费"项目，反映企业在业务经营和管理过程中所发生的电子设备运转费、安全防范费、物业管理费等费用，应根据"业务及管理费"科目的发生额分析填列。

（27）"摊回分保费用"项目，反映企业从事再保险业务向再保险接受人摊回的分保费用。

（28）"信用减值损失"项目，反映企业按照《企业会计准则第 22 号——金融工具确认和计量》（2017 年修订）的要求计提的各项金融工具减值准备所形成的预期信用损失。该项目应根据"信用减值损失"科目的发生额分析填列。

（29）"其他资产减值损失"项目，反映企业除"信用减值损失"外，按照相关会计准则的规定计提其他资产的减值准备所确认减值损失。本项目如为恢复后转回的金额，以"－"号填列。

（30）"资产减值损失"项目，反映企业计提（或恢复后转回）各项资产减值准备所形成的损失，或按规定提取（或恢复后转回）的呆账准备金额，本项目如为恢复后转回的金额，以"－"号填列。未执行新金融工具准则的企业使用该项目。

（31）"其他业务成本"项目，反映除"税金及附加""业务及管理费""信用减值损失""其他资产减值损失""资产减值损失"之外的其他业务成本。

（32）"营业外收入"项目，反映企业发生的除营业利润以外的收益，主要包括与企业日常活动无关的政府补助、盘盈利得、捐赠利得（企业接受股东或股东的子公司直接或间接的捐赠，经济实质属于股东对企业的资本性投入的除外）等。该项目应根据"营业外收入"科目的发生额分析填列。

（33）"营业外支出"项目，反映企业发生的除营业利润以外的支出，主要包括公益性捐赠支出、非常损失、盘亏损失、非流动资产毁损报废损失等。该项目应根据"营业外支出"科目的发生额分析填列。

（34）"所得税费用"项目，反映企业确认的应从当期利润总额中扣除的所得税费用。

（35）"净利润"项目，反映企业实现的净利润。"净利润"项目下的"（一）持续经营净利润"和"（二）终止经营净利润"项目，分别反映净利润中与持续经营相关的净利润和与终止经营相关的净利润；如为净亏损，以"－"号填列。该两个项目应按照《企业会计准则第 42 号——持有待售的非流动资产、处置组和终止经营》（2017 年修订）的相关规定分别列报。

（36）"其他综合收益的税后净额"项目，反映企业根据企业会计准则规定未在当期损益中确认的各项利得和损失扣除所得税影响后的净额。按照归属于母公司所有者和归属于少数股东的其他综合收益的税后净额分别统计。其中归属于母公司所有者的其他综合收益的税后净额分为以下方面。

①以后不能重分类进损益的其他综合收益，包括重新计量设定受益计划净负债或净资产导致的变动、按照权益法核算的在被投资单位以后会计期间不能重分类进损益的其他综合收益中所享有的份额等。

②以后将重分类进损益的其他综合收益，包括按照权益法核算的在被投资单位以后会计期间在满足规定条件时将重分类进损益的其他综合收益中所享有的份额、可供出售金融资产公允价值变动形成的利得或损失、持有至到期投资重分类为可供出售金

融资产形成的利得或损失、现金流量套期工具产生的利得或损失中属于有效套期的部分、外币财务报表折算差额等。

③其他债权投资公允价值变动，反映企业按照《企业会计准则第 22 号——金融工具确认和计量》（2017 年修订）第十八条分类为以公允价值计量且其变动计入其他综合收益的金融资产发生的公允价值变动。企业将一项以公允价值计量且其变动计入其他综合收益的金融资产（即其他债权投资）重分类为以摊余成本计量的金融资产（即债权投资），或重分类为以公允价值计量且其变动计入当期损益的金融资产（即交易性金融资产），之前计入其他综合收益的累计利得或损失从其他综合收益中转出的金额作为该项目的减项。该项目应根据"其他综合收益"科目下的相关明细科目的发生额分析填列。

④金融资产重分类计入其他综合收益的金额，反映企业将一项以摊余成本计量的金融资产（即债权投资）重分类为以公允价值计量且其变动计入其他综合收益的金融资产（即其他债权投资）时，计入其他综合收益的原账面价值与公允价值之间的差额。该项目根据"其他综合收益"科目下的相关明细科目的发生额分析填列。

⑤其他债权投资信用损失准备，反映企业按照《企业会计准则第 22 号——金融工具确认和计量》（2017 年修订）第十八条分类为以公允价值计量且其变动计入其他综合收益的金融资产的损失准备。该项目应根据"其他综合收益"科目下的"信用减值准备"明细科目的发生额分析填列。

（37）"综合收益总额"项目，反映企业净利润与其他综合收益的合计金额。

（38）"基本每股收益""稀释每股收益"项目，反映企业按照《企业会计准则第 34 号——每股收益》的规定计算的金额，本项目仅由普通股或潜在普通股已公开交易的企业，以及正处于公开发行普通股或潜在普通股过程中的企业填报。

## 三、现金流量表编制说明

1. 本表反映企业在一年或一个会计期间内有关现金及现金等价物的流入和流出的情况。企业采用直接法报告经营活动的现金流量时，有关现金流量的信息可以从会计记录中直接获得，也可以在利润表营业收入、营业成本等数据的基础上，通过调整存货和经营性应收应付项目的变动，以及固定资产折旧、无形资产摊销等项目后获得。

2. 表内"本期金额"各项目的内容和填列方法。

（1）销售商品、提供劳务收到的现金，反映企业销售商品、提供劳务实际收到的现金（含销售收入和应向购买者收取的增值税税额），包括本期销售商品、提供劳务收到的现金，以及前期销售和前期提供劳务本期收到的现金和本期预收的账款，减去本期退回本期销售的商品和前期销售本期退回的商品支付的现金。企业销售材料和代购代销业务收到的现金也在本项目反映。本项目可根据"现金""银行存款""应收票据""应收账款""预收账款""主营业务收入""其他业务收入"等科目的记录分析填列。

（2）客户存款和同业存放款项净增加额，反映商业银行本期客户存款和同业存放款项的净增加额。本项目可以根据"吸收存款""同业存放"等科目的记录分析填列。

（3）向中央银行借款净增加额，反映商业银行本期向中央银行借入款项的净增加额。本项目可以根据"向中央银行借款"科目的记录分析填列。

（4）向其他金融机构拆入资金净增加额，反映商业银行本期从境内外金融机构拆入款项所取得的现金。本项目可以根据"拆入资金"和"拆出资金"等科目的记录分析填列。本项目如为负数，应在经营活动现金流出类中单独列示。

（5）收到原保险合同保费取得的现金，反映保险公司本期收到的原保险合同保费取得的现金净额。包括本期收到的原保险保费收入、本期收到的前期应收原保险保费、本期预售的原保险保费和本期代其他企业收取的原保险保费，扣除本期保险合同提前解除以现金支付的退保费。本项目应根据"库存现金""银行存款""应收账款""预收账款""保费收入""退保金"等科目的记录分析填列。

（6）收到再保业务现金净额，反映保险公司本期从事再保业务实际收支的现金净额。本项目可以根据"银行存款""应收分保账款""应付分保账款"等科目的记录分析填列。

（7）保户储金及投资款净增加额，反映保险公司向投保人收取的以储金利息作为保费收入的储金，以及以投资收益作为保费收入的投资保障型保险业务的投资本金，减去保险公司向投保人返还的储金和投资本金后的净额。本项目可以根据"库存现金""银行存款""保户储金""应收保户储金"等科目的记录分析填列。

（8）收取利息、手续费及佣金的现金，反映商业银行本期收到的利息、手续费及佣金。本项目可以根据"利息收入""手续费及佣金收入""应收利息"等科目的记录分析填列。

（9）拆入资金净增加额，反映企业本期从境内外金融机构拆入款项所取得的现金，减去拆借给境内外金融机构款项而支付的现金后的净额。本项目可以根据"拆入资金""拆出资金"等科目的记录分析填列。本项目如为负数，应在经营活动现金流出类项目中列示。

（10）回购业务资金净增加额，反映证券公司本期按回购协议卖出票据、证券、贷款等金融资产所融入的现金，减去按返售协议约定先买入再按固定价格返售给卖出方的票据、证券、贷款等金融资产所融出的现金后的现金增加额。本项目可以根据"买入返售金融资产""卖出回购金融资产款"等科目的记录分析填列。本项目如为负数，应在经营活动现金流出类项目中单独列示。

（11）代理买卖证券收到的现金净额，反映证券公司从事代理业务产生的现金流量。

（12）收到其他与经营活动有关的现金，反映企业除上述各项目外，收到的其他与经营活动有关的现金，如罚款收入、流动资产损失中由个人赔偿的现金收入等。其他现金流入如价值较大的，应在报表附注中披露。本项目可根据"库存现金""银行存款""营业外收入"等科目的记录分析填列。其中，企业实际收到的政府补助，无论是与资产相关还是与收益相关，均作为经营活动产生的现金流量填列。

（13）客户贷款及垫款净增加额，反映企业本期发放的各种客户贷款，以及办理商业票据贴现、转贴现融出及融入资金等业务的款项的净增加额。本项目可以根据"银行存款""贷款""贴现资产""贴现负债"等科目的记录分析填列。

（14）存放中央银行和同业款项净增加额，反映商业银行本期存放于中央银行以及境内外金融机构的款项的净增加额。本项目可以根据"存放中央银行款项""存放同业"等科目的记录分析填列。

（15）支付原保险合同赔付款项的现金，反映保险公司本期实际支付原保险合同赔付的现金。本项目应根据"赔付支出"等科目的记录分析填列。

（16）为交易目的而持有的金融资产净增加额。

（17）拆出资金净增加额，详见"（9）拆入资金净增加额"。

（18）返售业务资金净增加额，详见"（10）回购业务资金净增加额"。

（19）支付利息、手续费及佣金的现金，反映企业本期支付的利息、手续费及佣金。本项目可以根据"手续费及佣金支出""应付账款"等科目的记录分析填列。

（20）支付保单红利的现金，反映保险公司支付保单红利的现金流出情况。

（21）支付给职工及为职工支付的现金，反映企业实际支付给职工，以及为职工支付的现金，包括本期实际支付给职工的工资、奖金、各种津贴和补贴、为职工代扣代缴的个人所得税等，以及为职工支付的其他费用。不包括支付的离退休人员的各项费用和支付给在建工程人员的工资等。企业为职工支付的养老、失业等社会保险基金、补充养老保险、住房公积金、支付给职工的住房困难补助，以及企业支付给职工或为职工支付的其他福利费等，应按职工的工作性质和服务对象，分别在本项目和"购建固定资产、无形资产和其他长期资产支付的现金"项目反映。本项目可根据"应付工资""库存现金""银行存款"等科目的记录分析填列。企业支付给离退休人员的费用，在"支付的其他与经营活动有关的现金"项目中反映。

（22）支付的各项税费，反映企业按规定支付的各种税费，包括本期发生并支付的税费，以及本期支付以前各期发生的税费和预缴的税金。本项目可根据"应交税费""库存现金""银行存款"等科目的记录分析填列，不包括企业代扣代缴的个人所得税。

（23）支付其他与经营活动有关的现金，反映企业除上述各项目外，支付的其他与经营活动有关的现金，如罚款支出、支付的差旅费、业务招待费现金支出、支付的保险费、支付的工会经费及签发银行承兑汇票、保函时缴纳的保证金、缴纳的残疾人保障金等。

（24）收回投资收到的现金，反映企业出售、转让或到期收回除现金等价物以外的交易性金融资产、以公允价值计量且其变动计入当期损益的金融资产、债权投资、可供出售金融资产、其他债权投资、持有至到期投资、长期股权投资、其他权益工具投资等而收到的现金。不包括债权性投资收回的利息、收回的非现金资产，以及处置子公司及其他营业单位收到的现金净额。本项目可根据"交易性金融资产""以公允价值计量且其变动计入当期损益的金融资产""债权投资""可供出售金融资产""其他债权投资""持有至到期投资""长期股权投资""其他权益工具投资""库存现金""银行存款"等科目的记录分析填列。

（25）取得投资收益收到的现金，反映企业因权益性投资和债权性投资而取得的现金股利、利息，以及从子公司、联营企业和合营企业分回利润收到的现金。不包括股票股利。包括在现金等价物范围内的债权性投资，其利息收入在本项目中反映。本项目可根据"应收股利""应收利息""库存现金""银行存款""投资收益"等科目的记录分析填列。

（26）处置固定资产、无形资产和其他长期资产收回的现金净额，反映企业处置固定资产、无形资产和其他长期资产所取得的现金，减去为处置这些资产而支付的有关费用后的净额。由于自然灾害所造成的固定资产等长期资产损失而收到的保险赔偿收入，也在本项目反映。如处置固定资产、无形资产和其他长期资产所收回的现金净额为负数，则应作为投资活动产生的现金流量，在"支付的其他与投资活动有关的现金"项目中反映。本项目可根据"固定资产""库存现金""银行存款"等科目的记录分析填列。

（27）收到其他与投资活动有关的现金，反映企业除上述各项外，收到的其他与投资活动有关的现金流入。本项目可根据有关科目的记录分析填列。

（28）投资支付的现金，反映企业进行权益性投资和债权性投资所支付的现金，包括企业取得的除现金等价物以外的交易性金融资产、以公允价值计量且其变动计入当期损益的金融资产、债权投资、可供出售金融资产、其他债权投资、持有至到期投资、长期股权投资、其他权益工具投资等而支付的现金，以及支付的佣金、手续费等交易费用。本项目可根据"交易性金融资产""以公允价值计量且其变动计入当期损益的金融资产""债权投资""可供出售金融资产""持有至到期投资""其他权益工具投资""投资性房地产""长期股权投资""库存现金""银行存款"等科目的记录分析填列。其中，取得子公司及其他营业单位支付的现金净额应在"取得子公司及其他营业单位支付的现金净额"项目中反映。

（29）质押贷款净增加额，反映保险公司本期发放保户质押贷款的现金净额。本项目可以根据"贷款""银行存款"等科目的记录分析填列。

（30）购建固定资产、无形资产和其他长期资产支付的现金，反映企业购买、建造固定资产，取得无形资产和其他长期资产所支付的现金。包括购买机器设备所支付的现金及增值税款、建造工程支付的现金、支付在建工程人员的工资等现金支出，不包括为购建固定资产、无形资产和其他长期资产而发生的借款利息资本化的部分，以及未执行新租赁准则下融资租入固定资产所支付的租赁费。为购建固定资产、无形资产和其他长期资产而发生的借款利息资本化部分，在"分配股利、利润或偿付利息支付的现金"项目中反映；融资租入固定资产所支付的租赁费，在"支付其他与筹资活动有关的现金"项目中反映。本项目可根据"固定资产""在建工程""无形资产""库存现金""银行存款"等科目的记录分析填列。

（31）支付其他与投资活动有关的现金，反映企业除上述各项目外，支付的其他与投资活动有关的现金。本项目可根据有关科目的记录分析填列。

（32）吸收投资收到的现金，反映企业以发行股票等方式筹集资金实际收到款项净额（发行收入减去支付的佣金等发行费用后的净额）。以发行股票等方式筹集资金而由企业直接支付的审计、咨询等费用不在本项目反映，在"支付的其他与筹资活动有关的现金"项目反映，不在本项目内减去。本项目可根据"实收资本（或股本）""库存现金""银行存款"等科目的记录分析填列。

（33）取得借款收到的现金，本项目反映企业举借各种短期、长期借款而收到的现金，以及发行债券实际收到的款项净额（发行收入减去直接支付的佣金等发行费用后的净额）。本项目可以根据"短期借款""长期借款""交易性金融负债""应付债券""库存现金""银行存款"等科目的记录分析填列。

（34）发行债券收到的现金，反映企业发行债券收到的现金净额，本项目可以根据"应付债券"等科目的记录分析填列。

（35）收到其他与筹资活动有关的现金，反映企业除上述各项目外，收到的其他与筹资活动有关的现金，如接受现金捐赠等。

（36）偿还债务支付的现金，反映企业偿还债务本金而支付的现金，包括偿还金融企业的借款本金、偿还债券本金等。本项目可根据"短期借款""长期借款""库存现金""银行存款"等科目的记录分析填列。

（37）分配股利、利润或偿付利息支付的现金，反映企业实际支付的现金股利、以现金支付给其他投资单位的利润以及支付的借款利息、债券利息等。本项目可根据"应付股利""应付利息""财务费用""长期借款""库存现金""银行存款"等科目的记录分析填列。

（38）支付其他与筹资活动有关的现金，反映企业除上述各项外，支付的其他与筹资活动有关的现金，如捐赠现金支出、未执行新租赁准则下融资租入固定资产支付的租赁费、发生筹资费用所支付的现金、融资租赁所支付的现金、减少注册资本所支付的现金等。企业以分期付款方式购建的固定资产，在本项目中反映。

（39）汇率变动对现金及现金等价物的影响，反映企业外币现金流量折算为人民币时，所采用的现金流量发生日的即期汇率折算为人民币金额与"现金及现金等价物净增加额"中外币现金净增加额按资产负债表日的即期汇率折算的人民币金额之间的差额。

（40）现金及现金等价物净增加额，现金是指企业库存现金以及可以随时用于支付的存款。不能随时用于支付的存款不属于现金。例如，不能随时支取的定期存款等不应作为现金；提前通知金融机构便可支取的定期存款则应包括在现金范围内。现金等价物是指企业持有的期限短、流动性强、易于转换为已知金额现金、价值变动风险很小的投资，其中"期限短"一般是指从购买日起 3 个月内到期。

## 四、所有者权益变动表编制说明

1. 所有者权益变动表是反映构成所有者权益的各组成部分当期的增减变动情况的报表。

2. 企业应当根据所有者权益类科目和损益类有关科目的发生额分析填列所有者权益变动表"本年金额"栏，具体包括如下情况：

（1）"上年年末余额"项目，反映企业上上年资产负债表中的年末所有者权益金额。应根据上年资产负债表中"实收资本（或股本）""其他权益工具""资本公积""其他综合收益""库存股""一般风险准备""盈余公积""未分配利润"等项目的年末余额填列。

（2）"会计政策变更"和"前期差错更正"项目，反映企业本年和上年会计政策变更和重要前期会计差错更正等对上上年及以前年度所有者权益的累积影响金额。应根据"盈余公积""利润分配""以前年度损益调整"等科目的发生额分析填列，并在"上年年末余额"的基础上调整得出"本年年初金额"项目。

①会计政策变更，反映企业采用追溯调整法处理的会计政策变更的累积影响金额。执行新金融工具准则、新收入准则和新租赁准则的企业，新旧准则转换产生对期初权益影响金额在本年金额的会计政策变更行填列。

②前期差错更正，反映企业采用追溯重述法处理的重要前期会计差错更正的累积影响金额。

（3）"其他"项目，反映企业本年和上年同一控制下企业合并、清产核资等影响的金额。

（4）"本年年初余额"项目。"本年金额"栏反映企业考虑本年会计政策变更及重要前期会计差错更正等对以前年度的影响调整后得出的本年年初所有者权益金额；"上年金额"栏反映企业在上上年年末所有者权益金额的基础上，考虑本年和上年会计政策变更和重要前期会计差错更正等对上上年及以前年度所有者权益的累积影响调整后的上年年初所有者权益金额。应根据"盈余公积""一般风险准备""利润分配""以前年度损益调整"等科目的发生额分析填列。

（5）"本年增减变动额"项目分别反映如下内容。

①"综合收益总额"项目，反映企业当年的综合收益总额，应根据当年利润表中"净利润"和"其他综合收益的税后净额"项目填列，并对应列在"未分配利润"和"其他综合收益"栏。

净利润，反映企业当年实现的净利润（或净亏损）金额，对应列在"未分配利润"栏。

其他综合收益，反映企业根据企业会计准则规定未在损益中确认而直接计入所有者权益的各项利得和损失扣除所得税影响后的净额。

②"所有者投入和减少资本"项目，反映企业当年所有者投入的资本和减少的资本，其中：

"所有者投入的普通股"项目，反映企业接受普通股投资者投入形成的实收资本（或股本）和资本公积，应根据"实收资本""资本公积"等科目发生额分析填列，并对应列在"实收资本"和"资本公积"栏。

"其他权益工具持有者投入资本"项目，反映企业发行的除普通股以外分类为权益工具的金融工具的持有者投入资本的金额，应根据金融工具类科目的相关明细科目的发生额分析填列。

"股份支付计入所有者权益的金额"项目，反映企业处于等待期中的权益结算的股份支付当年计入资本公积的金额，应根据"资本公积"科目所属的"其他资本公积"二级科目的发生额分析填列，并对应列在"资本公积"栏。

③"利润分配"下各项目，反映当年对所有者（或股东）分配的利润（或股利）金额和按照规定提取的盈余公积金额，并对应列在"盈余公积"和"未分配利润"栏。其中：

"提取盈余公积"项目，反映企业按照规定提取的盈余公积、储备基金、企业发展基金项目、中外合作经营在合作期间归还投资者的投资等项目，应根据"盈余公积""利润分配"科目的发生额分析填列。

"提取一般风险准备"项目，反映公司按照规定提取的一般风险准备。

"对所有者（或股东）的分配"项目，反映对所有者（或股东）分配的利润（或股利）金额，应根据"利润分配"科目的发生额分析填列。

④"所有者权益内部结转"下各项目，反映不影响当年所有者权益总额的所有者权益各组成部分之间当年的增减变动，包括资本公积转增资本（或股本）、盈余公积转增资本（或股本）、盈余公积弥补亏损等。其中：

"资本公积转增资本（或股本）"项目，反映企业以资本公积转增资本或股本的金额，应根据"实收资本""资本公积"等科目的发生额分析填列。

"盈余公积转增资本（或股本）"项目，反映企业以盈余公积转增资本或股本的金额，应根据"实收资本""盈余公积"等科目的发生额分析填列。

"盈余公积弥补亏损"项目，反映企业以盈余公积弥补亏损的金额，应根据"盈余公积""利润分配"等科目的发生额分析填列。

"设定受益计划变动额结转留存收益"项目，反映按年计算的设定收益计划增减变动结转所有者权益的数额。

"其他综合收益结转留存收益"项目，包括：企业指定为以公允价值计量且其变动计入其他综合收益的非交易性权益工具投资终止确认时，之前计入其他综合收益的累计利得或损失从其他综合收益中转入留存收益的金额；企业指定为以公允价值计量且其变动计入当期损益的金融负债终止确认时，之前由企业自身信用风险变动引起而计入其他综合收益的累计利得或损失从其他综合收益中转入留存收益的金额等。该项目应根据"其他综合收益"科目的相关明细科目的发生额分析填列。

对于未分配利润转增资本，不在"所有者权益内部结转"项目下填列，分别在"对所有者（或股东）的分配"项目的"实收资本（或股本）"和"未分配利润"栏填列。

⑤"本年年末余额"项目。"本年金额"栏反映企业本年年末所有者权益金额；"上年金额"栏反映企业考虑本年会计政策变更及重要前期会计差错更正等对以前年度的影响调整后得出的上年年末所有者权益金额。

企业应当根据上年度所有者权益变动表"本年金额"栏内所列数字填列本年度"上年金额"栏内各项数字。如果上年度所有者权益变动表规定的项目的名称和内容同本年度不一致，应对上年度所有者权益变动表相关项目的名称和金额按本年度的规定进行调整，填入所有者权益变动表"上年金额"栏内。

# 第六章 合并财务报表

## 第一节 合并财务报表格式

财政部于 2019 年 9 月 19 日印发的《关于修订印发合并财务报表格式（2019 版）的通知》（以下简称本通知）规定，已执行新金融准则、新收入准则和新租赁准则的企业，应当按照企业会计准则和本通知附件的要求编制合并财务报表；已执行新金融准则但未执行新收入准则和新租赁准则的企业，或已执行新金融准则和新收入准则但未执行新租赁准则的企业，应当结合本通知附件的要求对合并财务报表项目进行相应调整；未执行新金融准则、新收入准则和新租赁准则的企业，应当结合《财政部关于修订印发 2019 年度一般企业财务报表格式的通知》的要求，对合并财务报表项目进行相应调整。该通知附件中的合并财务报表格式涵盖母公司和从事各类经济业务的子公司的情况，包括一般企业、商业银行、保险公司和证券公司等。企业应根据重要性原则并结合本企业实际情况，对确需单独列示的内容，可增加合并财务报表项目；对不存在相应业务的合并财务报表项目，可进行必要删减。以金融企业为主的企业集团，应以金融企业财务报表格式为基础，结合一般企业财务报表格式和本通知的要求，对合并财务报表项目进行调整后编制。

合并财务报表格式如表 6-1～表 6-4 所示。

表 6-1                    **合并资产负债表**                 会合 01 表

编制单位：                         ___年_月_日                       单位：元

| 资产 | 期末余额 | 上年年末余额 | 负债和所有者权益（或股东权益） | 期末余额 | 上年年末余额 |
|---|---|---|---|---|---|
| 流动资产： | | | 流动负债： | | |
| 货币资金 | | | 短期借款 | | |
| 结算备付金* | | | 向中央银行借款* | | |
| 拆出资金* | | | 拆入资金* | | |
| 交易性金融资产 | | | 交易性金融负债 | | |
| 衍生金融资产 | | | 衍生金融负债 | | |

续表

| 资产 | 期末余额 | 上年年末余额 | 负债和所有者权益（或股东权益） | 期末余额 | 上年年末余额 |
|---|---|---|---|---|---|
| 应收票据 | | | 应付票据 | | |
| 应收账款 | | | 应付账款 | | |
| 应收款项融资 | | | 预收款项 | | |
| 预付款项 | | | 合同负债 | | |
| 应收保费 * | | | 卖出回购金融资产款 * | | |
| 应收分保账款 * | | | 吸收存款及同业存放 * | | |
| 应收分保合同准备金 * | | | 代理买卖证券款 * | | |
| 其他应收款 | | | 代理承销证券款 * | | |
| 买入返售金融资产 * | | | 应付职工薪酬 | | |
| 存货 | | | 应交税费 | | |
| 合同资产 | | | 其他应付款 | | |
| 持有待售资产 | | | 应付手续费及佣金 * | | |
| 一年内到期的非流动资产 | | | 应付分保账款 * | | |
| 其他流动资产 | | | 持有待售负债 | | |
| 流动资产合计 | | | 一年内到期的非流动负债 | | |
| 非流动资产： | | | 其他流动负债 | | |
| 发放贷款和垫款 * | | | 流动负债合计 | | |
| 债权投资 | | | 非流动负债： | | |
| 其他债权投资 | | | 保险合同准备金 * | | |
| 长期应收款 | | | 长期借款 | | |
| 长期股权投资 | | | 应付债券 | | |
| 其他权益工具投资 | | | 其中：优先股 | | |
| 其他非流动金融资产 | | | 永续债 | | |
| 投资性房地产 | | | 租赁负债 | | |
| 固定资产 | | | 长期应付款 | | |
| 在建工程 | | | 预计负债 | | |
| 生产性生物资产 | | | 递延收益 | | |
| 油气资产 | | | 递延所得税负债 | | |
| 使用权资产 | | | 其他非流动负债 | | |
| 无形资产 | | | 非流动负债合计 | | |

续表

| 资产 | 期末余额 | 上年年末余额 | 负债和所有者权益（或股东权益） | 期末余额 | 上年年末余额 |
|---|---|---|---|---|---|
| 开发支出 | | | 负债合计 | | |
| 商誉 | | | 所有者权益（或股东权益）： | | |
| 长期待摊费用 | | | 实收资本（或股本） | | |
| 递延所得税资产 | | | 其他权益工具 | | |
| 其他非流动资产 | | | 其中：优先股 | | |
| 非流动资产合计 | | | 永续债 | | |
| | | | 资本公积 | | |
| | | | 减：库存股 | | |
| · | | | 其他综合收益 | | |
| | | | 专项储备 | | |
| | | | 盈余公积 | | |
| | | | 一般风险准备 * | | |
| | | | 未分配利润 | | |
| | | | 归属于母公司所有者权益（或股东权益）合计 | | |
| | | | 少数股东权益 | | |
| | | | 所有者权益（或股东权益）合计 | | |
| 资产总计 | | | 负债和所有者权益（或股东权益）总计 | | |

注：标注"＊"的项目为金融企业专用行项目。

表 6 - 2            合并利润表            会合 02 表

编制单位：            ___年__月            单位：元

| 项目 | 本期金额 | 上期金额 |
|---|---|---|
| 一、营业总收入 | | |
| 其中：营业收入 | | |
| 利息收入 * | | |
| 已赚保费 * | | |
| 手续费及佣金收入 * | | |
| 二、营业总成本 | | |
| 其中：营业成本 | | |

续表

| 项目 | 本期金额 | 上期金额 |
|---|---|---|
| 　　利息支出 * | | |
| 　　手续费及佣金支出 * | | |
| 　　退保金 * | | |
| 　　赔付支出净额 * | | |
| 　　提取保险责任准备金净额 * | | |
| 　　保单红利支出 * | | |
| 　　分保费用 * | | |
| 　　税金及附加 | | |
| 　　销售费用 | | |
| 　　管理费用 | | |
| 　　研发费用 | | |
| 　　财务费用 | | |
| 　　　其中：利息费用 | | |
| 　　　　利息收入 | | |
| 　加：其他收益 | | |
| 　　投资收益（损失以"－"号填列） | | |
| 　　　其中：对联营企业和合营企业投资收益 | | |
| 　　以摊余成本计量的金融资产终止确认收益 | | |
| 　　汇兑收益（损失以"－"号填列）* | | |
| 　　净敞口套期收益（损失以"－"号填列） | | |
| 　　公允价值变动收益（损失以"－"号填列） | | |
| 　　信用减值损失（损失以"－"号填列） | | |
| 　　资产减值损失（损失以"－"号填列） | | |
| 　　资产处置收益（损失以"－"号填列） | | |
| 三、营业利润（亏损以"－"号填列） | | |
| 　加：营业外收入 | | |
| 　减：营业外支出 | | |
| 四、利润总额（亏损总额以"－"号填列） | | |
| 　减：所得税费用 | | |
| 五、净利润（净亏损以"－"号填列） | | |
| 　（一）按经营持续性分类 | | |

续表

| 项目 | 本期金额 | 上期金额 |
|---|---|---|
| 1. 持续经营净利润（净亏损以"-"号填列） | | |
| 2. 终止经营净利润（净亏损以"-"号填列） | | |
| （二）按所有权归属分类 | | |
| 1. 归属于母公司股东的净利润（净亏损以"-"号填列） | | |
| 2. 少数股东损益（净亏损以"-"号填列） | | |
| 六、其他综合收益的税后净额 | | |
| （一）归属于母公司所有者的其他综合收益的税后净额 | | |
| 1. 不能重分类进损益的其他综合收益 | | |
| （1）重新计量设定受益计划变动额 | | |
| （2）权益法下不能转损益的其他综合收益 | | |
| （3）其他权益工具投资公允价值变动 | | |
| （4）企业自身信用风险公允价值变动 | | |
| …… | | |
| 2. 将重分类进损益的其他综合收益 | | |
| （1）权益法下可转损益的其他综合收益 | | |
| （2）其他债权投资公允价值变动 | | |
| （3）金融资产重分类计入其他综合收益的金额 | | |
| （4）其他债权投资信用减值准备 | | |
| （5）现金流量套期储备 | | |
| （6）外币财务报表折算差额 | | |
| …… | | |
| （二）归属于少数股东的其他综合收益的税后净额 | | |
| 七、综合收益总额 | | |
| （一）归属于母公司所有者的综合收益总额 | | |
| （二）归属于少数股东的综合收益总额 | | |
| 八、每股收益 | | |
| （一）基本每股收益 | | |
| （二）稀释每股收益 | | |

注：标注"＊"的项目为金融企业专用行项目。

表 6 – 3　　　　　　　　　　合并现金流量表　　　　　　　　会合 03 表

编制单位：　　　　　　　　　　 ___年__月　　　　　　　　　　单位：元

| 项目 | 本期金额 | 上期金额 |
|---|---|---|
| 一、经营活动产生的现金流量 | | |
| 　销售商品、提供劳务收到的现金 | | |
| 　客户存款和同业存放款项净增加额 * | | |
| 　向中央银行借款净增加额 * | | |
| 　向其他金融机构拆入资金净增加额 * | | |
| 　收到原保险合同保费取得的现金 * | | |
| 　收到再保业务现金净额 * | | |
| 　保户储金及投资款净增加额 * | | |
| 　收取利息、手续费及佣金的现金 * | | |
| 　拆入资金净增加额 * | | |
| 　回购业务资金净增加额 * | | |
| 　代理买卖证券收到的现金净额 * | | |
| 　收到的税费返还 | | |
| 　收到其他与经营活动有关的现金 | | |
| 　　经营活动现金流入小计 | | |
| 　购买商品、接受劳务支付的现金 | | |
| 　客户贷款及垫款净增加额 * | | |
| 　存放中央银行和同业款项净增加额 * | | |
| 　支付原保险合同赔付款项的现金 * | | |
| 　拆出资金净增加额 * | | |
| 　支付利息、手续费及佣金的现金 * | | |
| 　支付保单红利的现金 * | | |
| 　支付给职工及为职工支付的现金 | | |
| 　支付的各项税费 | | |
| 　支付其他与经营活动有关的现金 | | |
| 　　经营活动现金流出小计 | | |
| 　　经营活动产生的现金流量净额 | | |
| 二、投资活动产生的现金流量 | | |
| 　收回投资收到的现金 | | |

续表

| 项目 | 本期金额 | 上期金额 |
|---|---|---|
| 取得投资收益收到的现金 | | |
| 处置固定资产、无形资产和其他长期资产收回的现金净额 | | |
| 处置子公司及其他营业单位收到的现金净额 | | |
| 收到其他与投资活动有关的现金 | | |
| 　投资活动现金流入小计 | | |
| 购建固定资产、无形资产和其他长期资产支付的现金 | | |
| 投资支付的现金 | | |
| 质押贷款净增加额* | | |
| 取得子公司及其他营业单位支付的现金净额 | | |
| 支付其他与投资活动有关的现金 | | |
| 　投资活动现金流出小计 | | |
| 　投资活动产生的现金流量净额 | | |
| 三、筹资活动产生的现金流量 | | |
| 吸收投资收到的现金 | | |
| 其中：子公司吸收少数股东投资收到的现金 | | |
| 取得借款收到的现金 | | |
| 收到其他与筹资活动有关的现金 | | |
| 　筹资活动现金流入小计 | | |
| 偿还债务支付的现金 | | |
| 分配股利、利润或偿付利息支付的现金 | | |
| 其中：子公司支付给少数股东的股利、利润 | | |
| 支付其他与筹资活动有关的现金 | | |
| 　筹资活动现金流出小计 | | |
| 　筹资活动产生的现金流量净额 | | |
| 四、汇率变动对现金及现金等价物的影响 | | |
| 五、现金及现金等价物净增加额 | | |
| 　加：期初现金及现金等价物余额 | | |
| 六、期末现金及现金等价物余额 | | |

注：标注"＊"的项目为金融企业专用行项目。

表6-4

编制单位：

## 合并所有者权益变动表

年度　_____

会合04表

单位：元

| 项目 | 本年金额 | | | | | | | | | | | | | 上年金额 | | | | | | | | | | | | |
| --- | --- | --- | --- | --- | --- | --- | --- | --- | --- | --- | --- | --- | --- | --- | --- | --- | --- | --- | --- | --- | --- | --- | --- | --- | --- | --- |
| | 归属于母公司所有者权益 | | | | | | | | | | | 少数股东权益 | 所有者权益合计 | 归属于母公司所有者权益 | | | | | | | | | | | 少数股东权益 | 所有者权益合计 |
| | 实收资本（或股本） | 其他权益工具 | | | 资本公积 | 减：库存股 | 其他综合收益 | 专项储备 | 盈余公积* | 一般风险准备* | 未分配利润 | 小计 | | | 实收资本（或股本） | 其他权益工具 | | | 资本公积 | 减：库存股 | 其他综合收益 | 专项储备 | 盈余公积* | 一般风险准备* | 未分配利润 | 小计 | | |
| | | 优先股 | 永续债 | 其他 | | | | | | | | | | | | 优先股 | 永续债 | 其他 | | | | | | | | | | |
| 一、上年年末余额 | | | | | | | | | | | | | | | | | | | | | | | | | | | | |
| 加：会计政策变更 | | | | | | | | | | | | | | | | | | | | | | | | | | | | |
| 前期差错更正 | | | | | | | | | | | | | | | | | | | | | | | | | | | | |
| 其他 | | | | | | | | | | | | | | | | | | | | | | | | | | | | |
| 二、本年年初余额 | | | | | | | | | | | | | | | | | | | | | | | | | | | | |
| 三、本年增减变动金额（减少以"-"号填列） | | | | | | | | | | | | | | | | | | | | | | | | | | | | |
| （一）综合收益总额 | | | | | | | | | | | | | | | | | | | | | | | | | | | | |
| （二）所有者投入和减少资本 | | | | | | | | | | | | | | | | | | | | | | | | | | | | |
| 1. 所有者投入的普通股 | | | | | | | | | | | | | | | | | | | | | | | | | | | | |
| 2. 其他权益工具持有者投入资本 | | | | | | | | | | | | | | | | | | | | | | | | | | | | |
| 3. 股份支付计入所有者权益的金额 | | | | | | | | | | | | | | | | | | | | | | | | | | | | |
| 4. 其他 | | | | | | | | | | | | | | | | | | | | | | | | | | | | |

续表

| 项目 | 本年金额 | | | | | | | | | | | | | | 上年金额 | | | | | | | | | | | | | |
|---|---|---|---|---|---|---|---|---|---|---|---|---|---|---|---|---|---|---|---|---|---|---|---|---|---|---|---|---|
| | 归属于母公司所有者权益 | | | | | | | | | | | | 少数股东权益 | 所有者权益合计 | 归属于母公司所有者权益 | | | | | | | | | | | | 少数股东权益 | 所有者权益合计 |
| | 实收资本（或股本） | 其他权益工具 | | | 资本公积 | 减：库存股 | 其他综合收益 | 专项储备* | 盈余公积 | 一般风险准备* | 未分配利润 | 小计 | | | 实收资本（或股本） | 其他权益工具 | | | 资本公积 | 减：库存股 | 其他综合收益 | 专项储备* | 盈余公积 | 一般风险准备* | 未分配利润 | 小计 | | |
| | | 优先股 | 永续债 | 其他 | | | | | | | | | | | | 优先股 | 永续债 | 其他 | | | | | | | | | | |
| （三）利润分配 | | | | | | | | | | | | | | | | | | | | | | | | | | | | |
| 1. 提取盈余公积 | | | | | | | | | | | | | | | | | | | | | | | | | | | | |
| 2. 提取一般风险准备* | | | | | | | | | | | | | | | | | | | | | | | | | | | | |
| 3. 对所有者（或股东）的分配 | | | | | | | | | | | | | | | | | | | | | | | | | | | | |
| 4. 其他 | | | | | | | | | | | | | | | | | | | | | | | | | | | | |
| （四）所有者权益内部结转 | | | | | | | | | | | | | | | | | | | | | | | | | | | | |
| 1. 资本公积转增资本（或股本） | | | | | | | | | | | | | | | | | | | | | | | | | | | | |
| 2. 盈余公积转增资本（或股本） | | | | | | | | | | | | | | | | | | | | | | | | | | | | |
| 3. 盈余公积弥补亏损 | | | | | | | | | | | | | | | | | | | | | | | | | | | | |
| 4. 设定受益计划变动额结转留存收益 | | | | | | | | | | | | | | | | | | | | | | | | | | | | |
| 5. 其他综合收益结转留存收益 | | | | | | | | | | | | | | | | | | | | | | | | | | | | |
| 6. 其他 | | | | | | | | | | | | | | | | | | | | | | | | | | | | |
| 四、本年年末余额 | | | | | | | | | | | | | | | | | | | | | | | | | | | | |

注：标注"*"的项目为金融企业专用行项目。

# 第二节　合并财务报表编制说明

企业将现有以往年度设立的其他子公司或业务注入本年度新设立子公司，假定在新设子公司层面该交易构成同一控制下合并，该新设子公司应当编制合并日的合并资产负债表、合并利润表和合并现金流量表，该新设公司应当追溯至自比较期最早期初开始编制合并财务报表，即使比较期最早期初早于该新设子公司的成立日，但应不早于被注入的其他子公司或业务处于最终控制方控制的时点。该新设公司的个别报表期初日为其成立日。

## 一、合并资产负债表编制说明

1. 表内"期末余额"指标以企业年终财务决算有关指标金额填列。

2. 表内"上年年末余额"指标根据企业上年度财务决算中资产负债表的"期末余额"结合本年度调整数填列。

为了提高信息在会计期间的可比性，向报表使用者提供与理解当期财务报表更加相关的比较数据，企业可以增加列报首次执行各项新准则当年年初的资产负债表。已执行新租赁工具、新金融工具准则或新收入准则的企业，"年初余额"需将上年度财务决算中资产负债表的"期末余额"按照新准则规定转化后，结合本年度调整数填列。企业无论是否增加列报首次执行当年年初的资产负债表，均应当按照相关规定，在附注中分别披露首次执行各项新准则对当年年初财务报表相关项目的影响金额及调整信息。

3. 报表的编制主体和范围保持一致。

4. 表内"结算备付金*""拆出资金*""应收保费*""应收分保账款*""应收分保准备金*""买入返售金融资产*""发放贷款和垫款*""向中央银行借款*""拆入资金*""卖出回购金融资产款*""吸收存款及同业存放*""代理买卖证券款*""代理承销证券款*""应付手续费及佣金*""应付分保账款*""保险合同准备金*""一般风险准备*"等指标仅由金融企业填列。

5. 表内"职工奖励及福利基金""已归还投资""储备基金""企业发展基金""利润归还投资"等指标由集团公司控股的外商投资企业填列。

6. 各报表项目"期末金额"栏填列说明。

（1）结算备付金*，反映企业为证券交易的资金清算与交收而存入指定清算代理机构的款项，应根据"结算备付金"科目的期末余额填列。仅由金融企业填报。

（2）拆出资金\*，反映企业拆借给境内、境外其他金融机构的款项，应根据"拆出资金"科目的期末余额，减去"贷款损失准备"科目所属相关明细科目期末余额后的金额分析计算填列。仅由金融企业填报。

（3）交易性金融资产，反映资产负债表日企业分类为以公允价值计量且其变动计入当期损益的金融资产，以及企业持有的直接指定为以公允价值计量且其变动计入当期损益的金融资产期末账面价值，应根据"交易性金融资产"科目的相关明细科目期末余额分析填列。自资产负债表日起超过一年到期且预期持有超过一年的以公允价值计量且其变动计入当期损益的非流动金融资产的期末账面价值，在"其他非流动金融资产"行项目反映。

（4）衍生金融资产，反映企业衍生工具形成资产的期末余额。

（5）应收票据，反映资产负债表日以摊余成本计量的、企业因销售商品、提供服务等收到的商业汇票，包括银行承兑汇票和商业承兑汇票，应根据"应收票据"科目的期末余额，减去"坏账准备"科目中相关坏账准备期末余额后的金额填列。

（6）应收账款，反映资产负债表日以摊余成本计量的、企业因销售商品、提供服务等经营活动应收取的款项，应根据"应收账款"科目的期末余额，减去"坏账准备"科目中相关坏账准备期末余额后的金额填列。

（7）应收款项融资，反映资产负债表日以公允价值计量且其变动计入其他综合收益的应收票据和应收账款等。

（8）应收保费\*，反映按照原保险合同约定应向投保人收取的保费，应根据期末余额减去"坏账准备"科目中有关坏账准备期末余额后的净额填列。仅由金融企业填报。

（9）应收分保账款\*，反映企业从事再保险业务应收取的款项，应根据期末余额减去"坏账准备"科目中有关坏账准备期末余额后的净额填列。仅由金融企业填报。

（10）应收分保准备金\*，反映再保险分出人从事再保险业务确认的应收分保未到期责任准备金以及应向再保险接受人摊回的保险责任准备金，应根据期末余额减去"坏账准备"科目中有关坏账准备期末余额后的净额填列。仅由金融企业填报。

（11）其他应收款，企业应根据"应收利息""应收股利"和"其他应收款"科目的期末余额合计数，减去"坏账准备"科目中相关坏账准备期末余额后的金额填列。其中的"应收利息"仅反映相关金融工具已到期可收取但于资产负债表日尚未收到的利息。基于实际利率法计提的金融工具的利息应包含在相应金融工具的账面余额中。应收股利单独列示。

（12）买入返售金融资产\*，反映按照返售协议约定先买入再按固定价格返售的票据、证券、贷款等金融资产所融出资金，应根据"买入返售金融资产"科目的期末余额减去"坏账准备"科目所属相关明细科目的期末余额填列。仅由金融企业填报。

（13）存货，企业应根据存货相关科目的期末余额合计，减去"存货跌价准备"或"商品削价准备""代销商品款"科目的期末余额后的净额填列。

（14）持有待售资产，反映资产负债表日划分为持有待售类别的非流动资产及划分为持有待售类别的处置组中的流动资产和非流动资产的期末账面价值，应根据"持有待售资产"科目的期末余额，减去"持有待售资产减值准备"科目的期末余额后的金额填列。

（15）一年内到期的非流动资产，反映企业将于一年内到期的非流动资产项目金额，本项目应根据有关科目的期末净额填列。对于按照相关会计准则采用折旧（或摊销、折耗）方法进行后续计量的固定资产、无形资产和长期待摊费用等非流动资产，折旧（或摊销、折耗）年限（或期限）只剩一年或不足一年的，或预计在一年内（含一年）进行折旧（或摊销、折耗）的部分，不得归类为流动资产，仍在各该非流动资产项目中填列，不转入"一年内到期的非流动资产"项目。

（16）其他流动资产，反映企业除货币资金、交易性金融资产、应收票据、应收账款、存货等流动资产以外的其他流动资产。

（17）发放贷款和垫款*，反映企业发放的贷款和贴现资产扣减贷款损失准备期末余额后的金额，应根据"贷款""贴现资产"等科目的期末借方余额合计，减去"贷款损失准备"科目所属明细科目期末余额后的净额分析计算填列。仅由金融企业填报。

（18）债权投资，反映资产负债表日企业以摊余成本计量的长期债权投资的期末账面价值，应根据"债权投资"科目的相关明细科目期末余额，减去"债权投资减值准备"科目中相关减值准备的期末余额后的金额分析填列。自资产负债表日起一年内到期的长期债权投资的期末账面价值，在"一年内到期的非流动资产"项目反映。企业购入的以摊余成本计量的一年内到期的债权投资的期末账面价值，在"其他流动资产"行项目反映。

（19）其他债权投资，反映资产负债表日企业分类为以公允价值计量且其变动计入其他综合收益的长期债权投资的期末账面价值。该项目应根据"其他债权投资"科目的相关明细科目期末余额分析填列。自资产负债表日起一年内到期的长期债权投资的期末账面价值，在"一年内到期的非流动资产"项目反映。企业购入的以公允价值计量且其他变动计入其他综合收益的一年内到期的债权投资的期末账面价值，在"其他流动资产"行项目反映。

（20）长期应收款，企业应根据"长期应收款""应融资租赁款"科目的期末余额，减去相应的"未实现融资收益"科目和"坏账准备"科目所属相关科目期末余额后的净额填列。

（21）长期股权投资，企业应根据"长期股权投资"科目账面余额，减去相应"长期股权投资减值准备"科目期末余额后的净额填列。

（22）其他权益工具投资，反映资产负债表日企业指定为公允价值计量且其变动计入其他综合收益的非交易性权益工具投资的期末账面价值，应根据"其他权益工具投资"科目的期末余额填列。

（23）其他非流动金融资产，反映企业持有的自资产负债表日起超过一年到期且预期持有超过一年的以公允价值计量且其变动计入当期损益的非流动金融资产的期末账面价值，应根据"交易性金融资产"科目的相关明细科目期末余额分析填列。

（24）投资性房地产，反映企业持有的投资性房地产。采用成本模式计量投资性房地产的，应根据"投资性房地产"科目的期末余额，减去"投资性房地产累计折旧（摊销）"和"投资性房地产减值准备"科目期末余额后的净额填列；采用公允价值模式计量投资性房地产的，应根据"投资性房地产"科目的期末余额填列。

（25）固定资产，反映资产负债表日企业固定资产的期末账面价值和企业尚未清理完毕的固定资产清理净损益，应根据"固定资产""融资租赁资产"科目的期末余额，减去"累计折旧"和"固定资产减值准备"科目期末余额后的金额，加上"固定资产清理"科目的期末余额填列，其中，"固定资产原价""累计折旧""固定资产减值准备"单独列示。

（26）在建工程，反映资产负债表日企业尚未达到预定可使用状态的在建工程期末账面价值和企业为在建工程准备的各种物资的期末账面价值。该项目应根据"在建工程"科目的期末余额，减去"在建工程减值准备"科目的期末余额后的金额，加上"工程物资"科目的期末余额，减去"工程物资减值准备"科目的期末余额后的金额填列。

（27）生产性生物资产，反映企业持有的为产出农产品、提供劳务或出租等目的而持有的生物资产，应根据"生产性生物资产"科目的期末余额，减去"生产性生物资产累计折旧"和"生产性生物资产减值准备"科目期末余额后的净额填列。

（28）油气资产，反映企业持有的矿区权益和油气井及相关设施的原价减去累计折耗和累计减值准备后的净额，应根据"油气资产"科目期末余额，减去"累计折耗"科目期末余额和相应减值准备后的净额填列。

（29）使用权资产，反映资产负债表日承租人企业持有的使用权资产的期末账面价值。该项目应根据"使用权资产"科目的期末余额，减去"使用权资产累计折旧"和"使用权资产减值准备"科目的期末余额后的金额填列。

（30）无形资产，反映企业持有无形资产的账面价值，包括专利权、非专利技术、商标权、著作权、土地使用权等，应根据"无形资产"科目的期末余额，减去相应的"无形资产减值准备""累计摊销"科目期末余额后的净额填列。

（31）开发支出，反映企业开发无形资产过程中能够资本化形成无形资产成本的支出部分，应根据"研发支出"科目中所属的"资本化支出"明细科目期末余额填列。

（32）商誉，反映企业合并中形成商誉的价值，应根据"商誉"科目期末余额，减去相应减值准备后的净额填列。

（33）长期待摊费用，反映企业已经发生但应由本期和以后各期负担的各项费用，应根据"长期待摊费用"科目的期末余额填列。

（34）递延所得税资产，反映企业确认的可抵扣暂时性差异产生的递延所得税资产，应根据"递延所得税资产"科目期末余额填列。

（35）其他非流动资产，反映企业除以上资产以外的其他长期资产。其中，特准储备物资主要反映企业按照国家和上级规定储备的用于防汛、战备等特定用途的物资年末结存成本，应单独列示。如该项目价值较大，应在会计报表附注中披露其内容和金额。

（36）向中央银行借款*，反映企业向中国人民银行借入的款项，应根据"向中央银行借款"科目的期末余额填列。仅由金融企业填报。

（37）拆入资金*，反映企业从境内、境外金融机构拆入的款项，应根据"拆入资金"科目的期末余额填列。仅由金融企业填报。

（38）交易性金融负债，反映资产负债表日企业承担的交易性金融负债，以及企业持有的直接指定为以公允价值计量且其变动计入当期损益的金融负债的期末账面价值，应根据"交易性金融负债"科目的相关明细科目期末余额填列。

（39）衍生金融负债，反映企业衍生工具形成负债的期末余额。

（40）应付票据，反映资产负债表日以摊余成本计量的企业因购买材料、商品和接受服务等开出、承兑的商业汇票，包括银行承兑汇票和商业承兑汇票。该项目应根据"应付票据"科目的期末余额填列。

（41）应付账款，反映资产负债表日以摊余成本计量的企业因购买材料、商品和接受服务等经营活动应支付的款项。该项目应根据"应付账款"和"预付账款"科目所属的相关明细科目的期末贷方余额合计数填列。

（42）合同资产＆合同负债，应分别根据"合同资产"科目、"合同负债"科目的相关明细科目期末余额分析填列，同一合同下的合同资产和合同负债应当以净额列示，其中净额为借方余额的，应当根据其流动性在"合同资产"或"其他非流动资产"项目中填列，已计提减值准备的，还应减去"合同资产减值准备"科目中相关的期末余额后的金额填列；其中净额为贷方余额的，应当根据其流动性在"合同负债"或"其他非流动负债"项目中填列。

按照《企业会计准则第14号——收入》的相关规定确认为资产的合同取得成本，应根据"合同取得成本"科目的明细科目初始确认时摊销期限是否超过一年或一个正常营业周期，在"其他流动资产"或"其他非流动资产"项目中填列，已计提减值准备的，还应减去"合同取得成本减值准备"科目中相关的期末余额后的金额填列。

按照《企业会计准则第14号——收入》的相关规定确认为资产的合同履约成本，应根据"合同履约成本"科目的明细科目初始确认时摊销期限是否超过一年或一个正常营业周期，在"存货"或"其他非流动资产"项目中填列，已计提减值准备的，还应减去"合同履约成本减值准备"科目中相关的期末余额后的金额填列。

按照《企业会计准则第14号——收入》的相关规定确认为资产的应收退货成本，应根据"应收退货成本"科目是否在一年或一个正常营业周期内出售，在"其他流动资产"或"其他非流动资产"项目中填列。

按照《企业会计准则第14号——收入》的相关规定确认为预计负债的应付退货款，应根据"预计负债"科目下的"应付退货款"明细科目是否在一年或一个正常营业周期内清偿，在"其他流动负债"或"预计负债"项目中填列。

（43）卖出回购金融资产款*，反映企业按照回购协议先卖出再按固定价格买入的票据、证券、贷款等金融资产所融入的资金，应根据"卖出回购金融资产款"科目的期末余额填列。仅由金融企业填报。

（44）吸收存款及同业存放*，反映企业吸收的各种存款和境内、境外金融机构的存款，应根据"同业存放""吸收存款"等科目的期末余额填列。仅由金融企业填报。

（45）代理买卖证券款*，反映企业接受客户委托，代理客户买卖股票、债券和基金等有价证券而收到的款项，应根据"代理买卖证券款"科目的期末贷方余额填列。仅由金融企业填报。

（46）代理承销证券款*，反映企业接受委托，采用承购包销方式或代销方式承销证券所形成的、应付证券发行人的承销资金，应根据"代理承销证券款"科目的期末贷方余额填列。仅由金融企业填报。

（47）应付职工薪酬，反映企业根据有关规定应付给职工的工资、职工福利、社会保险费、住房公积金、工会经费、职工教育经费、非货币性福利、辞退福利等各种薪酬，应根据"应付职工薪酬"科目的期末余额填列。其中，应付工资和应付福利费应单独列示。外商投资企业按规定从净利润中提取的职工奖励及福利基金，应在"应付福利费"项下单独列示。

（48）应交税费，反映企业按照税法规定计算应缴纳的各种税费，包括增值税、消费税、所得税、资源税、土地增值税、城市维护建设税、房产税、土地使用税、车船税、教育费附加、矿产资源补偿费等。应根据"应交税费"科目下的"未交增值税""简易计税""转让金融商品应交增值税""代扣代交增值税"等科目贷方余额填列，其中，应交税费应单独列示。"应交税费"科目下的"应交增值税""未交增值税""待抵扣进项税额""待认证进项税额""增值税留抵税额"等明细科目期末借方余额应根据情况，在资产负债表中的"其他流动资产"或"其他非流动资产"项目列示；"应交税费"科目下的"待转销项税额"等科目期末贷方余额应根据情况，在资产负债表中的"其他流动负债"或"其他非流动负债"项目列示。

（49）其他应付款，应根据"应付利息""应付股利""其他应付款"科目的期末余额合计数填列。其中，"应付利息"仅反映相关金融工具已到期应支付但于资产负债表日尚未支付的利息。基于实际利率法计提的金融工具的利息应包含在相应金融工具的账面余额中。应付股利单独列示。

（50）应付手续费及佣金*，反映企业从事再保险业务应向再保险分出人或再保险接受人支付但尚未支付的款项，应根据相关科目的期末余额填列。仅由金融企业填报。

（51）应付分保账款*，反映从事再保险业务应付未付的款项，应根据"应付分保账款"科目期末贷方余额填列。仅由金融企业填报。

（52）持有待售负债，反映资产负债表中处置组中与划分为持有待售类别的资产直接相关的负债的期末账面价值，应根据"持有待售负债"科目的期末余额填列。

（53）其他流动负债，反映未包括在短期借款、交易性金融负债、应付票据、应付账款、预收款项、应付职工薪酬、应交税费、其他应付款、一年内到期的非流动负债项目内的流动负债等报表项目中的流动负债，含短期融资券和超短期融资券。

（54）保险合同准备金*，反映企业提取的保险合同准备金，应根据"未到期责任准备金""未决赔款准备金"科目期末贷方余额填列。仅由金融企业填报。

（55）租赁负债，反映资产负债表日承租人企业尚未支付的租赁付款额的期末账面价值。该项目应根据"租赁负债"科目的期末余额填列。自资产负债表日起一年内到期应予以清偿的租赁负债的期末账面价值，在"一年内到期的非流动负债"项目反映。

（56）长期应付款，反映资产负债表日企业除长期借款和应付债券以外的其他各种长期应付款项的期末账面价值，应根据"长期应付款"科目的期末余额，减去相关的"未确认融资费用"科目的期末余额后的金额，加上"专项应付款"科目的期末余额填列。

（57）长期应付职工薪酬，反映企业辞退福利中将于资产负债表日起 12 个月之后支付的部分、离职后福利中设定受益计划净负债、其他长期职工福利中符合设定受益计划条件的净负债。

（58）预计负债，反映企业各项预计的负债，包括对外提供担保、商业承兑票据贴现、未决诉讼、产品质量保证、重组义务、亏损合同、应付退货款等，应根据"预计负债"科目期末余额填列。

（59）递延收益，反映企业应在以后期间计入当期损益的政府补助和未实现融资收益等。递延收益项目中摊销期限只剩一年或不足一年的，或预计在一年内（含一年）进行摊销的部分，不归类为流动负债，仍在该项目中填列，不转入"一年内到期的非流动负债"项目。

（60）递延所得税负债，反映企业确认的应纳税暂时性差异产生的递延所得税负债，应根据"递延所得税负债"科目期末余额填列。

（61）实收资本（或股本），反映企业各投资者实际投入的资本（或股本）总额。其中，中外合作经营企业"实收资本净额"按"实收资本"扣除"已归还投资"后的金额填列。

（62）其他权益工具，反映企业发行的除普通股以外分类为权益工具的金融工具的账面价值。对于资产负债表日企业发行的金融工具，分类为金融负债的，应在"应付债券"项目填列，对于优先股和永续债，还应在"应付债券"项目下的"优先股"项目和"永续债"项目分别填列；分类为权益工具的，应在"其他权益工具"项目填列，对于优先股和永续债，还应在"其他权益工具"项目下的"优先股"项目和"永续债"项目分别填列。

（63）"资本公积"项目，反映企业收到投资者出资额超出其在注册资本或股本中所占份额的部分，直接计入所有者权益的利得和损失，以及国家或股东对企业的其他资本性投入等。

（64）库存股，反映企业持有尚未转让或注销的本企业股份金额，应根据"库存股"科目期末余额分析填列。

（65）其他综合收益，反映企业未在当期损益中确认的各项利得和损失，应根据"其他综合收益"科目期末余额分析填列。其中，外币报表折算差额反映企业将外币表示的资产负债表折算成记账本位币表示的资产负债表时，由于报表项目采用不同的折算汇率所产生的差额，应单独列示。

（66）专项储备，反映高危行业企业按照国家规定提取的安全生产费的期末账面价值，该项目应根据"专项储备"科目的期末余额填列。

（67）盈余公积，反映企业盈余公积的期末余额。本项目应根据"盈余公积"科目的期末余额填列。其中，"法定盈余公积"反映企业按照规定的比例从净利润中提取的盈余公积；"任意盈余公积"反映企业经股东大会或类似机构批准按照规定的比例从净利润中提取的盈余公积；"储备基金"反映外商投资企业按照法律、行政法规规定从净利润中提取的、经批准用于弥补亏损和增加资本的储备基金；"企业发展基金"反映外商投资企业按照法律、行政法规规定从净利润中提取的、用于企业生产发展和经批准用于增加资本的企业发展基金；"利润归还投资"反映中外合作经营企业按照规定在合作期间以利润归还投资者的投资。

（68）一般风险准备*，反映企业按规定从净利润中提取的一般风险准备。仅由金融企业填报。

（69）未分配利润，反映尚未分配的利润，未弥补的亏损，在本项目内以" -"

填列。

（70）少数股东权益，反映除母公司以外的其他投资者在子公司中拥有的权益数额。

7. 金融企业资产负债表中的有关行项目在本表中的列示说明。

（1）金融企业资产负债表中的"现金及存放中央银行款项"行项目在本表中的"货币资金"行项目中列示。

（2）金融企业资产负债表中的"存放同业款项""融出资金"行项目在本表中的"拆出资金"行项目中列示。

（3）金融企业资产负债表中的"应收款项"行项目在本表中的"应收票据""应收账款""应收款项融资"行项目中列示。

（4）金融企业资产负债表中的"存出保证金""应收代位追偿款""保户质押贷款"行项目在本表中的"其他流动资产"行项目中列示。

（5）金融企业资产负债表中的"应收分保未到期责任准备金""应收分保未决赔款准备金""应收分保寿险责任准备金""应收分保长期健康险责任准备金"行项目在本表中的"应收分保合同准备金"行项目中列示。

（6）金融企业资产负债表中"金融投资"行项目下的"交易性金融资产""债权投资""其他债权投资""其他权益工具投资"子项目分别在本表中的"交易性金融资产""债权投资""其他债权投资""其他权益工具投资"行项目中列示。

（7）金融企业资产负债表中的"存出资本保证金""独立账户资产"行项目在本表中的"其他非流动资产"行项目中列示。

（8）金融企业资产负债表中的"应付短期融资款"行项目在本表中的"短期借款"行项目中列示。

（9）金融企业资产负债表中的"应付款项"行项目在本表中的"应付票据""应付账款"行项目中列示。

（10）金融企业资产负债表中的"应付赔付款"行项目在本表中的"应付账款"行项目中列示。

（11）金融企业资产负债表中的"预收保费"行项目在本表中的"预收款项"行项目中列示。

（12）金融企业资产负债表中的"同业及其他金融机构存放款项""吸收存款"行项目在本表中的"吸收存款及同业存放"行项目中列示。

（13）金融企业资产负债表中的"应付保单红利"行项目在本表中的"其他应付款"行项目中列示。

（14）金融企业资产负债表中的"保户储金及投资款"行项目在本表中的"其他流动负债"行项目中列示。

（15）金融企业资产负债表中的"未到期责任准备金""未决赔款准备金""寿险责任准备金""长期健康险责任准备金"行项目在本表中的"保险合同准备金"行项目中列示。

（16）金融企业资产负债表中的"独立账户负债"行项目在本表中的"其他非流动负债"行项目中列示。

（17）金融企业资产负债表中的"其他资产""其他负债"行项目进行分析后在本表相关项目中列示。

（18）有贵金属业务的，在本表中增加"贵金属"行项目对相关贵金属资产进行列示。

## 二、合并利润表编制说明

1. 本表反映企业在一年或一个会计期间内的经营成果。企业应根据损益类账户及其有关明细账户的上年累计实际发生数和本年累计实际发生数分析填列。如果上年度利润表与本年度该表的项目名称和内容不相一致，应按本年度口径调整后填列。

2. 表内"利息收入*""已赚保费*""手续费及佣金收入*""利息支出*""手续费及佣金支出*""退保金*""赔付支出净额*""提取保险责任准备金净额*""保单红利支出*""分保费用*""汇兑收益*"等指标仅由金融企业填列。

3. 表内"少数股东损益""归属于少数股东的其他综合收益的税后净额""归属于少数股东的综合收益总额"仅由编制合并财务报表的集团企业填报。

4. 表内"本期金额"栏各项目的内容和填列方法如下。

（1）营业总收入，包括营业收入、利息收入、已赚保费和手续费及佣金收入四部分内容。

（2）营业收入，反映企业经营主营业务和其他业务所确认的收入总额，应根据"主营业务收入"和"其他业务收入"科目的发生额分析填列。如果企业取得的补贴收入与其销售商品或提供服务等活动密切相关，且是企业商品或服务的对价或者是对价的组成部分，应当适用收入准则，在该项目填列。

对新能源汽车厂商而言，如果没有政府的新能源汽车财政补贴，企业通常不会以低于成本的价格进行销售，政府补贴实际上是新能源汽车销售对价的组成部分。新能源汽车厂商从政府取得的补贴，与其销售新能源汽车密切相关，且是新能源汽车销售对价的组成部分。中央和地方财政补贴实质上是为消费者购买新能源汽车承担和支付了部分销售价款，其拨付的补贴金额应属于新能源汽车厂商销售商品的资金流入，在性质上属于收入。因此，新能源汽车厂商应当按照收入准则的规定进行会计处理，在款项满足收入确认条件时应将其确认为收入，并根据中央和地方的相关补贴政策合理估计未来补贴款的金额。

（3）利息收入*，反映企业经营贷款业务等确认的利息收入，应根据"利息收入"科目的发生额分析填列。仅由金融企业填报。

（4）已赚保费*，反映"保险业务收入"项目金额减去"分出保费""提取未到期责任准备金"项目金额后的余额。仅由金融企业填报。

（5）手续费及佣金收入*，反映企业确认的包括办理结算业务等在内的手续费、佣金收入，应根据"手续费及佣金收入"等科目的发生额分析填列。仅由金融企业填报。

（6）营业总成本，包括营业成本、利息支出、手续费及佣金支出、退保金、赔付支出净额、提取保险责任准备金净额、保单红利支出、分保费用、税金及附加、销售费用、管理费用、研发费用、财务费用和其他共十四部分内容。

（7）营业成本，反映企业经营主要业务和其他业务所确认的成本总额，应根据"主营业务成本"和"其他业务成本"科目的发生额分析填列。

（8）利息支出*，反映企业经营存款业务等确认的利息支出，应根据"利息支出"科目的发生额分析填列。仅由金融企业填报。

（9）手续费及佣金支出*，反映企业确认的包括办理结算业务等在内发生的手续费、佣金支出，应根据"手续费及佣金支出"等科目的发生额分析填列。仅由金融企业填报。

（10）退保金*，反映企业寿险原保险合同提前解除时按照约定退还投保人的保单现金价值，应根据"退保金"科目的发生额分析填列。仅由金融企业填报。

（11）赔付支出净额*，反映企业支付的原保险合同赔付款项和再保险合同赔付款项。仅由金融企业填报。

（12）提取保险责任准备金净额*，反映企业提取的保险责任准备金，包括未决赔款准备金、寿险责任准备金、长期健康险责任准备金，应根据"提取保险责任准备金"科目的发生额分析填列。仅由金融企业填报。

（13）保单红利支出*，反映企业按原保险合同约定支付给投保人的红利。仅由金融企业填报。

（14）分保费用*，反映企业从事再保险业务支付的分保费用，依据"分保费用"扣减"摊回分保费用"的净额填列。仅由金融企业填报。

（15）税金及附加，反映企业经营活动发生的消费税、城市维护建设税、资源税、教育费附加及房产税、土地使用税、车船税、印花税等相关税费，应根据"税金及附加"科目的发生额填列。

（16）销售费用，反映企业在销售过程中发生的包装费、广告费等相关费用，以及专设销售机构的职工薪酬、业务费等经营费用，应根据"销售费用"科目的发生额分析填列。

（17）管理费用，反映为组织和管理企业生产经营所发生的费用，包括企业在筹建期间内发生的开办费、董事会和行政管理部门在企业的经营管理中发生的或者应由企业统一负担的公司经费（包括行政管理部门职工工资及福利费、物料消耗、低值易耗品摊销、办公费和差旅费等）、工会经费、董事会费（包括董事会成员津贴、会议费和差旅费等）、聘请中介机构费、咨询费（含顾问费）、诉讼费、业务招待费、残疾人就业保障金、技术转让费、矿产资源补偿费、研究费用、排污费等，不包括企业进行研究与开发过程中发生的费用化支出和无形资产摊销。该项目应根据"管理费用"科目的发生额分析填列。按现行增值税制度规定，企业初次购买增值税税控系统专用设备支付的费用以及缴纳的技术维护费允许在增值税应纳税额中全额抵减的，抵减的增值税税额在"管理费用"中填列。

（18）研发费用，反映企业进行研究与开发过程中发生的费用化支出，以及计入管理费用的自行开发无形资产的摊销。该项目应根据"管理费用"科目下的"研究费用"明细科目的发生额，以及"管理费用"科目下的"无形资产摊销"明细科目的发生额分析填列。

（19）财务费用，反映企业为筹集生产经营所需资金等发生的费用，其中，利息费用、利息收入、汇兑净损失项目需单独列示，"利息费用""利息收入""汇兑净损失"项目均以正数填列。"利息费用"反映企业为筹集生产经营所需资金等而发生的应予费用化的利息支出；"汇兑净损失"反映企业外币货币性项目因汇率变动形成的损失，若为汇兑净收益，则在"汇兑净损失"以负数列示。

（20）其他收益，反映计入其他收益的政府补助（政府补助指企业从政府无偿取得货币性资产或非货币性资产。政府补助主要形式包括政府对企业的无偿拨款、税收返还、财政贴息，以及无偿给予非货币性资产，但不包括政府作为企业所有者投入的资本），以及其他与日常活动相关且计入其他收益的项目。该项目应根据"其他收益"科目的发生额分析填列。企业作为个人所得税的扣缴义务人，根据《中华人民共和国个人所得税法》收到的扣缴税款手续费，应作为其他与日常活动相关的收益在该项目中填列；企业超比例安排残疾人就业或者为安排残疾人就业做出显著成绩，按规定收到的奖励在该项目中填列；对于小微企业达到增值税制度规定的免征增值税条件时，有关应交增值税在该项目中填列；对于当期直接减免的增值税，在该项目中填列；根据《关于深化增值税改革有关政策的公告》的规定，自 2019 年 4 月 1 日至 2021 年 12 月 31 日，允许生产、生活性服务业纳税人按照当期可抵扣进项税额加计 10% 抵减应纳税额，该部分加计抵减的增值税在该项目中填列。

如果取得的补贴收入与企业销售商品或提供服务等活动密切相关，且是企业商品或服务的对价或者是对价的组成部分，应当适用收入准则。

债务重组中，债务人以单项或多项非金融资产（如固定资产、日常活动产出的商品或服务等）清偿债务，或者以包括金融资产和非金融资产在内的多项资产清偿债务的，不需要区分资产处置损益和债务重组损益，也不需要区分不同资产的处置损益，而应将所清偿债务账面价值与转让资产账面价值之间的差额，记入"其他收益——债务重组收益"科目，在该项目填列；债务人以包含非金融资产的处置组清偿债务的，应当将所清偿债务和处置组中负债的账面价值之和，与处置组中资产的账面价值之间的差额，记入"其他收益——债务重组收益"科目，在该项目填列。

（21）投资收益，反映企业以各种方式对外投资所取得的收益，应根据"投资收益"科目的发生额分析填列。如为投资损失以"－"号填列。其中，"对联营企业和合营企业的投资收益"和"以摊余成本计量的金融资产终止确认收益"单独列示。

"以摊余成本计量的金融资产终止确认收益"项目，反映企业因转让等情形导致终止确认以摊余成本计量的金融资产而产生的利得或损失。该项目应根据"投资收益"科目的相关明细科目的发生额分析填列；如为损失，以"－"号填列。

（22）汇兑收益*，反映企业外币货币性项目因汇率变动形成的净收益，应根据"汇兑损益"科目的发生额分析填列。如为净损失以"－"号填列。仅由金融企业填列。

（23）净敞口套期收益，反映净敞口套期下被套期项目累计公允价值变动转入当期损益的金额或现金流量套期储备转入当期损益的金额，应根据"净敞口套期收益"科目发生额分析填列。如为套期损失，以"－"号填列。

（24）公允价值变动收益，反映企业应当计入当期损益的资产或负债公允价值变动收益，应根据"公允价值变动损益"科目发生额分析填列，如为净损失以"－"号填列。

（25）信用减值损失，反映企业按照《企业会计准则第22号——金融工具确认和计量》的要求计提的各项金融工具减值准备所形成的预期信用损失，应根据"信用减值损失"科目发生额分析填列，如为减值损失，以"－"号填列。

（26）资产减值损失，反映除按照《企业会计准则第22号——金融工具确认和计量》要求计提的各项预期信用损失外，企业针对其他资产计提减值准备所形成的各项减值损失，如为减值损失，以"－"号填列。

（27）资产处置收益，反映企业出售划分为持有待售的非流动资产（金融工具、长期股权投资和投资性房地产除外）或处置组（子公司和业务除外）时确认的处置利得或损失，以及处置未划分为持有待售的固定资产、在建工程、生产性生物资产及无形资产而产生的处置利得或损失。债务重组中因处置非流动资产产生的利得或损失和非货币性资产交换中换出非流动资产产生的利得或损失也包括在本项目内。该项目应根据"资产处置损益"科目的发生额分析填列；如为处置损失，以"－"号填列。

（28）营业外收入，反映企业发生的除营业利润以外的收益，主要包括与企业日常活动无关的政府补助、盘盈利得、捐赠利得（企业接受股东或股东的子公司直接或间接的捐赠，经济实质属于股东对企业的资本性投入的除外）等。该项目应根据"营业外收入"科目的发生额分析填列。

（29）营业外支出，反映企业发生的除营业利润以外的支出，主要包括公益性捐赠支出、非常损失、盘亏损失、非流动资产毁损报废损失等。该项目应根据"营业外支出"科目的发生额分析填列。"非流动资产毁损报废损失"通常包括因自然灾害发生毁损、已丧失使用功能等原因而报废清理产生的损失。企业在不同交易中形成的非流动资产毁损报废利得和损失不得相互抵销，应分别在"营业外收入"项目和"营业外支出"项目进行填列。

（30）所得税费用，反映企业应从当期利润总额中扣除的所得税费用，包括当期所得税和递延所得税两个部分。

（31）净利润。按归属划分，包括归属于母公司所有者的净利润和少数股东损益两部分内容；按经营的持续性划分，包括持续经营净利润和终止经营净利润两部分内容。不符合终止经营定义的持有待售的非流动资产或处置组，其减值损失和转回金额及处置损益应当作为持续经营净利润列报。企业终止经营的减值损失和转回金额等经营损益及处置损益应当作为终止经营净利润列报。

子公司发行累积优先股等其他权益工具的，无论当期是否宣告发放其股利，在计算列报母公司合并利润表中的"归属于母公司股东的净利润"时，应扣除当期归属于除母公司之外的其他权益工具持有者的可累积分配股利，扣除金额应在"少数股东损益"项目中列示。

子公司发行不可累积优先股等其他权益工具的，在计算列报母公司合并利润表中的"归属于母公司股东的净利润"时，应扣除当期宣告发放的归属于除母公司之外的其他权益工具持有者的不可累积分配股利，扣除金额应在"少数股东损益"项目中列示。

（32）其他综合收益的税后净额，反映企业根据企业会计准则规定未在当期损益中确认的各项利得和损失扣除所得税影响后的净额。归属于母公司所有者的其他综合收益的税后净额须按照能否重分类进损益单独列示以下项目。

①不能重分类进损益的其他综合收益项目，主要包括：重新计量设定受益计划变动额、权益法下不能转损益的其他综合收益、其他权益工具投资公允价值变动、企业自身信用风险公允价值变动。其中：

"其他权益工具投资公允价值变动"项目，反映企业指定为以公允价值计量且其变动计入其他综合收益的非交易性权益工具投资发生的公允价值变动；

"企业自身信用风险公允价值变动"项目，反映企业指定为以公允价值计量且其变动计入当期损益的金融负债，由企业自身信用风险变动引起的公允价值变动而计入其他综合收益的金额。

②将重分类进损益的其他综合收益项目，主要包括权益法下可重分类进损益的其他综合收益、其他债权投资公允价值变动、可供出售金融资产公允价值变动损益、金融资产重分类计入其他综合收益的金额、持有至到期投资重分类为可供出售金融资产损益、其他债权投资信用减值准备、现金流量套期储备（现金流量套期损益的有效部分）、外币财务报表折算差额。其中：

"其他债权投资公允价值变动"项目，反映企业分类为以公允价值计量且其变动计入其他综合收益的债权投资发生的公允价值变动。企业将一项以公允价值计量且其变动计入其他综合收益的金融资产重分类为以摊余成本计量的金融资产，或重分类为以公允价值计量且其变动计入当期损益的金融资产时，之前计入其他综合收益的累计利得或损失从其他综合收益中转出的金额作为该项目的减项。

"可供出售金融资产公允价值变动损益"项目，反映企业可供出售金融资产的公允价值变动形成的利得或损失。

"金融资产重分类计入其他综合收益的金额"项目，反映企业将一项以摊余成本计量的金融资产重分类为以公允价值计量且其变动计入其他综合收益的金融资产时，计入其他综合收益的原账面价值与公允价值之间的差额。

"持有至到期投资重分类为可供出售金融资产损益"项目，反映企业持有至到期投资重分类为可供出售金融资产形成的利得和损失。

"其他债权投资信用减值准备"项目，反映企业按照《企业会计准则第22号——金融工具确认和计量》第十八条分类为以公允价值计量且其变动计入其他综合收益的金融资产的减值准备。

"现金流量套期储备（现金流量套期损益的有效部分）"项目，反映企业套期工具产生的利得或损失中属于套期有效的部分。

（33）综合收益总额，反映企业在当期除与所有者以其所有者身份进行的交易之外的其他交易或事项所引起的所有者权益变动。综合收益总额项目反映净利润和其他综合收益扣除所得税影响后的净额相加后的合计金额。

（34）每股收益，反映普通股股东每持有一股所能享有的企业利润或承担的亏损，包括基本每股收益和稀释每股收益。仅由普通股或潜在普通股已公开交易的企业，以及正处于公开发行普通股或潜在普通股过程中的企业填列。

基本每股收益，反映股份有限公司仅考虑当期实际发行在外的普通股股份计算的每股收益，按照归属于普通股股东的当期净利润，除以当期实际发行在外普通股的加权平均数计算确定。

稀释每股收益，反映股份有限公司以基本每股收益为基础，假设企业所有发行在外的稀释性潜在普通股均已转换为普通股，从而分别调整归属于普通股股东的当期净利润以及发行在外普通股的加权平均数而计算的每股收益。

## 三、合并现金流量表编制说明

1. 本表反映企业在一年或一个会计期间内有关现金及现金等价物的流入和流出的情况。企业采用直接法报告经营活动的现金流量时，有关现金流量的信息可以从会计记录中直接获得，也可以在利润表营业收入、营业成本等数据的基础上，通过调整存货和经营性应收应付项目的变动，以及固定资产折旧、无形资产摊销等项目后获得。

2. 表内"本期金额"栏各项目内容和填列方法。

（1）销售商品、提供劳务收到的现金，反映企业销售商品、提供劳务实际收到的现金（含销售收入和应向购买者收取的增值税税额），包括本期销售商品、提供劳务收到的现金，以及前期销售和前期提供劳务本期收到的现金和本期预收的账款，减去本期退回本期销售的商品和前期销售本期退回的商品支付的现金。企业销售材料和代购代销业务收到的现金也在本项目反映。本项目可根据"库存现金""银行存款""应收票据""应收账款""预收账款""主营业务收入""其他业务收入"等科目的记录分析填列。

（2）客户存款和同业存放款项净增加额，反映财务公司和商业银行本期客户存款和同业存放款项的净增加额。仅由金融企业填报。

（3）向中央银行借款净增加额，反映财务公司和商业银行本期向中央银行借入款项的净增加额。仅由金融企业填报。

（4）向其他金融机构拆入资金净增加额，反映商业银行和财务公司本期从境内外金融机构拆入款项的净增加额。仅由金融企业填报。

（5）收到原保险合同保费取得的现金，反映保险公司本期收到的原保险合同保费取得的现金净额。包括本期收到的原保险合同收入、本期收到的前期应收原保险合同保费、本期预售的原保险合同保费和本期代其他企业收取的原保险合同保费，扣除本期保险合同提前结束以现金支付的退保费。仅由金融企业填报。

（6）收到再保业务现金净额，反映保险公司本期从事再保险业务实际收支的现金净额。仅由金融企业填报。

（7）保户储金及投资款净增加额，反映保险公司向投保人收取的以储金利息作为保费收入的储金，以及以投资收益作为保费收入的投资保障性保险业务的投资本金，减去保险公司向投保人返还的储金和投资本金后的净额。仅由金融企业填报。

（8）收取利息、手续费及佣金的现金，反映金融企业本期收到的利息、手续费及佣金。仅由金融企业填报。

（9）拆入资金净增加额，反映金融企业本期从境内外金融机构拆入款项所取得的现金，减去拆借给境内外金融机构所支付的现金后的净额。仅由金融企业填报。

（10）回购业务资金净增加额，反映金融企业本期按回购协议卖出票据、证券、贷款等金融资产所融入的现金，减去按返售协议约定先买入再按固定价格返售给卖出方的票据、证券、贷款等金融资产所融出现金后的现金增加额。仅由金融企业填报。

（11）代理买卖证券收到的现金净额，反映金融企业接受客户委托，代理客户买卖股票、债券和基金等有价证券而收到的款项净额。仅由金融企业填报。

（12）收到的税费返还，反映企业收到的增值税、消费税、所得税返还等。本项目可根据"库存现金""银行存款""税金及附加""营业外收入""补贴收入""其他应收款""应收补贴款"等科目的记录分析填列。

（13）收到其他与经营活动有关的现金，反映企业除上述各项目外，收到的其他与经营活动有关的现金，如罚款收入、流动资产损失中由个人赔偿的现金收入等。其他现金流入如价值较大的，应在报表附注中披露。本项目可根据"库存现金""银行存款""营业外收入"等科目的记录分析填列。其中，企业实际收到的政府补助，无论是与资产相关还是与收益相关，均作为经营活动产生的现金流量填列。

（14）购买商品、接受劳务支付的现金，反映企业购买材料、商品、接受劳务实际支付的现金，包括本期购入材料、商品、接受劳务支付的现金（包括增值税进项税额），以及本期支付前期购入商品、接受劳务的未付款项和本期预付款项。本期发生的购货退回收到的现金应从本项目中扣除。本项目可根据"库存现金""银行存款""应付票据""应付账款""预付账项""主营业务成本""其他业务支出"等科目的记录分析填列。

（15）客户贷款及垫款净增加额，反映财务公司和商业银行本期发放的各种客户贷款，以及办理商业票据贴现、转贴现融出及融入资金等业务的款项的净增加额。仅由金融企业填报。

（16）存放中央银行和同业款项净增加额，反映财务公司和商业银行本期存放于中央银行以及境内外金融机构款项的净增加额，仅由金融企业填报。

（17）支付原保险合同赔付款项的现金，反映保险公司本期实际支付原保险合同赔付的现金。仅由金融企业填报。

（18）拆出资金净增加额，反映金融企业本期拆出款项给境内外金融机构所支付的现金，减去从境内外金融机构所取得的现金后的净额。仅由金融企业填报。

（19）支付利息、手续费及佣金的现金，反映金融企业本期支付的利息、手续费及佣金。仅由金融企业填报。

（20）支付保单红利的现金，反映保险公司本期支付保单红利所支付的现金。仅由金融企业填报。

（21）支付给职工及为职工支付的现金，反映企业实际支付给职工，以及为职工支付的现金，包括本期实际支付给职工的工资、奖金、各种津贴和补贴、为职工代扣代缴的个人所得税等，以及为职工支付的其他费用。不包括支付的离退休人员的各项费用和支付给在建工程人员的工资等。企业为职工支付的养老、失业等社会保险基金、补充养老保险、住房公积金、支付给职工的住房困难补助，以及企业支付给职工或为职工支付的其他福利费等，应按职工的工作性质和服务对象，分别在本项目和"购建固定资产、无形资产和其他长期资产支付的现金"项目反映。本项目可根据"应付工资""库存现金""银行存款"等科目的记录分析填列。企业支付给离退休人员的费用，在"支付的其他与经营活动有关的现金"项目中反映。

（22）支付的各项税费，反映企业按规定支付的各种税费，包括本期发生并支付的税费，以及本期支付以前各期发生的税费和预缴的税金。本项目可根据"应交税费""库存现金""银行存款"等科目的记录分析填列，不包括企业代扣代缴的个人所得税。

（23）支付其他与经营活动有关的现金，反映企业除上述各项目外，支付的其他与经营活动有关的现金，如罚款支出、支付的差旅费、业务招待费现金支出、支付的保险费、支付的工会经费及签发银行承兑汇票、保函时缴纳的保证金等。

（24）收回投资收到的现金，反映企业出售、转让或到期收回除现金等价物以外的交易性金融资产、以公允价值计量且其变动计入当期损益的金融资产、债权投资、可供出售金融资产、其他债权投资、持有至到期投资、长期股权投资、其他权益工具投资等而收到的现金。不包括债权性投资收回的利息、收回的非现金资产，以及处置子公司及其他营业单位收到的现金净额。本项目可根据"交易性金融资产""以公允价值计量且其变动计入当期损益的金融资产""债权投资""可供出售金融资产""其他债权投资""持有至到期投资""长期股权投资""其他权益工具投资""库存现金""银行存款"等科目的记录分析填列。

（25）取得投资收益收到的现金，反映企业因权益性投资和债权性投资而取得的现金股利、利息，以及从子公司、联营企业和合营企业分回利润收到的现金。不包括股票股利。包括在现金等价物范围内的债权性投资，其利息收入在本项目中反映。本项目可根据"应收股利""应收利息""库存现金""银行存款""投资收益"等科目的记录分析填列。

（26）处置固定资产、无形资产和其他长期资产收回的现金净额，反映企业处置固定资产、无形资产和其他长期资产所取得的现金，减去为处置这些资产而支付的有关费用后的净额。由于自然灾害所造成的固定资产等长期资产损失而收到的保险赔偿收入，也在本项目反映。如处置固定资产、无形资产和其他长期资产所收回的现金净额为负数，则应作为投资活动产生的现金流量，在"支付的其他与投资活动有关的现金"项目中反映。本项目可根据"固定资产""库存现金""银行存款"等科目的记录分析填列。

（27）处置子公司及其他营业单位收到的现金净额，反映企业处置子公司及其他营业单位所取得的现金减去子公司或其他营业单位持有的现金和现金等价物以及相关处置费用后的净额。本项目可以根据有关科目的记录分析填列。如净额为负数，应将该金额填列至"支付其他与投资活动有关的现金"项目中。

（28）收到其他与投资活动有关的现金，反映企业除上述各项外，收到的其他与投资活动有关的现金流入。本项目可根据有关科目的记录分析填列。

（29）购建固定资产、无形资产和其他长期资产支付的现金，反映企业购买、建造固定资产，取得无形资产和其他长期资产所支付的现金。包括购买机器设备所支付的现金及增值税税款、建造工程支付的现金、支付在建工程人员的工资等现金支出，不包括为购建固定资产、无形资产和其他长期资产而发生的借款利息资本化的部分，以及未执行新租赁准则下融资租入固定资产所支付的租赁费。为购建固定资产、无形资产和其他长期资产而发生的借款利息资本化部分，在"分配股利、利润或偿付利息支付的现金"项目中反映；融资租入固定资产所支付的租赁费，在"支付其他与筹资活动有关的现金"项目中反映。本项目可根据"固定资产""在建工程""无形资产""库存现金""银行存款"等科目的记录分析填列。

（30）投资支付的现金，反映企业进行权益性投资和债权性投资所支付的现金，包括企业取得的除现金等价物以外的交易性金融资产、以公允价值计量且其变动计入当期损益的金融资产、债权投资、可供出售金融资产、其他债权投资、持有至到期投资、长期股权投资、其他权益工具投资等而支付的现金，以及支付的佣金、手续费等交易费用。本项目可根据"交易性金融资产""以公允价值计量且其变动计入当期损益的金融资产""债权投资""可供出售金融资产""持有至到期投资""其他权益工具投资""投资性房地产""长期股权投资""库存现金""银行存款"等科目的记录分析填列。其中，取得子公司及其他营业单位支付的现金净额应在"取得子公司及其他营业单位支付的现金净额"项目中反映。

（31）质押贷款净增加额，反映保险公司本期发放保户质押贷款的现金净额。仅由金融企业填报。

（32）取得子公司及其他营业单位支付的现金净额，反映企业取得子公司及其他营业单位购买出价中以现金支付的部分，减去子公司或其他营业单位持有的现金和现金等价物后的净额，可根据有关科目的记录分析填列。如净额为负数，应将该金额填列至"支付其他与投资活动有关的现金"项目中。

（33）支付其他与投资活动有关的现金，反映企业除上述各项目外，支付的其他与投资活动有关的现金。本项目可根据有关科目的记录分析填列。

（34）吸收投资收到的现金，反映企业以发行股票等方式筹集资金实际收到款项净额（发行收入减去支付的佣金等发行费用后的净额）。以发行股票等方式筹集资金而由企业直接支付的审计、咨询等费用不在本项目反映，在"支付的其他与筹资活动有关的现金"项目反映，不在本项目内减去。本项目可根据"实收资本（或股本）""库存现金""银行存款"等科目的记录分析填列。

（35）子公司吸收少数股东投资收到的现金，反映子公司以发行股票等方式筹集来自少数股东资金实际收到的款项净额。

（36）取得借款收到的现金，反映企业举借各种短期、长期借款而收到的现金以及发行债券实际收到的款项净额（发行收入减去直接支付的佣金等发行费用后的净额）。本项目可以根据"短期借款""长期借款""交易性金融负债""应付债券""库存现金""银行存款"等科目的记录分析填列。

（37）收到其他与筹资活动有关的现金，反映企业除上述各项目外，收到的其他与筹资活动有关的现金，如接受现金捐赠等。

（38）偿还债务支付的现金，反映企业偿还债务本金而支付的现金，包括偿还金融企业的借款本金、偿还债券本金等。本项目可根据"短期借款""长期借款""库存现金""银行存款"等科目的记录分析填列。

（39）分配股利、利润或偿付利息支付的现金，反映企业实际支付的现金股利、以现金支付给其他投资单位的利润以及支付的借款利息、债券利息等。本项目可根据"应付股利""应付利息""财务费用""长期借款""库存现金""银行存款"等科目的记录分析填列。

（40）子公司支付给少数股东的股利、利润，反映子公司实际支付给少数股东的现金股利、利润等。

（41）支付其他与筹资活动有关的现金，反映企业除上述各项外，支付的其他与筹资活动有关的现金，如捐赠现金支出、发生筹资费用所支付的现金、融资租赁所支付的现金、减少注册资本所支付的现金等。企业以分期付款方式购建的固定资产，在本项目中反映。

（42）汇率变动对现金及现金等价物的影响，反映企业外币现金流量折算为人民币时，所采用的现金流量发生日的即期汇率折算为人民币金额与"现金及现金等价物净增加额"中外币现金净增加额按资产负债表日的即期汇率折算的人民币金额之间的差额。

（43）现金及现金等价物净增加额。现金是指企业库存现金以及可以随时用于支付的存款。不能随时用于支付的存款不属于现金。例如，不能随时支取的定期存款等不应作为现金；提前通知金融机构便可支取的定期存款则应包括在现金范围内。现金等价物是指企业持有的期限短、流动性强、易于转换为已知金额现金、价值变动风险很小的投资，其中"期限短"一般是指从购买日起 3 个月内到期。

## 四、合并所有者权益变动表编制说明

1. 本表反映企业所有者权益的各组成部分本年和上年年初调整及本年和上年增减变动的情况，不仅包括所有者权益总量的增减变动，还包括所有者权益增减变动的重要结构性信息。"少数股东权益"栏目用于反映合并报表中少数股东权益变动的情况。

2. 本表各项目应根据"实收资本（或股本）""其他权益工具""资本公积""其他综合收益""库存股""专项储备""盈余公积""未分配利润"等科目本年和上年的年初余额、年末余额、当年发生额等分析填列。编制合并财务报表的企业，应按照合并报表口径填报本表中的有关项目。

3. 表内"其他综合收益结转留存收益\*"仅由执行新金融工具准则企业填列。

4. 表内有关指标解释。

（1）上年年末余额，反映企业上上年资产负债表中的年末所有者权益金额。

（2）会计政策变更和前期差错更正，反映企业本年和上年会计政策变更和重要前期会计差错更正等对上上年及以前年度所有者权益的累积影响金额。

①会计政策变更，反映企业采用追溯调整法处理的会计政策变更的累积影响金额。

《财政部关于做好 2020 年度国有企业财务会计决算报告工作的通知》规定，执行新租赁准则、新金融工具准则与新收入准则引起的影响金额不填列于此项。

《财政部关于印发 2020 年度金融企业财务决算报表〔银行类〕的通知》《财政部关于印发 2020 年度金融企业财务决算报表〔证券类〕的通知》《财政部关于印发 2020 年度金融企业财务决算报表〔保险类〕的通知》《财政部关于印发 2020 年度金融企业财务决算报表〔担保类〕的通知》《财政部关于印发 2020 年度金融企业财务决算报表〔金融资产管理公司类〕的通知》等文件要求金融企业执行新租赁准则、新金融工具准则与新收入准则引起的期初权益的影响金额在此项填列。

②前期差错更正，反映企业采用追溯重述法处理的重要前期会计差错更正的累积影响金额。

（3）其他，反映企业本年和上年同一控制下企业合并、清产核资，以及国有企业执行新准则（新租赁准则、新金融工具准则与新收入准则）等影响的金额。

（4）本年年初余额。本年金额反映企业考虑本年会计政策变更及重要前期会计差错更正等对以前年度的影响调整后得出的本年年初所有者权益金额。上年金额反映企业在上上年年末所有者权益金额的基础上，考虑本年和上年会计政策变更和重要前期会计差错更正等对上上年及以前年度所有者权益的累积影响调整后的上年年初所有者权益金额。

（5）本年增减变动金额。

①净利润，反映企业当年实现的净利润（或净亏损）金额，对应列在"未分配利润"栏。

②其他综合收益，反映企业根据企业会计准则规定未在损益中确认而直接计入所有者权益的各项利得和损失扣除所得税影响后的净额。

③综合收益总额，反映企业当年的综合收益总额，应根据当年利润表中"其他综合收益的税后净额"和"净利润"项目填列，对应列在"其他综合收益"和"未分配利润"栏。

④所有者投入和减少资本，反映企业当年所有者投入的资本和减少的资本。其中：

所有者投入的普通股，反映企业接受普通股投资者投入形成的实收资本（或股本）和资本公积，应根据"实收资本""资本公积"等科目发生额分析填列。

其他权益工具持有者投入资本，反映企业发行的除普通股以外分类为权益工具的金融工具的持有者投入资本的金额，应根据金融工具类科目的相关明细科目的发生额分析填列。

股份支付计入所有者权益的金额，反映企业处于等待期中的权益结算的股份支付当年计入资本公积的金额，对应列在"资本公积"栏。

⑤专项储备提取和使用，反映企业当年专项储备的提取和使用情况。

提取专项储备，反映企业当年依照国家有关规定提取的安全费用以及具有类似性质的各项费用，对应列在"专项储备"栏。

使用专项储备，反映企业当年按规定使用安全生产储备用于购建安全防护设备或与安全生产相关的费用性支出情况，对应列在"专项储备"栏。以"－"号填列。

⑥利润分配，反映企业当年对所有者（或股东）分配的利润（或股利）金额和按照规定提取的盈余公积金额，对应列在"盈余公积"和"未分配利润"栏。其中：

提取盈余公积，反映企业按照规定提取的盈余公积、储备基金、企业发展基金项目、中外合作经营在合作期间归还投资者的投资等项目。

对所有者（或股东）的分配，反映企业对所有者（或股东）分配的利润（或股利）金额。

⑦所有者权益内部结转，反映不影响当年所有者权益总额的所有者权益各组成部分之间当年的增减变动。其中：

资本公积转增资本（或股本），反映企业以资本公积转增资本或股本的金额。

盈余公积转增资本（或股本），反映企业以盈余公积转增资本或股本的金额。

盈余公积弥补亏损，反映企业以盈余公积弥补亏损的金额。

设定受益计划变动额结转留存收益，反映按年计算的设定收益计划增减变动结转所有者权益的数额。

其他综合收益结转留存收益*，包括：企业指定为以公允价值计量且其变动计入其他综合收益的非交易性权益工具投资终止确认时，之前计入其他综合收益的累计利得或损失从其他综合收益中转入留存收益的金额；企业指定为以公允价值计量且其变动计入当期损益的金融负债终止确认时，之前由企业自身信用风险变动引起而计入其他综合收益的累计利得或损失从其他综合收益中转入留存收益的金额等。该项目应根据"其他综合收益"科目的相关明细科目的发生额分析填列。

（6）本年年末余额。本年金额反映企业本年年末所有者权益金额。

上年金额反映企业考虑本年会计政策变更及重要前期会计差错更正等对以前年度的影响调整后得出的上年年末所有者权益金额。

# 第七章 财务报表附注

《企业会计准则第 30 号——财务报表列报》规定，附注相关信息应当与资产负债表、利润表、现金流量表和所有者权益变动表等报表中列示的项目相互参照，以有助于使用者联系相关联的信息，并由此从整体上更好地理解财务报表。

企业在披露附注信息时，应当以定量、定性信息相结合，按照一定的结构对附注信息进行系统合理的排列和分类，以便于使用者理解和掌握。

《企业会计准则第 30 号——财务报表列报》规定，附注一般应当按照下列顺序至少披露有关内容，具体包括：

1. 企业的基本情况。

（1）企业注册地、组织形式和总部地址。

（2）企业的业务性质和主要经营活动。如企业所处的行业、所提供的主要产品或服务、客户的性质、销售策略、监管环境的性质等。

（3）母公司以及集团最终母公司的名称。

（4）财务报告的批准报出者和财务报告批准报出日。如果企业已在财务报表其他部分披露了财务报告的批准报出者和批准报出日信息，则无须重复披露；或者已有相关人员签字批准报出财务报告，可以其签名及其签字日期为准。

（5）营业期限有限的企业，还应当披露有关其营业期限的信息。

2. 财务报表的编制基础。企业应当根据《企业会计准则第 30 号——财务报表列报》的规定判断企业是否持续经营，并披露财务报表是否以持续经营为基础编制。

3. 遵循企业会计准则的声明。企业应当声明编制的财务报表符合企业会计准则的要求，真实、完整地反映了企业的财务状况、经营成果和现金流量等有关信息，以此明确企业编制财务报表所依据的制度基础。如果企业编制的财务报表只是部分地遵循了企业会计准则，附注中不得做出这种表述。

4. 重要会计政策和会计估计。

（1）重要会计政策的说明。企业应当披露采用的重要会计政策，并结合企业的具体实际披露其重要会计政策的确定依据和财务报表项目的计量基础。其中，会计政策的确定依据主要是指企业在运用会计政策过程中所做的重要判断，这些判断对在报表中确认的项目金额具有重要影响。比如，企业如何判断持有的金融资产是持有至到期的投资而不是交易性投资，企业如何判断与租赁资产相关的所有风险和报酬已转移给企业从而符合融资租赁的标准，投资性房地产的判断标准是什么等。财务报表项目的计量基础包括历史成本、重置成本、可变现净值、现值和公允价值等会计计量属性，比如存货是按成本还是按可变现净值计量的等。

（2）重要会计估计的说明。《企业会计准则第 30 号——财务报表列报》规定，企业应当披露重要会计估计，并结合企业的具体实际披露其会计估计所采用的关键假设和不确定因素。

重要会计估计的说明，包括可能导致下一个会计期间内资产、负债账面价值重大调整的会计估计的确定依据等。例如，固定资产可收回金额的计算需要根据其公允价值减去处置费用后的净额与预计未来现金流量的现值两者之间的较高者确定，在计算资产预计未来现金流量的现值时需要对未来现金流量进行预测，并选择适当的折现率，企业应当在附注中披露未来现金流量预测所采用的假设及其依据、所选择的折现率为什么是合理的等。又如，对于正在进行中的诉讼提取准备，企业应当披露最佳估计数的确定依据等。

5. 会计政策和会计估计变更以及差错更正的说明。财务报表列报准则规定，企业应当按照《企业会计准则第 28 号——会计政策、会计估计变更和差错更正》的规定，披露会计政策和会计估计变更以及差错更正的情况。

6. 报表重要项目的说明。《企业会计准则第 30 号——财务报表列报》规定，企业应当按照资产负债表、利润表、现金流量表、所有者权益变动表及其项目列示的顺序，采用文字和数字描述相结合的方式披露报表重要项目的说明。报表重要项目的明细金额合计，应当与报表项目金额相衔接。在披露顺序上，一般应当按照资产负债表、利润表、现金流量表、所有者权益变动表的顺序及其报表项目列示的顺序。

7. 其他需要说明的重要事项。这主要包括或有和承诺事项、资产负债表日后非调整事项、关联方关系及其交易等。该等事项应当按照相关会计准则的规定进行披露。

8. 有助于财务报表使用者评价企业管理资本的目标、政策及程序的信息。资本管理受行业监管部门监管要求的金融等行业企业，除遵循相关监管要求外，比如我国商业银行遵循中国银监会发布的《商业银行资本管理办法（试行）》进行有关资本充足率等的信息披露，还应当在财务报表附注中披露有助于财务报表使用者评价企业管理资本的目标、政策及程序的信息。企业应当基于可获得的信息充分披露如下内容：

（1）企业资本管理的目标、政策及程序的定性信息，包括：①对企业资本管理的说明；②受制于外部强制性资本要求的企业，应当披露这些要求的性质以及企业如何将这些要求纳入其资本管理之中；③企业如何实现其资本管理的目标。

（2）资本结构的定量数据摘要，包括资本与所有者权益之间的调节关系等。比如，有的企业将某些金融负债（如次级债）作为资本的一部分，有的企业将资本视作扣除某些权益项目（如现金流量套期产生的利得或损失）后的部分。

（3）自前一会计期间开始上述（1）和（2）中的所有变动。

（4）企业当期是否遵循了其受制的外部强制性资本要求，以及当企业未遵循外部强制性资本要求时，其未遵循的后果。

企业按照总体对上述信息披露不能提供有用信息时，还应当对每项受管制的资本要求单独披露上述信息，比如，跨行业、跨国家或地区经营的企业集团可能受一系列不同的资本要求监管。

# 主要参考文献

1. 中华人民共和国财政部制定：《企业会计准则——应用指南（2006）》，中国财政经济出版社 2006 年版。

2. 中华人民共和国财政部制定：《企业会计准则（合订本）》，经济科学出版社 2020 年版。

3. 财政部会计司编：《企业会计准则第 30 号——财务报表列报》，中国财政经济出版社 2014 年版。

4. 财政部会计司编：《企业会计准则第 33 号——合并财务报表》，经济科学出版社 2014 年版。

5. 财政部会计司编：《企业会计准则第 2 号——长期股权投资》，经济科学出版社 2014 年版。

6. 财政部会计司编：《企业会计准则第 9 号——职工薪酬》，中国财政经济出版社 2014 年版。

7. 财政部会计司编：《企业会计准则第 41 号——在其他主体中权益的披露》，中国财政经济出版社 2014 年版。

8. 财政部会计司编写组：《企业会计准则讲解（2010）》，人民出版社 2010 年版。

9. 财政部会计司编写组编著：《〈企业会计准则第 14 号——收入〉应用指南（2018）》，中国财政经济出版社 2018 年版。

10. 财政部会计司编写组编著：《〈企业会计准则第 16 号——政府补助〉应用指南（2018）》，中国财政经济出版社 2018 年版。

11. 财政部会计司编写组编著：《〈企业会计准则第 22 号——金融工具确认和计量〉应用指南（2018）》，中国财政经济出版社 2018 年版。

12. 财政部会计司编写组编著：《〈企业会计准则第 23 号——金融资产转移〉应用指南（2018）》，中国财政经济出版社 2018 年版。

13. 财政部会计司编写组编著：《〈企业会计准则第 24 号——套期会计〉应用指南（2018）》，中国财政经济出版社 2018 年版。

14. 财政部会计司编写组编著：《〈企业会计准则第 37 号——金融工具列报〉应用指南（2018）》，中国财政经济出版社 2018 年版。

15. 财政部会计司编写组编著：《〈企业会计准则第 42 号——持有待售的非流动资产、处置组和终止经营〉应用指南（2018）》，中国财政经济出版社 2018 年版。

16. 财政部会计司编写组编著：《〈企业会计准则第 7 号——非货币性资产交换〉应用指南（2019）》，中国财政经济出版社 2019 年版。

17. 财政部会计司编写组编著：《〈企业会计准则第 12 号——债务重组〉应用指南（2019）》，中国财政经济出版社 2019 年版。

18. 财政部会计司编写组编著：《〈企业会计准则第 21 号——租赁〉应用指南（2019）》，中国财政经济出版社 2019 年版。

19. 财政部关于印发《企业会计准则解释第 14 号》的通知，2021 年 1 月 26 日。

20. 财政部关于印发《企业会计准则解释第 15 号》的通知，2021 年 12 月 30 日。

21. 中国注册会计师协会：《2021 年注册会计师全国统一考试辅导教材——会计》，中国财政经济出版社 2021 年版。

22. 财政部、国资委、银保监会、证监会：《关于严格执行企业会计准则 切实加强企业 2020 年年报工作的通知》，2021 年 1 月 27 日。

23. 关于印发《新冠肺炎疫情相关租金减让会计处理规定》的通知，2020 年 6 月 19 日。

24. 财政部关于 2018 年度一般企业财务报表格式有关问题的解读，2018 年 9 月 5 日。

25. 中国证监会：《监管规则适用指引——会计类第 1 号》《监管规则适用指引——会计类第 2 号》。

26. 中国证券监督管理委员会：《公开发行证券的公司信息披露编报规则第 15 号——财务报告的一般规定（2014 年修订）》。

27. 财政部关于印发《农业保险大灾风险准备金会计处理规定》的通知，2014 年 2 月 28 日。

28. 财政部关于印发《粮食企业执行会计准则有关粮油业务会计处理的规定》的通知，2013 年 12 月 26 日。

29. 财政部关于印发《可再生能源电价附加有关会计处理规定》的通知，2012 年 12 月 27 日。

30. 财政部关于印发《典当企业执行〈企业会计准则〉若干衔接规定》的通知，2009 年 7 月 20 日。

31. 厦门证监局公司监管处：《年报监管会计问题提示》，2021 年 6 月 24 日。

32. 厦门证监局公司监管处：《年报监管会计问题提示》，2021 年 5 月 17 日。

33.《财政部会计准则委员会实务问答》，财政部会计准则委员会网站，2020 年 1 月 3 日。

34. 《财政部企业会计准则实施问答》，财政部会计司网站。

35. 中国证监会：《2018年上市公司年报会计监管报告》《2019年度上市公司年报会计监管报告》。

36. 财政部、国务院国监委、银保监会、证监会：《关于严格执行企业会计准则 切实做好企业2021年年报工作的通知》，2021年12月17日。